D1721062

ER LIVIA

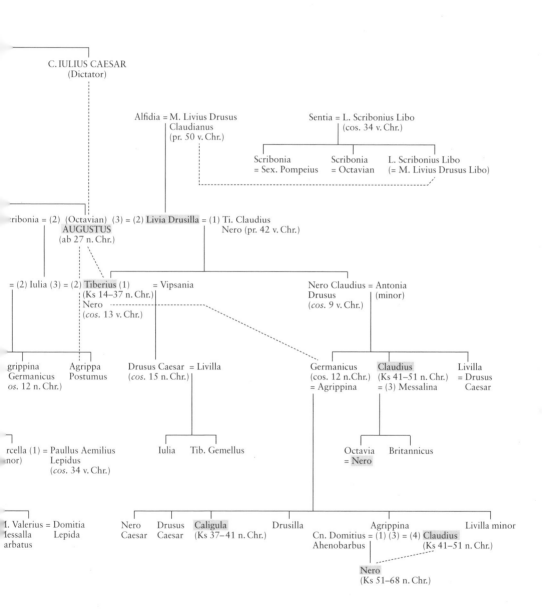

C. IULIUS CAESAR
(Dictator)

Alfidia = M. Livius Drusus
Claudianus
(pr. 50 v. Chr.)

Sentia = L. Scribonius Libo
(cos. 34 v. Chr.)

Scribonia
= Sex. Pompeius

Scribonia
= Octavian

L. Scribonius Libo
(= M. Livius Drusus Libo)

ribonia = (2) (Octavian) (3) = (2) Livia Drusilla = (1) Ti. Claudius
AUGUSTUS   Nero (pr. 42 v. Chr.)
(ab 27 n. Chr.)

= (2) Iulia (3) = (2) Tiberius (1)   = Vipsania
(Ks 14–37 n. Chr.)
Nero
(cos. 13 v. Chr.)

Nero Claudius = Antonia
Drusus   (minor)
(cos. 9 v. Chr.)

grippina   Agrippa
Germanicus   Postumus
os. 12 n. Chr.)

Drusus Caesar = Livilla
(cos. 15 n. Chr.)

Germanicus   Claudius   Livilla
(cos. 12 n.Chr.) (Ks 41–51 n. Chr.) = Drusus
= Agrippina   = (3) Messalina   Caesar

rcella (1) = Paullus Aemilius
nor)   Lepidus
(cos. 34 v. Chr.)

Iulia   Tib. Gemellus

Octavia   Britannicus
= Nero

1. Valerius = Domitia
1essalla   Lepida
arbatus

Nero   Drusus   Caligula   Drusilla
Caesar   Caesar   (Ks 37–41 n. Chr.)

Agrippina   Livilla minor
Cn. Domitius = (1) (3) = (4) Claudius
Ahenobarbus   (Ks 41–51 n. Chr.)

Nero
(Ks 51–68 n. Chr.)

CHRISTIANE KUNST

LIVIA

MACHT UND INTRIGEN AM
HOF DES AUGUSTUS

KLETT-COTTA

Für
Paula die Großherzige

Klett-Cotta
www.klett-cotta.de
© J. G. Cotta'sche Buchhandlung Nachfolger GmbH, gegr. 1659,
Stuttgart 2008
Alle Rechte vorbehalten
Fotomechanische Wiedergabe nur mit Genehmigung
des Verlags
Printed in Germany
Schutzumschlag: Philippa Walz, Stuttgart
Fotos: akg-images / Nimatallah (Porträt Livias)
akg-images / Werner Forman (Detail: Fresko aus dem Haus der Livia)
Gesetzt aus der Sabon von Kösel, Krugzell
Auf säure- und holzfreiem Werkdruckpapier gedruckt und gebunden
von Kösel, Krugzell
ISBN 978-3-608-94228-6

Bibliographische Information der Deutschen Nationalbibliothek
Die Deutsche Nationalbibliothek verzeichnet diese Publikation in der
Deutschen Nationalbibliographie; detaillierte bibliographische
Daten sind im Internet über <http://dnb.d-nb.de> abrufbar.

INHALT

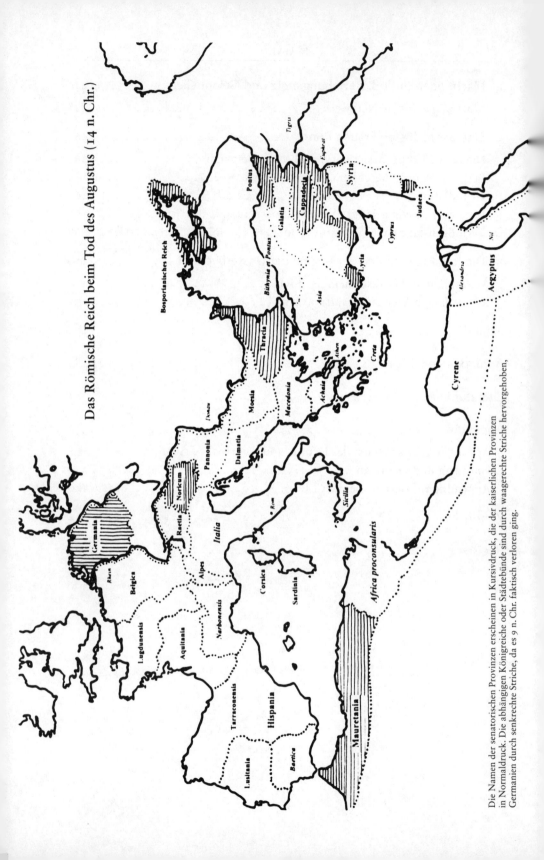

Das Römische Reich beim Tod des Augustus (14 n. Chr.)

Bosporianisches Reich

Germania

Belgica

Rhein

Lugdunensis

Aquitania

Narbonensis

Alpes

Raetia

Noricum

Pannonia

Donau

Dalmatia

Moesia

Thracia

Macedonia

Achaia

Athen

Italia

Rom

Corsica

Sardinia

Sicilia

Tarraconensis

Hispania

Lusitania

Baetica

Mauretania

Africa proconsularis

Cyrene

Creta

Aegyptus

Alexandria

Nil

Cyprus

Judaea

Syria

Euphrat

Tigris

Cappadocia

Galatia

Pontus

Bithynia et Pontus

Asia

Lydia

Die Namen der senatorischen Provinzen erscheinen in Kursivdruck, die der kaiserlichen Provinzen in Normaldruck. Die abhängigen Königreiche oder Städtebünde sind durch waagerechte Striche hervorgehoben, Germanien durch senkrechte Striche, da es 9 n. Chr. faktisch verloren ging.

DIE KALTE SCHÖNHEIT UND DIE
SCHWIERIGKEIT EINER BIOGRAPHIE

Im Oktober 39 v. Chr. fand in Rom eine Hochzeit statt, deren Umstände mehr als bemerkenswert waren. Der festliche Zug, in dem die Braut bei Einbruch der Dunkelheit von den traditionellen fünf Fackeln begleitet zum Haus ihres künftigen Ehegatten schritt, wird einiges Aufsehen erregt haben. Heiratete doch hier Roms »starker« Mann, der Großneffe und postume Adoptivsohn des knapp sechs Jahre zuvor ermordeten Alleinherrschers Caesar.

Er selbst nennt sich Caesar, Sohn des Vergöttlichten, nach seinem Großonkel, um dessen politisches Erbe ein erbitterter Machtkampf tobte. Seine Feinde sprechen abschätzig von Octavianus. Sie erinnern damit bewußt an die vergleichsweise bescheidene Herkunft des 24jährigen Ehrgeizlings.

Zusammen mit Marcus Antonius und Marcus Aemilius Lepidus bildet Octavian seit vier Jahren das sogenannte zweite Triumvirat,[1] das die Geschicke der römischen Welt beherrscht. Im November 43 v. Chr. hatten diese drei Männer ein Zweckbündnis zunächst auf fünf Jahre geschlossen. Sie wollten das politische Erbe Caesars gegen die alte Aristokratie sichern. Denn der römische Adel drohte wieder zu erstarken. Das Triumvirat war in Rom unter der Bezeichnung »Dreimännerherrschaft zur Ordnung des Staates«, formal anerkannt, garantierte den Dreien unumschränkte Befehlsgewalt und beruhte fast ausschließlich auf ihrer militärischen Macht. Diese Konstellation resultierte aus Machtkämpfen in und um Rom, die Jahrzehnte gedauert hatten. Der Aufstieg zur Großmacht hatte in Rom eine politische Dauerkrise ausgelöst: Das alte oligarchische System der Republik war unaufhaltsam aus den Fugen geraten. Einer der Konflikte bestand darin, daß einzelne Aristokraten für ihre Erfolge als Heerführer im Zuge der Expansion politische Vorrangstellungen forderten. In immer erbitterteren Bürgerkriegen richtete die Republik sich allmählich zugrunde. Caesar hatte schließlich eine nahezu unangefochtene Macht errungen, nachdem er Gnaeus Pompeius besiegt hatte. Im Februar 44 ließ er sich zum Dictator auf Lebenszeit ernennen und war damit Alleinherrscher – in der römischen Republik ein unvorstellbarer Skandal, an dem sich zeigte, das die alte Republik untergegangen war.

So war es auch nicht verwunderlich, daß Caeser, trotz seiner durchaus sinnvollen Reformen, von der politischen Elite – repräsentiert durch den Senat – nicht wirklich akzeptiert wurde. Im März 44 v. Chr. fiel er einer Verschwörung von Senatoren zum Opfer. Damit standen die Zeichen erneut auf Bürgerkrieg.

In diesen Krisenjahren nach der Ermordung Caesars hatte Octavian mit Livia Drusilla eine Braut aus dem Kreis der alten römischen Aristokratie gewonnen. Viele dieser Familien hatten sich mit der politischen Entmachtung ihres Standes durch den älteren Caesar nicht abfinden wollen. Als nach Caesars Tod die Frage der politischen Ordnung wieder offen schien, unterstützten daher nicht wenige von ihnen direkt oder indirekt Cassius und Brutus, Caesars Mörder. Im Herbst 42 v. Chr. hatten jedoch die Koalitionstruppen des Triumvirats die Caesargegner bei Philippi in Griechenland vernichtend geschlagen und Roms Machtbereich unter sich aufgeteilt. Livias Vater nahm sich noch auf dem Schlachtfeld das Leben. Ihr Ehemann begab sich mit Frau und Kind auf eine jahrelange Flucht, von der sie erst wenige Wochen zurück waren, als die Hochzeit stattfand. Nun diente die junge Frau einem neuen Bündnis als Unterpfand. Obwohl sie mit dem zweiten Kind ihres Mannes schwanger war, wurde sie mit Caesars Erben verheiratet. Noch ahnte freilich niemand, daß dieser einmal der erste römische Princeps, wie sich der Kaiser nennen ließ, und Begründer des abendländischen Kaisertums sein sollte, den Senat und Volk mit dem Beinamen Augustus ehren sollten.[2] Und nicht einmal der optimistischste Beobachter dieser Hochzeit hätte vermutet, daß die hier geschlossene Ehe 52 Jahre lang, bis zum Tod des Herrschers, halten sollte, denn Ehen wurden in diesen Kreisen nicht für die Ewigkeit geschlossen, sondern sicherten kurzfristig politische Bündnisse ab.

Ronald Syme hat vielleicht die einprägsamste Analyse der Verbindung zwischen Livia und Augustus geliefert: »Die Ehe mit Livia Drusilla war ein politisches Bündnis mit den Claudiern, wenn auch nicht dies allein. Die kalte Schönheit mit den schmalen Lippen, der dünnen Nase und dem entschlossenen Blick hatte in vollem Maße die politischen Fähigkeiten zweier Häuser geerbt, der Claudii und der Livii, die in Rom über Macht aus eigenem Recht verfügten. Sie beutete ihre Klugheit zu ihrem eigenen und ihrer Familie Vorteil aus. Augustus unterließ es nie, ihren Rat in Staatsgeschäften einzuholen. Es lohnte sich, ihn zu haben, und sie verriet nie ein Geheimnis.«[3]

Wer war diese Livia, die angeblich kalte Schönheit, die über ein halbes Jahrhundert die Ehefrau des Augustus bleiben sollte, obwohl sie ihm nicht den ersehnten Erben und Nachfolger schenken konnte? Viele Vermutungen sind darüber angestellt worden. War sie, wie kürzlich vehement behauptet wurde, der düstere Racheengel ihres Ehemanns Claudius Nero – dazu ausersehen, die leiblichen Erben des Augustus zu vernichten?[4] Oder war sie »die ewige Stiefmutter, den Blick auf ihren großen Hätschelhans Tiberius gerichtet, ohne Liebe und Gnade für ihre Stiefkinder«?[5]

Tatsache ist, daß Livia bis zu ihrem Tod 29 n. Chr. im Zentrum der Macht des römischen Weltreichs stand: die ersten Jahre als Ehefrau des Triumvirn Octavian, wie Caesars Adoptivsohn entsprechend der historischen Tradition für den Zeitabschnitt bis 27 v. Chr. hier genannt werden soll, dann an der Seite des inzwischen zur Alleinherrschaft gelangten Princeps Augustus und schließlich als Mutter des zweiten Herrschers, ihres Sohnes Tiberius. Es waren ihre direkten Nachkommen – zum Teil in ihrem Haushalt aufgewachsen –, die sämtliche Herrscher der iulisch-claudischen Dynastie stellten. Einer von ihnen, der Princeps Claudius, ließ sie sogar zur Göttin erheben, um auf diese Weise seine Verbundenheit mit dem ebenfalls vergöttlichten Augustus zum Ausdruck zu bringen. Die Geschichte der Livia ist also aufs engste mit der Geschichte des frühen Principats und dem Umbau der republikanischen Ordnung in eine monarchische verbunden. Gerade die von Augustus forcierte Etablierung einer dynastischen Erbfolge, die in krassem Gegensatz zur offiziellen Linie stand, die faktische Position des Herrschers hinter einer republikanischen Fassade zu kaschieren, ließ seine Ehefrau zu einer öffentlichen Stellung gelangen, wie sie keine römische Frau vor ihr eingenommen hatte. Dennoch ist Livias Geschichte immer wieder auch durch jene traditionellen Handlungsräume bestimmt worden, die einer Frau der römischen Aristokratie zugewiesen wurden. Zwischen diesen beiden Polen soll hier Livias Lebensweg nachgezeichnet werden. Ich versuche auszuloten, inwieweit sie selbst ihr Geschick und das von Menschen und Politik zu beeinflussen vermochte.

Eine traditionelle Biographie Livias zu schreiben ist allerdings unmöglich, wenn sie die äußere Geschichte dieser Frau neben ihrer inneren geistigen und moralischen Entwicklung darstellen soll. Selbstzeugnisse fehlen völlig, und von ihrer Korrespondenz sind uns nur wenige Kleinstfragmente von Briefen, die sie erhielt, geblieben. Fast das gesamte Material über Livia stammt aus antiken historiographischen Texten, die – und das ist schon beinahe ein Allgemeinplatz – von Männern verfaßt sind, die nur selten über zeitgenössische Kenntnisse verfügten. Häufig beabsichtigten sie gar nicht über Livia zu schreiben, sondern ihre Darstellungen der Livia zielten darauf, sich über den Princeps oder besser den Principat zu äußern. Dabei werden verschiedenste Konzepte über das Ideal weiblichen Lebens angewendet, und es ist äußerst schwierig,

Realität und Fiktion voneinander zu trennen. Was uns also fehlt zur adäquaten Einordnung dieser Darstellungen, ist eine Fülle von mitgelesenen Informationen, die dem antiken Leser der Texte quasi als Teil seines kulturellen Gedächtnisses zur Verfügung stand. Dennoch will ich hier versuchen, Livias Leben darzustellen. Das wird fast ausnahmslos das Leben der öffentlich sichtbaren oder, anders gesagt, der für die Öffentlichkeit sichtbar gemachten Person sein.

Besondere Bedeutung gewinnt deshalb die politische Rolle Livias. Augustus war der Architekt des römischen Principats, das erst allmählich zu einem kohärenten politischen System wurde und die Herrschaft eines einzelnen mit republikanischen Traditionen verband, um sie den alten Eliten erträglicher zu machen. Ihre gesamte Ehe mit Augustus hindurch stand Livia im Zentrum dieser politischen Entwicklung. Knapp zehn Jahre davon dauerte der Kampf um die Alleinherrschaft im römischen Imperium, der mit Antonius und seinen Verbündeten ausgefochten wurde. Nach dem Ende des Bürgerkrieges mußte die errungene Stellung gesichert, legitimiert und legalisiert werden. Diese dauerhafte Gestaltung des augusteischen Principats setzte sich auch über den Tod des Herrschers im Jahr 14 n. Chr. fort. Jetzt trat Livia als Mutter seines Nachfolgers, ihres Sohns Tiberius, für 15 weitere Jahre noch stärker ins Rampenlicht. Das führte zu schweren Konflikten zwischen Mutter und Sohn, weil weder die Position der Ehefrau eines Princeps noch seiner Witwe geklärt worden war.

Wenn uns das Wort »Kaiserin« heute so leicht von den Lippen kommt, dann ist das in erster Linie einer nachträglichen Interpretation der Ereignisse geschuldet. An Livias Person vollzog sich die Definition der künftigen Rolle der Herrscherfrau im römischen Imperium. Das war eine brisante politische Frage, denn faktisch konstituierte sich der römische Principat als Monarchie, in der theoretischen Begründung beharrte aber sein Schöpfer Augustus darauf, daß es sich um die wiedererstandene Bürgerrepublik handele. Die Republik ist wiederhergestellt *(res publica restituta)* war das Schlagwort, mit dem Augustus selbst seine Verfassungskonstruktion beschrieb. In dieser prekären staatsrechtlichen Situation war kein Platz für die Existenz einer »Kaiserin«, was den dynastisch-monarchischen Charakter des Systems verraten hätte. Dennoch kamen auf die Ehefrau des Princeps besondere Aufgaben wegen ihrer Nähe zum Herrscher oder als Mutter künftiger Nachfolger zu, so daß man gezwungen war, sie in das Herrschaftssystem zu integrieren. Ihr wurden Ehrungen erwiesen, wie sie keine Frau in Rom zuvor erfahren hatte. Wie kaum eine andere Frau an der Seite eines römischen Kaisers ist Livia von der antimonarchischen Historiographie Roms als machtbesessene Intrigantin beschrieben worden, die eigentlich die Geschicke des Weltreichs bestimmt habe.

Das Faszinosum dieses Bildes reicht bis in die Moderne. Noch im Jahr 2005 reiht Helmut Werner sie unter die »Tyranninnen. Grausame Frauen der Weltgeschichte« ein. Der Dramatiker Rolf Hochhuth hat zur gleichen Zeit in einer historischen Erzählung »Livia und Julia. Demontage der Geschichtsschreibung« Livia als (Gift-)Mörderin an sieben potentiellen Nachkommen ihres Gatten ausgeleuchtet, deren jahrzehntelanges Streben es gewesen sei, ihren einzigen leiblichen Sohn gegen die leiblichen Erben des Augustus als Nachfolger zu installieren. Hochhuth verbindet seine Livia-Darstellung mit einer maliziösen Kritik an der deutschen Altertumswissenschaft, die Livia beharrlich exkulpiert habe, weil sie sich nicht mit den Niederungen der menschlichen Natur abgeben wollte. Besonders Mommsens moralische Weltsicht wird gekonnt seziert.

Dreh- und Angelpunkt der Schilderung Hochhuths sind die Vaterschaft von Livias zweitem Sohn Drusus, die er Augustus zuschreibt, und eine Reduzierung des römischen Herrscherwechsels auf den einer traditionellen Monarchie europäischen Typs, die im frühen Principat so weder existiert noch vererbt wird.[6] In Absprache mit Claudius Nero habe Livia sich demnach schwängern lassen. Claudius Nero und Livia hätten bewußt den Plan gefaßt, an Octavian »Rache zu nehmen, an den Erben des Mörders ihres Vaters, indem sie dessen Enkel Tiberius an den Enkeln des Kaisers vorbei den Weg zum Thron freimacht ... freimordet«.[7]

Das klingt zweifellos interessant, aber es spricht auch viel dagegen. Ich teile die Einschätzung zumindest insofern, als ich auch glaube, daß Claudius Nero durchaus willig war, seine Frau dem Triumvirn Octavian ins Bett zu legen, allerdings mit viel näher liegenden Plänen. Als Livia und Octavian heirateten, war die Frage, wer künftig über das Imperium herrschen sollte, völlig offen. Antonius war im Jahr 39 v. Chr. der weit aussichtsreichere Kandidat für eine Alleinherrschaft als sein Kollege Octavian.

Mein Anliegen ist daher ungleich bescheidener als Hochhuths literarischer Entwurf. Es soll die verschiedenen Rollen darstellen, die Livia in ihrem Leben übernahm, die ihr zufielen oder zugewiesen wurden. Die Zwänge sind auszuleuchten, die ihren Handlungsrahmen eng begrenzten. Der Epochenwechsel von der Republik zur Monarchie, der sich durch die Herrschaft des Augustus endgültig vollzog, soll aus der Perspektive dieser ungewöhnlichen Frau vermessen werden, ohne freilich einen systematisch-chronologischen Überblick der Zeit zu liefern, was andere weit kompetenter getan haben, als es hier ge-

schehen könnte.[8] Vielmehr soll Livias besondere politische Rolle im Vordergrund stehen und zugleich das Frauenbild dieser Epoche kulturgeschichtlich
analysiert werden. Dieses Frauenbild wird die soziale Position einer Mutter
und Ehefrau der römischen Aristokratie in ihren unterschiedlichen Facetten
zeigen.

KAPITEL 1

ERZIEHUNG DER LIVIA

Was brachte eine Frau wie Livia mit in die Ehe? Sie wird eine für ihre Herkunft adäquate Ausbildung erhalten haben. Was ihre geistigen Fähigkeiten anlangt, beschreibt Philo von Alexandrien sie in einer Rede, die angeblich von einer jüdischen Delegation vor dem Kaiser Caligula gehalten wurde, als äußerst scharfsinnig und in der Lage, wie ein Mann intellektuelle Konzepte zu erfassen. Er führt dies teils auf eine natürliche Anlage zurück, teils auf eine gute Erziehung, die sie befähigte, ihren Geist stets weiter zu entwickeln.[1] Ob ein Römer angesichts des in der Elite verbreiteten Ressentiments gegen griechisch-philosophisches Denken[2] diese Qualität genauso geschätzt hätte, bleibt dahingestellt. Sicher ist, daß Livia sich zumindest in fortgeschrittenem Alter – wie auch andere Frauen – der Philosophie zuwandte.

Zu einer guten römischen Erziehung gehörte bei Jungen wie Mädchen eine solide zweisprachige Ausbildung in Latein und Griechisch. Livias Jugend war zudem eine Zeit des Umbruchs, in der das Thema Mädchenbildung heftig diskutiert wurde. Unter dem Einfluß der Stoiker kam dabei die Frage auf, ob es nicht angemessener sei, den Mädchen mehr Bildung angedeihen zu lassen, um sie damit auch stärker in die Verantwortung für die eigene Tugend zu nehmen. Da die Mädchen der Elite früh heirateten, was ihre Ausbildung verkürzte, entwickelte sich allmählich ein Konzept, den Unterricht im Hause des älteren Ehemanns fortzusetzen, der damit erzieherische Funktionen zugewiesen bekam.[3] Noch waren diese Ideen nicht ausgereift, aber Bildung wurde zunehmend als Teil der Domestizierung des Weiblichen verstanden: *Die Frau an sich ist unvernünftig und, falls man ihr keine Kenntnisse vermittelt und nicht viel Bildung zukommen läßt, ein wildes Tier, maßlos in seinen Begierden*, behauptete Seneca gut 100 Jahre später.[4] Ansonsten setzte man auf Überwachung. So wurden die Mädchen auf Schritt und Tritt von jemandem begleitet. Selbst innerhalb des Hauses waren sie nie allein. Man ließ sie so gut wie gar nicht aus den Augen, um ihnen für die erste Ehe die Jungfräulichkeit zu erhalten. Keuschheit war das oberste Gebot für eine Ehefrau, denn eine Gesellschaft, der die Möglichkeit fehlt, die Vaterschaft zu überprüfen, lebt in beständiger Sorge, untergeschobene Kinder aufzuziehen.

Solange die Mädchen unverheiratet waren, trugen sie in der Öffentlichkeit ihren Kopf unverschleiert, damit jeder sehen konnte, daß sie zu haben waren. Schon früh wurden sie in der Wollarbeit im Spinnen und Weben unterrichtet, was zu ihren wichtigsten Haushaltsobliegenheiten gehörte. Sie sollten selbst prestigeträchtige Gegenstände aus Wolle fertigen können, aber auch die Sklavinnen bei dieser Arbeit anleiten, beaufsichtigen und ihnen die Wollmenge, das *pensum*, zuteilen.[5] Diese Lebenswelt eröffnete sich für die Mädchen auch im Spiel, indem man sie von klein auf mit hochwertigen Stoffen hantieren ließ.[6]

Das Spiel nahm ohnehin die Lebensrollen vorweg, wie ein Gedicht zeigt, das die 19jährige griechische Dichterin Erinna zum Andenken an ihre Freundin Baucis im 4. Jahrhundert v. Chr. verfaßt hat: *Als wir kleine Mädchen waren, klammerten wir uns in unseren Zimmern heftig an unsere Puppen und spielten sorglos junge Mütter.*[7] Archäologische Grabungen haben Puppen aus unterschiedlichen Materialien ans Licht gebracht, zum Teil mit beweglichen Gliedmaßen. Aber auch Puppenausstattungen mit Möbeln und Geschirr kennen wir. Ein anderes Mal beschreibt Erinna ein Spiel mit Namen »Chelichelone«, das Schildkrötenspiel – eine Mischung aus »Häschen in der Grube« und »Wer fürchtet sich vorm fremden Mann«. Ein Mädchen sitzt im Kreis, die anderen laufen um sie herum und fragen Chelichelone: *Was machst du da in der Mitte?* Die Spielerin antwortet: *Ich mache Knäuel aus Wolle und Mileter Seide.* Darauf die anderen: *Und woran ist dein Sohn gestorben?* Das Mädchen antwortet: *Er ist gestorben, weil er von seinen weißen Pferden herunter ins Meer gesprungen ist.* Sie springt auf und versucht, eines der Mädchen zu fangen mit dem Ruf: *Hab' ich Dich.*

In diesem Spiel wird einerseits die weibliche Welt der Textilarbeit und der Mutterschaft vorweggenommen, andererseits aber auch die dem Weiblichen zugeschriebene Unberechenbarkeit zum Thema. Diese dunkle Seite der Frau ist vielleicht am besten in der Gestalt der Medeia verkörpert, die ihr Hauswesen in den Untergang führt. Aber es gab auch Spiele ohne gesellschaftlichen oder mythischen Hintergrund, wie das Schaukeln oder das Reifen- und Kreiseltreiben. Zahlreiche Abbildungen zeigen Mädchen, die sich mit dem Nuß- und Knöchelspiel die Zeit vertreiben oder sich mit Haustieren wie Vögel oder Katzen amüsieren (Abb. 7).

Anders als bei den Jungen fand der Unterricht für die Mädchen der Oberschicht nach der Elementarschule weiterhin im elterlichen Hause statt.[8] Ciceros Freund Atticus beschäftigte für seine Tochter Caecilia einen Sklaven als *paedagogus* für den Anfangsunterricht und einen freigelassenen *grammaticus* für die zweite Schulstufe. Mädchen aus einfachen Verhältnissen besuchten zusammen mit ihren Brüdern die Elementarschule im öffentlichen Raum – etwa am Forum –, wo ihnen Lesen, Schreiben und Rechnen vermittelt wurde. Die Aristokratinnen lernten Griechisch, erhielten mitunter sogar rhetorische und philosophische Unterweisung, wurden aber in jedem Fall mit der lateinischen wie auch der griechischen Dichtkunst vertraut gemacht.[9] Schließlich wollte man in ihnen angenehme, geistreiche Gesprächspartner – Frauen, die zuhörten, aber auch einen sachgerechten Rat erteilen konnten. Zumindest bei Abendeinladungen hatten sie zur geselligen Unterhaltung der Gäste beizutragen und sollten bei der Erziehung der Kinder mit ihrer Sprechweise Vorbild sein. Livias Zeitgenosse Cicero (Brut. 210 f.) führt dazu aus:

Es ist aber sehr wichtig, wen man täglich zu Hause hört, mit wem man von klein auf redet, wie die Väter, Erzieher und auch die Mütter sprechen. Wir lesen die Briefe der Cornelia, der Gracchen-Mutter: Offensichtlich sind die Söhne weniger auf dem Schoß der Mutter als in ihrer Sprache aufgewachsen. Ich habe oft gehört, wie sich Laelia, die Tochter des Laelius, ausdrückte. Ich habe also gesehen, wie sie von der Eleganz ihres Vaters beeinflußt war; desgleichen ihre beiden Töchter namens Mucia, deren Ausdrucksweise mir bekannt war, und ihre Enkelinnen namens Licinia, die ich beide habe reden hören.[10]

Im Idealfall kümmerte sich die Mutter um die frühe Erziehung der Kinder, oft wurde auch eine ältere Verwandte des Vaters – seine verwitwete Mutter oder Schwester – mit dieser Aufgabe betraut.[11]

Da die Männer häufig abwesend waren, mußten die Ehefrauen auch in der Lage sein, viele wichtige ökonomische Entscheidungen zu treffen. Ohnehin führten sie den Haushalt weitgehend selbständig, teilten dem Personal die Arbeit zu, überwachten die Ausführung und überprüften die vorgelegten Rechnungen. Das setzte voraus, daß sie nicht nur Rechnungsführung beherrschten, sondern auch planen und organisieren konnten. In der Bildkunst hat sich das sehr treffend niedergeschlagen: Die Männer werden als weltläufig und gebildet mit der Buchrolle abgebildet, ihre Frauen aber mit der Schreibtafel, auf der die Haushaltsangelegenheiten, Mitteilungen und Abrechnungen niedergelegt sind (Abb. 32).[12]

Auf den Grabschriften für Frauen wird immer wieder Sparsamkeit als eine der häuslichen Tugenden der Frau genannt, und selbst in aristokratischen Kreisen achtete eine gute Ehefrau offensichtlich darauf, daß der Mann auch im Rahmen seiner finanziellen Möglichkeiten blieb. Die allseits gelobte Mutter des Antonius versuchte zumindest die Großzügigkeit ihres Mannes gelegentlich im Zaum zu halten.[13]

Neben der Vorbereitung auf die Hausfrauenpflichten stand die Ausbildung in Musik und Tanz; diese Fähigkeiten waren im wesentlichen dazu bestimmt den Ehemann und seine Gäste zu unterhalten.[14] Eine gebildete Frau hatte eine geschulte Stimme, beherrschte ein Musikinstrument und Grundlagen der Komposition, um Texte zu vertonen.[15] Von der adligen Sempronia sagt Sallust (Cat. 25): *Die Frau war in Herkunft und Schönheit, dazu in Mann und Kindern recht vom Glück begünstigt; sie war in griechischer und lateinischer Bildung unterrichtet, musizierte und tanzte besser, als es für eine anständige Frau nötig ist.* Cornelia, die letzte Ehefrau des Pompeius, galt als besonders anziehend, weil sie belesen war, Lyra spielte und sich in Geometrie und Philosophie bewandert zeigte.[16] Die Frauen verwalteten neben den Vorräten auch die Arzneien des Hauses. Harmlosere Krankheiten kurierten sie selbst. Das setzt ein tradiertes Wissen voraus; es wurde vermutlich über die Mutter und andere weibliche Verwandte erworben.

Wie bei den Jungen bestand ein guter Teil der Ausbildung in Gymnastik und Körperschulung. Bei den Mädchen legte man Wert auf einen grazilen Gang.[17] Ein stadtrömisches Grabepigramm aus dem 2. Jahrhundert v. Chr. verweist auf diese Tugend für eine ehrbare römische Ehefrau, die ihre Pflichten gegenüber ihrem Mann vorbildlich erfüllte:

> Fremder, was ich zu sagen habe, ist kurz, bleib stehn und lies.
> Dieses Grab ist nicht schön, aber für eine schöne Frau.
> Die Eltern gaben ihr den Namen Claudia.
> Sie liebte ihren Mann von ganzem Herzen.
> Sie gebar zwei Kinder, von denen
> sie eins in der Erde begrub, das andere über der Erde ließ.
> Ihre Rede war heiter, dann auch ihr Gang gefällig.
> Sie hütete das Haus, arbeitete an ihrer Wolle.
> Ich habe meine Rede beendet. Du magst gehen.[18]

Nicht Schönheit war das Ziel der körperlichen Formung, vielmehr sollten Botschaften über Charakter und gesellschaftlichen Rang sichtbar in den Körper eingeschrieben werden. Claudias Gang war *commodus* (gefällig), ein Wort, das auch zur Kennzeichnung eines »umgänglichen« Menschen diente. In Claudias Gang offenbarte sich neben Anmut ihr umgänglicher Charakter. Gleiches gilt für Claudias heitere Redeweise, die das liebenswürdige Wesen der Frau zum

Ausdruck brachte. Es spielt dabei keine Rolle, ob die Tote tatsächlich diesem Ideal entsprach, wichtig ist nur, daß uns hier eine soziale Norm vorgeführt wird. Eine andere Ehefrau, Glypte, wird auf ihrem Grabmal ähnlich beschrieben: *nicht ohne Fröhlichkeit* (laetitia) *war ihre Rede.*[19] Die geformte Schönheit war geschlechtsspezifisch definiert. Für die Frau wurde sie durch körperliche Anmut *(venustas)*, für den Mann durch körperliche Würde *(dignitas)* zum Ausdruck gebracht.[20] Dennoch standen Ernst *(gravitas)* und Schönheit *(pulchritudo)* durchaus nebeneinander.[21] Während man am Mädchen den Charme *(suavitas)* und seine scheue Zurückhaltung *(verecundia)* schätzte, sollte die römische Matrone wie ihr Ehemann Würde *(gravitas)* ausstrahlen. Der alten Dame gestand man darüber hinaus noch Klugheit *(prudentia)* zu.[22]

Körperliche Formung setzte mit den Wickeltechniken bei den Säuglingen ein. In den ersten 40 Tagen hat man sie mehr bandagiert als gewickelt, um ihren Körper dem ästhetischen Ideal anzunähern. Rechtshändigkeit war ebenso von Bedeutung wie ein möglichst gerader Körper. Eine zum Teil schmerzhafte Prozedur bedeutete die Massage nach dem Bad, bei der man das Kind zuerst mit den Füßen nach oben an den Knöcheln faßte, um den Rücken zu stärken. Anschließend folgte die Massage, die den kleinen Körper in die gewünschte Form brachte. Der Fuß sollte vorn breit und in der Mitte schmal wirken. Die ideale Kopfform war ein Rundschädel, wie er uns auf vielen Porträtplastiken der Römer begegnet. Hierzu drückte die Kinderfrau die eine Hand gegen die Stirn, während die andere Hand entgegengesetzt auf den Nacken Druck ausübte. Auch die Nase hat man besonders sorgfältig behandelt, damit sie schön gebogen war. Der in Rom praktizierende griechische Arzt Soran (1,36,103) gibt dazu folgende Anweisung:

Mit beiden Daumen werden die Augen ausgerieben und wird die Nase geformt, indem man sie bei solchen, welche eine Stumpfnase haben, hebt, dagegen bei denen, welche eine Habichtsnase besitzen, drückt. Dabei soll man aber bei denen, welche eine Habichtsnase haben, diese nicht an dem Punkte der Erhöhung zurückdrücken, sondern man muß die Nasenflügel im Verhältnis zu der nach vorn neigenden Nasenspitze vorziehen und emporrichten.

Während die beschriebenen Körpermerkmale für beide Geschlechter angestrebt wurden, gab es auch eine geschlechtsspezifische Formungspraxis. Bei den kleinen Mädchen versuchte man durch festes Einschnüren der Brust dafür zu sorgen, daß sie möglichst schmächtig wirkten und ihre Hüften hervortraten. Ihre Gebärfähigkeit wurde also verbildlicht bei gleichzeitiger Bewahrung ihrer

Mädchenhaftigkeit. Möglichst helle Haut galt bei Frauen als anziehend, der man mit Auftragen von (giftigem) Bleiweiß nachhalf. Junge Männer dagegen brauchten ein möglichst gerötetes Gesicht[23] – eine gesunde Hautfarbe –, die man mit Übungen zu erreichen suchte, aber vermutlich auch mit Kosmetik. Plinius der Jüngere (epist. 1,14,8) preist einen potentiellen Heiratskandidaten mit den Worten an: *Er besitzt ein offenes Gesicht, stark durchblutet, tiefrote Wangen, natürliche Schönheit in seiner ganzen Erscheinung und gewissermaßen senatorischen Anstand.* Ein blasses männliches Gesicht galt dagegen als Ausdruck eines wirren Geistes.[24]

Die kleinen Mädchen wurden bereits beträchtlich herausgeputzt. Man durchstach ihre Ohrläppchen, gab ihnen Schmuck und begann sie zu schminken.[25] Freundlichkeit, Duldsamkeit und Loyalität, häufig als Gehorsam bezeichnet, sollten die Ehefrauen aufbringen.[26] Das galt später auch für die Frauen der Herrscherfamilie. Der verstorbenen Nichte des Kaisers Traian, Matidia, wird in der Leichenrede *Liebenswürdigkeit, Ernst, Schönheit, Sittenreinheit, Gehorsam, Duldsamkeit, Hingabe und Bescheidenheit* (comitas, gravitas, pulchritudo, castitas, obsequium, indulgentia, pietas, modestia) zugeschrieben.[27] Drehund Angelpunkt weiblichen Lebens sollte die Fürsorge für den Ehemann sein.[28] Einen anderen Lebensentwurf als Ehefrau und Mutter, gab es für die Mädchen nicht. Livias Lebensweg verrät eine starke Verinnerlichung dieser Werte. Wie weit das der Realität entsprach, werden wir noch sehen. Fest steht zumindest, daß ihr Leben als Verkörperung des Frauenideals gepriesen wurde.

KAPITEL 2

IM SCHATTEN CAESARS.
LIVIAS ABSTAMMUNG

Wahrscheinlich wurde Livia in Rom geboren, denn keine italische Stadt erhob Anspruch darauf, ihre Heimatstadt zu sein, was angesichts ihrer fortwirkenden Popularität die gesamte Kaiserzeit hindurch mehr als aussagekräftig ist.

Livia wurde, wie überall zu lesen ist, am 30. Januar 58 v. Chr. geboren. Was wie eine schlichte Tatsache klingt, ist hingegen bereits eine historische Konstruktion. In Wirklichkeit wurde sie nach der Rechnung des römischen Kalenders am dritten Tag vor den Kalenden, dem Monatsbeginn, des Februar geboren. Im Jahr 45 v. Chr. reformierte Caesar als Oberpriester *(pontifex maximus)* aber die völlig aus den Fugen geratene römische Zeitrechnung und fügte dem Januar, der bislang 28 Tage hatte, drei Tage hinzu. Es gab also im Geburtsjahr der Livia gar keinen 30. Januar, statt dessen wird sie am 27. Januar zur Welt gekommen sein. Aber sie datierte ihren Geburtstag nicht neu, sondern blieb bei der Bezeichnung »am dritten Tag vor den Kalenden«, so daß ihr Geburtstag nun auf den vorletzten Januartag des neuen Kalenders fiel. Auch das Jahr der Geburt steht nicht mit letzter Sicherheit fest. Es ist nur eine Berechnung aus ihrem Sterbedatum im Jahr 29 n. Chr. und den Angaben, daß sie 86 oder 82 Jahre alt gewesen sein soll. Das Jahr 52 v. Chr. kann man als Geburtsjahr getrost verwerfen, weil sie ihren ersten Sohn mit Sicherheit am 16. November 42 v. Chr. zur Welt brachte, was sie zu einer nicht einmal 11jährigen Mutter machen würde.

An der allgemein angenommenen Datierung 58 v. Chr. sind vor kurzem Zweifel geäußert worden, mit dem Hinweis, die Weihung der *ara pacis* (Altar des Friedens), des bedeutendsten dynastischen Monuments des augusteischen Hauses, am 30. Januar 9 v. Chr. sei als eine Ehrung anläßlich ihres 50. Geburtstags gedacht gewesen.[1] Das ist keine schlechtere Lösung als die bisher gängige. Aber wir wissen nicht, ob »runde« Geburtstage tatsächlich eine Bedeutung hatten. Herrschaftsjubiläen der Kaiser wurden begangen – Dezennalien (Zehnjahresfeiern) etwa sind häufiger belegt, allerdings noch nicht für Augustus –, oder man feierte die Jahrhundertgeburtstage der Stadt Rom, die freilich auch schon mal politisch passend ausgerufen wurden. Aber von wichtigen Geburtstagen der Angehörigen der Herrscherfamilie schweigen die Quellen. Augustus erhielt allerdings gerade im Februar, der seinem 60. Geburtstag folgte (2 v. Chr.), den Titel *pater patriae* (Vater des Vaterlandes), den er als den ehrenvollsten seiner Karriere verstand (vgl. S. 13). Dieser Zusammenhang zwischen Ehrung und Geburtstag würde, auf Livia bezogen, das Geburtsjahr 58 erneut stützen.

Die Aristokratin vom Land – Alfidia, Livias Mutter

Livia entstammte dem Stadt- und Landadel. Ihr Vater gehörte zur alten Aristo-kratie Roms, ihre Mutter, Alfidia, kam jedoch aus einem *municipium* Italiens, gehörte also der landstädtischen Aristokratie an. Die Munizipien waren ursprünglich die Städte Italiens, die sich den Römern unterwerfen mußten, und hatten sehr unterschiedlichen Rechtsstatus. Allen gemein war jedoch, daß sie Rom militärisch zu unterstützen hatten. Als erstes erwirkten die Latiner, die Umwohner Roms, eine rechtliche Aufwertung, die sie den Römern nahezu gleichstellte. Nach dem blutigen Bundesgenossenkrieg (91–89 v. Chr.) erhiel-ten dann alle Munizipien Italiens südlich des Po das römische Bürgerrecht. Ihre Bewohner genossen damit das aktive wie passive Wahlrecht in Rom, die einem römischen Bürger zustehenden Steuerprivilegien sowie besonderen Schutz bei der Strafverfolgung.

Die Oberschicht dieser Munizipien verfügte oft über ein Mindestvermögen von 400000 Sesterzen und gehörte damit zum römischen Ritterstand, der in der gesellschaftlichen Rangfolge nach den Senatoren kam. Zu den Hauptbetä-tigungsfeldern reicher Ritter zählte der Fernhandel, der den Senatoren seit der *lex Claudia* (218 v. Chr.) offiziell verboten war, sowie die Steuerpacht in den Provinzen. Durch Handels- und Finanzgeschäfte hatten einige Ritter immense Vermögen angehäuft, die sie den Senatoren ebenbürtig machten. Aus dieser Schicht rekrutierten sich die politischen Aufsteiger in Rom wie Octavians Vater. Technisch gesehen gab es in der Republik gar keinen Senatorenstand. Senator war nur, wer Mitglied im Senat, dem Rat der Stadt, der Versammlung aller ehemaligen Amtsträger, war. Jeder Senatorensohn mußte erst durch den Eintritt in den Senat den Rang seines Vaters neu erwerben. Aber natürlich war es ziemlich gewiß, daß die männlichen Mitglieder senatorischer Familien auf-grund von Wohlstand und Prestige ihren Status behaupten konnten und vom Volk in ein erstes politisches Jahresamt als Quästor gewählt wurden. Ziel die-ser jungen Männer war es natürlich, die in der Republik übliche Ämterlaufbahn *(cursus honorum)* zu absolvieren und das höchste Staatsamt, den Konsulat, zu erreichen. Schließlich bestimmten die sogenannten konsularischen Familien weitgehend Roms Geschicke.

Caligula, Livias Urenkel, hatte während seines kurzen Principats (37–41 n. Chr.) in einem Brief an den Senat behauptet, Livias Mutter sei die Tochter eines *decurio* (Stadtrats) aus Fundi – Fondi an der via Appia – in Latium gewesen.[2] Fundi besaß bereits seit 188 v. Chr. römisches Bürgerrecht. Caligula liebte es, Witze über die Familie zu reißen oder zumindest die Tatsachen zu verzerren. Der römische Biograph und Historiker Sueton, der auf den Hinweis in den Staatsakten stieß, hat sich daher erhebliche Mühe gemacht, den Vorwurf zu überprüfen. Nach seinen Recherchen kam nur ein Aufidius Lurco als Vater Alfidias in Frage, dem aber schon der Aufstieg in die römische Senatsaristokratie gelungen war.[3] Einen weiteren Hinweis gibt möglicherweise Horaz, der in einer seiner Satiren über den höchsten Magistrat von Fundi, einen gewissen Aufidius Lusco, spottet.[4] Dieser Lusco machte sich im Frühjahr 37 v. Chr. mit aufgeblasenem Gepränge ziemlich lächerlich. Hatte Lusco einen Grund, sich so aufzuspielen, war er vielleicht ein entfernter Verwandter der Frau des Triumvirn Octavian?

Claudianus und Alfidia, Livias Eltern, haben wohl spätestens im März 59 v. Chr. geheiratet. Die Eheschließung mag auch einen politischen Hintergrund gehabt haben. Wie die zahlreichen Statuen für Livias Eltern in Marruvium (San Benedetto) am Fuciner See vermuten lassen, könnte Claudianus seine Frau unter den Marsern gesucht haben, die 91 v. Chr. den Bundesgenossenkrieg angezettelt hatten.[5] Er hätte sich damit in die politische Nachfolge seines Adoptivvaters Drusus gestellt, der nachdrücklich das Wahlrecht für die Bundesgenossen verlangt hatte und mit Quintus Poppaedius Silo persönlich befreundet war, einem der marsischen Anführer während des Krieges. Aber der Bundesgenossenkrieg lag ja inzwischen 30 Jahre zurück, und anders als aus Fundi kennen wir keine Alfidii aus Marruvium.[6] Deshalb wirkt eine derartige Herkunft recht fragwürdig.

Wahrscheinlicher sind dagegen finanzielle Überlegungen. Livias Mutter, Alfidia, dürfte recht wohlhabend gewesen sein, denn es war üblich, daß bedeutende stadtrömische Familien wie die Claudier, wenn sie finanziell unter Druck gerieten, den verblassenden Glanz ihrer Ahnenreihen mit dem Geld munizipaler Bräute wieder aufpolierten. Eine politische Karriere verschlang Unsummen. Und man mußte sich entscheiden, ob man Geld oder Beziehungen heiraten wollte. Hinzu kommt, daß senatorische Bräute nicht in ausreichender Zahl zur Verfügung standen.

Einem ähnlichen familiären Hintergrund von Rittern wie Livia mütterlicher-seits entstammte auch Octavian. Sein Großvater hatte in der kleinen latini-schen Stadt Velitrae (Velletri), 35 km von Rom entfernt, als Geldverleiher ein Vermögen gemacht, das dem Vater Octavians den Aufstieg in den Senat er-laubte.[7] Dieser brachte es bis zum Prätor und Verwalter einer Provinz (Mace-donien). Sein Tod im Jahr 59 v. Chr. auf der Heimreise aus Macedonien – Octa-vian war erst vier Jahre alt – verhinderte angeblich seinen Aufstieg bis zum Konsulat. In zweiter Ehe hatte er Octavians Mutter Attia um das Jahr 70, also noch vor seinem Einzug in den Senat (Quästor war er 66 v. Chr.), geheiratet. Attia war mit der stadtrömischen Aristokratie verwandt und stammte über ihre Mutter Iulia aus dem Geschlecht der patricischen Iulier. Als die Ehe ge-schlossen wurde, stand Iulius Caesar, der Onkel von Octavians Mutter, gerade am Anfang seiner politischen Karriere als Militärtribun. Attias Vater, Mar-cus Attius Balbus, Octavians Großvater mütterlicherseits, aus Aricia (Ariccia – südöstlich von Rom an der via Appia) war ebenfalls Prätor gewesen, auch wenn er nicht zu größerer Bedeutung gelangte. Immerhin konnte er für sich eine patricische Braut sichern, Caesars Schwester. Allerdings gehörten die Iulier zu dieser Zeit politisch keineswegs zu den herausragenden Familien.[8] Die Tat-sache, daß Attius Balbus und sein Schwiegersohn, Octavians Vater, beide um die gleiche Zeit das Prätorenamt bekleideten, Octavius 61 und Balbus sogar erst 60/59 v. Chr., deutet darauf hin, daß kein großer Altersunterschied zwi-schen den beiden Männern bestand, und daß sie sich möglicherweise über die Heiratsbeziehung stärker miteinander zu verbinden suchten. Es war nicht un-gewöhnlich, Schwiegersöhne unter den eigenen Freunden und Verbündeten zu suchen, statt deren Söhne in Betracht zu ziehen.

Der Sproß einer der einflußreichsten Familien der Stadt – Livias Vater

Livias Vater, Marcus Livius Drusus Claudianus, war ein gebürtiger Claudier aus altem römischen Geschlecht, das man zu Recht adelsstolz nennen kann. Nach der Legende war der Stammvater der Claudier, Appius Claudius, 504 v. Chr. zu Beginn der Republik aus der Sabinerstadt Regillum nach Rom einge-wandert und hatte aufgrund seiner vornehmen Abkunft sofort in den Kreis der Patricier, die alteingesessene Oberschicht, Aufnahme gefunden. Mag dies auch eine erfundene Geschichte sein, so zeigt sie zumindest, daß die Claudier schon sehr lange zu Roms Entscheidungsträgern gehörten. Sie hatten bedeutende Politiker hervorgebracht, aber auch halsstarrige und querköpfige Einzelgänger.

Sueton zählt in der Biographie des Tiberius akribisch die Verbrechen und Er-
rungenschaften dieser Familie auf, wobei er interessanterweise sowohl Männer
als auch Frauen nennt, zu deren auffälligsten Charaktereigenschaften ihr Stolz
gehörte: *daß alle Claudier immer Anhänger der Partei der Optimaten und ent-
schiedene Verteidiger der Würde und Macht der Patricier gewesen sind, dem
Volk gegenüber aber so schroff und trotzig, daß es nicht einmal ein auf Leben
und Tod Angeklagter* [aus den Reihen der Claudier] *über sich brachte, vor dem
Volk Trauerkleidung anzulegen und es um Milde anzuflehen.*[9] Demgegenüber
waren die Munizipalen bodenständige praktisch denkende Leute, und diese
Mentalität verband Livia mit Octavian. Livias Stolz in alter claudischer Tradition war andererseits genausowenig zu übersehen.

Livias Vater war – vermutlich – als Heranwachsender in die Familie der
Livier adoptiert worden.[10] Diese waren zwar nicht Patricier, sondern Senatoren
plebeischer Herkunft, aber sie gehörten ebenso wie die Claudier zu den sehr
erfolgreichen Familien der Republik und hatten über Jahrhunderte zahlreiche
Amtsträger gestellt. Der Adoptivvater Marcus Livius Drusus gehörte zu den
reichsten Männern seiner Generation. Da sein eigener Vater früh starb, konnte
Drusus schon in jungen Jahren über sein Vermögen verfügen. Er litt an Epilep-
sie und hat wohl noch jung einen Erben adoptiert, vielleicht auch nur eine
testamentarische Verfügung zugunsten eines »Adoptiverben« getroffen. Bei
den Liviern ist gut zu erkennen, wie die in der Oberschicht üblichen Adoptionen die familiäre Struktur veränderten. Der Adoptivvater Drusus hatte noch
eine Schwester Livia und einen Bruder, der seinerseits in Adoption gegeben
war. Drusus und seine Schwester Livia heirateten ein Geschwisterpaar, was für
eine enge Bindung beider Familien spricht. Allerdings kam es zu einem schweren Zerwürfnis, so daß Drusus, als er kinderlos blieb, durch Adoption für
Nachwuchs sorgte und dafür keinen unmittelbaren Verwandten auswählte.

Nach der Adoption führte Livias Vater die Namen seines Adoptivvaters
Marcus Livius Drusus und fügte den Beinamen Claudianus an,[11] der auf seine
bedeutende Herkunftsfamilie hinwies. Analog erhielt seine Tochter, die nach
der Adoption geboren wurde, wie es allgemein üblich war, den Familiennamen
des neuen Geschlechts als Name: Livia, mit dem Beinamen in der zärtlichen
Verkleinerungsform Drusilla. Mädchen trugen in dieser Zeit häufig nur den
Geschlechtsnamen. Gab es mehrere in der Familie, unterschied man sie nach
dem Alter (die ältere oder jüngere – Antonia maior/minor) oder nach der Zahl
(Iunia Tertia = die dritte Iunia).

Adoption war Ausweis eines spezifischen Sozialprestiges. Gerade in der
Oberschicht war sie strenger sozialer Kontrolle unterworfen. Daher wurde sie

in aller Öffentlichkeit praktiziert und dann in zugänglicher Form dauerhaft festgehalten – etwa in den familiären Aufzeichnungen der großen Geschlechter. Anders als im heutigen westlichen Kulturkreis war Adoption nicht von negativen Emotionen der Betroffenen begleitet. Im Gegenteil: Livias *nobilitas* (Adel) wurde von ihrer natürlichen Familie und ihren beiden Adoptivfamilien abgeleitet.[12] Diese Einschätzung unterscheidet die römische Adoption der Oberschicht diametral von modernen Adoptionen, die oft schmerzlichen und häufig traumatischen Ereignissen folgen – etwa der als Unvermögen empfundene Unfruchtbarkeit, die ein Paar daran hindert, den Anforderungen des als normal geltenden und gewählten Lebensentwurfs zu entsprechen, oder dem Verlassenwerden eines Kindes, weil die natürlichen Eltern entweder nicht in der Lage sind, ihr Kind aufzuziehen (Tod oder Bedürftigkeit), oder nicht bereit dazu. Der römischen Gesellschaft war eine vergleichbare Scham fremd. Vielmehr war es Ausdruck sozialer Distinktion und entsprechender ökonomischer Potenz, sich trotz fehlender natürlicher Reproduktion fortzupflanzen. Einen sozial akzeptablen Adoptionskandidaten zu präsentieren, der den Kriterien der sozialen Gleichrangigkeit entsprach, war aufgrund der üblichen engen Familienplanung nicht einfach.[13]

Bemerkenswert ist, daß Marcus Livius Drusus sich so früh außerhalb der eigenen Familie mit einem Adoptivsohn versorgt hatte, was wieder auf seinen Reichtum verweist, der es ihm erlaubte, seinen Erben nicht im engsten Familienkreis zu suchen. Er galt als sehr ehrgeizig, was schwer zu verifizieren ist, weil einige Autoren ihm die Mitschuld am Ausbruch des Bundesgenossenkrieges geben. Die Verbindung mit einem Claudius war für die politische Demonstration des Drusus, den Theodor Mommsen einmal »Gracchus der Aristokratie« genannt hat,[14] hervorragend geeignet. Damit veranschaulichte er seine unbedingte Hingabe an die optimatische Sache – Politik nur mittels des Senats und für die traditionellen Eliten zu machen. Drusus' Ehefrau Servilia stammte ebenfalls aus einer der ältesten patricischen Familien. Und ein patricischer Claudius Pulcher (Sueton Tib. 3,2 behauptet dies), wie Livias Vater es war, Nachfahr des sittenstrengen Appius Claudius Caecus,[15] hatte eine vornehme Ahnenreihe aufzuweisen, die für eine dezidiert optimatische Politik stand. Noch Tacitus sprach vom alten Hochmut, wie er der claudischen Familie angeboren sei.[16] Möglicherweise war Livias Vater ein jüngerer Sohn des Caius Claudius Pulcher (Konsul 92 v. Chr.), der bei Drusus' Wahl zum Volkstribun als Wahlleiter fungiert hatte, was die politische Verbindung spiegeln könnte. Cicero stellt fest, daß der Konsul Pulcher *wegen seiner vornehmen Herkunft und einzigartigem Einfluß von großer Bedeutung* war.[17] Als Vater von zwei weiteren Söhnen (Appius und

Caius) konnte er es sich leisten, einen dritten in Adoption zu geben. Zudem wird er finanziell kaum in der Lage gewesen sein, drei Söhnen eine höhere Ämterlaufbahn zu eröffnen. Als Schwager des Tiberius Gracchus, der 133 v. Chr. vergeblich versucht hatte, eine Bodenreform durchzusetzen, gehörte Claudius Pulcher zu reformwilligen Kreisen, so daß auch auf Seiten des Drusus bei der Adoption Überlegungen bestanden haben mögen, den politischen Anhang durch die Adoption zu verbreitern. Das trifft besonders auf seine beiden letzten Lebensjahre zu.

Noch Sueton fühlte sich bemüßigt, die Ebenbürtigkeit der plebeischen Livier mit den patricischen Claudiern zu betonen, um die Vornehmheit von Livias Sohn Tiberius, Enkel des adoptierten Claudianus, zu würdigen.[18] Während die Patricier die ursprüngliche Aristokratie Roms bildeten, hatten einzelne dem Volk *(plebs)* zugehörige Familien erst allmählich seit dem 4. Jahrhundert v. Chr. Zugang zu den politischen Ämtern und damit zur neuen Führungsschicht der Nobilität erlangt. Obwohl es bis auf wenige Ausnahmen kaum Unterschiede innerhalb dieser Führungsschicht gab, legten die Patricier nach wie vor Wert darauf, durch äußere Abzeichen auf ihren älteren Adel zu verweisen.

Velleius, der Offizier des Tiberius, der häufig apologetische Töne für seinen General anschlägt, hat den Großvater des Herrschers als überaus edlen und tapferen Mann *(nobilissimus et fortissimus vir)* bezeichnet.[19] Um dieses Urteil richtig einschätzen zu können, muß man wissen, daß Velleius' Familie mit Claudianus aufs engste verbunden war. Aus dieser Perspektive beurteilt Velleius den Adoptivvater Drusus ebenfalls äußerst positiv.[20]

Aber es gibt auch Spuren einer anderen Überlieferung. Livias Vater machte im Kielwasser Caesars Karriere, der ihn förderte, so daß er es im Jahr 50 v. Chr. bis zur Prätur brachte.[21] Schon 59 v. Chr. – also zur Zeit von Livias Geburt – war er von Caesar, der zu dieser Zeit in Gallien die Grundlage für seine Machtstellung schuf, mit einer Gesandtschaft (wahrscheinlich) nach Alexandria betraut, um dort Geld einzutreiben.[22] Cicero beschreibt ihn als unangenehmen Zeitgenossen. Diese Einschätzung hinderte ihn aber keineswegs, Claudianus 54 v. Chr. als Anwalt zu vertreten, als dieser von Lucretius und Caius Licinius Calvus wegen Begünstigung eines Prozeßgegners angeklagt wurde.[23] Es gelang Cicero, einen Freispruch zu erwirken.[24] Die Anklage läßt vermuten, daß Claudianus sich als Richter, also auf der ersten Station einer römischen Beamtenkarriere, hatte bestechen lassen. Das taten aber vermutlich fast alle Richter. Der Anwalt Cicero beschrieb seinen Mandanten später als geldgierig. Das verwundert insofern, als Claudianus von seinem Adoptivvater ein beträchtliches Vermögen geerbt haben muß und seine Frau Alfidia sicher eine erhebliche Mitgift in die Ehe brachte. Als Claudianus im Jahr 45 seine stadtrömischen Gärten am jenseitigen Tiberufer zum Verkauf anbot, spielte Cicero mit dem Gedanken, sie zu erwerben, schwankte aber, ob er den hohen Kaufpreis bezahlen sollte und könnte.²⁵ Vielleicht brauchte Claudianus Bargeld, das häufig knapp war, möglicherweise um einen Teil der Mitgift seiner Tochter abzusichern. Aber wirklich in Geldnot wird er kaum gewesen sein. Erstens war Immobilienspekulation ein wichtiger Erwerbszweig reicher Familien, und zweitens war Cicero überzeugt, daß er mit Claudianus nicht über den Preis verhandeln konnte.

Nach Caesars Tod im Jahr 44 schlug Claudianus sich auf die Seite der Caesarmörder. Ein Mann von seinem Herkommen mit entsprechendem Vermögen konnte einst in der alten Republik erwarten, eine solide Staatskarriere zu machen. Caesar und die Machtkämpfe der Republik verhinderten das weitestgehend, und so verwundert es nicht, daß Claudianus sich zwar Caesar andiente, um seinem Ehrgeiz nachzugeben, aber heimlich mit den Caesargegnern sympathisierte. Im Jahr 43 trat er offen für den Caesarmörder Decimus Brutus ein und wollte ihm das Kommando über zwei Legionen verschaffen.²⁶ Aus diesem Grund – und um sein Vermögen einzuziehen – setzten die Triumvirn Claudianus umgehend auf die Proskriptionslisten²⁷, mit denen die Triumvirn ihre Feinde für vogelfrei erklärten und deren Besitz den eigenen Kriegskassen zur Bekämpfung der Caesarmörder einverleibten. Claudianus blieb nur die Flucht in den Osten, wo er sich dem Heer der Caesarmörder anschloß.

Wahrscheinlich verheiratete er unter diesen schwierigen Umständen sein einziges Kind mit Tiberius Claudius Nero, einem entfernten Verwandten. Auf diese Weise konnte Claudianus seiner Tochter zumindest einen Teil seines Vermögens in Form einer Mitgift übertragen. Allerdings wird die Mitgift kaum in beweglichen Gütern vorhanden gewesen sein. Man vereinbarte normalerweise Teilzahlung. Von einem Verwandten konnte der Vater der Braut zudem erwarten, daß dieser mit dem Vermögen in seinem Sinne umging. Verwandtenehen waren in den Nobilitätskreisen der späten Republik eigentlich nur dann üblich, wenn finanzielle oder außergewöhnliche Umstände dazu zwangen; ansonsten zog man vor, die Töchter zur Festigung politischer Allianzen außerhalb der Verwandtschaft zu verheiraten. Aber damals befand sich Claudianus in einer ernsten Krise. Livia war gerade 15 Jahre alt. Claudius Nero muß erheblich älter gewesen sein. Aus seiner Ämterlaufbahn, die an bestimmte Altersstufen gebunden war, kann man erschließen, daß er spätestens im Jahr 73 v. Chr. geboren wurde, also mindestens 15 Jahre älter war als seine Frau.

Zum Gebären geboren. Hochzeitsrituale und Mutterschaft

Die Mädchen der Oberschicht heirateten gewöhnlich alle sehr früh. Die Gründe dafür waren vielschichtig. Durch die besondere Geburtenplanung waren Mädchen ausgesprochen knapp, so daß ihre Väter nicht lange warten wollten, bis sie Vorteile aus den Verbindungen ihrer Töchter ziehen konnten. Zweitens wurde die Ehe als Instrument gesehen, ein erwachendes sexuelles Interesse besser zu kontrollieren. Anders ausgedrückt, man wollte sichergehen, daß die Mädchen jungfräulich in die erste Ehe eintraten. Nach dem Gesetz durften sie nicht jünger als 12 Jahre sein, oder sie mußten die Pubertät bereits erreicht haben, aber es gibt genügend Hinweise, daß nicht gefragt wurde, ob die kindlichen Bräute schon reif genug für die Ehe waren. Das gesundheitliche Risiko für die jungen Frauen war beträchtlich, wenn sie tatsächlich so früh schwanger wurden. Plinius d. J. (epist. 8,10,1) bemerkt nach einer Fehlgeburt seiner 30 Jahre jüngeren Frau Calpurnia: *In mädchenhafter Unkenntnis wußte sie nicht, daß sie Mutter wurde, und unterließ deshalb manches, was Schwangere zu beachten haben, tat manches, was besser unterblieben wäre. Diese Unwissenheit hat sie in höchste Lebensgefahr gebracht.*

Wie jung die Mädchen waren, zeigt auch der Ritus, daß die kindlichen Bräute in der Nacht vor der Hochzeit den Hausgöttern opferten. *Nux relinquere*, die Nüsse – das Kinderspielzeug – zurücklassen, war ein Synonym für die Hochzeit. Über Nacht wurden aus Kindern Ehefrauen. Herzzerreißende Szenen von tränenüberströmten Bräuten, die nicht wußten, was auf sie zukam, finden sich häufig im Zusammenhang mit Hochzeitsdarstellungen. Auch wenn sie hier als Zeichen der schicklichen Scham gedeutet werden, scheinen sich Realität und normativer Anspruch zu vermischen. Auf dem Wandbild der sogenannten Aldobrandinischen Hochzeit sitzt eine verlegen dreinschauende Braut auf dem Bett und wartet auf den Bräutigam (Abb. 16). Von der römischen Ehefrau wurde erwartet, daß sie ihrem Mann sexuell zur Verfügung stand.[28] Diese Haltung intoniert der Hochzeitsgesang des Dichters Catull (61): *Hymen, hymen* als kultischer Ruf für den Hochzeitsgott bedeutete nichts anderes als die Ankündigung der Defloration einer jungfräulichen Braut.[29] Kaiser Nero ahmte bei der possenhaften Inszenierung seiner Hochzeit mit einem seiner Lustknaben, in der er selbst die Braut spielte, in der »Hochzeitsnacht« die Jammerrufe vergewaltigter Jungfrauen nach.[30] Catull spricht in seinem Hochzeitslied ebenfalls von Tränen und Kampf im Brautgemach.[31] Deshalb wurde den Bräuten auch zur Beruhigung eine Mischung aus Milch, Honig und Mohn *(cocetum)* gereicht.

Ein wichtiges Kultfest der Frauen galt der Venus Verticordia, der herzenwendenden Venus, das die Matronen immer am 1. April begingen. Es sollte die eheliche Vereinigung fördern und bezog sich daher in seinem Ritus auf das Hochzeitsritual. Die beteiligten Frauen nahmen, bekränzt wie die Bräute – allerdings mit Myrtenzweigen –, ein Bad, bei dem sie wie die Braut in der Hochzeitsnacht das mohnhaltige *cocetum* tranken. Dieses Ritual fand im Tal des Circus Maximus statt, wo sich nach der Legende der Raub der sabinischen Jungfrauen ereignet hatte.[32] Der augusteische Dichter Ovid erwähnt in seinem Werk *Ars Armatoria* (Liebeskunst) bei der Beschreibung des Theaters den Überfall auf die Sabinerinnen und die furchtsame Reaktion der jungen Frauen.[33] Hier bekommt man einen Traditionsstrang zu fassen, der Entjungferung und Angst eng miteinander verknüpft.

Im römischen Verständnis gehörten Hochzeit und Fruchtbarkeit zusammen, zumal das Hauptziel einer Ehe in der Geburt legitimer Nachkommen gesehen wurde. Fast alle Bestandteile der Hochzeitszeremonie hatten einen magischen Hintergrund und sollten dafür sorgen, daß die junge Frau dem Ehemann die ersehnten Nachkommen schenkte. Überhaupt scheinen alle mit der Hochzeit verbundenen Rituale auf die Rolle der Frau bezogen, die in einem festlichen Zug vom Haus des Vaters ins Heim des künftigen Ehemannes geleitet wurde, und keineswegs auf die Gemeinschaft der Eheleute. Hier mögen alte kultische Vorstellungen eine Rolle gespielt haben, denn die Frau verließ in alter Zeit ja auch den Kultverband ihrer Familie und wurde in den Verband ihres Mannes aufgenommen.

Zum Fruchtbarkeitskosmos gehörten die Fackeln bei einer Hochzeit. Sie wurden im Festzug mitgeführt. Die Fackel war ein Attribut der Fruchtbarkeitsgöttin Ceres sowie der Lucina, Wächterin über die Geburt. Teil eines archaischen Fruchtbarkeitszaubers waren wohl auch die Nüsse, die man gewöhnlich den zahlreichen zuschauenden Kinder zuwarf, ein beliebtes Spielzeug. Schon die antike Etymologie von *iuglans* (Walnuß), die Varro von »Iuppiters Eichel« ableitete, macht die Verbindung zwischen Nuß und Fruchtbarkeit deutlich. Gleichzeitig illustrierten diese in die Menge geworfenen Nüsse auch den Übergangsritus vom Mädchen zur Frau, die ihre Nüsse – ihr Spielzeug – hinter sich gelassen hatte.

Die meisten Attribute der Kleidung für eine Braut hatten archaisch-kultischen Hintergrund und dienten dem Zweck, schädliche Einflüsse abzuwehren und böse Geister gnädig zu stimmen, um den doppelten Übergangsritus nicht zu stören. Drei Knaben, deren Eltern noch am Leben sein mußten, geleiteten die junge Frau. Einer faßte sie links an der Hand, einer rechts, und einer ging mit einer Weißdornfackel vorweg. Diese Fackel wurde am Ziel – wie noch heute mancherorts ein Brautstrauß – in die Menge geworfen. Welche Bedeutung die Fackel noch außer der Fruchtbarkeitssymbolik hatte, läßt der Grammatiker Festus[34] ahnen, der magische Praktiken kennt, wie Braut oder Bräutigam die Fackel nutzen können, um den Ehepartner schnell wieder loszuwerden. Fing die Braut die Fackel, mußte sie diese auslöschen und unter das Brautbett legen; der Bräutigam mußte die Fackel dagegen auf einem Grab ausbrennen lassen, um für den schnellen Tod der Frau zu sorgen. Beide Rituale waren sicher wenig praktikable Lösungen vor den Augen von Verwandten und Freunden, aber sie vermitteln, welche Ängste vor bösen Mächten mit einer Hochzeit einhergingen. Gerade der Weißdorn galt als magische Pflanze, beherrscht von der Göttin der Türangeln Carna, die an Türen und Eingängen ihr Wächteramt gegen alle Übel wahrnahm, so daß die Fackel wohl wieder den Übergangsritus, den Beginn eines neuen Zeitabschnitts im Leben der Frau, symbolisierte: ihren Eintritt ins Haus und in den Hauskult des Ehemannes. Augustus hat später in seiner Selbstdarstellung die Fackel als Symbol des Neubeginns seines Staates benutzt.[35]

Stoff, Farbe und die Art, wie die Brautausstattung getragen wurde, hatten ebenfalls übelabwehrende oder sakrale Konnotationen. Das eigentliche Brautkleid war eine weiße Wolltunica, die von der Braut selbst in der Nacht vor der Hochzeit an einem altertümlichen Webstuhl hergestellt werden mußte. Die Fertigkeit des Webens bewies, daß die Braut dem Haushalt des künftigen Ehemannes Wohlstand bringen konnte, denn die häusliche Produktion von Stoffen zu überwachen, gehörte in Zukunft zu ihren wichtigsten Aufgaben. Zum Zeichen dafür trug sie am Hochzeitstag eine Spindel mit Spinnrocken. Die weiße Farbe war den Göttern heilig, und die Wolle galt als altes und reines Material, das für sämtliche religiöse Verrichtungen Verwendung fand. Um die Taille lag eine wollene Kordel *(cingulum)*, die aus dem Vlies eines Mutterschafs gesponnen und gedreht war und damit ebenfalls einen Hinweis auf die Fruchtbarkeit lieferte. Zusammengeknotet wurde die Kordel in einem sogenannten Herculesknoten, der vor Unglück schützen sollte.

Besondere Bedeutung hatte der kegelförmige Kopfputz *(tutulus)*. Das Haar galt als extrem gefährdet für den Eintritt böser Geister. Es war ein Ort weiblicher sexueller Macht und daher rituell zu bedecken. Mit einer gebogenen Speerspitze *(hasta caelibaris)* aus Eisen wurden zunächst sechs Haarsträhnen abgeteilt und mit Hilfe von weißen Wollbändern auf dem Kopf zu einem Kegel aufgetürmt. Speer und Haar nahmen die Vereinigung von Mann und Frau vorweg[36], oder anders ausgedrückt, die Berührung der kriegerischen Welt des Mannes mit der körperlichen Sphäre der Frau. Diese Frisur unterschied in der Frühzeit Roms die etruskische Oberschicht von den latinischen Bewohnern der Stadt und verwies jetzt eine Braut darauf, daß sie nach der Hochzeit in den Rang einer Matrone, einer ehrbaren römischen Ehefrau, aufsteigen werde. Den Aufbau schmückte ein Kranz aus zart-weißen Majoranblüten *(amaracus)*. Athenaios[37] nennt Majoran süß wie einen Kuß und weist besonders auf den betäubenden Duft hin. Auch bei Catull wird der liebliche Duft des Hochzeitskranzes erwähnt.[38] Plinius der Ältere dagegen, der Naturforscher, beschreibt den Geruch als aufdringlich.[39] Die Pflanze war der Aphrodite heilig, die wirksamsten Kräuter kamen daher aus Zypern, dem Geburtsort der Göttin. Im Mittelalter galt Majoran als Kraut der Versöhnung, das im Brautkranz jeden Ehestreit von vornherein abwehren sollte. In der Antike verband man Majoran wohl eher mit Verzückung. Bei Vergil wird der junge Ascanius von Aphrodite in wohl-duftenden Majoran gehüllt, als sie ihn versteckt[40] und Cupido in dessen Gestalt zur Dido schickt, um die Liebe der Königin von Karthago zu Aeneas zu entfachen. Majoran war auch ein medizinisch vielseitig wirksames Kraut. Plinius d. Ä. empfiehlt es gegen mehrere häusliche Krankheiten wie Augenkatarrh, Leibschmerzen, Harnbeschwerden, Verrenkungen und Quetschungen, aber auch zur Linderung von gynäkologischen Beschwerden.[41] Majoran kann somit auch als Hinweis auf die heilkundlichen Aufgaben einer Ehefrau gedeutet werden.

Über dem Blütenkranz lag eine Art Haube *(reticulum luteum)* oder Haarnetz von der Farbe des Eidotters oder einer Flamme – leuchtend gelb-orange. Den gleichen Farbton hatte das *flammeum*, eine Art Schal, in den die Braut gehüllt war (Abb. 2). Die Farbe versprach lebenslange Treue, denn sie wurde auch von der *flaminica dialis*, der Ehefrau des Iuppiterpriesters, getragen, die sich nicht von ihrem Mann trennen konnte; vor allem aber symbolisierte sie Fruchtbarkeit, die durch das Wirken der *flaminica* für das Gemeinwesen beschworen wurde.[42] Vervollständigt wurde die Tracht der Braut durch leuchtend rote Sandalen.[43]

Das Verhüllen war die letzte und wohl auch wichtigste Vorsichtsmaßnahme, den bösen Blick von der Braut abzuwehren oder sie selbst abzuhalten, böse Vorzeichen wahrzunehmen. Der Vorgang des Bedeckens scheint zentral für den Hochzeitsritus gewesen zu sein, weil er in mehreren Lagen vonstatten ging und weil das Wort für heiraten, *nubere*, verhüllen bedeutet. Möglicherweise lieferte auch hier ein etruskischer Ritus das Vorbild, denn bei der etruskischen Hochzeit scheint das Paar gemeinsam in ein Tuch gehüllt worden zu sein. Dabei umspannte ein weiteres Tuch die gesamte Zeremonie.[44]

War das Haus des Bräutigams erreicht, bestrich die Braut die Türpfosten mit Öl oder Fett und behängte den Rahmen mit Wollsträhnen. Anschließend trug man sie über die Schwelle des Hauses, um zu verhindern, daß sie stolperte oder strauchelte. Der Eingang war ein bevorzugter Ort für Dämonen, so daß die Abwehr von Unheil hier das ganze Jahr hindurch eine wichtige Rolle spielte. Aus Pompeji kennen wir die mannshohen Bilder des Priapus, eines Gartengottes mit einem riesigen erigierten Penis, in der Nähe der Tür. Vermutlich war auch das bei der Hochzeit an den Pfosten aufgebrachte Fett eine Art Besänftigungsmittel, um die Geister des Eingangs freundlich zu stimmen.

Im Atrium des Hauses wurde gleich gegenüber der Tür ein symbolisches Brautbett aufgestellt, das so lange dort stehen blieb, wie die Ehe Bestand hatte, und die eheliche Fruchtbarkeit beschwor. Die Braut mußte Feuer und Wasser berühren, Symbole des Lebens und sicher mit dem archaischen Kult der Vesta, der Göttin des Herdfeuers, verbunden. Feuer und Wasser waren auch die Symbole der römischen Gemeinschaft schlechthin. Wurde ein Bürger aus der Polis Rom ausgestoßen, verweigerte man ihm Feuer und Wasser. Die Braut trat ja nun in eine neue Gemeinschaft ein. Zum Zeichen dafür legte sie eine Münze als Opfer auf den Altar der Hausgötter, der Laren, und eine weitere Münze wurde am Kultplatz der nächsten Straßenkreuzung für die Schutzgötter des Viertels deponiert. Am nächsten Morgen nahm die Ehefrau erstmals am Kult des Hauses in ihrer neuen Rolle als *mater familias* (Hausherrin) teil.

Livias erste Ehe

Livias Bräutigam, Tiberius Claudius Nero, ein entfernter Cousin, war wie Livias Vater ein Parteigänger Caesars gewesen, was ihm 48 v. Chr. das Amt eines Quästors und damit den Eintritt in den Senat einbrachte. Im Jahr 47 v. Chr. fungierte er erfolgreich als Flottenbefehlshaber im Alexandrinischen Krieg, den Caesar in der Stadt Alexandria zugunsten der Königin Kleopatra gegen ihren Bruder führte.[45] 46 v. Chr. wurde er zum *pontifex* gewählt und damit in eines der wichtigsten Priesterkollegien der Stadt kooptiert, dessen Vorsitz Caesar als amtierender Oberpriester führte. Normalerweise war die Priesterwürde der krönende Abschluß einer Karriere, und deshalb darf man von einer freundschaftlichen Verbundenheit Caesars mit Claudius Nero ausgehen. Angeblich war Claudius Neros Erfolg im Kampf um Alexandria ausschlaggebend für Caesars Protektion bei der Priesterwahl. Da Claudius Nero an die Stelle des Metellus Scipio, Schwiegersohn des Pompeius und im Bürgerkrieg gefallen, nachgewählt wurde,[46] mag diese Vermutung Suetons durchaus richtig sein. Noch im selben Jahr wurde Claudius Nero für zwei Jahre mit der delikaten Aufgabe in Gallien betraut, die Ansiedlung von ausgedienten Veteranen aus Caesars Heer zu koordinieren, eine Vertrauensstellung also.[47]

Bevor er sich Caesar andiente, hatte Claudius Nero im Frühjahr 50 den Versuch unternommen, Ciceros soeben geschiedene Tochter Tullia zu heiraten. Dem künftigen Schwiegervater war er hochwillkommen, aber die Frauen im ciceronischen Haus hatten schon andere Pläne.[48] Der heiratswillige Claudius Nero war offenbar auf der Suche nach einer geeigneten Partie, die seine weitere Karriere finanziell absichern half. Aufgrund von Claudius Neros Engagement in Gallien kann die Heirat mit Livia frühestens im Jahr 45 stattgefunden haben, als Livia 13 Jahre alt wurde,[49] aber wegen der ungewöhnlichen Konstellation einer Verwandtenehe kommt eher die Krisenzeit nach Caesars Tod in Frage (vgl. S. 28), was nicht ausschließen würde, daß Claudius Nero vor Livia eine andere Ehefrau hatte, die ihm allerdings keine Kinder hinterließ. Denn es ist wenig wahrscheinlich, daß er fünf Jahre vergeblich auf Brautschau war.

Noch bevor die 16jährige Livia ihr erstes Kind zur Welt bringen konnte, nahm ihr Vater sich das Leben. Zwei Monate vor der Niederkunft war es im September 42 v. Chr. zur Doppelschlacht von Philippi gekommen, in der die Heere der Caesarmörder dem Feldherrn Marcus Antonius und seinem Verbündeten Octavian unterlagen. Claudianus, ohne Hoffnung auf ein anderes Leben, stürzte sich in seinem Zelt ins Schwert.[50] In seinem Testament hatte er Lucius Scribonius Libo (Konsul 15 v. Chr.), den Sohn des gleichnamigen Mannes (Konsul 34 v. Chr.) und Bruder von Octavians späterer Ehefrau Scribonia, als Adoptivsohn eingesetzt. Die Scribonier waren vielfältig mit den Pompeianern verbunden. Der ältere Libo war 43 v. Chr. wie Claudianus von den Triumvirn proskribiert worden und daraufhin zu seinem Schwiegersohn Sextus Pompeius geflohen. Im Jahr 48 v. Chr. hatte er in der Entscheidungsschlacht bei Pharsalos in Thessalien auf der Seite von Pompeius Magnus, dem Vater des Sextus, gegen Caesar gekämpft und sich nach der Amnestie ins Privatleben zurückgezogen. Libos Sohn zu adoptieren, und sei es auch nur testamentarisch, bedeutete, die Verbindung zu den Pompeianern zu suchen, und markiert ein Abrücken des Claudianus von der caesarischen Seite. Die Adoptionsverfügung muß deshalb in die Zeit nach Caesars Tod datiert werden, aber vor das Proskriptionsedikt der Triumvirn im November 43 v. Chr. Proskribierte haben zwar ihre Söhne in Adoption gegeben, um ihnen die Nachteile aus der Verfolgung zu ersparen, aber ein solches Manöver wäre in dieser Konstellation unsinnig gewesen, weil Claudianus ebenso wie der ältere Libo proskribiert war.

Geburt und Gefahr

Am 16. November 42 v. Chr. brachte Livia ihren ersten Sohn Tiberius auf dem Palatin in Rom zur Welt, der bevorzugten Wohngegend der republikanischen Aristokratie. Der Knabe erhielt am neunten Tag nach der Geburt denselben Namen wie sein Vater, Tiberius Claudius Nero. In dieser ersten Lebenswoche galt das Kind mehr als Pflanze denn als lebendiges Geschöpf.[51] Erst mit dem Namen wurde es ein vollgültiges Mitglied der Gemeinschaft. Entsprechend wurde das Ereignis rituell markiert. Ein reinigendes Bad vertrieb nun endgültig die bösen Geister. Ein Fest für die Angehörigen wurde ausgerichtet, denn vor der Namensgebung konnte der Vater des Kindes sich noch überlegen, ob er das Neugeborene lieber aussetzen wollte.

Eine Geburt war ein gefährliches Unternehmen und kostete vielen Frauen das Leben.[52] Zahlreiche Götter, die eigens für die Geburt zuständig waren, sollten die Gefahren mindern und die Ängste beherrschen helfen. Von einigen magischen Praktiken gibt uns noch der Christ Tertullian (de anima 39,2) einen Eindruck, der den aus seiner Sicht unsinnigen Aberglauben geißelt:

> So kommen alle vom Götzendienst begleitet auf die Welt, weil die Leute glauben, daß ihre Sprößlinge den Dämonen geweiht sind: War doch der Mutterleib während der ganzen Zeit mit Binden umwunden, die man im Angesicht von Götterbildern hergestellt hatte; werden doch bei der Geburt die Lucina und die Diana angerufen; wird doch während der ganzen folgenden Woche der Iuno ein Gabentisch bereitet; werden doch am letzten Tage Weissagungen eingeholt; ist doch das erste Leben eines Kindes auf Erden der Göttin Statina heilig. ... Wer zupft nicht ein Härchen aus oder rasiert seinem Sohn nicht gleich den ganzen Kopf mit einem Schermesser kahl; wer befiehlt ihn nicht durch ein Opfer dem Schutz einer Gottheit an oder weiht ihn ihr, sei es aufgrund nationaler, traditioneller, öffentlicher oder auch privater religiöser Gepflogenheiten?

Die gebärfähigen Jahre gehörten zu den gefährlichsten für Leben und Gesundheit der Frauen. Medea, die gewaltige Zauberin im antiken Mythos, hat ihr Los beklagt und ausgerufen, lieber wolle sie dreimal in die Schlacht ziehen als einmal gebären.[53] Neben unzähligen Grabstelen, die auf den vorzeitigen, manchmal jammervollen Tod junger Frauen im Zusammenhang mit einer Geburt verweisen, bezeugen Knochenuntersuchungen in Gräberfeldern aus dem römischen Griechenland, daß das Durchschnittsalter der verstorbenen Frauen bei 34,3 Jahren lag.[54] Frauen starben durch auftretende Komplikationen wäh-

rend des Geburtsvorgangs oder im anschließenden Kindbett infolge von Brust-
entzündungen oder anderen Infektionen. Am verbreitetsten war das auch in
Deutschland bis ins 19. Jahrhundert vorkommende Kindbettfieber, bei dem sich
in der Gebärmutter verbliebene Reste der Placenta entzünden. Im Zeitalter der
Antibiotika und der umfassenden Nachsorge ist diese Todesursache im westlichen Kulturkreis fast verschwunden.

Entgegen der immer wieder geäußerten Meinung gab es keine festgelegte Ge-
bärstellung.[55] In den bildlichen Darstellungen sieht man häufig sitzende oder
liegende Kreißende. Auf dem Grabrelief einer Hebamme aus Ostia ist die Ge-
burtshelferin mit einer Frau auf einem Gebärstuhl zu erkennen, den man vorrangig als Ausweis ihrer Professionalität sehen muß (Abb. 9). Bei der Geburt
blieben die Frauen unter sich. Nur selten wurde ein Arzt hinzugezogen. Statt
dessen nahm man Zuflucht zu magischen Praktiken. Während der gesamten
Schwangerschaft war der Leib der Schwangeren mit Binden umwickelt, die alle
Übel abwenden sollten. Die Angst wurde mit Amuletten bekämpft und die Verantwortung sorgfältig auf verschiedene Göttinnen aufgeteilt; etwa zwanzig
waren für das Wachsen und Gedeihen des Kindes im Mutterleib zuständig.

Nach der Geburt wurden die Kinder einer Lebenstauglichkeitsprüfung unterzogen. Die Hebamme legte das Kind zu diesem Zweck auf den Boden. Erst
wurde die Nabelschnur durchtrennt. Das Kind wurde aufgehoben und endgültig abgenabelt. Ein Neugeborenes, das aus den unterschiedlichsten Gründen
nicht aufgezogen werden sollte, sei es, daß man gar kein Kind aufziehen wollte,
daß man kein Mädchen wollte oder aber ein behindertes Kind vorfand, wurde
nun ausgesondert. Die kranken Kinder starben rasch infolge mangelnder Versorgung, aber das Schicksal der gesunden war oft nicht weniger hart. Noch
unversorgt, legte man sie an öffentlichen Plätzen ab, damit sie vielleicht von
anderen Eltern großgezogen wurden. In Ägypten gab man solchen Kindern
Namen, die an den Ort (*kopron* = Müllhaufen), an dem man sie gefunden
hatte, erinnerten. Die meisten, die aufgelesen wurden, fristeten als Sklaven ihr
Leben.

Wenn das Kind zur Aufzucht zugelassen war, stellte die Hebamme es nach
dem Durchtrennen der Nabelschnur auf seine Füße und nahm damit die Anerkennung durch die Familie als Mensch – als aufrecht gehendes Wesen – vorweg. Dieses Kind wurde nun in festgelegter Reihenfolge versorgt. Es wurde
gebadet, gewickelt, in die Wiege gelegt und erhielt schließlich seine erste Nahrung. Bis zur Namensgebung wurde es erst dem besonderen Schutz der Göttin
Statina unterstellt, die für seine ersten Lebenstage zuständig war, dann der
Nundina, die es bis zur Namensgebung, der endgültigen Aufnahme in die häus-

liche Gemeinschaft, schützte (vgl. S. 35). Amulette, die den bösen Blick abwenden halfen, wurden gefertigt (Abb. 5).

Die Geburt verlieh dem Kind nicht automatisch Anspruch auf einen Platz in der Familie, sondern dafür bedurfte es eines formalen Aktes. Die Entscheidung darüber fällte nach römischem Recht allein der Vater. Er ist es auch, der die sakral-rituelle Aufnahme des Kindes in die Hausgemeinschaft symbolisch vollzog, indem er es nicht selbst vom Boden aufhob, sondern die Geburt rituell wiederholte.[56] Dazu wurde von drei Männern ein Stab *(pilum)* gefertigt und auf der Schwelle des Hauses aufgerichtet. Tisch und Bett wurden im Atrium aufgestellt. Der Ritus, der die gerade beschriebene postnatale Handlungskette nachahmt, sollte den Gott Silvanus abwehren, damit er sich nicht des Kindes bemächtigte. Der Vater manifestierte mit dem Ritus sowohl sein Amt als Beschützer wie auch seine Befehlsgewalt über das Kind. Aber er mußte dies nicht notwendigerweise persönlich tun. Väter waren oft gar nicht zugegen, wenn ihre Kinder geboren wurden. Aus Oxyrhynchos in Ägypten kennen wir den Brief eines Mannes an seine schwangere Ehefrau, in dem er sie anweist, das Kind, wenn es ein Mädchen wird, auszusetzen und im Fall eines Jungen aufzuziehen.[57] Hatte der Vater das Kind anerkannt, war es seiner väterlichen Gewalt *(patria potestas)* unterworfen und damit Teil der Familie seiner Geburt. Es nun auszusetzen oder zu töten, war moralisch geächtet.

In der ersten Lebensphase, bis zum Beginn der Schule mit etwa sieben Jahren, gehörte ein Kind überwiegend der Welt der Frauen an. Es war üblich, Säuglinge einer Amme *(nutrix)*[58] zum Stillen zu übergeben. Nur sehr wenige Frauen in Livias Gesellschaftsschicht stillten ihre Kinder selbst. Die Frau des älteren Cato war die bemerkenswerte Ausnahme. Livia hat ihren Sohn sicher nicht gestillt, das hätten die antiken Autoren nicht unerwähnt gelassen. Eine von Livias Sklavinnen wird die Aufgabe übernommen haben. In der Oberschicht hielten sich gewöhnlich mehrere Frauen in Bereitschaft.[59] Die Ammen gehörten entweder als Sklavinnen zum Haushalt, oder sie wurden als freie Personen in den Dienst genommen. Manche Kinder wurden zum Vorteil ihrer Gesundheit auch auf den ländlichen Besitz *(villa)* der Familie zu einer Amme gegeben.[60]

Ammen wurden sehr sorgfältig ausgewählt, das zeigt, wieviel Wert man auf die frühe Erziehung legte.[61] Die ernährungsphysiologischen Gesichtspunkte, von denen man sich leiten ließ, waren dagegen alles andere als förderlich. Einem Neugeborenen etwa wurde die Frauenmilch für dreimonatige Säuglinge angeboten, aber die wertvolle erste Muttermilch als angeblich unverträglich verweigert. So kamen aber wenigstens die Kinder von Müttern, die sich als

Ammen verdingen mußten, für kurze Zeit in den Genuß einer gesunden Ernährung, ohne die sie vermutlich noch zahlreicher gestorben wären.

Neben den körperlichen Voraussetzungen für eine Amme spielte ihre sittliche Eignung eine wesentliche Rolle. Wie sensibel man in diesem Bereich war, belegt auch die grausame Todesstrafe, die einer Amme von Staats wegen im Fall der Verletzung ihrer Pflichten drohte: Man goß ihr flüssiges Blei in den Rachen.[62] Da man überzeugt war, über die Milch werde das Kind auch die Charaktereigenschaften der Amme aufnehmen, wäre man gar nicht auf die Idee gekommen, den Säuglingen Tiermilch anzubieten.

Bevorzugt wurde eine Griechin als Amme,[63] um die zweisprachige Erziehung der Kinder zu fördern, denn die meiste Zeit verbrachte das Kind zunächst mit seiner Stillmutter.[64] Nachts schlief es mit ihr in einer Kammer,[65] oft im selben Bett, was die Ärzte vergeblich zu unterbinden suchten, weil es angeblich immer wieder zu Todesfällen durch Ersticken kam.[66] Vermutlich handelte es sich nur um pure Polemik gegen die Erziehungsmaximen dieser zumeist einfachen Frauen, bei denen die Kinder trotz der großen Standesunterschiede Wärme und Geborgenheit suchten.

Der Amme stellte man häufig andere Sklaven aus dem Haushalt zur Seite.[67] Aber nicht nur die Kinder des Hausherrn wurden einer Amme anvertraut, sondern auch Sklavenkinder. Das mag auf den ersten Blick überraschen, aber die Sklavenmütter konnten auf diese Weise ihren üblichen Tätigkeiten für den Haushalt nachgehen. Insbesondere wenn sie hochspezialisierte Arbeiten ausführten, mag es für den Herrn sehr wichtig gewesen sein, sie von Kinderbetreuungsaufgaben zu befreien. Diese Still- und Erziehungspraxis sollte zudem die Loyalität der Sklaven gegenüber ihrem Herren fördern.

Ein bis zwei Jahre lang wurde das Kind von seiner Amme genährt.[68] In dieser Zeit war die Amme allerdings nicht ausschließlich für das Kind zuständig. Vielmehr verlangte man, daß sie schwerere Hausarbeiten einfacher Leute verrichtete, was in erster Linie der Qualität der Milch zugute kommen sollte.[69] Stillenden Müttern wurden damals Gymnastik und andere körperliche Bewegung verordnet. Ob die Kinder – eventuell in einer Tragevorrichtung – die Amme bei der Arbeit begleiteten, wissen wir nicht. Es liegt vielmehr nahe, daß die Praxis der Absonderung alle Kinder frühzeitig mit emotionaler Einsamkeit vertraut machen sollte. Ammen werden meist als schlichte Gemüter beschrieben. Sie kümmerten sich offenbar nicht immer um die Anweisungen der Ärzte, sondern wickelten das Kind aus seinen beengenden Bandagen, badeten es häufiger als vorgesehen oder trösteten es in ihren Armen, statt es wie verlangt stundenlang schreien zu lassen.

Nach dem Abstillen, etwa um die Zeit, wenn die Milchzähne vollständig durchgebrochen waren, übernahm die Amme, die als Sklavin zum Haushalt gehörte, zumeist Aufgaben als Kinderfrau, und so war sie an der Erziehung des Kindes bis zum Schulalter beteiligt. Die angestellten Ammen verloren vermutlich unmittelbar nach dem Abstillen den Kontakt zu ihren Schutzbefohlenen. Für die Haushaltsammen sind innige lebenslange Beziehungen zwischen Kindern und ihren Nährmüttern zahlreich bezeugt. Die letzten Getreuen in der Todesstunde des abgesetzten Kaisers Nero waren seine Amme und seine Konkubine. Auch der verfemte Kaiser Domitian wurde von seiner Amme Phyllis bestattet.[70]

Wie viele Frauen hing Livia magischen Praktiken im Zusammenhang mit Mutterschaft und Geburt an. So soll sie schon, als sie mit Tiberius schwanger war und sich einen Sohn wünschte, ein Hühnerei als Orakel genutzt haben, um das Geschlecht des Kindes zu bestimmen. *Sie wärmte ein Ei an ihrem Busen und gab es, wenn sie es weglegen mußte, einer Amme (!) an den Busen, damit die Erwärmung nicht unterbrochen werde; und die Prophezeiung soll sie nicht enttäuscht haben.*[71] Was hier wie Prophetie daherkommt, kann genauso gut ein Zauber sein, der dafür sorgen sollte, daß Livia – wie von ihr erwartet – einen Sohn zur Welt brachte.

Es war einfach sehr wichtig, einen Sohn zu haben. Die ernsthaften medizinischen Ratschläge, wie man durch richtige Diät oder bestimmte Beischlafpraktiken das Geschlecht des Kindes beeinflussen konnte, sind hier unmißverständlich. Der Gesundheitszustand der Mutter galt ebenfalls als wichtiger Faktor. Vor der Brautschau schickte ein Familienvater oft Hebammen aus, die prüfen sollten, ob die potentiellen Bräute geeignet waren, um Kinder in die Welt zu setzen. Gute Verbindungen zwischen den Körperöffnungen galten als positives Indiz. Eine Eignungsprüfung sah vor, den jungen Frauen Rauch in die Vagina zu blasen, der in der Atemluft wieder nachgewiesen werden sollte. Von der Hitze in der Gebärmutter hing es angeblich ebenfalls ab, welches Geschlecht das Kind annahm. Anders, als man vielleicht vermuten könnte, war ein erfüllter Beischlaf, zumindest nach Meinung einiger Ärzte, für die Frau eine Voraussetzung, um überhaupt zu empfangen: *Wir behaupten ferner, es müsse Trieb und Verlangen nach einem Koitus vorhanden sein. Wie der Mann nicht ohne den Trieb zum Samenerguß kommen kann, so kann auch die Frau nicht ohne ihn empfangen.*[72] An anderer Stelle seines Lehrbuchs der Frauenheilkunde nennt Soran gar den Orgasmus als sicheres Zeichen dafür, daß eine Empfängnis stattgefunden hat.[73] Empfängnis setzte also ein Mindestmaß an sexuellem Bemühen auf dem ehelichen Lager voraus.

Exil und Heimkehr

Tiberius war noch ein Wickelkind, als sich die Situation der Familie dramatisch zuspitzte. Claudius Nero hatte wie Livias Vater unter Caesars Ägide seine Karriere begonnen (vgl. S. 33 f.). Obwohl sich Claudius Nero, wie sein Schwiegervater, nach Caesars Tod für dessen Mörder exponierte und in der ersten Senatssitzung zwei Tage nach dem Tod des Dictators offen dafür eintrat, den Mördern einen Preis anzuerkennen, landete er nach dem Zusammenschluß der Caesarianer im November 43 v. Chr. nicht wie sein Schwiegervater auf den Proskriptionslisten der Triumvirn, sondern schaffte im folgenden Jahr 42 v. Chr. sogar den Sprung in ein Prätorenamt.[74] Es gelang ihm offenbar, sich den neuen Herren nützlich zu erweisen. Dabei setzte er ganz auf den mächtigsten Mann im Triumvirat: Marcus Antonius.

Wenige Monate nach der erfolgreichen Schlacht gegen die Caesarmörder kam es bereits zu Verstimmungen zwischen Octavian und Antonius. Streitpunkt war die Versorgung der soeben entlassenen Heere. Etwa 100000 Veteranen sollte Octavian in Italien, vor allem in Campanien ansiedeln, aber es gab wenig Land. Die Veteranen des Antonius befürchteten, hinter denen Octavians benachteiligt zu werden. Die Lage wurde bedrohlich. Antonius' Anhänger, insbesondere seine Familie, allen voran seine Frau Fulvia und sein Bruder Lucius, die sich unablässig in Octavians Arbeit der Landvergabe einmischten, schürten das Mißtrauen. Zu Beginn des Jahres 41 v. Chr. trat Lucius das Amt des Konsuls an und gewann damit zusätzliche Legitimation. Die Situation war recht unübersichtlich, aber offenbar wiegelten die Antonianer nicht nur die Truppen, sondern auch die erbosten enteigneten Landbesitzer gegen Octavian auf. Als der Konflikt im Herbst eskalierte, griffen die Truppenführer des Antonius zu militärischen Mitteln. Aber es gelang ihnen nicht, ihre Verbände zu vereinigen. Statt dessen konnte Octavian sogar Antonius' Bruder, den Konsul, mit seinen Truppen in Perusia (Perugia) in Oberitalien einschließen. Ende Februar 40 v. Chr. mußte die völlig ausgehungerte Stadt kapitulieren. Die übrigen Verbände zogen sich an den Rand der Halbinsel zurück. Perusia wurde grausam bestraft. Die einfachen Bürger kamen zwar mit dem Leben davon, aber die Stadt wurde den Truppen zur Plünderung überlassen und anschließend zerstört. Die städtische Elite, darunter zahlreiche Senatoren und Ritter sowie der gesamte Stadtrat, wurde brutal ermordet.

Claudius Nero unterstützte in seiner Funktion als Prätor offenbar schon Ende 42 Fulvia und Lucius, als beide versuchten, die Veteranen des Antonius gegen Octavian in Stellung zu bringen. Im Frühjahr 41 v. Chr. verlängerte Claudius Nero widerrechtlich seine Prätur – vermutlich mit Billigung des neuen Konsuls Lucius. Nach wie vor engagierte er sich für die Sache des Antonius und wurde ebenfalls in Perusia eingeschlossen. Lucius und seinem Stab erging es besser als der städtischen Oberschicht: Sie wurden begnadigt. Claudius Nero floh daraufhin aus der Stadt, zunächst nach Praeneste (Palestrina) und dann nach Neapel, wo er vergeblich versuchte, einen Sklavenaufstand anzuzetteln und die letzten Kräfte der enteigneten Landbesitzer in Campanien zu mobilisieren.[75] In Eilmärschen gelangte Octavian nach Campanien, um die Situation wieder unter Kontrolle zu bringen.

Claudius Nero mußte nun von Campanien aus nach Sizilien fliehen. Entweder erwartete er, daß Antonius und Pompeius sich zu einem Bündnis gegen Octavian zusammenschlossen, oder er wollte sich nach Sizilien zurückziehen, um hier die Verwandten seiner Frau, die Scribonier, um Unterstützung zu bitten. Wann Livia sich zusammen mit ihrem Sohn der Flucht ihres Mannes angeschlossen hat, ist nicht völlig klar. Unwahrscheinlich ist allerdings, daß sie schon in Perusia bei ihm war. Vermutlich traf sich das Paar in der Umgebung von Rom. Livia besaß ein Landhaus in Prima Porta, das an der via Flaminia nördlich von Rom lag und damit auf dem Weg von Perusia nach Rom. Da Sueton betont, Frau und Kind hätten Claudius Nero überallhin auf der Flucht begleitet, und auch einige romantische Geschichten zum Aufenthalt der Familie in Neapel auftischt, wird Livia spätestens in Praeneste ihren Mann wiedergefunden haben.[76] Der Fluchtort Praeneste überrascht zunächst, weil die Bergstadt südöstlich von Rom für einen einzelnen Flüchtling eine sichere Falle zu sein scheint. Velleius behauptet jedoch, hier sei das Hauptquartier Fulvias gewesen.[77] Es ist also gut möglich, daß Claudius Nero sich sogar zusammen mit Lucius nach Praeneste begab, um sich dort mit Antonius' Frau zu beraten.

Lucius und Fulvia reisten schließlich gemeinsam zu Antonius nach Athen, um ihn von den Vorgängen in Italien zu unterrichten und vermutlich ihr Versagen zu rechtfertigen. Claudius Neros Versuch, einen Aufstand in Campanien anzuzetteln, war wohl mit Lucius und Fulvia abgesprochen. Erst als er mit seinem Plan scheiterte, wandte er sich mit Livia und dem inzwischen zweijährigen Sohn Tiberius an Sextus Pompeius in Sizilien. Es war durchaus nicht selbstverständlich, daß eine Ehefrau ihren Mann bei einer so gefährlichen Aktion begleitete. Über Livias Motive können wir nur spekulieren. Man muß darin schon ihren festen Willen erkennen, nicht von wichtigen Ereignissen ausgeschlossen zu sein und das Los des Ehemannes zu teilen. Die Alternative – in gewisser Weise traditioneller – bestand darin, in Rom auszuharren und die Interessen des Mannes zu wahren.

Die Ankunft in Sizilien erwies sich als problematisch. Sextus Pompeius weigerte sich, Claudius Nero zu empfangen, und verbot ihm, die Insignien seiner Stellung als Prätor zu beanspruchen. Er zwang ihn, die sechs Liktoren, die ihn als Ausdruck seiner Amtswürde begleiteten, zu entlassen. Falls er also gehofft hatte, Pompeius für Antonius' und seine Sache zu gewinnen, wurde er durch die brüske Zurückweisung enttäuscht. Der frostige Empfang war jedoch nur die offizielle Seite. Zur selben Zeit beschenkte Pompeia, die Schwester des Pompeius, den Sohn der Flüchtlinge mit einer Chlamys: einem kurzen Mantel nach griechischer Art samt Fibel, sowie mit mindestens einer goldenen *bulla*, einem Amulett, das Freigeborene in der Kindheit trugen.[78] Hatte Pompeius auch offiziell Claudius Neros Anliegen abgelehnt und ihn nicht empfangen, ließ er ihm auf diese Weise eine beträchtliche materielle Unterstützung – die Gegenstände wurden später in Baiae gezeigt[79] – zukommen und signalisierte das herausgehobene Prestige der Familie des Claudius Nero. Ein Grund hierfür wird die verwandtschaftliche Verbindung zu den Scribonii und Pompeii gewesen sein, die durch Adoption des Libosohnes durch Livias Vater zustande kam. Die Spenderin Pompeia war die Mutter jener Magna, die mit Livias Adoptivbruder Marcus Livius Drusus Libo verheiratet war. Hier kündigte sich zum ersten Mal ein Vorgehen an, das man später im Principat häufiger beobachten wird: Frauen des Herrscherhauses übernahmen ähnliche Mittlerfunktionen zwischen der politischen und der sozialen Sphäre. Claudius Nero zog die einzig mögliche Konsequenz aus dem Verhalten des Sextus Pompeius und verließ Sizilien in Richtung Griechenland, um sich ins Lager des Antonius zu begeben.

Die Flucht der Familie vor Octavian und seinen Leuten hat schon in der Antike die Phantasie der Schriftsteller angeregt. Die Ironie der Situation wurde besonders stark empfunden und hat sich in manchen theatralischen Geschichten niedergeschlagen. Ob die dramatische Flucht um Haaresbreite nun historische Konstruktion ist oder der Wahrheit entspricht, ist kaum zu entscheiden. Auffällig ist die große Dramatik in den Schilderungen. Alle diese Darstellungen sind, wie auch die Geschichten von wunderbaren Rettungen Proskribierter oder aber deren würdigem Tod, die römischen Lektionen über Ehre, Treue und Liebe. Nicht ohne Stolz erwähnt der Historiker Velleius, daß sein eigener Großvater sich das Leben nahm, weil er Claudius Nero nicht auf der Flucht begleiten konnte.[80] Unter Livias Vater Claudianus hatte der ältere Velleius als *praefectus fabrum*, eine Art Ingenieur, gedient und scheint dessen Schwiegersohn noch in Campanien unterstützt zu haben, weil er auch diesem freundschaftlich verbunden war. Die Schilderung des Velleius spricht wiederum dafür, daß Claudius Nero mit einem beträchtlichen Stab unterwegs war, während derselbe Autor für Livias Flucht gleichzeitig von sehr wenigen Begleitern ausgeht. Daraus kann man nur schließen, daß die Eheleute sich wieder für eine Weile trennten und auf unterschiedlichen Wegen zum Ziel in Griechenland zu gelangen versuchten.

Endlich dort angekommen, fand die Familie Aufnahme in Sparta. Man vertraute den Spartanern öffentlich den Schutz des kleinen Tiberius an, denn die Spartaner standen in der Klientel der claudischen Familie und waren ihnen gegenüber zu Hilfeleistungen verpflichtet.[81] Für einige Zeit fanden sie hier sichere Zuflucht.[82]

Als in der zweiten Hälfte des Jahres 39 v. Chr. der Ausgleich zwischen den inzwischen wiederversöhnten Triumvirn und Sextus Pompeius zustande kam, konnten Claudius Nero und seine Familie nach Rom zurückkehren.[83] Kurz nach der Ankunft in der Stadt – vermutlich nicht vor dem Spätsommer – wurde der dreijährige Tiberius von einem Prätorenkollegen seines Vaters testamentarisch adoptiert.[84] Das Verfügungsrecht über das Vermögen fiel Claudius Nero zu, der seinen Sohn auch den Namen des Adoptivvaters führen ließ, bis er selbst erneut die Seite wechselte. Als er dieses Adoptionstestament annahm, befand er sich noch im Kreis derer, die in Opposition zu Octavian standen, weil der Bruder des Erblassers Gallius zu den prominenten Opfern des Triumvirn gehörte. Claudius Neros politische Karriere war jedoch vorerst am Ende. Die Wende trat erst ein, als es ihm gelang, seine Ehefrau mit Octavian zu verheiraten.

Es spricht einiges dafür, daß Livia und Octavian am 23. September 39 v. Chr. in dessen Haus zum ersten Mal zusammentrafen. Der junge Triumvir ließ mit einigem Aufwand seinen Geburtstag in diesem Jahr feiern, weil er ihn mit dem Fest der ersten Bartschur verband und aus diesem Anlaß ein Bankett veranstaltete sowie eine öffentliche Bewirtung abhielt.[85] Daß Octavian die Weihung des ersten abgeschnittenen Barthaares so aufwendig beging, überrascht, denn an sich symbolisierte das Bartfest (depositio barbae) den Eintritt ins Mannesalter und dürfte spätestens im Alter von 20 Jahren stattgefunden haben. Octavian aber hatte bereits höchste Staatsämter bekleidet und als General gewaltige Truppenkontingente befehligt. Allerdings fällt der Termin der Bartschur mit seinem 24. Geburtstag, dem Beginn des 25. Lebensjahres, zusammen, was in Rom seit 180 v. Chr. formelle Vorraussetzung war, um die Quästur, das unterste Staatsamt, zu bekleiden, also den Eintritt in den Senat ermöglichte. Octavian, ein Meister der Selbstinszenierung, hat vermutlich die Gelegenheit genutzt, herauszustellen, was er bereits geleistet hatte, und möglicherweise auch

Alexander den Großen als sein Vorbild bemüht, der einst im selben Alter kurz davor stand, das Perserreich endgültig niederzuringen.

Octavian hatte sich zudem bewußt einen Bart stehen lassen aus Trauer über den Tod seines »Vaters« Caesar. Jahre später, nach der katastrophalen Niederlage der römischen Truppen in Germanien, sollte er diese Geste wiederholen.[86] Durch die Niederlage der Caesarmörder in Philippi war ihm zugleich mit dem Gegner die wichtigste politische Legitimation – Rache für Caesar – abhanden gekommen. In der öffentlichen Meinung stand er überdies nach Perusia mehr als schlecht dar. Die Bartschur war ein Anlaß, ein neues Legitimationstheorem seiner Herrschaft zu konstruieren: Die Zeit der Rache ist vorbei; es herrscht Frieden. Zu diesem Aussöhnungsprogramm muß man dann auch die Hochzeit mit Livia rechnen, die bald darauf angebahnt wurde, und mit der Octavian seine Annäherung an die alte Aristokratie zu inszenieren hoffte. Es war nur eine der vielen Häutungen, die Augustus im Laufe seines politischen Lebens vollzog.

KAPITEL 3

DER DUFT DES MAJORANS.
DIE HOCHZEIT MIT OCTAVIAN

Als Livia im Oktober 39 v. Chr. die Ehe mit Octavian einging,[1] dürfte das keine leichte Angelegenheit für sie gewesen sein. Sie wurde mit dem Erben des Mannes verheiratet, der ihre Familie um Besitz und Ansehen gebracht hatte und den die Männer ihres Hauses bis vor kurzem sogar bekämpft hatten. Aber die politischen Konstellationen hatten sich geändert. Sextus Pompeius, der letzte der Söhne des großen Pompeius, der Livia und ihrer Familie Zuflucht gewährt hatte, war im Frühsommer durch den Vertrag von Misenum in das Herrschaftssystem der Triumvirn integriert worden, was ihr zusammen mit Claudius Nero und dem gemeinsamen Kind die Rückkehr nach Rom möglich gemacht hatte. Nun war der Preis zu entrichten.

Die Männer des Dreibundes hatten freilich nur unter dem Druck der Straße Pompeius' faktische Herrschaft im Mittelmeer anerkennen müssen.[2] Erneut war das Reich in Einflußsphären aufgeteilt, und ein Blick auf die Karte zeigt, daß Lepidus in Africa die schwächste Position im Triumvirat hatte, während sich die entscheidende Konfrontation zwischen Antonius im Osten und Octavian im Westen abzeichnete. Aus dieser Perspektive war Pompeius' Herrschaftsanspruch über die großen Inseln Sizilien, Korsika und Sardinien – nun noch erweitert um die Peloponnes – eine ernsthafte Bedrohung für Octavians Machtbereich.

Octavians politisches Anfangskapital beim Tode Caesars war zuvor nicht mehr als eine wacklige Adoption im Testament des Dictators, aber er hatte sich mit Entschlossenheit, Risikobereitschaft und einer guten Portion Skrupellosigkeit auf den zweiten Platz des Imperiums hinter Antonius vorgearbeitet. Es hatte zwar auch vor dieser aktuellen Annäherung republikanische Namen auf Seiten der Triumvirn gegeben, aber wenn diese Männer schon zur Macht standen, dann zu diesem Zeitpunkt eher auf der Seite des Antonius als auf der von Caesars Adoptivsohn, von dem nicht mehr als von seinem Adoptivvater zu erwarten war, der sich rücksichtslos über die Befindlichkeiten und Interessen der Aristokratie hinweggesetzt hatte.

Im November 43 v. Chr., als sich das Triumvirat zwischen Antonius, Octavian und Lepidus erstmals in Bononia (Bologna) konstituiert hatte, war eine beträchtliche Zahl der alten Familien, nicht zuletzt aufgrund ihres Wohlstands, auf die hastig zusammengestellten Proskriptionslisten gesetzt worden. Zahlreiche Verwandte Livias hatten dieses Schicksal. Nicht wenige flohen aus Italien. Im folgenden Jahr, 42 v. Chr., erlitten die republikanischen Truppen auf griechischem Boden, in der Schlacht bei Philippi, die vernichtende Niederlage, woraufhin der republikanische Widerstand fast vollständig zusammenbrach. Sextus Pompeius allein behauptete, nach wie vor die republikanische Sache zu verteidigen. Sein Hauptquartier in Sizilien bot einigen dieser Verzweifelten wie auch entlaufenen Sklaven Zuflucht. In Wirklichkeit war Pompeius' Herrschaftsstil genausowenig an den Prinzipien der Republik orientiert wie der seiner Gegner. Die alte Republik kannte er selbst kaum; das verband ihn mit Octavian. Am ehesten war und blieb dagegen noch Antonius ein Vertreter der traditionellen Oligarchie.

Bislang hatte sich Caesars Erbe nicht sonderlich um die alte aristokratische Elite bemüht. Er stützte sich auf seine Truppen, zumeist Veteranen aus Caesars Heer, die er mit gewaltigen Summen korrumpierte und durch den Glanz seines angenommenen Namens Caesar loyal hielt. Die Triumvirn hatten den Dictator Caesar sogar unter die Staatsgötter versetzen lassen, so daß Octavian sich großspurig »Sohn des Vergöttlichten« nannte. Seine zweite Stütze war die stadtrömische Bevölkerung *(plebs)*. Aber die römische *plebs* war eine launische Freundin, die ihn und Antonius nun zu Zugeständnissen gegen Sextus Pompeius gezwungen hatte, nachdem sie infolge zahlloser Überfälle auf Küsten und Handelsschiffe unter massiver Teuerung und Hunger zu leiden hatte. Der Bevölkerung Italiens, die anfangs dem Erben Caesars sehr positiv gegenübergestanden hatte, entfremdete er sich durch rücksichtslose Enteignungen auf der Halbinsel sowie durch sein brutales Vorgehen. Die Behandlung der Perusianer war ein schlimmes Beispiel. Octavian brauchte also dringend neue politische Unterstützung oder doch zumindest die Aussöhnung mit der *plebs*.

Eine öffentliche Hochzeitsprozession zur Verdeutlichung der neuen Verbindung des Caesarsohns mit der Tradition mag daher als politische Demonstration dringend erforderlich gewesen sein. Die Stadt war, wie so oft in den letzten Jahren, seit Sextus Pompeius das Meer kontrollierte und damit die lebenswichtige hauptstädtische Kornzufuhr lahmlegte, erneut von einer Hungersnot geplagt, die das Volk auf die Straßen trieb. Das im Frühsommer ausgehandelte Bündnis zwischen den bisherigen drei Machthabern und Sextus Pompeius brachte entgegen allen Hoffnungen noch immer keine wirkliche Entlastung der angespannten Versorgungslage.[3]

Octavians Anhänger in Rom haben wohl für die nötigen *Talassio*-Rufe gesorgt, um dem Paar wie üblich Glück zu wünschen. Es gehörte zu den Pflichten *(officia)* der Verwandten und Klienten, an Hochzeiten teilzunehmen. Längst wußte niemand mehr, weshalb bei einer Hochzeit diese Rufe erschallten, aber in der für die Römer typischen Weise bemühte man historische Erklärungen. Dieses *Talassio*, so wurde erklärt, erinnere an den legendären Raub der Sabinerinnen. Talassius, angeblich einer der gefürchtetsten unter den damaligen römischen Anführern, habe sich eine besonders schöne Sabinerin ausgeguckt, und als seine Leute das Mädchen ergriffen, riefen sie laut »Talassio« – »für Talassius«, damit sie ihnen niemand streitig machte. Eine andere antike Version zur Erklärung der Hochzeitsrufe ging von einem mythischen Ursprung aus. Danach war Talassius die lateinische Version des griechischen Gottes Hymenaios, der sich als Hochzeitslied während der Prozession manifestierte.

Über den Hochzeitszug von Livia und Octavian hat man in Livias Fall sicher viel getuschelt. Anlaß dazu gab es genug. Die Braut war im siebten Monat schwanger, und Gerüchte über die wahre Vaterschaft des Kindes machten noch lange Zeit die Runde.[4] Es war üblich, derbe Lieder zu singen und obszöne Verse zu Gehör zu bringen. Das sollte Glück bringen und Übel abwehren helfen. Aber wie verhielt man sich, wenn die Wirklichkeit die Phantasie noch übertraf?

Die Rolle des Brautvaters hatte kein anderer als der frisch geschiedene Ehemann, Tiberius Claudius Nero, übernommen.[5] Er führte die knapp 20jährige schwangere Livia dem jungen Militärmachthaber unter aller Augen zu und fungierte vermutlich als *auspex*. Er deutete den Vogelflug nach günstigen Vorzeichen für die Ehe.

Der Bräutigam war ohnehin kein unbeschriebenes Blatt. Kurz zuvor hatte er nach kaum einjähriger Ehe seiner Frau Scribonia[6] den Scheidungsbrief zustellen lassen, pikanterweise am Tag der Geburt des ersten gemeinsamen Kindes Iulia.[7] In seinen Memoiren rechtfertigte er sich später damit, daß er diesen Schritt *aus Ekel über die Verderbtheit ihres Charakters* getan habe.[8] Antonius verbreitete auf dem Höhepunkt der Auseinandersetzungen, daß Scribonia ausrangiert wurde, weil *sie ihren Unmut über den allzu großen Einfluß [potentia] einer Geliebten ungeschminkt geäußert habe.*[9] Mit Ehefrauen ging Caesars Erbe nicht gerade zimperlich um. Nach einer gelösten Verlobung heiratete der 24jährige mit Livia schon seine dritte Frau. Rücksichtnahme war kein vorherrschender Charakterzug dieser Jahre. Blut klebte an seinen Händen, nicht zuletzt das von Livias Vater. Niemand weiß, was in der jungen Braut vorging, als sie ins Haus Octavians geführt wurde.

Tacitus (ann. 5,1), der drei Generationen später ein zwiespältiges Bild Livias zeichnete, legt dar, daß Octavian dem Claudius Nero die Frau raubte: *Dann nahm sie Augustus* [= Octavian], *in Leidenschaft für ihre Schönheit entbrannt, dem Gatten weg, wohl kaum gegen ihren Willen, jedenfalls in solcher Eile, daß er ihr nicht einmal Zeit zur Niederkunft ließ, sondern sie als Schwangere in sein Haus führte.* Boshaft fügt er hinzu, daß es unbekannt war, ob Livia dem Wechsel der Ehemänner zustimmte oder nicht. Mit der scheinbar hingeworfenen Bemerkung, daß die überstürzte Hochzeit kaum gegen Livias Willen geschehen sein kann, nährt Tacitus die bis heute nicht abreißenden Vermutungen über eine bereits vor der Ehe bestehende Liebesbeziehung zwischen Octavian und Livia.[10]

Dem steht eine zweite literarische Tradition gegenüber, wonach Livias Ehemann Claudius Nero in dem Liebesdrama willig mitspielte und selbst seine Frau dem Octavian überantwortete.[11] Diese zweite Darstellung ist zweifellos die wahrscheinlichere, denn Octavian war kaum der Mann, der sich von einer überstürzten Liebe zu einer schwangeren Frau zu irgendwelchen Kurzschlußhandlungen hinreißen ließ. Er war Livias zweitem Sohn Drusus sehr zugetan, daran lassen die Quellen keinen Zweifel. Er hat ihn mit seiner Nichte Antonia minor verheiratet sowie Drusus' einzige Tochter mit seinem eigenen Enkel und vorgesehenen Nachfolger Caius. Entscheidend ist jedoch die Frage des Hochzeitstermins. Entgegen den literarischen Quellen, die sich darin einig sind, daß Drusus drei Monate nach der Hochzeit geboren wurde, sagt der epigraphische Befund, daß die Hochzeit am 17. Januar 38, nur drei Tage nach der Geburt, stattfand. Allerdings handelt es sich bei diesem Datum nur um einen offiziellen Termin, der nicht mit dem eigentlichen Hochzeitstermin identisch ist, wie sich aus dem Geburtstag des Drusus im Januar eindeutig ergibt (vgl. S. 336 ff.). Da aber die skandalumwitterte Hochzeit schon im Oktober 39 stattfand, kann Octavian nicht der Vater des Drusus sein, denn Livia befand sich zum Zeitpunkt der Empfängnis in Griechenland.

Andere haben Livia berechnenden Opportunismus vorgeworfen, der sie an die Seite des politisch erfolgreichen Octavian zog.[12] Damit verkennt man allerdings erheblich den Einfluß einer römischen Matrone, und vor allem setzt es voraus, daß Livia politisch einen seherischen Blick gehabt haben muß. Die Machtfrage zwischen Antonius und Octavian war zum Zeitpunkt der Hochzeit nicht einmal annähernd entschieden.

Die Eheschließung muß vor dem Hintergrund aristokratischer Familienpolitik gesehen werden. Livia, kaum 20 Jahre alt, war wie alle jungen Frauen ihres Standes in dem Bewußtsein erzogen worden, einem Mann verheiratet zu werden, der mehr den Wünschen ihrer Familie als ihren eigenen entsprach. Und so wird sie vermutlich auch diese neue Ehe betrachtet haben. Die Hochzeit dürfte allerdings eine erhebliche seelische, vielleicht sogar körperliche Anstrengung für sie gewesen sein. Ihre zweite, bereits fortgeschrittene Schwangerschaft mag sie körperlich geschwächt haben, schwerer wog sicher, daß sie nun den Großneffen und selbsternannten Sohn des Dictators Caesar heiraten sollte: Seinetwegen hatte ihr Vater sich das Leben genommen, und vor ihm war sie selbst knapp zwei Jahre zuvor mit ihrem 13 Monate alten Sohn Tiberius auf eine lebensbedrohliche Flucht gegangen. Der Verlust ihres bisherigen Ehemanns, der sie nun so bereitwillig in die Ehe mit dem neuen Militärmachthaber geleitete, war leicht zu verschmerzen; ehrgeizig hatte er mehrfach die Seite gewechselt, um sein politisches Fortkommen zu beschleunigen, und nun zögerte er nicht, seine eigene Ehefrau für eine Aussöhnung mit Octavian preiszugeben.

Von Brautraub – wie Tacitus suggeriert – oder dergleichen kann keine Rede sein. Augustus war an Claudius Nero mit der – vermutlich nachdrücklichen – Bitte herangetreten, ihm Livia abzutreten. Die Anwesenheit des ersten Ehemannes bei der Hochzeit und seine tragende Rolle bei der Zeremonie sollten dies noch unterstreichen. Schließlich war die erhoffte Unterstützung seitens der republikanischen Familien auch von der Freiwilligkeit der Scheidung abhängig. Livias ambitionierter Ehemann Claudius Nero hatte sicher nicht gezögert, sich jetzt den starken Mann in Rom zu verpflichten. Sein früheres Engagement gegen Octavian im Perusinischen Krieg machte ihn gefügig; und hohe Staatsämter – soviel war klar – vergaben nur die Triumvirn. Es ist wohl auch kein Zufall, daß Appius Claudius Pulcher, ein Großcousin von Livia, im Jahr 38 v. Chr. Konsul wurde.

Woher stammt nun die Brautraubversion? Knapp zehn Jahre nach der Hochzeit, als das zwischen Antonius und Octavian mühsam gewahrte Einvernehmen endgültig zerbrach, wurden die Umstände der übereilten Eheschließung wieder ans Licht gezerrt und zur Zielscheibe der gegnerischen ›Propaganda‹; sie verbreitete vermutlich die Version, Octavian habe Claudius Nero die Frau weggenommen.[13] Antonius selbst verfaßte einige kompromittierende Briefe (vgl. S. 47). Aus diesen schriftlichen Dokumenten schöpfte dann auch die principatskritische Historiographie des 1. und 2. Jahrhunderts n. Chr. Bedient wurde das Klischee des Tyrannen, des ungeliebten Königs nach hellenistischem Vorbild.[14] Octavian, krank vor Liebe, nachdem er die schöne Livia gesehen hatte, machte sie umgehend zu seiner Mätresse und ruhte nicht eher, bis sie seine Frau geworden war. Nur Tacitus und der an Klatsch interessierte Sueton, letzterer widerspricht sich dabei selbst, betonen, daß Octavian Claudius Nero die Frau wegnahm. Besonders Tacitus stilisiert den ersten Princeps durch diese Geschichte zu einem unbeherrschten Menschen, der einem anderen die Frau stiehlt und der sich von Begierden leiten läßt, die eine schöne Frau in ihm geweckt hatten.[15]

Wichtigste Aufgabe in der Erziehung der römischen Oberschicht war das Einüben von Selbstbeherrschung zusammen mit einer bestimmten Körpersprache. In der Vorstellung waren Auftreten, Physiognomie und Charakter eng miteinander verwoben. Das richtige Benehmen, die richtig ausgesandten Zeichen galten als Ausdruck der Tugend.[16] Ein Senator lachte nicht laut auf, er rannte nicht, sondern ging stets gemessenen Schritts, hielt sich gerade, ohne steif zu wirken, nieste nicht, zog die Nase nicht hoch, gähnte nicht, war stets aufmerksam, hielt die wohl modulierte Stimme gesenkt und sprach langsam.[17]

Akzeptable Gesten wurden sorgfältig einstudiert.[18] Der Kirchenvater Gregor von Nazianz (or. 5,23 f) behauptet, daß er im Jahr 355, als er den späteren Kaiser Iulian als Student in Athen traf, an eben dessen Gesichtsausdruck und seiner Art sich zu bewegen erahnte:

was für ein Unheil[19] sich das Römerreich da heranzieht ... Keinen guten Charakter schien mir zu verraten sein wenig fester Nacken, seine zuckenden, schaukelnden Schultern, seine leidenschaftlichen, unruhigen Augen, sein aufgeregter Blick, sein nervöser, unsicherer Gang, seine Nase, die Hochmut und Geringschätzung zeigte, sein verächtlicher Gesichtsausdruck, der die gleiche Gesinnung verriet, sein ungezügeltes erschütterndes Lachen, sein unbegründetes Zunicken und Abweisen, sein stockendes, durch Atmen unterbrochenes Sprechen.

Es ist nicht zu übersehen, daß alle genannten Kritikpunkte am Äußeren des jungen Mannes durch eine entsprechende Selbstbeherrschung zu korrigieren gewesen wären.

Sexuelles Begehren wiederum war für den Mann zwar anerkannt und gestattet, doch die gute Sitte verbot, es offen zu zeigen.[20] Wohlerzogene Männer wurden nicht öffentlich von Begierden ergriffen. Das war die Domäne der Frauen, sie galten als leichtsinnig, triebgesteuert und unvernünftig. In der biologisch definierten Rangfolge der Geschlechter war die Körperhitze das wichtigste Indiz. Frauen besaßen demnach weniger Hitze als Männer, waren gleichsam unvollkommene Männer.[21] Männer allerdings hatten beständig ihre kostbare Hitze zu bewahren und deshalb an Körperhaltung und Konstitution zu arbeiten, um nicht die verdächtige Weichheit der Frau anzunehmen, wie sie in Iulians wenig festem Nacken sichtbar wird. Hitzeverlust kam mit dem Geschlechtsverkehr, bei dem die Frau die begehrte Hitze vom Mann empfing. Nikolaos von Damaskus bemerkt in seiner Biographie über den noch nicht 18jährigen Augustus (Octavian), daß sich dessen sexuelle Enthaltsamkeit im jugendlichen Alter positiv auf Körperkraft und Stimme ausgewirkt hätten.[22]

Sexualität aber war andererseits ein wichtiger Teil konstruierter Männlichkeit: *Der lebendige Samen ist es eben, der uns zu Männern macht, der uns Wärme und Gelenkigkeit in den Gliedern verleiht, infolgedessen wir Bart, eine schöne Stimme und Mut bekommen und kräftig werden zum Denken und Handeln*, heißt es in einer medizinischen Schrift.[23] Den eigenen Körper gegen Weichheit und Verfall zu trainieren war die zentrale Aufgabe römischer Lebensführung der Oberschicht. Dabei ging es nicht um Wohlbefinden und Körperpflege, sondern um Moral und den Herrschaftsanspruch einer kleinen Elite, die Geld und Muße besaß, sich auf diese Weise sichtbar von der Masse abzugrenzen. Der männliche Körper selbst wurde zum Ausweis und Sinnbild sozialer Überlegenheit.

Aber das Mannesideal wurde nicht nur durch mangelnde Willenskraft, sondern auch durch das fortschreitende Alter bedroht, bei dem die Hitze allmählich verlorenging. Über den 85jährigen Cato sagt Valerius Maximus: *Niemand konnte bei ihm ein Nachlassen seines Gedächtnisses, das geringste Zittern seines Körpers oder ein Stocken beim Reden feststellen, da er sich durch gleichbleibenden, ständigen Fleiß all seine Fähigkeiten unvermindert bewahrte.*[24]

Die *virtus*, die Summe der Tugend, sei – so Cicero – eine männliche Qualität, weil der Begriff sich von *vir* (Mann) herleite.[25] Dafür zu sorgen, daß die Vernunft die Leidenschaft beherrsche, sei deshalb die Aufgabe des Mannes. Vertreter der Unterschicht hatten an dieser Männlichkeit freilich keinen Anteil.[26]

In diesem Licht war Octavians Verhalten mehr als tadelnswert und Ausdruck eines monarchischen und damit in Rom zutiefst suspekten Verhaltens. Tyrannische Männer wie Tarquinius Superbus, der letzte römische König, oder der Gesetzgeber Appius Claudius im 5. Jahrhundert v. Chr. hatten sich – nach römischer Lesart – hinreißen lassen, geleitet von der Begierde zu Frauen von Stand (für Sklavinnen galt dies freilich nicht), gegen Sitte und Gesetz zu handeln. Die ›Propaganda‹ des Antonius wälzte sich folglich genüßlich in den sexuellen Ausschweifungen Octavians, auch während der Ehe mit Livia. So wurde ihm vorgeworfen: *Geliebte seien durch die Freunde gesucht worden, welche Matronen und erwachsene Mädchen entkleidet und untersucht hätten, als wenn sie der Sklavenhändler Toranius verkaufen wollte.*[27] Im Gegenzug

haben Octavians Freunde versucht, seine – offenbar nicht wegzudiskutieren-
den – Ehebrüche als politisch motivierte Taten hinzustellen.[28]

Die apologetische Tradition hat vermutlich auf die Stilisierungen in der
Autobiographie des Augustus zurückgegriffen, etwa sein Biograph Nikolaos
von Damaskus, Lehrer am Hof der Kleopatra und Günstling des Herodes, der
mit Augustus auch persönlich mehrfach zusammentraf. Nikolaos streicht
gerade Octavians Keuschheit als Jüngling heraus, eine Zeit, in der man jungen
Männern durchaus zugestand, sich auch sexuell auszuleben, bevor sie in die
gesellschaftliche Pflicht genommen wurden: *Auch die Tempel besuchte er an
den üblichen Tagen, aber wegen der ihm eigenen Anmut nur des Nachts, weil
viele Frauen ganz außer sich waren wegen seiner angenehmen Erscheinung und
seiner vornehmen Ausstrahlung... Obwohl sie ihm alle nachstellten, erwies er
sich als nicht verführbar.*[29] Wenig später bringt er es noch deutlicher auf den
Punkt: *Der junge Caesar trank und lebte maßvoll; auch etwas anderes, Bewun-
dernswertes wußten seine Freunde: In einem Alter nämlich, in dem die jungen Männer am meisten überschäumen vor Kraft, und unter ihnen ganz besonders die wohlhabenden, enthielt er sich ein ganzes Jahr lang jeder sexuellen
Betätigung.*[30]

Ein weiteres Indiz für die Stilisierung des Octavian zum Tyrannen in den
Briefen des Antonius ist neben verschiedenen sexuellen Praktiken, denen Octavian angehangen haben soll, der Hinweis, er habe die Angewohnheit gehabt,
sich die Schenkel mit glühenden Walnüssen zu sengen, um die Haare zu entfernen. Damit wird eine Geschichte des als grausam berüchtigten Tyrannen Dio-
nysios II. von Syrakus (367–344 v.Chr.) wieder aufgenommen, der aus Angst
vor Anschlägen kein Schermesser an seinen Körper heranlassen wollte und sich
von seinen Töchtern mit glühenden Nüssen das Bart- und Körperhaar abbren-
nen ließ.[31]

Auch wenn man von der Zustimmung des Nochehemanns Claudius Nero
ausgeht, so war die Hochzeit dazu angetan, einen handfesten öffentlichen
Skandal auszulösen, der »erstmals jene brutale und rücksichtslose Haltung
erkennen ließ, die dann der spätere Augustus wiederholt bei seinen Eingriffen
in die Persönlichkeitsrechte von Familienangehörigen, Verwandten und Freunden praktizierte, wenn es darum ging, sein neues politisches System durch
die Präjudizierung von Nachfolgeregelungen mit Hilfe politischer Ehen abzusichern«.[32]

Ob die Hochzeitszeremonie tatsächlich in der oben beschriebenen Weise ab-
lief, wissen wir nicht mit Sicherheit, es ist aber mehr als wahrscheinlich. Denn
die Ehe sollte zumindest der stadtrömischen Bevölkerung vor Augen führen,

daß Octavius Caesar mit der alten Aristokratie jetzt gemeinsame Sache machte. Schließlich gehörte Livias Familie sogar zu den Proskribierten, die nach der Einigung mit Pompeius im Jahr 39 v. Chr. nach Italien zurückkehren durften. Als Anhänger des Antonius im Perusinischen Krieg hätte Claudius Nero eigentlich schon nach der Amnestie, die in Brundisium im Oktober 40 v. Chr. verkündet wurde, zurückkehren können, aber Tacitus sagt ausdrücklich, daß Claudius Nero mit seiner Familie *nach dem Friedensschluß zwischen Sextus Pompeius und den Triumvirn nach Rom zurückkam.*[33]

Frühestens im Spätsommer 39 v. Chr. traf Livia mit ihrer Familie und den durch den Vertrag von Misenum amnestierten Flüchtlingen in Rom ein. In der Hauptstadt war es zu emphatischen Feiern gekommen, nachdem der Ausgleich mit Pompeius erzielt worden war. Man feierte die Triumvirn als Retter und glaubte das Ende der Bürgerkriege gekommen.[34] Antonius stand dabei eindeutig im Vordergrund und galt als der einem Friedenskurs Zugeneigtere. Vergessen darf man freilich nicht, daß die nach Italien zurückgekehrten Flüchtlinge, wenn sie proskribiert worden waren, trotz zäher Verhandlungen nur ein Viertel ihres Landbesitzes zurückerhielten, daß also durchaus noch Grund zum Groll in diesen Kreisen bestand und eine demonstrative Aussöhnung eine mehr als symbolische Bedeutung hatte.

Eine Ehe mit Livia bot Octavian die Möglichkeit, Normalität zu suggerieren. Neben der Annäherung ihrer alten aristokratischen Familie an die Triumvirn mochte die Eheschließung vor allem den Anschein erwecken, daß diese Kreise sich mit den Machtverhältnissen abzufinden begannen und ihr Schicksal mit dem der Triumvirn und besonders mit Octavians verknüpften. Es dürfte wohlbekannt gewesen sein, daß Octavian anders als Antonius nicht für eine Versöhnung mit Sextus Pompeius nach der Vereinbarung von Brundisium im Jahr zuvor eingetreten,[35] sondern erst durch die stadtrömischen Unruhen zum Einlenken gezwungen worden war.

Erforderlich war eine aufwendige Hochzeitszeremonie allerdings nicht, denn die römische Ehe war nicht an einen bestimmten Rechtsakt gebunden, sondern allein der Wille zur Ehe und die daraus folgende Aufnahme der Lebensgemeinschaft begründete sie, solange beide Partner über die persönliche Rechtsstellung verfügten, nach römischem Recht eine gültige Ehe einzugehen, also römisches Bürgerrecht oder latinisches Recht besaßen. Ebenso beruhte der Bestand einer Ehe lediglich auf dem dauerhaften Willen beider Ehegatten, sie aufrechtzuerhalten. Ein formloser Brief wie im Fall der Scheidung von Scribonia konnte sie ebenso auflösen wie eine klare Geste, etwa die Zurückforderung des Hausschlüssels.[36] Trotz der grundsätzlichen Formlosigkeit einer Ehe gab es – wie beschrieben – mehrere ausgefeilte Hochzeitsbräuche, die je nach sozialer Stellung der Brautleute befolgt wurden. Denn schließlich bot eine Hochzeit die beste Gelegenheit, den Wohlstand, das Prestige wie auch die sozialen Kontakte einer Familie eindrucksvoll in Szene zu setzen. Aber selbst in der Aristokratie genügten, wie der Fall einer Wiederverheiratung des jüngeren Cato mit Marcia in aller Stille belegt, drei Dinge: die Einholung von Zeichen durch den *auspex*, um den Götterwillen zu erkunden, ein (gemeinsames) Opfer sowie der Vollzug der Ehe.[37]

Ein *auspicium* (Vorzeichen) war in Livias und Octavians Fall vom *auspex* eingeholt worden.[38] Es konnte eine ganze Schar von Zeichendeutern geben, aber einer genügte. Bei Livia und Octavian übernahm wahrscheinlich Claudius Nero die Funktion, denn mit Sicherheit wurde ein Verwandter mit diesem Ritus betraut – zumeist der Brautvater. Da die Quellen immer wieder seine Brautvaterrolle betonen, ist dies die wahrscheinlichste Erklärung. Die *patres familias*, die Familienoberhäupter, waren grundsätzlich zuständig für die religiösen Angelegenheiten ihres Haushalts.[39] Sie standen ihrem Haus als Priester vor. Ursprünglich hatten sie auch die *auspicia* für ihre Haushalte eingeholt. Dieser Brauch war durch die Tätigkeit der Augurn, der damit befaßten Staatspriester, ganz abgekommen. Eine Hochzeit wurde aber in vielem nach altertümlichen Ritualen begangen. Da diese Hochzeit – wie ich meine – vor Jahresende 39 v. Chr. stattfand, kann auch Antonius, der Kollege im Triumvirat, bei den *auspices* mitgewirkt haben. Denn als einer der 16 Augurn Roms (seit 50 v. Chr.), die Zeichen aus dem Vogelflug, Blitzen und dem Verhalten der heiligen Hühner lasen, war er durch dieses Amt für diese Aufgabe prädestiniert. Octavian selbst war ebenfalls seit 41 v. Chr. Mitglied im Augurnkollegium. Allerdings ist es nicht sehr wahrscheinlich, daß er selbst die Zeichen einholte.

Aus sakraler Perspektive war diese Eheschließung nicht unproblematisch. Zuvor war nämlich das Priesterkollegium der *pontifices* befragt worden, ob es richtig sei, eine Frau nach der Empfängnis, aber vor der Niederkunft zu heiraten. In ihrer Antwort führten die Priester aus: *man solle, wenn die Schwangerschaft unsicher sei, die Vermählung aufschieben, werde sie jedoch bestätigt, dann bestehe kein Hindernis für eine Eheschließung.*[40] Ganz Rom wird sich amüsiert haben. Schließlich war die Schwangerschaft kaum zu übersehen. Der Historiker Cassius Dio (48,44,2) bemerkt dazu später trocken: *Vielleicht fanden die Priester tatsächlich dies unter den altväterlichen Vorschriften, doch hätten sie mit Sicherheit, selbst wenn sie nichts gefunden hätten, den genannten Bescheid gegeben.* Das war wohl richtig, denn Octavian war ebenso wie der selbsternannte »Brautvater« Mitglied des 16köpfigen Priestergremiums, das den Spruch verfaßt hatte.[41] Lepidus, Octavians Triumviratskollege, saß als *pontifex maximus* (Oberpriester) dem Priesterkollegium vor. Ob er allerdings zu diesem Zeitpunkt überhaupt in Rom war, läßt sich nicht mit Bestimmtheit sagen. In jedem Fall haben Octavian und Claudius Nero wohl das ihre getan, einen positiven Ausgang der Befragung zu erwirken. Dennoch darf man die Befragung der *pontifices* nicht für eine bloße Farce halten. Als Wächter über das Sakralrecht waren sie zuständig für den Kult bei strittigen Vaterschaftsfragen. Schließlich war zu klären, in wessen väterliche Gewalt das ungeborene Kind überging, zu welcher Kultgemeinschaft es gehörte. Die Praxis zeigt, daß das Kultrecht älter war als die Vorstellung einer umfassenden väterlichen Gewalt. Üblicherweise galt der Ehemann immer als Vater des Kindes. Deshalb mußten nach römischem Recht bei seinem Tod zehn Monate bis zu einer Wiederverheiratung abgewartet werden, damit man eine eventuelle Schwangerschaft ausschließen oder die rechtliche Situation eines posthum geborenen Kindes klären konnte.

Hochzeitsfeierlichkeiten begannen gewöhnlich am frühen Morgen. Um diese Zeit versammelten sich die Gäste im Hause der Braut. Hier erschienen die Zeugen, die den Ehevertrag zu unterzeichnen hatten, der die Modalitäten der Mitgift regelte. Am Abend fand dann der oben beschriebene Umzug in den neuen Haushalt statt. In der Zwischenzeit wurde im Brauthaus ein *convivium* (Festmahl) auf Kosten des frisch gebackenen Ehemanns veranstaltet. Dabei teilten Braut und Bräutigam eine Speiseliege. Bei Livia und Octavian gab es ebenfalls ein solches Festessen im Hause des Ex-Ehemanns Claudius Nero, und es spricht einiges dafür, daß es zu einer skandalträchtigen Party kam, die einigen Anstoß erregte. Wie bereits erwähnt, waren Hochzeiten von derben Späßen begleitet, womit verhindert werden sollte, daß die Götter neidisch auf das Glück der Irdischen wurden. Octavian scheute sich offensichtlich nicht, die an sich schon groteske Situation zu parodieren. Auch später zeigte er eine Vorliebe für Späße auf Kosten anderer. Überhaupt liebten die Römer einen derben und für uns oft schockierenden Humor.

So wurde ein Zwölfgöttermahl inszeniert – möglicherweise als burleske Einlage –, bei dem Octavian in der Rolle seines persönlichen Schutzgottes Apollon auftrat, der dem Iuppiter, dargestellt von Claudius Nero, die Frau abspenstig machte.[42] Einzelheiten dieses privaten Essens drangen nach außen, und Octavian mußte sich am nächsten Tag gegen die Vorwürfe der stadtrömischen Bevölkerung verteidigen, die sich zusammenrottete und wegen der Kornverknappung lautstark Klage führte, daß der junge Triumvir ein derart opulentes Gastmahl abgehalten habe.[43] Daß Späße beim Mahl der Hochzeitsgesellschaft von Livia und Octavian getrieben wurden, belegt ein Vorfall, den Cassius Dio bezeugt. Demnach trat ein *deliciae*, einer der nackten Sklavenknaben, wie sie Damen der Gesellschaft gern zu ihrer Unterhaltung um sich hatten, zu der neben Octavian auf dem Speisesofa lagernden Livia und sagte: »*Was treibst du hier, Herrin? Dein Mann*«, *und damit zeigte er auf Tiberius Claudius Nero*, »*liegt dort.*«[44]

Die Ehe war in der Oberschicht eine Form politischer Allianz.[45] Aus dem 1. Jahrhundert v. Chr. sind zahlreiche weitere Beispiele bekannt, in denen die heiratsfähigen Töchter als Unterpfand zur Absicherung politischer Bündnisse dienten, am bekanntesten sicher die Ehe zwischen dem älteren Pompeius und Caesars blutjunger Tochter Iulia. Pompeius ging insgesamt fünf Ehen ein, um seine politischen Ambitionen zu sichern. Livia war zudem nicht die erste schwangere Frau, die einer politischen Konstellation geopfert wurde. Im Jahr 83 v. Chr. veranlaßte Sulla seine schwangere Stieftochter Aemilia, sich von ihrem Ehemann Marcus Acilius Glabrio zu trennen, um Pompeius zu heiraten. Pompeius mußte sich gleichzeitig von seiner Frau Antistia scheiden lassen.[46] Aemilia starb bei der Geburt ihres Kindes. Augustus selbst sollte später Livias Sohn Tiberius zur Scheidung von seiner schwangeren Ehefrau Vipsania zwingen, damit er Augustus' eigene Tochter Iulia heiratete.[47]

Daß nicht nur die Eheschließung zwischen Livia und Octavian eine hochpolitische Angelegenheit war, belegen auch Octavians frühere Ehen. Nichts deutete wie gesagt am Hochzeitstag darauf hin, daß diese Ehe 52 Jahre Bestand haben könnte. Octavian hatte sich in der Phase seiner Zusammenarbeit mit Cicero zunächst mit Servilia, der Tochter des Publius Servilius Isauricus, verlobt. Isauricus war ehemaliger Konsul und daher ranghöher als Antonius zu diesem Zeitpunkt. Als erklärter Caesarianer war er politisch einflußreich und gut vernetzt. Über seine Frau Iunia war er sowohl mit den Caesarmördern Cassius und Brutus verwandt als auch mit dem Triumvirn Lepidus. Diese Verlobung wurde gelöst, als Octavian Clodia heiratete, um den Triumvirat im Jahr 43 v. Chr. zu stärken. Clodia, eine Tochter des Publius Clodius und der Fulvia, war die Stieftochter des Antonius und offenbar gerade heiratsfähig. Als es über die Veteranenansiedlungen zwei Jahre später zu Konflikten in Italien kam (vgl. S. 40), in denen Antonius' Ehefrau Fulvia und Lucius Antonius, der Bruder des Antonius, offen gegen Octavian agitierten, schickte Octavian Clodia zu ihrer Mutter Fulvia zurück, um diese zu brüskieren.[48] Daß Clodia außerdem nach wie vor Jungfrau war, bedeutete einen unglaublichen Affront und zeigt deutlich, wie berechnend der junge Octavian bei der Wahl seiner Ehepartnerinnen handelte. Nach dem Perusinischen Krieg, als Octavians Popularität in Italien auf den Nullpunkt gesunken war und er den militärischen Gegenschlag des Antonius fürchten mußte, ging er eine Ehe mit der zuvor schon zweimal verheirateten Scribonia ein,[49] um seinen politischen Anhang zu erweitern und die Koalition des Sextus Pompeius mit Antonius zu verhindern.[50]

Lucius Scribonius Libo, Scribonias Vater,[51] war zu Pompeius nach Sizilien geflüchtet und genoß als Schwiegervater des Sextus besonderes Vertrauen. Er war Mitglied jener Delegation, die Pompeius zu Antonius geschickt hatte oder – wie Appian nahelegt – aus eigener Initiative handelte, um Antonius ein Bündnis gegen Octavian anzubieten. Aber die Verhandlungen scheiterten an der Loyalität des Antonius.[52] Für Octavian war eine Ehe mit Scribonia der Weg, selbst ein Separatbündnis mit Pompeius zu schließen.

Die Ehe mit Scribonia stand in der Abfolge weiterer politischer Ehen zur Sicherung der Bindungen der Triumvirn untereinander. Im Oktober 40 v. Chr. war der in Brundisium wiederhergestellte Friede zwischen Antonius und Octavian durch die Verbindung zwischen Octavians Schwester Octavia und Antonius bekräftigt worden, nachdem man sogar einen Senatsbeschluß hatte herbeiführen müssen, um Octavia von der zehnmonatigen Wiederverheiratungssperre nach dem Tod ihres Ehemannes zu befreien.[53] Im September/Oktober 37 v. Chr. sollte dann die gerade zweijährige Tochter Octavians mit Marcus Antonius Antyllus, dem Sohn des Antonius, verlobt werden. Im Frühsommer (Juli) 39 v. Chr. flankierte die Verlobung von Octavians dreijährigem Neffen Marcellus, der zugleich Stiefsohn des Antonius war, mit einer Tochter des Sextus Pompeius aus dessen Ehe mit Scribonia das in Misenum erzielte Abkommen der Triumvirn mit Sextus Pompeius. Die Ehe Octavians mit Scribonia wurde schon durch dieses Verlöbnis disponibel; sie hatte ihren Zweck erfüllt, zumal die bedeutenderen Anhänger des Sextus nun nach Italien zurückkehrten. Allerdings erwartete Scribonia Octavians Kind.

Nach der Vereinbarung von Misenum stach die pompeianische Karte der Scribonia nicht mehr. Möglicherweise war Octavian bereits jetzt entschlossen, die Pompeianer militärisch zu vernichten, statt mit ihnen weiter zu paktieren, denn letztlich bedrohte Sextus Pompeius das westliche Herrschaftsgebiet, das Octavian im Abkommen von Brundisium zugefallen war, weit stärker als den Osten. Schon im Jahr nach der Hochzeit mit Livia, im Herbst 38 v. Chr., zog er unter Mißachtung des gemeinsamen Vertrags gegen Pompeius in den Krieg. Dabei holte Octavian sich erstmal eine blutige Nase. Im Jahr 39 v. Chr. wagte er es freilich noch nicht, die Pompeianer in Rom öffentlich zu brüskieren.

Livia bot hier eine glänzende Alternative. Sie brachte nicht nur die Verbindung zu zwei profilierten aristokratischen Familien, den Liviern und Claudiern, sondern war durch ihren Vater auch weiter mit den Scriboniern und Pompeianern verbunden, weil Claudianus einen Bruder Scribonias testamentarisch adoptiert hatte (vgl. S. 34). Dieser »Adoptivbruder«[54] war wiederum mit Magna, einer Nichte des Sextus Pompeius, verheiratet. War die im Kindbett liegende Scribonia abserviert worden, so war für ihren Schwager Pompeius sicher allein entscheidend, daß das Bündnis mit den Triumvirn durch eine familiäre Bindung weiterhin abgesichert blieb. Dazu diente die erwähnte Verlobung seiner Tochter mit Octavians Neffen Marcellus, und bei den Scriboniern hatte es eigentlich nur einen Platzwechsel gegeben.

Für Octavian bedeutete Livia wegen ihrer vornehmen aristokratischen Herkunft eine willkommene Aufwertung seines familiären Hintergrunds. Die Verwandtschaft mit den patricischen Iuliern war doch recht entfernt. Daran konnte auch die Erhebung in den Patriciat durch Caesar wenig ändern.[55] Octavian kam aus dem Ritterstand, wenngleich sein Vater als erster seiner Familie höhere Staatsämter erreicht hatte. Diese Aufsteiger wurden in der etablierten Elite stets mit unverhohlener Herablassung behandelt. Livias Familie war dagegen schon lange auf dem politischen Parkett erfolgreich. Sichtbarer Ausdruck waren zahlreiche Ahnenbildnisse ehemaliger Amtsträger in ihren Hausschreinen. Zudem war Livia selbst jung und fruchtbar, ein nicht unbedeutendes Merkmal für eine Braut. Nicht abzusehen war, daß Livia es in der Folgezeit verstand, sich im Leben des Augustus unentbehrlich und seine Sache zu der ihren zu machen.

KAPITEL 4

DIE EHEFRAU EINES TRIUMVIRN
(38 V. CHR. – 27 V. CHR.)

Die Triumviratszeit war eine Periode des Übergangs von der oligarchisch gelenkten Republik zur Monarchie. Octavian war in dieser Zeit, anders als später, nachdem er eine monarchische Stellung errungen hatte, intensiv an hellenistischen Vorbildern orientiert. Man muß daher zwei Traditionsstränge berücksichtigen, um Livias Rolle während des Triumvirats angemessen zu würdigen, erstens einen römischen, der um die Stellung der Frauen der großen republikanischen Häuser *(domus)*[1] kreist, und zweitens einen hellenistischen, der sich auf eine hellenistische – spätgriechische – Königin bezieht, die für alle sichtbar neben dem Herrscher in der Öffentlichkeit agierte, mitunter auch als Regentin für ihre minderjährigen Söhne auftrat oder wie Kleopatra VII. nur noch nominell einen Herrscher neben sich duldete.

Wie schon gesagt, spielte die propagandistische Auseinandersetzung zwischen Antonius und Octavian eine entscheidende Rolle für das Geschichtsbild der antiken Autoren, wenn sie über diese Epoche schrieben. Vor allem die negative Berichterstattung über Antonius und Kleopatra sollte Bestand haben, während die Vorwürfe gegen Octavian und vermutlich auch gegen Livia gemildert oder von anderer Überlieferung überlagert wurden. Die Blitzhochzeit des Paares überlebte aufgrund ihrer romantischen Ausdeutbarkeit länger in ihrer negativen Variante als vielleicht andere Angriffe dieser Jahre. Autoren, die wie der Historiker Tacitus gegenüber dem Principat erhebliche Vorbehalte hatten, schöpften aus der propagandistischen Überlieferung, um ihr eigenes Bild des Principats zu zeichnen, und so haben sie einzelne Splitter der negativen Überlieferung zu Octavian erhalten. Diese Vorgehensweise war nicht ungefährlich. Einen Herrscher herabzusetzen, konnte leicht mit Verbannung oder Tod enden. Wesentlich unproblematischer war es, die Frau an seiner Seite zu verleumden – zumal wenn sie schon lange tot war.

Bei Tacitus liest man die unfreundlichste Variante über Livias Charakter in unserer historiographischen Überlieferung. Allerdings kann auch er über die Zeit des Triumvirats, abgesehen von der überstürzten Hochzeit zusammen mit

Mutmaßungen über eine mit Octavian Ehebruch treibende Livia, nichts Negatives vorbringen. Das läßt zwei mögliche Schlüsse zu: Erstens, die betreffende Überlieferung wurde weitgehend getilgt, was aber angesichts der Tradierungsgewohnheiten recht unwahrscheinlich ist, oder aber zweitens, Livia war nicht profiliert genug als Zielscheibe gegnerischer Angriffe, was ihr eine nachrangige Rolle zuweist.

Ohnehin haben wir nur wenige Nachrichten über Livia aus der Triumviratszeit, die mühselig zu einem Bild zusammengefügt werden müssen. Teleologische Geschichtsdeutung, also die Geschichte von ihrem Ende her zu betrachten, verbietet sich. Livia spielte im Triumvirat ganz sicher eine andere Rolle als nach Errichtung des Principats (27 v. Chr.). Um dies zu ergründen, analysiere ich zunächst die beiden genannten Traditionen weiblicher Wirkungsbereiche und beziehe dann auch die übrigen Frauen der Triumvirn in die Deutung mit ein.

Römische Aristokratinnen und hellenistische Königinnen als Vorbilder für die Frauen der Triumvirn

Die Frauen der großen Häuser *(domus)*, also der politisch einflußreichen Familien, spielten schon in der Republik eine Rolle, die über eine eigentlich häusliche, wie sie einer römischen Matrone idealerweise zugewiesen war, deutlich hinausging.

Als ein sozial, politisch und sakral definierter Raum bot die römische *domus* in jeder Hinsicht Projektionsfläche für die eigene Stellung in der Öffentlichkeit.[2] Sie war ein wichtiges Instrument zur Konstituierung, Darstellung und Ausübung sozialer Macht und politischer Potenz. Jedes dieser Häuser war – trotz vielfältiger Kontakte mit anderen Häusern – ein kleines autark wirtschaftendes Machtzentrum. Die Häuser waren der Versammlungsort der Klientel wie der Freunde. Für die Frauen bot sich die Gelegenheit, im häuslichen Rahmen Gespräche zu führen. Da römische Politiker nicht über Diensträume verfügten, war ihr Haus auch ihre politische Plattform. Dazu gehörte, das Haus als besonders wohlgeordnet nach außen zu präsentieren, im Rahmen von Geselligkeiten wie feierlichen Empfängen oder formellen Abendeinladungen politische Absprachen zu treffen, die dann im Senat oder in der Volksversammlung Gesetz werden konnten. Die wichtigsten Entscheidungen der Republik wurden also in den größten Häusern vorberaten und abgesprochen, und an ihnen waren die Frauen mehr oder weniger beteiligt. Sie waren als Gastgeberinnen und Gäste beim abendlichen Bankett anwesend, statteten aber auch selbst Besuche bei Freunden und Verwandten ab oder empfingen – etwa bei Abwesenheit des Hausherrn – allein die Klienten und Freunde.[3] Nicht selten vermittelten Frauen auch Kontakte zu ihren Ehemännern und wurden zu diesem Zweck heftig umworben.[4] In schwierigen Zeiten erwartete man von ihnen, die *domus* eigenständig zu schützen und zu bewahren.

Die Hauptaufgabe der Frauen bestand in der sorgsamen Haushaltsführung, Merkmal der Würde eines Hauses. Zum einen äußerte sich diese in üppiger und gepflegter Ausstattung, zum anderen in einer materiellen Wertschöpfung durch die häusliche Textilproduktion. Ferner garantierten die Frauen den Fortbestand des Hauses. Der weibliche Beitrag zum Prestige von Haus und Familie war alles andere als marginal. Für die äußere Würde durch Ämter und Ehren hatten vornehmlich die Männer zu sorgen; sie brachten den politischen Erfolg mit in das Haus. Beide Geschlechter wiederum waren für die historisch verwurzelte Würde des Hauses zuständig. Denn jeder brachte die Bilder seiner politisch erfolgreichen Ahnen mit ins Haus, die hier in kleinen Schreinen auf- und ausgestellt wurden und dadurch eine historische Legitimation des Herrschaftsanspruchs der Elite boten. Der Kirchenvater Isidor von Sevilla kommentiert die Auswahlkriterien von Ehemann und Ehefrau wie folgt: *bei den Alten wurden jene vier Dinge beachtet bei der Wahl eines Ehemannes: Tatkraft* (virtus), *Abkunft, Schönheit und Redetalent; in einer Frau drei: daß sie wohlgeboren, tugendhaft und schön sei.*[5] Daß »Schönheit« wenig mit unserem modernen abendländischen Schönheitsbegriff zu tun hatte, habe ich schon zur römischen Erziehung ausgeführt (vgl. S. 18 ff.). Schönheit war im wesentlichen eine Körperhaltung, die eine bestimmte ethisch-moralische Geisteshaltung reflektierte. Abkunft und Tugenden, die von einer Frau verlangt wurden, verweisen auf die Bedeutung ihrer Ahnen, die sie dem symbolischen Kapital des Haushalts ihres Ehemannes hinzufügte, sowie auf ihre Fähigkeiten bei der Haushaltsführung, die zu einem realen Kapital für den Haushalt werden konnte. Die geforderte »Tugend« war ein Bündel von Eigenschaften – *mores* –, ein Kanon traditioneller guter Sitten, der natürlich auch die eheliche Treue umfaßte, um die Rechtmäßigkeit der Kinder zu garantieren. Diese *mores* sind parallel zur *virtus* des Mannes.

Ehefrauen und auch Mütter nahmen nicht nur regelmäßig am Familienrat teil, sondern wurden auch an den Entscheidungen beteiligt, die er traf. Je weitreichender diese Absprachen waren, desto größer war zwangsläufig die Wirkung weiblicher Ratschläge oder Mitsprache. Manche Frauen verfügten über beträchtlichen außerhäuslichen Einfluß. So versprach Servilia, Brutus' Mutter, bei einem Familienrat der Caesarmörder im Juni 44 v. Chr. in Antium, zu dem auch Freunde wie Cicero gebeten waren,[6] dafür zu sorgen, daß ein bestimmter

Passus aus einem Senatsbeschluß gestrichen würde. Das ist schon erstaunlich. Wie wollte Servilia das bewerkstelligen? Fest steht, der Passus wurde tatsächlich gestrichen. War das ihr Verdienst? Wir wissen es nicht.

Noch bezeichnender ist, daß der ehemalige Konsul Cicero, der sich selbst gern als Wächter altrömischer Tugenden sah, nicht den geringsten Anstoß an Servilias Verhalten nahm, obwohl sie einen seiner Beiträge bei der Versammlung als blanken Unsinn bezeichnete.[7] Schon 90 Jahre zuvor hatte Cornelia, die Tochter des Karthagobezwingers Scipio Africanus, bei ihrem jüngeren Sohn, dem Reformer Caius Gracchus, ebenfalls durchgesetzt, daß einer seiner Gesetzesvorschläge, der in der Volksversammlung zur Abstimmung kommen sollte, abgeändert wurde. Vergeblich dagegen hatte sie ihn gebeten, er möge auf die Kandidatur für das Amt des Volkstribuns verzichten, das seinen Bruder das Leben gekostet hatte. Der Ton ihres erhaltenen Briefes war dabei bestimmt und fordernd: *Du solltest bei all Deinem Tun hauptsächlich meinen Beifall suchen und es für ein Unrecht halten, gegen meine Zustimmung irgend etwas Wichtiges zu unternehmen, zumal mir ja nur kurze Zeit zu leben bleibt. Kann Dich nicht einmal der Gedanke an diese kurze Frist veranlassen, den Entschluß aufzugeben, gegen meinen Willen zu handeln und den Staat zu stürzen?*[8] Auch Scribonia, Octavians geschiedene Ehefrau, wurde in einer bedrohlichen familiären Krise von ihrem Neffen Marcus Scribonius Libo Drusus um Rat und Unterstützung angegangen.[9]

Frauen waren Teil des weit verzweigten Patronagesystems (vgl. S. 246 ff.). Cicero hoffte, über seine Tochter Tullia Einfluß auf deren Ehemann Cornelius Dolabella zu gewinnen.[10] Gerade in Zeiten der familiären Krise, etwa während der Verbannung des Familienoberhaupts oder dessen langer Abwesenheit, übernahm die Ehefrau auch die Verantwortung für die Klientel, sie war das wichtigste Verbindungsglied nach Rom. Ein gut belegtes Beispiel ist Terentia, Ciceros Ehefrau, die sich um seine Belange in Rom während der Zeit seines Exils kümmerte.[11]

Daß die Frauen am Ende der Republik stärker in familiäre Entscheidungen eingebunden wurden, hatte verschiedene Ursachen. Schon die Punischen Kriege (264–146 v. Chr.) hatten dies indirekt bewirkt. Sie machten Frauen reicher, weil durch die großen Verluste in den Reihen der Männer sich Vermögen in weiblicher Hand zu konzentrieren begann. Die veränderte Praxis bei Eheschließungen wiederum hatte eine strikte Trennung ehelicher Vermögen zur Folge,[12] so daß verheiratete Frauen auch immer stärker gewohnt waren, unabhängige ökonomische Entscheidungen zu treffen. Durch Staatsämter und Kriege mußten die Männer häufig abwesend sein, und die Frauen übernahmen auch deren Pflichten im Haushalt. Publius Cornelius Scipio etwa erbat wegen der Abwesenheit des Vaters die Zustimmung der Mutter für seine Kandidatur um das Ädilenamt.[13] Schließlich brachten die rasch wechselnden politischen Bündnisse, die jeweils durch Ehen befestigt wurden, Frauen in die gesellschaftliche Position, diese Allianzen abzusichern. Abgesehen davon, daß sie wesentlich am Zustandekommen der Ehen beteiligt waren, mußten sie, wenn sie die Wogen zwischen den Allianz-Partnern zu glätten hatten, auch wissen, worum es ging und wo die eigenen familiären Interessen lagen. Daraus ergab sich zwangsläufig, daß man ihnen auch eine Erziehung zukommen lassen mußte, die sie in die Lage versetzte, komplexe politische und ökonomische Vorgänge zu beurteilen.

Der Wirkungskreis der Frauen beschränkte sich auf den Umkreis der *domus*, hier nahmen Frauen unwidersprochen Einfluß auf den Ehemann, die Söhne oder die Brüder, aber auch auf die vom Haus Abhängigen. Diese Einmischung war allerdings auch abhängig von den Möglichkeiten, die ein Mann zuließ, also ob er überhaupt bereit war, mit seiner Ehefrau, Mutter, seinen Schwestern Informationen auszutauschen und das Gespräch mit ihnen zu suchen. Über die *domus* hinaus wirkten Frauen vor allem in einem familiären Netzwerk weiblicher Angehöriger. Sie besprachen sich mit den Frauen der Familie, mit Frauen befreundeter Familien und konnten dadurch auch auf andere *domus* einwirken – allerdings war dies nur im Interesse der eigenen Familie akzeptabel. Andererseits mochte es auch innerhalb der *domus* Spannungen geben zwischen den Interessen des Ehemannes, des Bruders oder des Vaters.

Dieses weibliche Lobbying spielte sich freilich auf einem sehr geringen Organisationsniveau ab. Wie sehr Frauen auf sekundäre Informationsquellen angewiesen waren, illustriert die Anekdote eines Halbwüchsigen, der von seinem Vater zu einer Senatssitzung mitgenommen wurde. Bei der Rückkehr aus dem Senat wollte die Mutter wissen, was verhandelt worden war. Der Knabe weigerte sich jedoch, ihr davon zu berichten, weil man ihm eingeschärft hatte, nichts über die Debatten im Senat nach außen dringen zu lassen. Die Mutter ließ nicht locker, so daß der Junge schließlich zu der Schwindelgeschichte Zuflucht nahm, im Senat sei darüber beraten worden, ob Männer künftig zwei Ehefrauen nehmen dürften. Am folgenden Tag kam es vor dem Senatsgebäude zu Tumulten demonstrierender Frauen, die einen solchen Beschluß verhindern wollten. Natürlich kam die ganze Sache jetzt heraus.[14] Die Begebenheit hat kaum einen historischen Kern. Sie diente vielmehr dazu, weibliche Neugier und Unvernunft zu unterstreichen. Sie zeigt aber auch, daß jugendliche Söhne ihrer Mutter einigen Respekt schuldeten. Die Vorgänge waren angeblich der

Anlaß, jugendliche Senatorensöhne von Senatssitzungen auszuschließen, um sie der Neugier ihrer Mütter zu entziehen. Die Anekdote liefert natürliche auch einen Hinweis darauf, wie hoch man das kommunikative Netz der Frauen einschätzte, auch wenn dies wohl kaum der Realität entsprach. Allerdings findet sich in einer unserer frühesten lateinischen Quellen, der Komödie *Cistellaria* von Plautus, eine Anspielung auf angebliche Zusammenschlüsse der Matronen.[15] In erster Linie waren es wohl die Organisationsformen im Rahmen kultischer Aufgaben, die es den vornehmen Damen ermöglichten, reichlich Informationen auszutauschen und Beziehungen zu knüpfen. Da ein Teil dieser Kultaktivitäten unter Ausschluß der Männer vor sich ging, gaben die Zusammenkünfte häufig Anlaß zu Spekulationen. Moralisierende Beispiele zur Wertevermittlung hämmerten jedenfalls immer wieder ein, daß Familiensolidarität vor Frauensolidarität zu rangieren hätte.

Wie sehr Frauen auch mit dem Schicksal ihrer Männer verbunden waren, bewies Caecilia Metella, Sullas Ehefrau, die sich nach den Wirren in Rom nur mit Mühe zu ihrem Ehemann nach Griechenland hatte durchschlagen können und sich schließlich den Beleidigungen der Athener ausgesetzt sah.[16] Daß diese später für ihr Verhalten büßen mußten, zeigt umgekehrt, wie tief ein Mann durch die Herabsetzung seiner Frau zu kränken war. Invektiven gegen Ehefrauen waren daher auch eine geschätzte rhetorische Variante, den Gegner verächtlich zu machen – von Cicero ebenso angewandt wie von Octavian. Beliebte Themen waren dabei, die familiäre Abkunft zu schmähen oder die eheliche Treue einer Gattin in Zweifel zu ziehen.

Betrachtet man, wie die römischen Aristokratinnen von außen wahrgenommen wurden, fällt auf, daß sie in der griechischen Welt mit den Königinnen der hellenistischen Zeit auf dieselbe Stufe gestellt wurden. Was Herkunft, Wohlstand, soziale Distinktion und politische Handlungsfähigkeit anging, war dies durchaus berechtigt. Folglich wurden die Ehefrauen römischer Würdenträger im Osten des Reiches wie zuvor die Königinnen öffentlich geehrt, was ihnen in Rom in gleicher Form versagt blieb.[17] Die Stadt Pergamon etwa hatte für Cornelia, die Ehefrau des Pompeius Magnus und Tochter des Metellus Scipio, der zu den vornehmsten Aristokraten Roms gehörte, eine Statue mit Inschrift errichtet, in der sie *wegen ihrer hohen und edlen Gesinnung und ihres Wohlwollens gegenüber dem Volk* gepriesen wurde.[18] Cato der Ältere beschwerte sich angeblich schon im 2. Jahrhundert v. Chr. darüber, daß man im griechischen Osten für Frauen Statuen errichtete. Unklar bleibt allerdings, ob er Frauen allgemein oder römische Frauen und insbesondere Senatorengattinnen meinte.[19]

Nicht nur die Bevölkerung der griechischen Städte ehrte die Senatorenfrauen mit besonderem Aufwand. Auch Könige betrachteten die Angehörigen dieser Häuser als gleichrangig. So machte Ptolemaios VIII., der ptolemäische Herrscher Ägyptens, der erwähnten Cornelia im Jahr 139 v. Chr., nachdem sie Witwe geworden war, angeblich einen Heiratsantrag. Cornelia verzichtete auf diese Möglichkeit, führte aber im süditalienischen Misenum einen so großen Haushalt, daß sie Geschenke mit Königen in der gesamten Mittelmeerwelt austauschte.[20]

Kennzeichnend für die hellenistische Königin[21] ist ihre dauernde Präsenz in der Öffentlichkeit und die öffentlich zur Schau gestellte Einbindung ihrer Person in den politisch-sakralen Bereich. Die hellenistischen Herrscher des Ostens traten als Paar in Erscheinung (vgl. Abb. 3), sei es, daß die Frau neben dem Mann kultisch verehrt wurde, als öffentliche Wohltäterin gefeiert wurde oder aber daß öffentlich ihr Einfluß auf den König dokumentiert wurde. Soviel ist sicher, alle ihre Aktivitäten müssen im Kontext einer Stärkung der Dynastie gesehen werden.

Diese drei von der hellenistischen Königin besetzten Bereiche waren allerdings für eine römische Aristokratin in der Öffentlichkeit, zumindest solange sie lebte, tabu. Dennoch war sie quasi hinter einem Vorhang über die *domus* durchaus mit öffentlichen Angelegenheiten befaßt. Denn die großen *domus* waren dynastisch geprägte Herrschaftszentren. Nach dem Tod der Herrin eines einflußreichen Hauses (*mater familias*) diente das Begräbnis, genauso wie das eines männlichen Angehörigen des Hauses, durch Leichenzug, Leichenrede oder populäre Wohltätigkeit der familiären Selbstdarstellung.[22] Strukturell waren also die römische *domus* und die hellenistischen Dynastien durchaus vergleichbar.

Was Wohlstand und Sozialprestige angeht, verhielten sich die Repräsentantinnen der großen *domus* ebenfalls wie Königinnen. Die Frau eines Konsuls im 2. Jahrhundert v. Chr. – so wissen wir aus einer Rede des Caius Gracchus – wollte, als sie auf einer Reise mit ihrem Ehemann durch die Teanum Sidicinum in Campanien kam, im öffentlichen Männerbad baden. Vermutlich gab es gar keine andere Badeeinrichtung, die sie hätte benutzen können. Der oberste Stadtbeamte erhielt den Auftrag, das Bad zu diesem Zweck räumen zu lassen, was er auch unverzüglich veranlaßte. Die Zeit reichte jedoch nicht mehr zur gründlichen Reinigung der Anlage aus. Als sich die Frau bei ihrem Ehemann über den Zustand des Bades beklagte, erwirkte sie die öffentliche Entkleidung und Auspeitschung des verantwortlichen Beamten.[23]

Einige Römerinnen waren wirtschaftlich durchaus in der Lage, erheblichen Aufwand zu treiben und ihren Status bei öffentlichen Anlässen mit nahezu königlichem Gepränge zur Schau zu stellen. Aemilia, die Ehefrau des Scipio Africanus (gest. 162 v. Chr.), so berichtet ein Augenzeuge,

pflegte jedesmal, wenn die Frauen bei festlichen Anlässen in der Öffentlichkeit erschienen, großen Prunk zu entfalten, weil sie an dem Leben und der hohen Stellung Scipios teilgehabt hatte. Abgesehen von ihrem persönlichen Schmuck und dem ihres Wagens waren auch die Körbe, die Trinkbecher und das übrige Opfergerät, das ihr bei den feierlichen Prozessionen nachgetragen wurde, entweder aus Silber oder aus Gold. Entsprechend groß war die Zahl der Sklavinnen und Sklaven, die ihr folgten.[24]

Mütter und Schwestern der Triumvirn

Bis in die späte römische Republik war ein mehr oder weniger homogener Kreis von Adelshäusern an der politischen Entscheidungsbildung beteiligt. Einzelne Familien errangen für kurze Zeit die Führung, aber insgesamt muß man doch von einem großen Kraftfeld mehrerer Familien ausgehen, die die politische Macht unter sich aufteilten. Mit dem oligarchischen Triumvirat rückten die Frauen der Verbündeten aufgrund der Machtkonzentration in den Händen ihrer Männer weit stärker in die Öffentlichkeit, als dies bisher für die weiblichen Angehörigen der *domus* der Fall gewesen war. Als Augustus eine monarchische Herrschaftsform im Jahr 27 v. Chr. etablierte, verengte sich diese Aufmerksamkeit schließlich weiter auf eine einzige *domus,* die der Iulier und Claudier,[25] die eine allein bevorrechtigte Position beanspruchte. Auch hierfür ist also der Übergangscharakter des Triumvirats von erheblicher Bedeutung.

Während wir für die lange Epoche der Republik häufig nicht einmal die Namen der Ehefrauen von Konsuln kennen, sind die Namen der Frauen, die mit den politischen Protagonisten des Triumvirats eng verbunden waren, bekannt. Nicht nur die Ehefrauen, auch die Mütter und Schwestern traten ins Licht der Öffentlichkeit. Einerseits agierten die Frauen im Umfeld der Triumvirn traditionell, sie traten etwa als Vermittlerinnen zwischen den *domus,* die nun durch die Gruppierungen der mächtigen drei oder vier Männer abgelöst worden sind, auf oder wirkten mäßigend auf ihre Ehemänner, Brüder und Söhne ein.[26] Schon 43 v. Chr., unmittelbar nach dem Abschluß des Bündnisses, wandten sich die vornehmen Damen, denen eine Sondersteuer auferlegt werden sollte, mit einer Abordnung an die weiblichen Verwandten der Triumvirn. Die Schwester Octavians, damals noch mit Marcellus verheiratet, und die Mutter des Antonius empfingen sie höflich. Vermutlich tat dies auch Iunia, die Ehefrau des Lepidus. Von ihr hören wir allerdings nichts. Fulvia, Antonius' Ehefrau, weigerte sich, die Delegation zu empfangen, was zu einer öffentlichen Krise führte.[27] Dazu weiter unten mehr.

Auch Mucia, die Mutter des Sextus Pompeius, gehörte zu den Triumvirnfrauen. Vor ihrem Haus in Rom kam es 39 v. Chr., als die Stadt infolge der Seeblockade ihres Sohnes hungerte, zu Demonstrationen gegen den vermeintlichen Verursacher: *Das Volk aber zwang auch Pompeius' Mutter Mucia, indem es sie samt ihrem Hause zu verbrennen drohte, sich aufzumachen und einen Friedensschluß zustandezubringen.*[28] Mucia und ihre Schwiegertochter Scribonia drängten Pompeius schließlich zum Bündnis von Misenum und damit zum Ausgleich mit den Triumvirn, obwohl er selbst die Vertragsbedingungen als zu schlecht einschätzte.[29] Octavian hatte Mucia schon im Jahr 40 v. Chr., nach der Eroberung von Perusia, als Unterhändlerin zu ihrem Sohn nach Sizilien gesandt, *wobei ihn* [Octavian], wie Cassius Dio (48,16,3) anmerkt, *die Hoffnung leitete, er könne ihn* [Pompeius] *durch diese Gunstbezeugung … als Freund gewinnen.* Ähnlich verhielt sich Pompeius selbst, als er über Iulia, die Mutter des Antonius, nach dem Debakel von Perusia Kontakt zu ihrem Sohn aufnahm[30] und sie in dessen Winterquartier nach Athen entsandte. Wie wir es schon einmal bei Pompeia, der Schwester des Pompeius, gesehen haben, als sie die Familie des Clauius Nero freundlich begrüßte, während ihr Bruder ihn brüsk in seine Schranken verwies (vgl. S. 42), kommen die Frauen nun verstärkt in einer Situation ins Spiel, wo die politischen Kontakte und Kommunikationsformen nicht mehr ohne Gesichtsverlust zu nutzen sind.

Die Aktivitäten dieser Frauen waren nicht ausschließlich reagierend und privat, sondern hatten immer auch öffentliche Wirkung. Antonius' Mutter etwa fügte Octavian erheblichen Schaden zu, als sie nach der Einnahme von Perusia mit Freunden und Anhängern des Antonius zu Sextus Pompeius flüchtete und damit signalisierte, daß nicht einmal sie, immerhin eine Verwandte Octavians und Mutter seines offiziellen *amicus* (Koalitionspartners), in Rom noch sicher war.[31] Dieses Verhalten war an sich ungeheuerlich. Octavian fiel es aber offenbar leichter, mit ihr Kontakt aufzunehmen, als mit Antonius. Iulia setzte sich dann auch bei ihrem Sohn für einen Ausgleich mit Octavian ein, der schließlich in Brundisium zustande kam.[32] Octavia, Octavians Schwester, vermittelte das Bündnis von Tarent zwischen Antonius und ihrem Bruder, indem sie dafür sorgte, daß beide sich überhaupt trafen.[33] Sie brauchte dazu allerdings fast sechs Monate.

Die Rolle der Frauen bestand schließlich darin, auf informellem Weg politische Krisensituationen abzufangen und ein offenes Ohr für Wünsche zu haben, die an sie herangetragen wurden. Ihre angeblich sanftere Wesensart ließ die Vermittler- und Mäßigungsrolle als natürlich erscheinen und nicht als politische Einmischung.

Gleichzeitig knüpften die Triumvirnfrauen, wenn es um Fragen der Repräsentation ging, an die Traditionen einer hellenistischen Königin. Das kam am intensivsten im Osten des Römischen Reiches vor, wo Octavia, als Ehefrau des Antonius, außergewöhnliche Ehrungen zuteil wurden (vgl. S.74). Aber auch Livia hatte ihren Anteil.

Fulvia, die selbstbewußte Ehefrau des Antonius

Bei Fulvia wird die Rolle einer ins politische Geschehen auch sichtbar einbezogenen Frau zum erstenmal ganz deutlich. Allerdings ist auch Vorsicht geboten, denn ihr Bild wurde, abgesehen von Kleopatra, der späteren Gefährtin des Antonius, von der gegnerischen Propaganda am gröbsten verzeichnet. Erst ihr Tod machte ja das Bündnis von Brundisium möglich, als man ihr die Hauptschuld am Zerwürfnis der Triumvirn durch die Unterstellung anlasten konnte,[34] sie habe die Monarchie angestrebt.[35] Fulvia war nach unseren Quellen auch diejenige unter den Frauen, die nach außen für alle erkennbar eine aktive Rolle gespielt hat. Während Iulia, Mucia und Octavia traditionell handelten, also zum Nutzen der *domus* im Innern der *domus* agierten, ging Fulvia über diesen Rahmen sichtbar hinaus.

Fulvias Prominenz könnte sogar von Antonius beabsichtigt gewesen sein. Schon im Januar 43 v.Chr. ließ Antonius anläßlich seines 40. Geburtstags[36] in einer für ihn sehr bedrohlichen Situation Quinare (Halbdenare) an seine Soldaten ausgeben, die auf der Vorderseite ein Bild der Siegesgöttin mit den Zügen seiner Frau trug (vgl. Abb.6). Schon lange dienten Münzen dazu, politische Botschaften zu vermitteln.

Fulvia war politisch kein unbeschriebenes Blatt. Als Antonius sie heiratete, war sie schon zum zweitenmal Witwe von exponierten popularen Politikern.[37] Nach dem Tod des ersten Ehemanns Clodius blieb sie nicht unbeteiligt an der Eskalation der Situation und an den Tumulten, in deren Verlauf das Senatsgebäude abbrannte.[38] Ihr Münzporträt als Siegesgöttin im Zusammenhang mit dem Geburtstag des Feldherrn, der sich selbst symbolisch als Löwe auf der Rückseite abbilden ließ, enthielt somit eine klare Botschaft: Antonius versprach wie ein *pater familias* für seine Soldaten da zu sein und dabei von seiner reichen und sehr bekannten *mater familias* Fulvia unterstützt zu werden, die in Rom seine Sache vertrat. Der Löwe war ein Attribut des Hercules, mit dem

Antonius sich besonders verbunden fühlte und der sich mit den Beinamen Victor und Invictus – Sieger und Unbesiegbarer – der Siegesgöttin Victoria zugesellte. Diese Darstellungsform war natürlich äußerst heikel, schließlich war Caesar der erste lebende Römer überhaupt gewesen, der sein Porträt auf eine Münze prägen ließ. Antonius knüpfte mit dem Münzporträt der Ehefrau vielmehr an die Praxis in den hellenistischen Nachfolgestaaten des Alexanderreichs an, wo die Königinnen regelmäßig auf Münzen abgebildet wurden.

Schon im Herbst 44 v. Chr. hatte Fulvia sich zusammen mit Antonius den Truppen gezeigt, die in Brundisium auf den Marschbefehl Caesars nach Parthien warteten. Sie war möglicherweise sogar Augenzeugin, als ihr Mann zu blutigen Disziplinarmaßnahmen gegen die Anführer einer Truppenerhebung der dort stationierten *legio Martia* griff.[39] In jedem Fall hielt sie sich zu diesem Zeitpunkt im Lager des Antonius auf.

Die abgebildete Siegesgöttin auf den Quinaren, an sich ein beliebtes Sujet auf den Münzen früherer Imperatoren, mußte nicht notwendigerweise die Ehefrau des Feldherrn darstellen. Allerdings war diese Münze von den Anhängern des Antonius wie auch in der Provinz als Fulvia gedeutet und übernommen worden, und sie muß recht große Verbreitung gefunden haben, weil sie auch im folgenden Jahr 42 v. Chr. – nach dem Beginn des Triumvirats im November – erneut zum Geburtstag des Antonius im Januar ausgegeben wurde.

Im Machtbereich des Antonius wurde Fulvia wie eine hellenistische Königin behandelt. Die Stadt Eumeneia in Phrygien benannte sich in Fulvia um und ließ das Fulvia/Nike-Porträt in den Jahren 42/41 auf den Revers ihrer Münzen prägen. Tripolis in Phönikien gab ebenfalls Bronzen mit dem Porträt Fulvias heraus. Aber auch auf stadtrömischen Prägungen erscheint ein sehr individuelles Porträt der Siegesgöttin im Auftrag der Münzmeister Lucius Mussidius Longus und Caius Numonius Vaala (Abb. 15).[40]

Es ist durchaus möglich, daß Fulvia dieses Handlungsmuster weitgehend durch die Abwesenheit ihres Ehemannes aufgezwungen bekam. Als sie sich 43 v. Chr., weigerte, die Frauendelegation zu empfangen, die gekommen war, um gegen die Besteuerung ihrer Vermögen durch die Triumvirn zu protestieren, und Fulvia sich damit kompromißlos hinter die Politik ihres Mannes stellte, ohne die traditionelle Mäßigungsfunktion einer Ehefrau wahrzunehmen, handelte sie gegen die übliche Praxis. Dennoch unterstützte sie mit dieser Haltung ihren Mann weit kompromißloser als die anderen Frauen ihre männlichen Verwandten, seien es Brüder, Söhne oder Gatten.

Problematisch war, daß Frauen in diesem Fall als Bittsteller auftraten, denen ja schon aufgrund des römischen Rechts kein anderer als der inoffizielle Weg offenstand. Fulvia provozierte daher eine Krise, als sich die betroffenen Frauen nach dem Scheitern ihres Anliegens an die Öffentlichkeit wandten. Wie Hortensia, die Sprecherin, formulierte: *Wie es sich für Frauen unseres Standes, die Euch eine Bitte vortragen wollen, geziemt, haben wir uns hilfesuchend an die Frauen Eures Kreises gewandt; unschicklich jedoch von Fulvia behandelt, wurden wir durch sie auf das Forum gedrängt.*[41]

Cicero haßte Fulvia, und in seinen gegen Antonius gerichteten Philippischen Reden hatte er schon 44 v. Chr. kurz nach Caesars Tod behauptet: *im Innern seines [Antonius'] Hauses ging es heiß her – der ganze Staat stand dort zu Markte. Ein Frauenzimmer, segensreicher für sich selber als für ihre Männer, versteigerte Provinzen und Königreiche.*[42] Bei aller Polemik, die Cicero hier verwendet, legt er dennoch klar, daß selbst Fulvia noch innerhalb der *domus* agierte, allerdings nach seiner Lesart Politik in die eigene Tasche betrieb. Mag seine Version auch übertrieben sein, so läßt sich doch immerhin ein konkreter Fall, die Begünstigung des Klientelkönigs Deiotaros, nachweisen. Dieser hatte nach Caesars Tod das Trokmergebiet besetzt und wurde nun mit seiner Eroberung von Antonius anerkannt und in seiner Stellung bestätigt.

An anderer Stelle verhielt sich Fulvia durchaus traditionell, wenn sie die Interessen ihres Mannes konsequent zu wahren bemüht war. So versuchte sie im Jahr 43 v. Chr. verzweifelt zu verhindern, daß Antonius im Senat offiziell zum *hostis* (Staatsfeind) erkärt wurde, indem sie am Vorabend der Sitzung zusammen mit ihrer Schwiegermutter Iulia und anderen Verwandten die führenden Familien besuchte und noch am Morgen des Senatsbeschlusses die Senatoren auf dem Weg in die Kurie ansprach und im Trauergestus laut klagend Mitleid zu erregen suchte.[43] Während der folgenden Auseinandersetzungen in Mutina (Modena) wurde sie in eine Flut von Prozessen verstrickt, die ihre finanzielle Unabhängigkeit und damit ihren Handlungsspielraum beschneiden sollten.[44]

Den stärksten Eindruck hinterließ Fulvia schließlich während des Perusinischen Krieges, als sie mit ihren Kindern vor den Truppen des Antonius auftrat und deren Treue einforderte: nach dem Muster einer wehrlosen Frau, die des Schutzes der Freunde des Ehemannes bedarf. Appian (civ. 5,14.56) beschreibt die Situation wie folgt: *Sie[45] führten nun Fulvia und die Kinder des Antonius vor die Soldaten hin und flehten diese mit gar aufreizenden Worten an, es nicht geschehen zu lassen, daß Antonius seines Ruhmes beraubt werde und keinen Dank für die ihnen geleisteten Dienste erhalte.* Aber selbst Appians Darstellung, der Fulvia nicht gerade freundlich gesonnen war, impliziert, daß sie gar nicht aus eigenem Antrieb handelte.

Die hellenistischen Königinnen traten regelmäßig vor den Truppen auf, um die Kampfkraft zu stärken. Aber im Feldlager der Römer hatten Frauen nichts zu suchen. Bei Kleopatra sollte sich zeigen, daß dieses für eine hellenistische Königin selbstverständliche Verhalten für einige römische Truppenführer des Antonius unerträglich war und dazu beitrug, daß sie sich vom Feldherrn distanzierten. Bis zur Belagerung von Perusia verhielt sich Fulvia in der Öffentlichkeit eher zurückhaltend,[46] zögerte dann aber nicht, dem eingeschlossenen Konsul und Schwager Hilfe zu bringen. Sie hob selbständig Truppen aus[47] und wies die Truppenführer des Antonius in Gallien an, die Eingeschlossenen zu entsetzen, erteilte also Marschbefehle und gab Losungen aus. Zudem zeigte sie sich den Soldaten in einer Rüstung, um der eigenen Entschlossenheit Nachdruck zu verleihen.[48] Die Truppenanwerbung gehörte zumindest bei den Ptolemäerköniginnen ebenfalls zu ihrer Prärogative. Von Kleopatra II. bis zu Kleopatra VII. haben sie immer wieder eigenständig Heere aufgestellt. Die erwähnten Münzen des Vaala waren Goldprägungen und können gut dazu gedient haben, die Entsatztruppen zu bezahlen, zumal parallel zur Nikeprägung eine weitere Münze mit dem Bild des Lucius Antonius, des Bruders des Triumvirn, auf der Vorderseite erschien, deren Rückseite mit den Fulvia-Münzen identisch war. Fulvia betrieb schließlich eine begrenzte selbständige Außenpolitik, indem sie während der Perusinischen Krise den ehemaligen Statthalter von Numidien, Titus Sextius, einen Anhänger des Antonius, dazu bewog, die Provinz, die er selbst nach der Schlacht von Philippi an einen Beauftragten Octavians übergeben hatte zurückzuerobern.[49] Nach dem in Brundisium geschlossenen Versöhnungsabkommen zwischen den Triumvirn mußte er seine Beute an Lepidus abtreten.

Fulvia mußte wie keine Frau vor ihr öffentliche Demütigung und Diffamierung aushalten. Vor allem wurde dies auf dem Feld der sexuellen Unterstellungen ausgetragen. Velleius beschrieb sie als eine Frau, die nichts Weibliches an sich hatte außer ihrem Körper.[50] Auch Plutarch spielt auf dieser Klaviatur des Mannweibes:

Fulvia, Witwe des Demagogen Clodius, eine Frau, die sich weder um Wollarbeit noch um Hauswirtschaft kümmerte, auch sich nicht begnügte, einen gemeinen Mann zu beherrschen, sondern einen Regenten regieren und einen Feldherrn kommandieren wollte. Daher war Kleopatra der Fulvia für die Gewöhnung des Antonius an Weiberherrschaft noch das Lehrgeld schuldig; denn von ihr empfing sie ihn schon völlig gezähmt und abgerichtet, sich von Weibern regieren zu lassen.[51]

Mit dieser Entweiblichung Fulvias fiel jede Schranke des Anstandes, der es an sich verbot, eine Frau in der Öffentlichkeit auf diese Weise anzugreifen. Den Höhepunkt der Diffamierungskampagne boten die Auseinandersetzungen in Perusia, als Fulvia beschuldigt wurde, aus Eifersucht, den Krieg angezettelt zu haben, um Antonius zurückzugewinnen.[52] Die belagernden Soldaten Octavians schrieben auf ihre Wurfgeschosse aus Blei unzweideutige Aufforderungen an Fulvia. Der Feldherr selbst verfaßte ein genauso obszönes Epigramm, in dem er sie bezichtigte, den Krieg aus sexueller Frustration entfesselt zu haben:

> Weil Antonius Glaphyra vögelte, hat mir zur Strafe
> Fulvia bestimmt, daß ich auch sie vögeln solle.
> Fulvia soll ich vögeln? Was, wenn mich Manius[53] bäte,
> es mit ihm zu treiben, sollt' ich's dann tun? Ich glaube nicht,
>   wenn ich noch bei Verstand bin.
> »Entweder vögele mich, oder es gibt Krieg zwischen uns beiden«,
>   sagt sie. Was aber, wenn mir
> mein Schwanz lieber als selbst mein Leben ist? Man blase die Trompeten
>   zum Kampf.[54]

Interessant ist, daß in diesem Gedicht die Eifersucht auf Kleopatra noch gar keine Rolle spielt, sondern Glaphyra, die Mutter des von Antonius eingesetzten Klientelkönigs in Kappadokien, als Fulvias Konkurrentin angeführt wird. Erst die spätere Historiographie hat dann die Liebe des Antonius zu Kleopatra zum entscheidenden Movens Fulvias vor Perusia gemacht.

Fulvias Tod in Griechenland wiederum wirkt wie der Schluß eines antiken Dramas. In karthatischer Form wird das Weltbild, das eine Frau aus dem Gleichgewicht brachte, wieder geradegerückt: *Sie soll, so heißt es, sich die Vorwürfe des Antonius so zu Herzen genommen haben, daß sie darüber erkrankte, ja, man meint sogar, daß sie der Zorn des Antonius freiwillig in die Krankheit flüchten ließ; denn krank hatte er sie verlassen und beim Abschied nicht einmal aufgesucht.*[55] Am Ende war Fulvia eben doch nur eine Frau, abhängig von der Liebe zu einem Mann. Ihr Versagen als Frau wird ja auch in den Beschreibungen sichtbar, sie sei ein Mannweib gewesen.

Der Tod Fulvias kam der Beilegung der Krise von Perusia zwischen den Triumvirn sehr gelegen. Er verschleierte aber, daß Fulvia äußerst energisch die Sache ihres Mannes in die Hand nahm und damit scheiterte. Antonius wollte sich, anders als zwei Jahre später im Konflikt mit Pompeius, nicht klar entscheiden. Vielleicht hatte er aus dem Debakel von Perusia gelernt und Octavian deshalb im Jahr 38 klar gemacht, daß er dessen Krieg gegen Pompeius ablehnte. Im Jahr 41/40 hat er dagegen das Verhalten seines Bruders Lucius, den man wohl als den Hauptinitiator der Ereignisse betrachten muß, abwartend gebilligt und diesen berühmten Brief geschrieben, man solle zu den Waffen greifen, wenn seine, Antonius', *dignitas* (Würde) verletzt sei. Das war letztlich eine carte blanche für seine Anhänger und Freunde in Italien. Dennoch war es vermutlich Fulvias nüchterne Analyse der Lage, die sie zu ihrem Vorgehen gegen Octavian bewog. Als außergewöhnlich reiche Frau war sie es gewohnt, Entscheidungen von erheblicher Tragweite zu treffen. Daß die Truppenführer des Antonius ihr folgten, spricht für sich.

Antonius hatte nicht nur Vertrauen in die Urteilskraft seiner Frau, die als Ehefrau von zwei umstrittenen Volkstribunen genügend politische Erfahrungen gesammelt hatte; er stellte sie auch bewußt als Gestalterin neben sich heraus und ging dabei erstaunlich weit. Festzuhalten bleibt, daß Fulvias Porträt auf Münzen des Antonius selbst, auf autonomen Stadtprägungen und auf von Beamten herausgegebenen Münzen erscheint und damit eindeutig in die Tradition der hellenistischen Herrscherin, und zwar in Ost und West, gestellt wird. Die Identifikation mit der Siegesgöttin könnte bereits auf eine langfristig anvisierte kultische Verehrung im Stil des hellenistischen Herrscherkults deuten oder auf die Zuweisung bestimmter Eigenschaften der Victoria an Fulvia; sie kann aber auch bewußt als ambivalente Darstellung gestaltet worden sein, in der jeder das Porträt der Fulvia erkennen konnte – insbesondere die Aurei (Prägungen in Gold) sind sehr realistisch gearbeitet – oder ein beliebtes Sujet.

Octavia, die folgsame Ehefrau des Antonius

Octavia, Fulvias Nachfolgerin als Ehefrau des Antonius, verhielt sich gegenüber ihrem Mann ebenfalls treu und loyal. Nachdem sie das Bündnis von Tarent zwischen Mann und Bruder vermittelt hatte, kehrte sie zum zweitenmal schwanger von Antonius nach Rom zurück, um seinem Haus, das auf den Carinae gelegen war, vorzustehen. Es war durchaus üblich für Frauen der Elite, die Interessen ihrer Männer zu vertreten, während diese sich auf auswärtigen Feldzügen befanden, auf einem Verwaltungsposten in der Provinz oder gar im Exil.[56] Octavia rüstete 36 v. Chr., als Antonius bei seinem Versuch, Parthien zu erobern, eine verheerende Niederlage hinnehmen mußte, wie Kleopatra Hilfslieferungen für den Ehemann aus.[57] Selbst nachdem Antonius sie nicht persönlich empfangen hatte, ging sie nach Rom zurück und weigerte sich, die von Octavian verlangte Scheidung auszusprechen. Statt dessen nahm

sie weiterhin Antonius' Interessen wahr, in der Hoffnung, den Bruch zu verhindern: *sie blieb in Antonius' Haus wohnen, als ob er selbst zugegen wäre,
und sorgte nicht nur für ihre eigenen Kinder, sondern auch für die von der Fulvia auf eine edle und anständige Art. Auch nahm sie alle Freunde des Antonius, die entweder um Ämter zu bekommen oder in Geschäften nach Rom geschickt wurden, liebreich auf und unterstützte sie selbst in ihren Gesuchen bei
Caesar.*[58]

Als Octavia die Winter 39/38 sowie 38/37 v. Chr. mit Antonius in Griechenland verbrachte, wurde sie in Athen ebenfalls wie eine hellenistische Königin
mit göttlichen Ehrungen bedacht. Octavia wurde dabei allein als Athena Polias
(Stadtgöttin Athene) geehrt, und zusammen mit Antonius huldigte man dem
Paar als segenspendende Götter.[59]

Octavia taucht wiederholt auf den für Antonius geschlagenen Münzen
auf,[60] nach der Hochzeit auf dem Revers einer schönen Goldprägung (Aureus)
mit dem Bild des Antonius auf dem Avers. Nun war sie nicht einmal mehr
als Göttin drapiert wie noch Fulvia, sondern mit ihrem Porträt klar als Person erkennbar (Abb. 19). 39/38 v. Chr. wurden im kleinasiatischen Ephesos
sogenannte Kistophoren, Silbermünzen, im dionysischen Kontext ausgegeben
(Abb. 8). Efeu, Zeichen des Dionysos, umkränzte die Vorderseite der einen
Münze, auf deren Rückseite sich ein Porträt der Octavia auf einer *cista* (Korb)
befand; eine zweite Münze zeigt Octavia und Antonius als Herrscherpaar im
Staffelporträt auf der Vorderseite sowie auf der Rückseite dieselbe *cista*, die
zusammen mit den Schlangen des Dionysos ebenfalls auf den dionysischen
Mythos verweist. Octavias Bild auf der *cista* kann auch als Hinweis auf die
Eleusischen Mysterien verstanden werden. Antonius ließ sie während seines
Aufenthalts in Griechenland einweihen. Bei ihnen ist das Kultbild der Fruchtbarkeitsgöttin Demeter auf der *cista* sitzend dargestellt. Auf der zweiten *cista*
steht eine Statue mit Lanze, vielleicht der Gott Dionysos in Eroberhaltung.

Wahrscheinlich im Jahr 38/37, während des zweiten Aufenthalts des Paares
in Athen, kam es zu einer zweiten reichsweiten Prägung – einer Aureusemis-
sion, die sich inhaltlich zwar an die erste anlehnt, aber nun eine stärker matro-
nale Octavia porträtiert im Unterschied zur mädchenhaften Darstellung der
ersten Serie.

Die sogenannten Flottenprägungen des Antonius aus den Jahren 37/36
v. Chr., die möglicherweise für die Soldaten bestimmt waren, die auf den an
Octavian nach dem Vertrag von Tarent ausgeliehenen Schiffen Dienst taten,
zeigten alle das Bild der Octavia gegenüber dem des Antonius auf der Vorderseite, als handle es sich um ein hellenistisches Königspaar. Octavia hatte, wie

gesagt, den Kompromiß von Tarent mit vermittelt und wurde sinnigerweise auf den Tripondien sogar zusammen mit Bruder und Ehemann abgebildet. Die Münzen propagieren die – in Wahrheit schon angeschlagene – Einheit der Triumvirn. Indem Antonius seiner Frau einen so prominenten Platz auf der Vorderseite der Emissionen einräumt, wird geschickt die politische Eintracht des Triumvirats beschworen und gleichzeitig dem Antonius als einem hellenistischen Herrscher mit seiner Königin gehuldigt. Die Sesterzen der Flottenprägung tragen auf der Vorderseite die Bildnisse von Antonius und Octavia einander gegenübergestellt; auf der Rückseite aber sieht man Poseidon und Amphitrite als glückliches Paar übers Meer ziehen. Es liegt auf der Hand, im göttlichen Liebespaar den Triumvirn und seine Frau auf dem von Hippokampen gezogenen Wagen zu sehen: »Das der erotischen Dichtung entnommene Bild steht als Symbol für den erneuerten politischen Pakt und zugleich als Bekenntnis zum Lebensgenuß«.[61] »Lebensgenuß« ist etwas zu kurz gegriffen. Es ging vielmehr um eine für einen Herrscher des Ostens zu zelebrierende Üppigkeit. Dem Antonius wurde diese Haltung in Rom sehr verübelt und von Octavian rücksichtslos propagandistisch instrumentalisiert. Aber es wird deutlich, daß Octavia in diesem Programm des Antonius ihren Platz hatte, auch wenn ihr Bruder dies nach seinem Bruch mit Antonius beharrlich leugnete. Antonius gestand also den Frauen seiner Umgebung eine politische Rolle zu – mochte diese Rolle auch nicht mit tatsächlichem Einfluß verbunden sein. Die römischen Münzen, die er schließlich mit dem Bild der Kleopatra schlagen ließ, müssen in eben diesem Kontext interpretiert werden (Abb. 26).

Octavian nutzte dagegen die Bewertung der Frauen zur Herabsetzung des politschen Gegners. Wurde Fulvia zum männermordenden Dämon stilisiert, so erhob man Octavia während des Triumvirats zum traditionellen Ideal einer römischen Aristokratin, die Tugenden und Verhaltensweisen wie Treue, Hilfsbereitschaft und Zurückhaltung an den Tag legte und alle Werte der republikanischen Lebensform verkörperte, die Octavian zu verteidigen vorgab.[62] Als man beispielsweise nach der Errichtung des Principats daranging, Octavians eigene Beteiligung an den Proskriptionen der Triumviratszeit kleinzureden, wurde kolportiert, daß Octavia das Leben des Titus Vinius gerettet und sich für weibliche Angehörige der Proskribierten verwendete, während Fulvia diese hartherzig zurückgewiesen habe.[63]

In dieser Welt, die Octavian zu bewahren behauptete, waren Frauen angeblich verborgen. Wie wenig das jedoch tatsächlich auf die Verhältnisse der römischen Elite zutraf, ist von einiger Bedeutung. Symptomatisch für Octavians Haltung ist, daß er in seinem Tatenbericht überhaupt keine Frau erwähnt, nicht einmal die Gegnerin Kleopatra. Interessant wäre es zu erfahren, wie er in seinen heute verlorenen Memoiren das Thema wohl behandelte.

Livia, die schweigsame Ehefrau Octavians

Betrachtet man nun vor diesem Hintergrund die Rolle Livias während des Triumvirats, wirkt sie auf den ersten Blick sehr unscheinbar. Man möchte sogar behaupten, Livia steht in gewisser Weise hinter Octavia zurück, ist ihr allenfalls gleichgeordnet. Bis zu Octavias Tod im Jahr 11 v. Chr. scheint sich daran auch wenig geändert zu haben. Während Octavia von ihrem Bruder zur altrömischen Matrone aufgebaut wurde, um Antonius' Verhalten zu desavouieren, hat er seine eigene Ehefrau Livia in dieser Zeit nur phasenweise im Stil einer hellenistischen Herrscherin herausgestellt. Dazu zählen Münzprägungen ebenso wie Erwähnungen ihrer Person in öffentlichen Dekreten. Man muß hier also unterscheiden zwischen der Rolle, die durch die Umstände an die Frauen herangetragen wurde, und der anderen, die Octavian bewußt gestaltete.

Aus der Außenperspektive galten Livia und Octavia als die beiden Frauen, die man in heiklen Situationen ansprechen konnte. Selbst die Königin Kleopatra gab nach ihrer endgültigen Niederlage vor, sich um Gnade bei Livia und Octavia bemühen zu wollen.[64] In den Griechischen Städten galten Octavia und Livia als Königinnen. Eine offizielle Gesandtschaft aus Mytilene etwa hatte den Auftrag, auch bei Livia und Octavia vorzusprechen und ihnen zu danken.[65] Ein solcher Besuch wäre – zumindest offiziell dokumentiert – in der Republik undenkbar gewesen. Beide Frauen wurden gemeinsam im griechischen Osten des Reiches durch Statuen geehrt.[66]

Eine dynastisch-hellenistische Tendenz bei Octavian findet sich schließlich in den Ehrungen nach der Schlacht von Naulochos (vgl. S. 77 ff.), als es seinem General Agrippa gelungen war, in einer Seeschlacht Sextus Pompeius auszuschalten und damit die westliche Machtsphäre für Octavian allein abzusichern. Nun wurde den Triumvirn gestattet, im Tempel des Iuppiter Capitolinus oder im Tempel der Concordia ein Mahl abzuhalten.[67] Die Gemeinschaft mit den Göttern, in diesem Fall die Mahlgemeinschaft, war auch bei den hellenistischen Herrschern ein wichtiges Privileg.

Octavian erwähnt Livias Einfluß auf seine Entscheidungen während des Triumvirats auch in offiziellen Dokumenten. Livia engagierte sich beispielsweise für Samos, das ihr entweder im Bürgerkrieg Hilfe gewährt hatte oder wie Sparta zur claudischen Klientel gehörte, und sie versuchte, der Insel Abgabenfreiheit zu verschaffen. In einem Dekret an die Samier, das von der Stadt Aphrodisias aufgezeichnet wurde, nimmt Octavian auf dieses Engagement Bezug:

> Imperator Caesar Augustus, Sohn des vergöttlichten Iulius, schrieb an die Samier unter ihr Gesuch: Ihr könnt selbst sehen, daß ich das Privileg der Freiheit keinem anderen Volk außer den Aphrodisiern gegeben habe, die meine Seite im Krieg ergriffen haben und im Sturm genommen wurden wegen ihrer Anhänglichkeit an uns. Denn es ist nicht recht, die Gunst des größten aller Privilegien wahllos und ohne Grund zu verleihen. Ich bin Euch wohl gesonnen und würde meiner Frau gerne einen Gefallen erweisen, die sich für Euch bemüht, aber nicht unter der Bedingung, daß ich meine Gewohnheit breche. Denn ich bin nicht besorgt wegen des Geldes, das ihr als Tribut entrichtet, aber ich bin nicht gewillt, das am höchsten geschätzte Privileg irgend jemandem ohne guten Grund zu verleihen.[68]

Erst 19 v. Chr. erhielt Samos von Augustus das Privileg *civitas libera* (freie Gemeinde) zu sein.[69] Dennoch setzten die Samier Livia noch während des Triumvirats in Samos einen Inschriftenstein im Heratempel als Gegenleistung für ihre Frömmigkeit *(eusebia)*,[70] auch das ein häufiges Epitheton gerade für die Königinnen hellenistischer Provenienz. Im übrigen war es eine übliche Praxis für eine Polis, den König zu ehren, um ihn zu neuen Wohltaten anzuspornen. In der Endphase der Auseinandersetzungen wurde Samos schließlich bis zum Mai 33 Hauptquartier des Antonius, der hier kostspielige Festlichkeiten abhielt. Livias Kult wurde schließlich der Erzpriesterin des Herakultes auf Samos anvertraut.[71]

Livia taucht nicht auf Münzen unter dem Triumvirat im Westen des Reiches auf. Der Osten hingegen, wo es üblich war, Frauen abzubilden, stand erst nach der Entscheidungsschlacht von Actium offen. Aber selbst hier kam es zu gelegentlichen Emissionen. Der Staatenbund der Thessalier ließ vermutlich vor 27, was aus der Bezeichnung des Augustus als *Theos Kaisar* (Gott Caesar) hervorgeht, eine Münze mit der Legende *Hera Leiouia* (Hera Livia) prägen.[72]

Ehrungen für die Triumvirnfrauen Octavia und Livia im Jahr 35

Nach der vernichtenden Niederlage des Sextus Pompeius bei Naulochos und der Rückkehr aus Illyrien verzichtete der Sieger Octavian auf eine eigene Triumphfeier in Rom, *verlieh aber Standbilder an Octavia und Livia, dazu das Recht, ohne Vormund ihre eigenen Angelegenheiten regeln zu dürfen und dieselbe*

Sicherheit und Unverletzlichkeit wie die Volkstribunen zu genießen.[73] Livia und Octavia erhielten also nun die gleiche *sacrosanctitas* (Unverletzlichkeit) verliehen wie Octavian unmittelbar nach dem Erfolg von Naulochos im Jahr zuvor. Außerdem wurden beide Frauen von der Vormundschaft *(tutela)* befreit und Statuen von ihnen im öffentlichen Raum aufgestellt.

Frauen waren nach römischem Verständnis aufgrund ihrer Schwäche und ihres Leichtsinns nicht in der Lage, selbst ihre finanziellen Angelegenheiten zu regeln. Nur die Priesterinnen der Vesta, die Vestalinnen, konnten ohne Vormund *(tutor)*[74] agieren und entsprechend auch allein ein Testament abfassen. War nach dem frühesten Recht immer der nächste männliche Verwandte Tutor der Frau geworden, so hatte sich spätestens im 2. Jahrhundert v. Chr. diese Praxis sehr weitgehend gelockert, und die Väter bestimmten in ihrem Testament für ihre Töchter entweder einen Tutor oder überließen den Frauen selbst die Wahl, mit dem Ergebnis, daß die Vormundschaft oft nicht mehr so rigide ausgeübt wurde wie zuvor, sondern als reine Formalität galt. Terentia beispielsweise, Ciceros Ehefrau, bewegte gewaltige Vermögenswerte, ohne daß wir auch nur einmal erfahren, wer überhaupt ihr Tutor war.

Für Livia und Octavia bedeutete diese neue Handlungsfreiheit eine beachtliche Auszeichnung, denn sie waren damit über den Status einer üblichen Matrone hinausgehoben. Männliches Verantwortungsbewußtsein wurde ihnen attestiert, und sie waren rechtlich mit den hochgeachteten Vestalinnen auf eine Stufe gestellt, die diese Privilegien genossen, weil sie für die staatliche Gemeinschaft der Römer einen unschätzbaren Dienst leisteten. Für die Ehrungen der Triumvirnfrauen wurde bezeichnenderweise keine offizielle Begründung abgegeben, was Octavian als Augustus später vermied. Wirklich bedeutsam ist aber, daß Octavian die Frauen seiner Familie überhaupt in die eigentlich ihm als Oberfeldherrn zukommenden Ehrungen einbezog und damit schon dynastische Ansprüche anmeldete, die im Hellenismus wurzelten – für Rom also ein völliges Novum darstellten.

Zudem waren Octavians Ehrungen eine Reaktion darauf, wie Octavia von Antonius behandelt wurde, den er damit plakativ ins Unrecht setzte. Kleopatra und Octavia hatten beide Antonius nach dem Desaster auf dem Partherfeldzug Hilfe geschickt. Allerdings nahm Antonius das Angebot seiner Geliebten Kleopatra, die ihm an der syrischen Küste zwischen Sidon und Berytos entgegenreiste, freudig an, vielleicht weil sie zuerst eintraf oder, was wahrscheinlicher ist, weil ihr Angebot an Soldaten, Geld, Vorräten und Kleidung besser war als das der Ehefrau Octavia: Ihr Bruder ließ sie mit 2000 Mann aufbrechen, was angesichts der in Tarent zugesagten 20 000 Soldaten als Gegenleistung für die von

Antonius bereits gelieferte Flotte beschämend wenig war. Antonius wies Octavia, als sie in Athen eintraf, an, nicht weiterzureisen. Damit war die von Octavian gebotene Hand wirkungsvoll ausgeschlagen, auch wenn er die Subsidien wahrscheinlich trotzdem entgegennahm. Antonius hätte nichts aus dem Zusammensein mit seiner Ehefrau gewinnen können: »Ein neuer Vertrag von Tarent wie der des Jahres 37? Wer garantierte, daß sich Octavian diesmal an seine Zusagen hielt? Dies hatte er doch nicht einmal gegenüber einem wesentlich mächtigeren Antonius, als es nun der Verlierer des Partherkrieges war, getan.«[75] Er war statt dessen gut beraten, den Bund mit Kleopatra enger zu knüpfen, wenn er die Scharte des Partherfeldzugs auswetzen wollte.

Die faktische Trennung des Antonius von Octavia nahm den Bruch zwischen den beiden Triumvirn vorweg und war für Octavian ein willkommenes Instrument, den Unverstand und die Arroganz des Kollegen herauszustellen. Octavia fügte sich allerdings nicht dem Wunsch ihres Bruders, sich scheiden zu lassen, sondern hielt an der Verbindung fest. Sie erzwang damit formal die Fortsetzung des Bündnisses. Mochte Octavia zwar die Scheidung verweigern, konnte sie doch schlecht die Ehrung durch ihren Bruder zurückweisen, zumal sie gleichzeitig der Livia zuteil wurde. Ein Verzicht hätte die Zurücksetzung des Antonius bedeutet. Octavian stärkte also durch seine Maßnahmen die Frauen seiner Familie und konnte dennoch vorgeben, am Bündnis mit Antonius festzuhalten, den er gleichzeitig mit allen propagandistischen Mitteln bekämpfte.

Ähnlich muß man wohl auch die Verleihung der *sacrosanctitas* einschätzen. Die schmutzige Wäsche, die man sich anschickte zu waschen, war vermutlich recht umfangreich, und es sprach einiges dafür, die Frauen durch eine solche Ehrung aus dem politischen und propagandistischen Schlagabtausch herauszuhalten oder doch zumindest Angriffe auf sie äußerst geschmacklos erscheinen zu lassen. Hatte nicht Antonius seine Ehefrau Octavia öffentlich brüskiert? Cassius Dio spricht ausdrücklich von der *sacrosanctitas* der Volkstribunen und nicht der Vestalinnen, die *sanctae* waren, so daß wohl auch noch ein populares Element bei der Konstruktion mitschwingt. Die römische *plebs*, die traditionell den Volkstribun schützte, sollte einen Angriff auf die Frauen als Angriff auf sich selbst werten. Als Antonius sich schließlich im Jahr 32 v. Chr. von Octavia scheiden ließ, indem er Bevollmächtigte nach Rom schickte, die ihr die für eine Scheidung übliche Formel – *Du magst Deine Sachen mitnehmen*[76] – überbrachten, war diese Strategie ein voller Erfolg.

Dagegen war nicht daran gedacht, jeden Angriff auf die Frauen durch Verleihung der *sacrosanctitas* zum Hochverratsdelikt zu erklären.[77] Die *lex Iulia maiestatis*, die das Majestätsverbrechen einführte, stammt erst aus dem Jahr

8 v. Chr. und fußt vermutlich auf der *lex Cornelia* von 81, die vorrangig Amtsdelikte ahndete. Erst in der Regierungszeit des Tiberius gab es Hochverratsdelikte wegen Beleidigung der Person des Herrschers. Jede andere Form der *maiestas* blieb bis dahin Hochverrat gegen die *res publica*, wie er auch in der späten Republik belegt ist – etwa die Anklage gegen Aulus Gabinius wegen der illegalen Rückführung des Ptolemaios XII. als König von Ägypten im Jahr 58 v. Chr. Zu bedenken ist auch, daß der Schutzschild der *sacrosanctitas* schon deshalb nicht wirklich stabil gewesen zu sein scheint, weil Octavian sich im Jahr 36 die *sacrosanctitas* verleihen ließ,[78] diese aber im Jahr 30 noch einmal auf Lebenszeit bestätigen und 23 sogar noch einmal erneuern ließ.

Das dritte Privileg, die Verleihung von Statuen an die Triumvirnfrauen, war zwar nicht ohne Präzedenzfall wie die beiden vorangegangenen Ehrungen, aber immerhin sehr ungewöhnlich. Es sind drei republikanische Frauen belegt, für die es schon in der Republik Statuen gab: Cloelia, Claudia Quinta und Cornelia. Auf den ersten Blick handelt es sich um Frauen, die sich in irgendeiner Weise um den Staat verdient gemacht hatten. Sollte mit dem Bildnisrecht für Octavia und Livia suggeriert werden, daß es solche Verdienste gab?[79] Die Überlieferungslage ist in diesem Punkt recht unübersichtlich. Zunächst ist umstritten, ob es die Vorgängerstatuen als öffentliche Ehrenstatuen wirklich gab.[80] Nur die Sitzstatue Cornelias steht außer Zweifel, allerdings scheint es sich um eine Ehrung durch das Volk zu handeln. In der Kaiserzeit bestand dann wieder kein Zweifel daran, daß die Statuen von Cloelia und Claudia Quinta ebenfalls authentische republikanische Ehrungen waren. Zu dieser Auffassung hat wohl das Verhalten des Augustus beigetragen, der sowohl die Reiterstatue der Cloelia als auch die Statue der Cornelia erneuern ließ. Die Bilder für Octavia und Livia wurden damit nachträglich in eine vermeintliche Tradition gestellt, die gleichsam archetypisch ideales Rollenverhalten von Frauen als Tochter (Cloelia), Ehefrau (Claudia Quinta) und Mutter (Cornelia) spiegelten. Interessant ist, daß Augustus Claudia Quinta sogar als Verwandte reklamierte,[81] was zu ihrer Aufwertung seit augusteischer Zeit beitrug, als Claudia nachträglich eine wirklich bedeutende Rolle bei der Einholung der Magna Mater (204 v. Chr.) im Punischen Krieg (vgl. S. 205 f.) zugewiesen bekam,[82] möglicherweise um überhaupt die Rolle der Claudier in diesem Zusammenhang stärker zu gewichten. Der Censor Caius Claudius Nero hatte den Tempel 204 v. Chr. für die phrygische Göttin in Auftrag gegeben, den Augustus im Jahr 3 n. Chr. nach einem Brand neu aufbauen ließ. Claudia Quinta könnte eine Tante des Censors gewesen sein, was sie mit Livia, aber nicht mit Augustus verwandtschaftlich verbindet. Zumindest in der Regierungszeit des Tiberius wird Magna

Mater auch als Darstellungstyp für Livia verwendet. Augustus' Interesse an Claudia Quinta mag also mit dem Wunsch zu erklären sein, die Claudier insgesamt kultisch aufzuwerten und damit auch Livias Rolle historisch zu legitimieren.

Bei den frühen Statuen für Livia und Octavia handelt es sich in jedem Fall um Ehrungen im hellenistischen Stil – ganz gleich wie das Bildnis aussah. Frauen waren nach römischer Tradition bis dahin nicht im öffentlichen Raum in dieser Weise geehrt worden, weil die Ehrung von Senat und Volk beschlossen werden mußte, die sie zumeist höheren Magistraten für Verdienste um den Staat zukommen ließen.[83] Leider ist bislang kein Bildnistyp Livias identifiziert, der diesen ersten für sie geschaffenen Typus repräsentieren würde.[84] Es spricht also einiges dafür, daß nur wenige oder gar nur eine Statue aufgestellt wurde. Ebenso plausibel ist anzunehmen, daß die Bildnisse von Octavia und Livia einem spezifisch politischen Zweck dienten. Vielleicht war das erste Bildnis dem späteren Typ ähnlich und ist deshalb nicht mehr identifizierbar. Möglich ist, daß die Bildnisse Livias und auch Octavias als Gegenbild zu Kleopatra konzipiert wurden.[85] Obwohl Octavian sich selbst in dieser Zeit in der Pose des hellenistischen Herrschers abbilden ließ, scheint dies für Livia und Octavia wenig sinnvoll. Das bekannteste Bildnis Kleopatras in Rom stand in Caesars Tempel der Venus Genetrix, der göttlichen Stammutter des iulischen Geschlechts. Vermutlich war Kleopatra als Venus/Aphrodite dargestellt.[86] Die Königin nahm bei der ersten Begegnung mit Antonius im Jahr 40 dieses Sujet selbst wieder auf, als sie vor ihm in Tarsos als Aphrodite erschien.[87] Aphrodite war eine nackte Göttin. Es wäre also nur konsequent gewesen, Livia und Octavia als altrömische Matronen, also bis zu den Fußknöcheln verschleiert, abzubilden, um dadurch den Gegensatz zwischen dieser und der Welt des Antonius herauszustellen. Bewußt wurden dabei die Codes der Darstellung im hellenistischen Osten (Nacktheit, körperliche Üppigkeit) mißverstanden und einem römischen Wertesystem gegenübergestellt. Für die beiden Römerinnen wäre demnach ein dezidiert römisches Porträt geschaffen worden – streng, asketisch, keusch. Eine Angleichung an das Bild der Vestalinnen wäre dagegen angesichts der Mutterschaft beider Frauen wohl eher deplaziert gewesen. Caesar hatte bei der Einweihung seines Forums mit dem Tempel der Venus Genetrix Kleopatras Bildnis in dessen *cella*, dem Allerheiligsten, aufstellen lassen. Octavian ließ dieses später nicht entfernen, verbannte es aber aus der *cella* in den Vorraum, was für ein Kultbild mit Kleopatras Gesichtszügen spricht. Da er seine eigenen Kultbilder oder solche, die dafür gehalten werden konnten, aus der Zeit des Triumvirats nach 27 v. Chr. einschmelzen ließ,[88] ist es ebenso denkbar, daß die Bildnisse von Livia und Octavia ebenfalls Kultcharakter hatten und diesem selbst inszenierten »Bildersturm« zum Opfer fielen.

Das letzte größere Ereignis, bei dem Livia unter dem Triumvirat hervortrat waren die Leichenspiele – Gladiatorenkämpfe –, die ihr Sohn zu Ehren seines 33 v. Chr. verstorbenen Vaters Claudius Nero veranstaltete, für die sie die Kosten trug, obwohl offiziell der neunjährige Tiberius als Veranstalter der Spiele fungierte.[89] Hier zeigt sich erstmals, wie stark die Rolle Livias auf die *domus* bezogen war, so wie sie im Principat bestimmend werden sollte.

Der Grund für ungleichmäßige öffentlichen Darstellung Livias ist jedoch in der Auseinandersetzung mit Antonius zu suchen. Als man Antonius wegen seiner hellenistischen Exzesse attackieren wollte, waren die eigenen hellenistischen Selbstdarstellungen nicht mehr opportun. Innerhalb des Radius' der *domus* dagegen war Handeln auch dann möglich, wenn es in den öffentlichen Bereich hineinreichte. Livias Beitrag zur Leichenfeier zeigt zum einen, daß sie unter allen Umständen die Karriere ihrer Söhne zu fördern gedachte und dafür auch nach passenden Gelegenheiten suchte, zum anderen illustriert er die von der octavianischen Propaganda herausgestellte familiäre *pietas*[90] oder Loyalität als Gegenbild zur vermeintlichen Illoyalität des Antonius gegenüber Frau und Kindern, was regelmäßig auf das Verhältnis eines Politikers zur *res publica* schließen ließ.

KAPITEL 5

DIE WIEDERHERGESTELLTE REPUBLIK. DER PRINCIPAT DES AUGUSTUS (27–19 V. CHR.)

Als Augustus am 19. August 14 n. Chr. nach 44 Jahren Alleinherrschaft starb, wurde seine Asche in dem noch heute erkennbaren Mausoleum auf dem Marsfeld in Rom beigesetzt. In seinem Nachlaß befanden sich neben dem Testament drei versiegelte Schriftrollen, die im Senat eröffnet und verlesen wurden. Eine davon *enthielt eine Darstellung seiner Tätigkeit, die er in Bronzetafeln eingraviert und vor dem Mausoleum aufgestellt wissen wollte.*[1] Augustus letztes Trachten war also ganz darauf gerichtet, Rechenschaft über seine Herrschaft abzulegen und dafür zu sorgen, daß seine Sicht der Dinge zum verbindlichen Geschichtsbild wurde. Wie sah diese aus?

Die beiden Bronzetafeln, die vor dem Mausoleum mit einem Bericht seiner Taten aufgestellt werden sollten, veranschaulichen auf sehr eindrucksvolle Weise den Gegensatz zwischen dem Militärmachthaber der frühen Jahre – repräsentiert durch sein Mausoleum, eine Herrschergrablege hellenistischen Typs[2] – und dem aufopferungsvollen Princeps für die *res publica*, dessen letzte Gedanken noch der Rechtfertigung seines Tuns galten. Dieser sogenannte Tatenbericht des Augustus, *res gestae* oder auch *monumentum Ancyranum* (nach einer Abschrift in Ankara) genannt, wurde im ganzen Reich verbreitet. Es handelt sich um einen sorgfältig redigierten immer wieder überarbeiteten Text, der eindrucksvoll zeigt, wie Augustus seine Herrschaft verstanden wissen wollte.

Bei aller Kritik an den teilweise heuchlerischen Formen und an der Beschönigung der Gewalt muß man doch anerkennen, daß Augustus mit dem Principat ein System schuf, das bald 200 Jahre Bestand hatte und dem *Imperium Romanum* relativen Frieden und beträchtlichen Wohlstand brachte.

In dichter Form wird im Kapitel 34 des Tatenberichts in wenigen Sätzen die gesamte Ideologie des Principats zusammengefaßt. Es lohnt sich daher, allein durch die Ausdeutung dieser Sätze den Principat aus der Perspektive des Augustus wahrzunehmen: *In meinem sechsten und siebten Konsulat [28–27*

v. Chr.] *habe ich, nachdem ich die Flammen der Bürgerkriege gelöscht hatte, und mit der einmütigen Zustimmung der gesamten Bevölkerung* (consensus universorum) *in den Besitz der staatlichen Allgewalt gelangt war, das Gemeinwesen aus meiner Machtbefugnis* (ex mea potestate) *wieder der Ermessensfreiheit des Senats und des römischen Volkes überantwortet.*

Das Löschen der Flammen des Bürgerkrieges, den Augustus selbst wesentlich mitzuverantworten hatte, bezieht sich auf die Ausschaltung des Antonius und den Aufstieg zur Alleinherrschaft nach dem Sieg von Actium, gefolgt vom Zusammenbruch der Herrschaft seiner Gegner in Ägypten. Die beiden Jahre zwischen dem Einmarsch in Alexandria am 31. August 30 v. Chr. und der Rücküberantwortung des Gemeinwesens an den Senat am 13. Januar 27 v. Chr.[3] werden also in der Retrospektive bewußt ausgeblendet. Sie zeigen, daß die Wiederherstellung der Republik, die Vollendung der im Jahr 43 formal den Triumvirn übertragenen Aufgabe[4] – die Ordnung des Staates zu vollenden –, nicht ohne weiteres möglich war, denn Octavian war keineswegs bereit, die gerade errungene Alleinherrschaft über die römische Welt wieder abzugeben; er suchte vielmehr nach einem Weg, seine Macht dauerhaft zu sichern. Das blutige Ende Caesars stand ihm dabei ebenso vor Augen wie das des Antonius, den er selbst erfolgreich zum Tyrannen stilisiert hatte. Um seine herausragende Stellung auf Dauer abzusichern, brauchte Octavian jetzt vor allem die friedliche Akzeptanz der Beherrschten. Kein Heer ist stark genug, um auf Dauer einen so großen Herrschaftsraum zu sichern. Abgesehen von den immensen Kosten, ist Gewalt langfristig kein geeignetes Mittel zur friedlichen Sicherung von Herrschaft.

Nachdem Antonius niedergeworfen war, verfolgte Octavian drei Wege: erstens die staatsrechtliche Legitimierung seiner Macht, zweitens die sakrale Rechtfertigung und Überhöhung der Herrschaft und drittens der Verzicht auf persönliche äußere Machtinsignien und statt dessen die Verwendung von mehrdeutigen Zeichen an ihrer Stelle. Allerdings hatte er nicht von Anfang an einen Masterplan zum Machterhalt, auch wenn seine Selbstrepräsentation eine logische Entwicklungsfolge suggeriert. Es war ein längerer dialektischer Prozeß der Verrechtlichung der Macht, in dem er mit verschiedenen Formen experimentierte und diverse Rückschläge zu verkraften hatte.[5] In den Anfangsjahren war jedenfalls keine Rede von der Dauerhaftigkeit des Systems. Vielmehr spielte der Faktor Zeit bei der Festigung des Principats eine eigene Rolle. Der Prozeß der zunehmenden Institutionalisierung des Systems setzt sich an einigen Punkten mindestens bis zum Ende der iulisch-claudischen Zeit fort.

Augustus' Machtgrundlage in den Jahren zwischen dem Sieg über Kleopatra und Antonius und der Rückgabe seiner Ausnahmegewalten an den Senat (30 und 27 v.Chr.) war nach eigenem Bekunden *die einmütige Zustimmung der gesamten Bevölkerung*: der *consensus universorum*. Ein *consensus* (einstimmiges Verlangen) legitimierte in der römischen Vorstellung Politiker zur Übernahme von umfassender politischer Verantwortung. Konstruiert wurde dieses Verlangen aus dem Eid, den Octavian im Jahr 32 die Bürger des Imperiums vor der Auseinandersetzung mit Antonius hatte ablegen lassen.

Aber auf Dauer konnte dies für Octavian kein tragfähiges Konzept zum Herrschaftserhalt sein. Die Jahre 29 und 28 v.Chr. nutzte er systematisch, um die Rechtmäßigkeit des eigenen Handelns herauszustellen. Die verwendeten Bilder und Zeichen waren vielfach ambivalent. Zunächst beschwor er die Bedeutung des Sieges über Antonius. Er hatte Rom vor der Barbarei bewahrt, hieß es, Freiheit habe über Despotie gesiegt. Münzen, die im Jahr 28 v.Chr. im kleinasiatischen Ephesos geprägt wurden, tragen die Umschrift: *Imperator Caesar, der Sohn des Vergöttlichten, zum sechsten Mal Konsul, Retter der Freiheit des römischen Volkes.* Auf der Rückseite erkennt man die Göttin Pax von einem Lorbeerkranz umgeben und neben ihr die *cista* der Eleusischen Mysterien und des Dionysoskultes. Octavian feierte den Sieg und übernahm gleichzeitig im Osten des Imperiums die Insignien des Antonius – er trat dessen Nachfolge als Herrscher an.

Aber Octavian hatte weder allein gekämpft noch gesiegt. Die Götter hatten ihn zu ihrem Werkzeug gemacht. So erscheint die Siegesgöttin auf vielen Münzen nach der Schlacht von Actium. Octavian schenkte dem Senat sogar eine einst in Tarent erbeutete Statue der Victoria auf dem Globus zur Ausschmückung des Senatsgebäudes.[6] Diese Statue unterstrich ihrerseits zeichenhaft den Sieg von Actium, aber auch die Bedeutung des Senats, für den dieser Sieg vorgeblich errungen worden war. Vor allen anderen Göttern wurde Apollon, Octavians besonderer Schutzgott, als der Schlachtenlenker von Actium gefeiert. Jetzt endlich – nach der Unterwerfung Ägyptens – beging Octavian seinen lange aufgeschobenen Triumph über Dalmatien zusammen mit einem Triumph über Actium und einem Triumph über Ägypten. Ein römischer Triumph war ein gewaltiges Spektakel. Der Triumphator auf seinem Wagen in der Purpurtoga verwandelte sich in den Gott Iuppiter. Üblicherweise gingen die Magistrate, die Verkörperung römischer Staatsgewalt, vorweg, dann folgte der Triumphwagen und dahinter die Soldaten mit der Beute. Diesmal aber – und das war sicher kein protokollarisches Versehen – folgten die Magistrate dem reitenden Octavian, er war »die Summe staatlicher Gewalt«[7] und die Magistrate seine Befehlsempfänger.

Nur drei Tage später wurde in Rom der Tempel für den Divus Iulius geweiht, den vergöttlichten Caesar, auf dem Forum an der Stelle, wo der Leichnam des Dictators 44 v. Chr. unter tumultuarischen Umständen verbrannt worden war. Der Herrscher – so sollte man verstehen – war der Liebling vieler Götter. Im Oktober 28 v. Chr. folgte die Weihung des Apollontempels auf dem Palatin, der in unmittelbarer Verbindung zum Haus des Augustus stand. Sukzessive wurden nun die Symbole der Gewaltherrschaft aus der Hauptstadt entfernt.[8]

Parallel zu diesen Stilisierungen waren handfeste Probleme zu lösen. Das wichtigste: die Versorgung von 70 Legionen. Die Mittel Ägyptens versetzten Octavian in die Lage, dies ohne große Verwerfungen wie nach Philippi oder auch Naulochos zu tun. Allerdings wurde nicht das ganze Heer entlassen, mindestens 23, vielleicht 28 Legionen blieben unter Waffen. Das war ein Novum, denn in republikanischer Zeit wurden Armeen nur für einen bestimmten Zweck ausgehoben. Der Anfang für ein stehendes Heer war gemacht, das zukünftig eine wichtige Stütze kaiserlicher Herrschaft sein sollte.

Am 13. Januar 27 v. Chr. war es soweit, Octavian legte alle Sonderbefugnisse aus der Zeit des Triumvirats ab und entließ – wir er selbst formuliert: *das Gemeinwesen aus meiner Machtbefugnis* (potestas) *wieder in die Ermessensfreiheit des Senats und des römischen Volkes.* Die römische *res publica* war wiederhergestellt. Doch der Senat war schon längst nicht mehr in der Lage, die komplexen Probleme des Imperiums ohne Octavian zu bewältigen. Er brauchte dessen Anhängerschaft, dessen Truppen und nicht zuletzt dessen gewaltige materielle Mittel. Zudem stand der Senat unter dem Druck der öffentlichen Meinung. Jede Neuordnung, die den Sieger über Antonius und Kleopatra, den Garanten von Freiheit, Frieden und Tradition, nicht berücksichtigte, riskierte einen erneuten Bürgerkrieg. Abgesehen davon hatte sich das alte Senatsregiment durch die chaotischen Zustände der Herrschaft in den Jahrzehnten der Bürgerkriege selbst desavouiert.

Während Augustus in seinem Tatenbericht nur auf die Ehren verweist, die ihm der Senat *für dieses mein Verdienst*, nämlich die Rückgabe der Gewalt, verlieh, schweigt er über das tatsächliche staatsrechtliche Arrangement des Jahres 27 v. Chr. Auf Drängen der Senatoren, die Leitung des Staates weiterhin zu übernehmen, erklärte er sich nach einer angemessenen Phase des Zögerns bereit, die Verantwortung für die gefährdeten und noch nicht völlig befriedeten Teile des Imperiums zu tragen. Dieses wohl inszenierte Schauspiel verschaffte ihm den zivilen wie militärischen Oberbefehl – ein *imperium proconsulare* – über Hispanien, Gallien und Syrien. Sein Machtbereich umfaßte damit die strategisch wichtigsten Territorien des römischen Imperiums und schloß zugleich die Kommandogewalt über den Großteil des römischen Heeres ein, das in diesen Provinzen lag. Dieses *imperium proconsulare* zusammen mit dem Konsulat, das Octavian seit 31 v. Chr. Jahr für Jahr bekleidete, und das nach republikanischer Auffassung allenfalls alle zehn Jahre erlaubt war, bildete die erste staatsrechtliche Basis seiner neuen Ordnung. Allerdings, und hier kam der republikanische Charakter der Ordnung nun doch zum Tragen, wurde das *imperium proconsulare* nur für 10 Jahre verliehen und dann immer wieder für 5 oder 10 Jahre verlängert.[9] Erst Augustus' Nachfolger Tiberius hat das *imperium proconsulare* im Jahr 14 n. Chr. bereits bei Antritt seines Principats auf Lebenszeit erhalten und damit ein Präjudiz für alle folgenden Herrscher geschaffen.

Am Tag nach der offiziellen Rückgabe der Staatsgewalt, am 16. Januar 27 v. Chr., beschloß der Senat mehrere außergewöhnlicher Ehrungen, die einmal mehr die besondere Position Octavians herausstellen und Dankbarkeit für seine Mühen zum Ausdruck bringen sollten. Im Tatenbericht vermerkte Octavian:

Für dieses mein Verdienst wurde mir auf Beschluß des Senats der Name Augustus gegeben. Die Türpfosten meines Hauses wurden auf staatlichen Beschluß mit Lorbeer geschmückt, und ein Bürgerkranz (corona civica) wurde über meinem Tor angebracht. Ein goldener Schild wurde in der Curia Iulia aufgestellt, den mir der Senat und das römische Volk geweiht haben wegen meiner Tapferkeit (virtus) und Milde (clementia), meiner Gerechtigkeit (iustitia) und Hingabe an die Götter/ Loyalität (pietas), wie es die Aufschrift auf diesem Schild bezeugt.

Augustus hat diesen Ehrungen, wie der Tatenbericht zeigt, eine hohe Bedeutung beigemessen. Das bereits nach dem Erfolg in der Schlacht bei Naulochos praktizierte Wechselspiel von Verdiensten und Ehrungen wurde für seine Selbstinszenierung in der Folgezeit prägend.

Beschrieb der Namensbestandteil *divi filius* (Sohn des Vergöttlichten) bisher kein eigenes Verdienst, so bedeutete der Augustusname das genaue Gegenteil. Er ist der beste Hinweis darauf, daß Augustus' Macht fortan nicht nur auf staatsrechtlichen Grundlagen ruhte, sondern auch sakral konnotierte Elemente enthielt. Der Name Augustus bedeutete nach Cassius Dio, daß sein Träger sich über Menschliches erhebt und dem Göttlichen nahesteht.[10] Das Wort *augustus* – erhaben, geweiht – ist zuerst bei Ennius (gest. 169 v. Chr.) belegt: *Augusto augurio condita Roma* (Rom, das aufgrund eines geheiligten Götterzeichens gegründet wurde).[11] Damit war die Erscheinung der zwölf Geier gemeint, die Romulus den Ort für die Gründung der Stadt gezeigt hatten.[12] Auch Octavian waren, als er bei seinem ersten Konsulat Rom betrat, zwölf Geier erschienen[13] – entsprechend fühlte er sich als Neubegründer Roms, als zweiter Romulus. Der Dichter Properz, der als Zehnjähriger von den Greueln im Perusinischen Krieg zutiefst verunsichert worden war, hat Apollon am Vorabend des Sieges bei Actium sagen lassen: *Augustus, Retter der Welt ... siege zur See ... befreie das Vaterland ... Wenn Du es nicht verteidigen kannst, dann waren die Vogelzeichen, die Romulus vor dem Mauerbau auf dem Palatin erspähte, unheilvoll.*[14]

Die Beziehung zu Romulus rechtfertigte später auch die Konsekration des toten Augustus und dessen Aufnahme unter die Staatsgötter. Doch schon zu seinen Lebzeiten wurde Augustus nicht allein von der östlichen Reichsbevölkerung, sondern auch im Westen als Gott verehrt. Der Herrscherkult war dabei nicht allein Ausdruck der Anhänglichkeit des Volkes, sondern auch Teil des Staatskultes.[15] Im Festkalender von Cumae sind am 23. September, dem Geburtstag des Augustus, und am 16. Januar, dem Tag der Verleihung des Augustusnamens, Dankopfer *(supplicationes)* für den Princeps vermerkt. Erst 14/13 v. Chr. wurde der Schutzgott *(genius)* des Herrschers in die bisher Iuppiter Optimus Maximus und die Penaten[16] umfassende amtliche Eidesformel aufgenommen. Damit folgte man der Praxis bei Caesar, für den dies 44 v. Chr. eingeführt worden war, wagte diesen Schritt aber eben erst nach einer deutlichen Konsolidierungsphase der augusteischen Herrschaft.

Lorbeer und Eichenkranz als ehrender Schmuck für das Haus des Augustus weisen ebenfalls in die sakrale Sphäre. Der Lorbeer war mit Iuppiter und dem Triumphator, seinem irdischen Stellvertreter, verbunden. Die Pflanze galt auch Apollon als heilig, den Augustus besonders verehrte. Die *corona civica*, ein Eichenlaubkranz, wurde ursprünglich demjenigen Soldaten verliehen, der einem Kameraden das Leben gerettet hatte. Augustus erhielt diese Auszeichnung nun, weil er Staat und Bürgerschaft vom Bürgerkrieg errettet hatte. Seneca nennt die *corona ob cives servatos* – die Krone um der geretteten Bürger willen[17] – die würdigste Auszeichnung eines Princeps, schöner als alle Trophäen des Krieges. Lorbeerbäume und Eichenkranz sind durch zahlreiche Münzprägungen der Reichsbevölkerung weithin bekannt gemacht worden.[18]

Die Ehrungen von 27 v. Chr. waren auch ein Beitrag zur bewußten Sakralisierung des herrscherlichen Wohnraums, die freilich noch erheblich weiter ging, ohne Niederschlag im Tatenbericht gefunden zu haben. Ovids (trist. 3,1,33–38) Beschreibung des augusteischen Hauses belegt die Perspektive der Zeitgenossen, die im Haus des Herrschers ein göttliches Domizil sahen: *Während ich alles bewundere, erblicke ich funkelnd von Waffen, wuchtige Pfosten, einen Bau, wert, daß ein Gott ihn bewohnt: ist dies Iuppiters Haus? So fragte ich; auf diese Vermutung hatte ein Eichenkranz meine Gedanken gebracht. Als ich begriff, wer sein Herr ist, da sprach ich: Wir sind nicht im Irrtum, und es ist wahr: es bewohnt Iuppiters Macht dieses Haus.*

Augustus ging in seinem auf dem Palatin gelegenen Haus eine physische Verbindung mit dem angrenzenden Tempel seines persönlichen Schutzgottes Apollon ein, so daß er auf sehr subtile Weise Hausgenosse des Gottes wurde. Im Jahr 12 v. Chr., als er nach dem Tod des Lepidus das Amt des Oberpriesters *(pontifex maximus)* übernahm, überführte er die alte Staatsgottheit Vesta, für die er nun zuständig wurde, ebenfalls in das palatinische Haus. Die Gründe für die Sakralisierung zeigen erneut das Spannungsfeld der kaiserlichen Herrschaft. Spätestens seit 27 v. Chr. befand Augustus sich bei der Gestaltung seines Wohnsitzes in einem Dilemma, das sich aus den Bedingungen römischer Wohnraumgestaltung ergab, die über kein festes bauliches Repräsentationsinstrumentarium verfügte, aber verlangte, daß die Würde *(dignitas)* eines Hausbesitzers sich auch in der Würde seines Hauses manifestierte. Der Konflikt zwischen der realen politischen Rolle des Princeps und dem ideologischen Anspruch des Herrschaftssystems als wiederhergestellte Republik mußte sich zwangsläufig auf die Gestaltung seines Hauses auswirken.[19]

Die Verbindung zwischen Tempel und Wohnhaus blieb ambivalent. Vom Peristyl des Augustus gelangte man durch einen eigens gestalteten Vorraum über eine Rampe hinauf in den Tempel. Hier manifestierte sich architektonisch das gleichsam »partnerschaftliche Eindringen« der Person des Augustus in ältere und neuere Kulte.[20] Noch zur Zeit des Claudius wurde das Haus des Herrschers in seiner Verbindung zum Tempel assoziiert, als der von Caligula verbannte Seneca mahnte: *das Schicksal wird verletzender über alles hinweggehen, wie es stets gewohnt ist, auch die Häuser dreist zu betreten – des Unrechts wegen –, zu denen man durch Tempel Zugang hat, und das Trauerkleid wird es lorbeergeschmückten Türen anziehen.*[21]

Augustus konnte mit dieser Wohnraumsituation einerseits vorgeben, kein größeres Haus als andere römische Aristokraten zu besitzen, also tatsächlich nicht mehr zu sein als ein *princeps*, ein erster Bürger, aber gleichzeitig mit seinem Haus die daran gestellten Aufgaben seiner Würde zu erfüllen. Niemand wohnte in Rom mit einem Gott in einem Haus. Zeichenhaft angedeutet wurde dies durch so harmlos scheinende Ehrungen wie Lorbeer und Eichenkranz.

Im Tatenbericht stellt Augustus noch ein weiteres Zeichen heraus, den goldenen Tugendschild (vgl. S. 87). Der in der Curia Iulia, dem Senatsgebäude, aufgestellte Schild konterkarierte die dort von Augustus gestiftete Victoria, denn er symbolisierte wie kaum eine andere Ehrung die Herrschertugenden. Auch der Schild wurde im ganzen Reich propagiert.[22] *Virtus* und *clementia* waren die Tugenden des Imperators: Tapferkeit gegen den Feind und Milde gegenüber den Besiegten; seit Caesars Verhalten im Bürgerkrieg war *clementia* auch die schonungsvolle und versöhnungsbereite Haltung gegenüber den Mitbürgern, der als *clementia Caesaris* sogar ein Tempel errichtet wurde. *Pietas* und *iustitia* waren die Tugenden des Staatslenkers. Die Gerechtigkeit galt seit Platon als das Fundament jeder dauerhaften Staatsgründung. *Pietas* bedeutet das rechte ehrfurchtsvolle Verhalten Mitmenschen wie Göttern gegenüber: gemeint sind Loyalität und Rücksicht, pflichtgemäßes Verhalten gegenüber den Göttern und dem Staat, aber auch Kindes- und Verwandtenpflicht. Aeneas, der römische Stammvater, im Werk des Vergil verkörpert diesen Begriff beispielhaft; er wirkt als eine Praefiguration des Augustus – *pietate insignis et armis* –, ausgezeichnet durch Frömmigkeit und Waffentaten.[23] Aeneas erscheint auch in einer Opferszene auf den Reliefs der *ara pacis*, dem noch häufiger zu besprechenden Friedensaltar und dynastischen Monument des augusteischen Hauses. Den religiösen Hintergrund der Ehrung des Augustus mit dem Tugendschild beleuchtet eine Aussage Ciceros in seinem philosophischen Werk über die Gesetze (leg. 2,19): *Die Bürger sollen dasjenige verehren, um dessentwillen dem Menschen der Aufstieg in den Himmel zuteil wird: Gerechtigkeit, Tapferkeit, Frömmigkeit und Treue, und diese Tugenden sollen in Heiligtümern verehrt werden.*

Der letzte Satz des Kapitels 34 im Tatenbericht: *seit dieser Zeit* [27 v. Chr.] *überragte ich alle übrigen an Autorität, an Amtsgewalt, aber besaß ich nicht mehr als die anderen, die auch ich im Amt zu Kollegen hatte*, stellt noch einmal zusammenfassend die Selbstsicht des Augustus und seines Principats dar. Augustus betont, daß er nicht an *potestas*, sondern an *auctoritas* die anderen im Staat dominiert habe. *Auctoritas* war die Summe des Einflusses eines römischen Aristokraten, die sich aus der Größe seiner Klientel, der Zahl seiner Ämter und Erfolge, aber auch den ökonomischen Möglichkeiten seines Vermögens sowie der Vornehmheit seiner Herkunft ergab. Augustus berief sich also in ausgesprochenem Kontrast zur magistratischen Amtsgewalt auf seine persönliche Geltung, sein persönliches Ansehen und seine persönliche Autorität. Nicht aus seinem Amt floß ihm diese in ihren Dimensionen unscharf umrissene Macht zu, sondern aus seinen Verdiensten für den Staat. Das war seit jeher die Legitimation der römischen Elite, die sich als Meritokratie permanent selbst inszenierte. Macht und Einfluß des Augustus speisten sich aus dem allgemeinen Vertrauen in seine Person, das sich auf die bereits erbrachten Verdienste stützte. In ähnlicher Weise bewirkten Verdienst und Ansehen auch die Stellung des *princeps* im Staat.

Es ist richtig, daß Augustus mit Ausnahme des Konsulats keine weiteren republikanischen Ämter bekleidet hatte und auch hier, wie er herausstrich, immer einen Kollegen hatte, der theoretisch gegen seine Entscheidungen hätte intervenieren können. Dennoch verschweigt diese Deutung natürlich, daß Augustus über eine Fülle von Amtsgewalten ohne Amt verfügte, die durchaus dem republikanischen System entgegenstanden.

Die Trennung von Amt und Amtsgewalt war schon in der Verleihung der *sacrosanctitas*, der Immunität der Volkstribunen, sichtbar geworden, wo ein Element aus einem Amt herausgelöst wurde. Nach 27 v. Chr. avancierte diese Praxis zu einem entscheidenden Programm des neuen Herrschaftssystems. Die Verleihung der proconsularischen Gewalt war an sich kein wirkliches Novum. Sie hatte ihre Vorläufer in den großen Sonderkommanden der Republik, die aber bei aller Exponiertheit noch immer an eine konkrete Aufgabe geknüpft waren. Nun aber wurden solche Gewalten allgemein und ohne inhaltliche Beschränkung verliehen.

Trotz ihrer fraglosen Bedeutung bildeten die Vorgänge im Januar 27 v. Chr. nur einen von vielen Mosaiksteinen für die Konsolidierung der inneren Verhältnisse des römischen Staates. Zunächst war das System alles andere als festgefügt. Es kam zu schweren Spannungen in den Provinzen, die formal unter der Herrschaft des Senats standen, und 23 v. Chr. schließlich zu einer heftigen Krise, die durch neue Kompromisse gemeistert werden sollte. Demonstrativ legte Augustus das Amt des Konsuls nieder, das er seit 31 v. Chr. jedes Jahr ohne Unterbrechung bekleidet hatte. Damit gingen jedoch wichtige Kompetenzen und Initiativrechte verloren. Um diese zu kompensieren, ließ er sich jetzt die *tribunicia potestas*, die erweiterte Gewalt des Volkstribunats und das sogenannte *imperium proconsulare maius* übertragen, das sich auf das ganze Reichsgebiet erstreckte und ihm eine übergeordnete Amtsgewalt verschaffte. Die volle tribunicische Gewalt verlieh ihm das Recht, Senatssitzungen einzuberufen und deren Tagesordnung durch Initiativmaßnahmen zu gestalten. Sie intensivierte natürlich auch die Bindung an die römische *plebs*, deren Sachwalter die Volkstribunen traditionell waren.

Die Politik nach 23 v. Chr. war weit stärker als nach 27 v. Chr. von dem Bemühen gekennzeichnet, Einvernehmen mit dem Senat zu erzielen und auf diese Weise die innenpolitische Opposition gegen das System zu beschwichtigen. Dennoch hielten die Unruhen in den Jahren zwischen 23 und 19 v. Chr. an. Hungersnot und Seuchen sowie eine Kette nicht abreißender Turbulenzen brachten die Öffentlichkeit auf; der mühsam erzielte innere Kompromiß und Ausgleich schien von neuem in Frage gestellt zu sein. Anhänger drängten Augustus zur Annahme der Dictatur, was er nach Caesars Schicksal unbedingt vermeiden wollte.[24] Doch auch diese existentielle Krise konnte schließlich überwunden werden. In den Jahren 19 und 18 v. Chr. wurde die Stellung des Augustus noch einmal abschließend gefestigt. Daneben wurde Agrippa, der nach dem Tod des Marcellus im August 23 v. Chr. sein Schwiegersohn wurde, auch verfassungsrechtlich mit in das Herrschaftssystem eingebunden. Schon 23 v. Chr. war dem Weggefährten des Princeps auf fünf Jahre das *imperium proconsulare* verliehen worden. 18 v. Chr. wurde es um weitere fünf Jahre verlängert, hinzu kam die *tribunicia potestas* für fünf Jahre.

Auch diesmal kam man nicht ohne einen religiös fundierten Staatsakt aus. Im Jahr 17 v. Chr. wurden die Saecularspiele gefeiert, die den Anbruch eines neuen (goldenen) Zeitalters verkünden sollten. Sie waren 249 v. Chr. eingerichtet worden und stellten ein alle 100 Jahre zu feierndes Sühnefest dar. Angeblich gab die Erscheinung eines Kometen den Ausschlag, im Jahr 17 v. Chr. ein neues *saeculum* (Zeitalter) beginnen zu lassen.

Kurz nach den Saecularspielen, vermutlich noch als Teil der für das neue Zeitalter verkündeten Hoffnungen, adoptierte Augustus seine beiden Enkelsöhne aus der Ehe seiner Tochter Iulia mit Agrippa. Der eine war gerade drei Jahre alt und der andere ein Säugling von wenigen Tagen oder Wochen. Auch die Söhne Livias übernahmen Aufgaben im System und bewährten sich im Jahr 15 v. Chr. als erfolgreiche Generäle im Alpenraum. 12 v. Chr. war Augustus vorläufig auf dem Höhepunkt seiner Macht und Ambitionen angelangt. Der ehemalige Triumviratskollege Lepidus starb, und Augustus wurde unter Beteiligung ganz Italiens zum *pontifex maximus* (Oberpriester) gewählt.

Die Übernahme dieses höchsten Priesteramtes verlieh ihm nun verstärkt die Möglichkeit, den Kult und die Religionspolitik in seine Erneuerung des römischen Staates einzubeziehen. Ausdruck dessen war die Sorge für die Tempel der Stadt, die seine *religio*, sein Einvernehmen mit den Göttern, zeigte. Neben einem groß angelegten Bauprogramm für neue Tempel wurden zahllose bestehende restauriert sowie Kulte und Priesterkollegien neu belebt. *Religio*, die sorgsame Beachtung und Ausübung des Kultes, gehörte wie *pietas*, die fromme Rücksichtnahme, zu den altrömischen Werten und hing aufs engste mit der *salus publica*, dem Wohl des Staates, zusammen. Daß die Römer durch ihre *religio* die anderen Völker überragten, war eine festverwurzelte Überzeugung.[25]

Die Not der Bürgerkriege wurde in diesem Weltbild als göttliche Strafe empfunden und verlangte nach Entsühnung.[26] So sah es auch Horaz, der die Wiederherstellung der alten Tempel und die Rückkehr zur Götterverehrung der
Vorfahren feierte. Eine Erneuerung der Kulte war somit integraler Bestandteil
der Ideologie von der Wiederherstellung des römischen Staates.

> Der Väter Sitten büßest Du, schuldlos selbst,
> mein Römervolk, solang Du nicht richtest neu
> der Götter sturzbedrohte Tempel,
> nicht ihre Bilder vom Brandrauch reinigst.
>
> Gehorsam vor den Göttern bedeutet Macht.
> Beginn und Ende lege in ihre Hand:
> Mißachtet, sandten oft die Götter
> Trauer und Leiden dem Abendlande.[27]

Für die Principatskonzeption bildete das Jahr 2 v. Chr. den Schlußstein. Es war
das Jahr von Augustus' 25jährigem »Dienstjubiläum« als *princeps*. Gleich zu
Jahresbeginn, am 5. Februar, wurde ihm der Titel *pater patriae*, Vater des
Vaterlandes, verliehen. Dieser Ehrentitel war bereits in der Zeit der Republik
gebräuchlich. Augustus führte nun den Namen *Imperator Caesar Divi Filius
Augustus Pater Patriae*. Er sah die Ehrung als den Höhepunkt seiner Laufbahn
und daher stellt er sie betont ans Ende seines Tatenberichts.[28]

KAPITEL 6

FRAU DES PRINCEPS UND »GANZ VORTREFFLICHE GEMAHLIN«

In seinem Tatenbericht hat Augustus Livia ebensowenig erwähnt wie eine andere Frau. Das wird verständlich, wenn man sich vor Augen hält, daß die eigentliche Funktion dieser monumentalen Inschrift darin lag, die herausgehobene Position des Augustus durch seine Verdienste für den Staat zu rechtfertigen und noch einmal allen deutlich zu machen, daß die Republik wiederhergestellt war. In der Republik aber war kein Platz für Frauen in der öffentlichen Sphäre gewesen. Alle Frauen, die sich aus der Deckung herauswagten, hatte man brutal durch den Schmutz gezogen. Während man von Männern der Elite verlangte, ein Leben wie auf einer Bühne zu führen, und damit ihre ständige Präsenz in der Öffentlichkeit einforderte, hatten Frauen gerade nicht im Licht der Öffentlichkeit zu stehen. Wenn wir die Namen der Ehefrauen republikanischer Amtsträger überhaupt kennen, wissen wir selten mehr als das daraus Ableitbare. Die Frau des Triumvirn Lepidus, Iunia, ist trotz der Prominenz ihres Ehemanns ein solcher Fall. Diese mangelnde Bekanntheit spiegelt akzeptables Benehmen nach altrömischen Vorstellungen, weshalb Cicero Iunia *probatissima uxor*, eine ganz vortreffliche Gattin, nennt.[1]

Die Schicksalsfrage des augusteischen Hauses. Wer wird Nachfolger? Erster Akt (30–17 v. Chr.): Die Suche nach der Lösung

Livias Schicksal und Rolle war mit der Nachfolgefrage im augusteischen Haus unmittelbar verbunden. An eben dieser Frage offenbarte sich, daß das Regiment des Augustus – trotz aller gegenteiligen Behauptungen – monarchisch strukturiert und um Machterhalt für die Familie über den Tod des Princeps hinaus bestrebt war. Man kann mehrere Phasen unterscheiden, die jeweils in einem größeren dynastischen Rahmen zu sehen sind.

Die erste Phase ist zwischen 30 und 17 v. Chr. zu erkennen. In dieser Zeit bestand die Hoffnung auf einen eigenen Sohn. Livia wie auch Augustus hatten aus früheren Ehen Kinder.[2] Beide waren im Jahr 30 v. Chr. noch jung genug, Augustus gerade 33 und Livia 28 Jahre alt. Aber die Hoffnungen beider erfüllten sich nicht. Von Augustus behauptet Sueton, er habe sich sehr ein Kind von Livia gewünscht.[3] Eine Frühgeburt ist belegt. Es ist jedoch nicht klar, ob daß Kind bereits tot auf die Welt kam oder innerhalb der ersten Woche starb. Möglicherweise führte diese Fehlgeburt zur Sterilität des Paares.

Augustus' einzigem Kind, Iulia, der Tochter Scribonias, fiel daher die entscheidende Rolle bei der Nachfolge zu. Er verfuhr mit ihr, wie es für Väter der Elite üblich war, und fragte nicht nach ihren Wünschen, sondern behandelte sie wie eine Schachfigur auf dem Spielbrett der politischen Allianzen. Noch während der Triumviratszeit war sie nach dem Vertrag von Tarent im Herbst 37 v. Chr., kaum zwei Jahre alt, mit dem neunjährigen Antonius Antyllus, Antonius' Sohn von Fulvia, verlobt worden. Beim Einmarsch Octavians in Alexandria war dieser, wie Caesars Sohn Caesarion, hingerichtet worden.[4] Die Verlobung der Triumvirnkinder war vermutlich schon zwischen 35 und 32 v. Chr. gelöst worden, denn Antonius warf Octavian in der großen propagandistischen Auseinandersetzung des letzten Triumviratsjahres vor, er habe Iulia mit dem Getenkönig Cotison verlobt.[5] Sobald Iulia 14 Jahre alt war, wurde sie mit ihrem Cousin Marcellus, dem einzigen Sohn Octavias, verheiratet. Bei der Trauung selbst mußte Agrippa als Brautvater auftreten, weil eine Krankheit Augustus in Hispanien festhielt.[6] Möglicherweise wollte er aufgrund seines Gesundheitszustandes unbedingt die Tochter rasch verheiraten.

Diese Ehe muß man einerseits als ergänzende Strategie des Augustus zu seinem Kinderwunsch von Livia sehen, die inzwischen 30 Jahre alt geworden war, also noch nicht über das gebärfähige Alter hinaus. Octavia etwa war mit 31 Jahren noch Mutter der jüngeren Antonia geworden. Plinius d. Ä. bezeugt zudem, daß man in diesem Jahrhundert davon ausging, eine Frau in den späten Vierzigern sei durchaus noch in der Lage, Mutter zu werden.[7] Die Gesetze des Augustus setzen eine Fruchtbarkeitsspanne bis zur Vollendung des 50. Lebensjahrs voraus.

Die Verwandtenehe zwischen Iulia und Marcellus gab ein klar dynastisches Signal. Der Princeps verheiratete seine Tochter bewußt nicht mit dem Sohn einer anderen mächtigen Familie. Das hätte sicher auch zu Schwierigkeiten geführt, denn man kann sich den Neid derjenigen vorstellen, deren Söhne nicht ausgewählt wurden. Andererseits zeigte die Ehe von Cousin und Cousine aber auch ein Bestreben, die iulische Familie nach außen abzuschließen – ein Verhalten, das in den hellenistischen Königsdynastien Vorläufer hatte. Die Ptolemäer trieben diese Heiratsstrategie auf die Spitze und haben nach dem Vorbild der Pharaonen seit Ptolemaios II. Philadelphos regelmäßig ihre Schwestern geehelicht. Für Livia bedeutete die Heirat Iulias mit dem Sohn der Octavia vielleicht eine gewisse Enttäuschung, denn ihr eigener Sohn Tiberius, immerhin ebenfalls 17 Jahre alt wie Marcellus, kam nicht als Partner für die iulische »Prinzessin« in Frage. Zwar war er schon seit der Staatskrise 32 v. Chr. mit Vipsania, der Tochter Agrippas von Caecilia Attica, verlobt, aber das war aus claudischer Sicht nicht die vornehmste Braut. Sie empfanden sich zur Nachfolge berufen. Andererseits war vielleicht die Hoffnung auf Nachwuchs von Augustus noch so stark, daß eine Ehe der Stiefgeschwister doch zu Komplikationen im Familienbild geführt hätte.

Der Schwiegersohn Marcellus, der sich wie Iulia den Interessen des Princeps unterzuordnen hatte – schließlich war er bereits nach der Vereinbarung von Misenum mit Sextus Pompeius' Tochter verlobt – wurde nun zum Verdruß der bedeutenden Anhänger des Augustus regelmäßig in den Vordergrund gestellt. Schon beim Dreifachtriumph im Jahr 29 v. Chr. durfte er auf dem ehrenvollen Platz zur rechten Seite des Triumphators reiten.[8] Wie Octavian einst von Caesar, wurde Marcellus mit auf den hispanischen Feldzug genommen. Bereits im Jahr der Hochzeit richtete er Gladiatorenspiele in Hispanien aus, im folgenden Jahr wurde er zum Ädilen designiert. Gleichzeitig erhielt er das Recht, in der Gruppe der ehemaligen Prätoren abzustimmen und sich zehn Jahre früher als üblich für das Amt des Konsuls zu bewerben. Damit war er formal von der Altersbeschränkung der Ämterlaufbahn befreit worden. Auch Tiberius wurde zeitgleich eine vorzeitige – wenn auch nur um 5 Jahre verkürzte – Ämterlaufbahn gestattet.[9] Das Ädilenamt bot reichlich Gelegenheit, die Wohltätigkeit eines Kandidaten herauszustellen und ihn beim Volk für weitere Ämter zu empfehlen. 23 v. Chr. trat Marcellus die Ädilität an und veranstaltete die üblichen Gladiatorenspiele.[10] Im gleichen Jahr erfolgte seine Aufnahme ins bedeutende Priesterkollegium der *pontifices*. Diese Bevorzugung löste vor allem bei Agrippa, Augustus' bestem Heerführer und Vertrauten, Irritation und Ärger aus.[11] Aber auch mit Tiberius kam es zu Rivalitäten.[12] Marcellus jedoch war beim Volk sehr beliebt. Tacitus behauptet sogar, er sei von der *plebs glühend verehrt* worden.[13] Trotz seiner jungen Jahre hatten einige Städte des Imperiums Marcellus als ihren Patron gewählt: Pompeji, Delphi und Tanagra.[14]

Noch im Jahr der Ädilität kam es zu schweren Konflikten. Marcus Primus, der Statthalter der Senatsprovinz Macedonien, wurde, offensichtlich auf Betreiben des Augustus, angeklagt, die Odrysen, einen thrakischen Stamm, ohne Auftrag angegriffen zu haben. Primus verteidigte sich damit, daß er sowohl die Zustimmung des Augustus als auch des Marcellus eingeholt habe. Augustus, der unaufgefordert vor Gericht erschien, bestritt dies für seine Person ganz energisch. Wirklich bedenklich für Augustus' Position war, daß sein Mitkonsul, Aulus Terentius Varro Murena, der aus einer altadligen Familie stammte und dessen Schwester mit einem der engsten Vertrauten des Augustus, Maecenas, verheiratet war, den Angeklagten verteidigte und den Princeps dabei scharf attackierte.[15] Primus wurde zwar verurteilt, aber etliche Richter sprachen ihn frei.

Der Konflikt, der Augustus' Militärkompetenz berührte, verschärfte sich, als ein Komplott aufgedeckt wurde, an dem neben einem Fannius Caepio auch der Konsul Varro Murena beteiligt war. Den Beschuldigten gelang zunächst die Flucht, aber sie wurden in Abwesenheit zum Tode verurteilt und bei der Gefangennahme auf der Stelle hingerichtet. Ob es sich wirklich um eine Zweimannverschwörung handelte, ist heute kaum noch festzustellen. Die Situation war jedenfalls angespannt.

In dieser Krise wog die Entfremdung Agrippas, der sich durch die offensichtliche Bevorzugung des Marcellus gedemütigt fühlte, besonders schwer. Augustus erkrankte schließlich lebensgefährlich, vielleicht unter dem Druck der Belastung. Überzeugt davon, daß er sterben werde, sandte er seinen Siegelring an Agrippa und übergab dem neuen Konsul Calpurnius Piso eine Liste der ihm unterstehenden Truppen und ein Verzeichnis der Einkünfte seiner Provinzen. Augustus' politisches Gespür sagte ihm, daß Marcellus unter den gegebenen Umständen keine Chance hatte, die Herrschaft zu übernehmen. Ob dies bedeutet, daß er *zu diesem Zeitpunkt noch keine Zukunft für eine monarchische Lösung sah,*[16] bleibt offen. Velleius (2,93,1), der noch in der Zeit des Augustus aufgewachsen war, vermerkt: *Die Leute dachten, daß Marcellus, falls dem Caesar etwas zustieß, sein Nachfolger in der Herrschaft wäre, aber daß er dies mit Hilfe Marcus Agrippas sicher erreichen könne, glaubten sie nicht.* Die öffentliche Meinung war demnach: Marcellus wird sich nicht ohne und damit gegen Agrippa behaupten können.

Als Augustus genesen war, mußte er sich in der Öffentlichkeit von Gerüchten distanzieren, er habe – wie Caesar einst ihn – Marcellus in seinem Testament adoptieren und damit zum Nachfolger bestimmen wollen. Er erbot sich, sein Testament in den entsprechenden Passagen öffentlich zu verlesen. Für Augustus war indessen wichtig, das Verhältnis zu Agrippa nicht weiter zu belasten. Er stattete den langjährigen Gefährten mit einem fünfjährigen Oberbefehl *(imperium proconsulare)* über die östlichen Provinzen aus und sandte ihn in den Osten. Damit wurde Agrippa plakativ neben Augustus gestellt. Die Öffentlichkeit verstand diese Mission indessen als eine Abschiebung des Agrippa.[17] Dieser verharrte grollend in Mytilene auf Lesbos und schickte seine Unterfeldherren nach Syrien.[18]

Die großen Widerstände gegen die dynastische Strategie des Augustus erledigten sich im Herbst 23 v. Chr. von allein, als der 20jährige Marcellus in Baiae an einer Epidemie starb, die damals in Italien viele Menschen das Leben kostete.[19] Nun hatte Marcellus, genauso wie sein Onkel Augustus, offenbar eine schwache Konstitution und kränkelte schon, seit er 16 war.[20] Noch während des Sommers, als er seine glänzenden Spiele in Rom gab, hatte Augustus das ganze Forum und das Theater mit schützenden Zelttüchern überdachenlassen, um Marcellus, der in der Stadt bleiben mußte, die Hitze erträglicher zu machen.[21] Das grassierende Fieber konnten sie nicht abhalten. Auch die Kaltwasserkur in Baiae, die Augustus kurz zuvor das Leben gerettet hatte, verfehlte bei Marcellus ihre Wirkung, wurde ihm sogar zum Verhängnis.

Der Schmerz des Augustus kannte keine Grenzen. Er ließ den Leichnam des Neffen wie auch später anderer erhoffter Nachfolger nach Rom holen und in einer prunkvollen Zeremonie als ersten im Mausoleum beisetzen, das er für sich selbst errichtet hatte. Er selbst hielt die Leichenrede. Ein goldenes Bild des Toten mit Goldkranz auf einem Amtsstuhl *(sella curulis)* sollte künftig bei feierlichen Spielen auf der Bühne aufgestellt werden. Was Marcellus für Augustus hätte werden sollen, das hat Vergil (Aen. 6,860–86) in seinem großen Staatsepos, der Aeneis, noch einmal beschworen. Das Bild des Marcellus reiht der Dichter in die Schar jener römischen Helden, die der Trojaner Anchises in der Unterwelt seinem Sohn Aeneas, dem künftigen Stammvater der Römer, zeigt, um ihn die zukünftige Größe Roms schauen zu lassen.

»Vater,
wer begleitet den Helden Marcellus? Ist es sein Sprößling?
Oder auch einer der zahlreichen Enkel? Welch ein Gefolge
drängt mit Getöse sich um ihn! Welch würdevolle Erscheinung!
Aber sein Haupt zeigt finster umwölkt sich von nächtlichem Dunkel.«
Vater Anchises erteilte ihm, unter Tränen, die Auskunft:
»Frage mich nicht, mein Sohn, nach dem bitteren Kummer der Deinen!
Zeigen nur wird das Schicksal den Jüngling der Welt, doch kein langes
Leben ihm gönnen. Das römische Volk erschiene Euch, Götter
allzu gewaltig, bliebe ihm solche Gabe erhalten.
Schmerzliche Klagen der trauernden Männer werden vom Marsfeld
hallen zur Hauptstadt. Welch bittre Bestattung erblickst Du dann, Tiber,
wenn Du am eben errichteten Hügel des Grabes vorbeifließt!

Wird doch kein Nachkomme ilischen Stamms die latinischen Ahnen
jemals zu solcher Hoffnung berechtigen, niemals die Erde,
die einst den Romulus trug, sich solchen Pflegesohns rühmen!
Pflichtbewußt war er, so treu wie die Vorfahren, siegreich dank seiner
tapferen Rechten! Trug er die Rüstung, so hätte nicht einer
ungestraft ihm sich gestellt, ob zu Fuß auf den Gegner er losging
oder den Sporn in die Flanken des schäumenden Rosses hineintrieb.
Könntest Du, armer Junge, trotzen dem grausamen Schicksal!
Nein, ein Marcellus wirst Du! Spendet mir Lilien mit vollen
Händen, ich möchte die schimmernden Blüten wenigstens häufen
über der Seele des Enkels, ein Liebesdienst, leider vergeblich.[22]«

Augustus ließ sich jeden der 27 Verse 10 000 Sesterzen kosten. Octavia erlitt
einen Zusammenbruch, als diese Zeilen im Haus des Augustus vom Dichter
selbst vorgetragen wurden. Für sie sollte es indes noch schlimmer kommen.

Als Agrippa im Jahr 21 v. Chr. aus dem Osten nach Rom zurückkehrte, ließ
er sich von Octavias ältester Tochter, Marcella, scheiden, um Iulia, die nun
verwitwete Tochter des Augustus, zu heiraten. Er hatte schon 28 v. Chr. während seines zweiten Konsulats in die Familie des Princeps eingeheiratet. Auch
diese erste Ehe war mehr, als Agrippa für sich ohne seine Beteiligung an der
Sache Octavians hätte erhoffen können. Aber die Tochter des Princeps war der
Nichte doch bei weitem vorzuziehen. Die 18jährige Iulia hat man wohl diesmal kaum gefragt, ob sie den für sie vermutlich uralten 41jährigen Freund des
Vaters, der früh ergraut war,[23] heiraten wolle. Für Augustus gab es kaum eine
Alternative. Einen passenden Ehemann innerhalb der Familie – abgesehen von
Tiberius – gab es nicht. Das fortschreitende Alter seiner Frau machte eigene
Kinder immer unwahrscheinlicher. Eine Scheidung von Livia kam für ihn in
diesen Jahren offenbar nicht in Frage, ohne die eigene Glaubwürdigkeit einzu-
büßen. Wen sollte er außerhalb der Familie zu seinem Schwiegersohn machen?
Es ging um Machterhalt, und da war am erfolgreichen Organisator und Feldherrn Agrippa, der sich stets loyal verhalten hatte, nicht mehr vorbeizugehen.
Im Gegenteil, Augustus konnte den angerichteten Schaden beheben. Agrippas
Wahlspruch lautete: *Eintracht* (concordia) *macht das Kleine groß, Zwietracht
zerstört das Allergrößte.*[24] Nur wenn Augustus Agrippa wieder fester an sich
band, konnte er die Krise des Jahres 23 v. Chr. beenden. Cassius Dio (54,6,5)
legt die brutale Wahrheit dem Maecenas in den Mund: *Du hast den Mann so
groß gemacht, daß er jetzt entweder Dein Schwiegersohn werden – oder fallen
muß.*

Octavias Haltung in dieser Situation ist nicht klar. Plutarch stellt es so dar, daß sie selbst für die Scheidung ihrer Tochter von Agrippa stimmte, was noch einmal den Grundtenor von Plutarchs Octaviabild als vorbildliche Matrone illustrieren würde.[25] Sueton behauptet dagegen, Augustus habe Octavia überreden müssen.[26] Die Argumente lagen auf der Hand. Wenn nicht Agrippa, kam nur Tiberius in Frage, und das war für Octavias Schmerz um den Sohn unerträglich. Schließlich waren aus der Ehe mit Marcella bereits Kinder hervorgegangen, so daß die Verbindung Octavias mit Agrippa Bestand haben mußte. Marcella wurde bald darauf mit Antonius Iullus, dem letzten lebenden Sohn des Marcus Antonius, verheiratet, der im Haushalt der Schwester Octavians aufgewachsen war. Dieser jüngste Sohn des Antonius von Fulvia sollte von da an offenbar vollständig in die dynastische Einheit des augusteischen Hauses integriert werden.

Die Ehe Agrippas mit Iulia erfüllte die Erwartungen, die Augustus in sie gesetzt hatte. Schon im folgenden Jahr 20 v. Chr. wird Caius geboren, 19 v. Chr. die jüngere Iulia, 17 v. Chr. Lucius, 14 v. Chr. Agrippina und 12 v. Chr. schon nach dem Tod seines Vaters, Agrippa Postumus. Iulias Publizität erreichte während der Ehe mit Agrippa ihren Zenit. Sie avancierte zum Mittelpunkt des gesellschaftlichen Lebens der Stadt Rom. Dazu trug ihre außergewöhnliche Bildung ebenso bei wie ihr sprühender Witz und ihre Eleganz. Ihre Bindung an Mann und Vater tat das übrige, daß man in ihrem Salon antichambrierte und um ihre Gunst buhlte. Nach einer sehr strengen Erziehung durch den Vater, der Iulia auf eine traditionelle Matrone festlegen wollte und sehr kurz hielt, erfuhr sie an der Seite des Mitherrschers Agrippa hohe Ehrungen und reiche Entfaltungsmöglichkeiten. Sie war Augustus' Stolz, und ihr Mann behandelte sie wie eine Königin. Ob er für die noch junge Frau, die im Alter seiner Tochter war, echte Zuneigung empfand, bleibt dahingestellt. Iulia und die adelsstolze römische Oberschicht sah die Ehe trotz aller Erfolge des Agrippa als Abstieg für die hochgeborene Tochter. Sie hielt später den Adel ihres Ehemanns Tiberius schon für unwürdig. Wie mag sie unter Agrippas niedriger Herkunft gelitten haben! Ihre extravagante Hofhaltung kann man wohl auch als Kompensation betrachten. Iulias Enkel Caligula wollte später lieber glauben machen, daß seine Mutter Agrippina von Augustus in Blutschande mit der eigenen Tochter erzeugt sei,[27] um nur nicht als Nachkomme Agrippas zu gelten, was ihn nicht daran hinderte, eine Kupfermünze[28] zu dessen Gedenken herauszugeben.

Agrippa blieb im Grunde ein Soldat, und häufig war er abwesend von Rom. Auf der großen Orientreise zwischen 16 und 13 v. Chr. begleitete Iulia ihn zeitweise. Sie besuchten die Provinzen und hielten sich längere Zeit in Kleinasien auf.[29] 14 v. Chr. kam Agrippina in Athen zur Welt. So wenig Agrippa auch besondere Ehrungen für sich in Anspruch nahm, achtete er doch peinlich darauf, daß Iulia die ihr gebührende Stellung und Hochachtung genoß. Als sie sich mit ihrem Gefolge der Stadt Ilion näherte, schwoll der Fluß Skamander derartig an, daß Iulia beim Übersetzen in Lebensgefahr geriet. Die Bewohner von Ilion, nicht unterrichtet, daß die Tochter des Augustus ihrer Stadt einen Besuch abstatten wollte, hatten versäumt, entsprechende Sicherheitsvorkehrungen zu treffen. Agrippa war so erbost, daß er der kleinen Stadt eine Geldbuße von 100 000 Drachmen auferlegte. Nur die Fürsprache des Königs Herodes ersparte ihnen die ruinöse Strafe.[30] Auf der Rückreise erkrankte Agrippa. Die rücksichtslose und ungesunde Lebensweise forderte nun ihren Tribut. Im März 12 v. Chr. starb er mit 51 Jahren in Campanien.[31] Augustus ließ ihn mit Ehren eines Triumphators bestatten und wie zuvor Marcellus in seinem Mausoleum beisetzen. Es ist mehr als bezeichnend, daß Roms Hochadel sich sträubte, den Leichenfeierlichkeiten dieses Mannes beizuwohnen, den das Volk mit dem Ehrennamen »*größter Bürger*« versah.[32] Augustus zwang die adligen Familien, dem ahnenlosen Helden von Actium die letzte Ehre zu erweisen, und übernahm selbst die Organisation der Leichenspiele zu seinem Gedächtnis. Aber die Ressentiments gegen Agrippa waren letztlich darauf gerichtet, Augustus zu düpieren, gegen den man sich ebensowenig offen zu stellen wagte wie man auch sein Herrschaftssystem nicht in Frage stellte.

Livia auf Münzen

Um einen Eindruck von der öffentlichen Rolle Livias im Principat zu bekommen, muß man sich den Quellengattungen zuwenden, die Augustus ganz programmatisch einsetzte, um seine Botschaften unters Volk zu bringen: Münzen und Bilder. Münzen mit einem Porträt Livias kamen im Westen nicht vor der Regierungszeit des Tiberius auf (vgl. S. 209 f.). Der erste Befund muß also lauten, Augustus wollte seine Ehefrau nicht wie Antonius öffentlich präsentieren, sondern legte sie – zumindest nach dem Sieg über Ägypten – auf eine außeröffentliche Rolle fest. Die Münzen, die wahrscheinlich die Gestalt Livias im Rahmen der Reichsprägung abbilden, sind mehrdeutig und wurden erst zum Ende der Regierungszeit des Augustus ausgegeben (vgl. S. 185).

Im Osten wurde dagegen ein anderes Liviabild verbreitet. In Ägypten erscheint sie noch zur Zeit des Augustus auf Münzen.[33] Das Land am Nil hatte in ptolemäischer Zeit ein geschlossenes Währungssystem, in das Octavian mit der Übernahme der Herrschaft am 1. August 30 v. Chr. eintrat. In Alexandria wurden weiter die für Ägypten nötigen Münzen geprägt. Allerdings setzt Octavian die wichtigste Münzeinheit, die Tetradrachmen, aus. Erst unter Tiberius 20/21 n. Chr. wurde die Prägung mit großen Unterbrechungen bis 31/32 n. Chr. wieder aufgenommen. Da Ägypten aufgrund seines Sonderstatus' unter der persönlichen Jurisdiktion Octavians stand, besteht kein Zweifel daran, daß er selbst die Münzen mit Livias Bild autorisierte und damit eine die offizielle Reichspropaganda konterkarierende Bilderwelt zuließ. Weder Octavia noch Augustus' Tochter Iulia erscheinen jemals auf den alexandrinischen Münzen. Motive für Livias Präsenz zu finden, bleibt spekulativ. Sie tritt nicht bruchlos an die Stelle Kleopatras, sondern übernimmt allmählich die im Osten übliche Funktion einer Königin. Ab etwa 19 v. Chr.[34] taucht Livia regelmäßig auf den für Ägypten geprägten Bronzen mit der Umschrift *Liouia Sebastou* auf, was der griechischen Variante von *Livia Augusti*, also Livia Ehefrau des Augustus, entspricht. Dagegen zeigt die sicher datierbare sechste Serie von Bronzemünzen zwischen 9 und 13 n. Chr. das Porträt Livias ohne erklärende Umschrift. Allerdings werden thematische Parallelemissionen des Paares herausgegeben – man präsentiert sich also zumindest in Ägypten als Herrscherpaar. Bereits nach der Verleihung des Titels *pater patriae* (2 v. Chr.) an Augustus war in Alexandria erstmals eine Münze mit Livias Porträt ohne Umschrift auf der Vorderseite erschienen, die auf der Rückseite ein einfaches Füllhorn mit der griechischen Fassung des neuen Titels für den Herrscher zeigt.[35]

In den alexandrinischen Münzbildern wird Livia zunächst in der Ikonographie einer ptolemäischen Königin porträtiert, etwa mit dem doppelten Füllhorn,[36] wie es für Arsinoë II. (gest. 270 v. Chr.) üblich war auf der Rückseite, oder mit dem Adler.[37] Die späteren Emissionen mit der Göttin Pallas Athene auf dem Münzrevers[38], die auch gelegentlich auf Kleopatra-Münzen aufgetaucht war, gehen einher mit anderen Bildern, die deutlich römische Akzente setzen. Dazu gehört die Ersetzung des Füllhorns durch das Bild der Fruchtbarkeitsgöttin Ceres mit der Umschrift *Euthēnia*,[39] die auch im Reich mit Livia als Segenspenderin identifiziert wurde (vgl. S. 185). Fülle repräsentiert wohl auch der Korb mit Ähren und Mohn umrahmt von zwei Fackeln auf den Rückseiten der Liviamünzen.[40] Andere Prägungen tragen auf dem Revers einen Eichenkranz – gleichsam das Symbol des augusteischen Hauses – und künden von Livia als Stammmutter.[41]

Während des Principats wird Livia in den Städten Kleinasiens auf den Münzen ebenfalls als Königin abgebildet; in Ephesos,[42] Smyrna[43] und Magnesia am Sipylos (hier mit den Adoptivsöhnen des Augustus)[44] im hellenistischen Doppelporträt mit ihrem Mann. Livia wird hier bereits zu Lebzeiten des Augustus zur *Augusta* (Σεβαστή), indem das Paar als *Sebastoi* (Σεβαστοί) angesprochen wird. Auch der thrakische Klientelkönig Rhoimetalkes setzte das Doppelporträt des Herrscherpaares auf den Avers seiner Münzen, um sich im Gegenzug in gleicher Weise mit seiner Ehefrau auf der Rückseite darzustellen.[45] Die lokalen Prägungen mit dem Doppelporträt wurden häufig mit den örtlichen Kulten in Verbindung gebracht. In Smyrna findet sich die Darstellung von Aphrodite Stratonikis auf dem Revers und verweist somit auf den hellenistischen Herrscherkult, in den die Königinnen umfänglich einbezogen waren. Die Seleukidenkönigin Stratonike förderte den Aphroditekult in Smyrna, weshalb sie selbst zusammen mit der Göttin hier kultisch verehrt wurde. Es ist auch sicher kein Zufall, daß der hohe Verwaltungsbeamte (Strategos) Koronos in Smyrna eine Münze mit der Umschrift für Livia ausgeben läßt, die offenbar auch Aphrodite Stratonikis abbildet.[46] Die Smyrna-Prägung mit dem Staffelporträt wird um das Jahr 10 v. Chr. datiert; die magnesischen Münzen werden um 2 v. Chr. geprägt worden sein. Vor 2 v. Chr. (möglicherweise vor 6 v. Chr.) läßt der Vorsteher (Archiereus) des Städtebundes der Provinz Asia, Charinos, im mysischen Pergamon Livia zusammen mit ihrer Schwiegertochter Iulia auf einer Münze abbilden. Livia erscheint auf dem Avers als Göttin Hera, Iulia auf dem nachgeordneten Revers als Aphrodite.[47] Götteradaptionen für die Frau des Augustus sind zu Lebzeiten des Augustus durchaus üblich. Auf einer Prägung aus Thessalonike in der Provinz Macedonien wird Livia ausdrücklich als *Thea Libia*, Göttliche Livia, bezeichnet.[48] Dies gilt auch für Münzen aus Methymna auf Lesbos[49] und Klazomenai in Ionien.[50] Die Prägung aus Lesbos ist insofern aufschlußreich, als die Insel sehr früh eine enge Beziehung zum augusteischen Haus geknüpft hat. Schon unmittelbar zu Beginn des Principats wurde hier ein Kult für Augustus eingerichtet, in den Livia einbezogen worden sein könnte. Lesbos, das sich im Bürgerkrieg für Antonius exponiert hatte, gewann somit anders als Athen sehr schnell die Gunst des Princeps. Es ist nicht auszuschließen, daß Livia hier eine vermittelnde Rolle zukam, ihr also zunächst kultische Ehren erwiesen wurden, um die Annäherung an den Herrscher zu erleichtern. Ihr werden noch zur Zeit des Augustus zahlreiche Inschriften auf der Insel gesetzt. Auch in den folgenden Jahren ehrt Lesbos besonders die Frauen des iulisch-claudischen Hauses.[51] Als Hera wird Livia auf einer Münze aus Eumeneia in Phrygien bezeichnet.[52] Als Diana bildet sie möglicherweise eine Münze aus Magnesia am Mäander ab.[53] Es ist allerdings auch gut möglich, daß hier nur die Reichsmünze für Iulia, die Tochter des Augustus, als Vorlage mit einer Liviaumschrift versehen wurde (vgl. S. 131 f.). Die zahlreichen göttlichen Adaptionen entsprechen dem noch zahlreicheren inschriftlichen Befund des Ostens.[54]

Als Teil der dynastischen Prägungen muß neben der schon beschriebenen Münze aus Magnesia und der pergamenischen Münze von Livia und Iulia eine Prägung aus Tralleis in Lydien gesehen werden, die Livia zusammen mit den Adoptivsöhnen des Augustus zeigt. Hier erscheint sie zwar nicht im Porträt, ist aber durch die Umschrift eindeutig als Livia identifiziert. Als stehende Person wird sie mit den Attributen der Göttin Demeter dargestellt.[55] Sie wird implizit als »Mutter« der Nachfolger wahrgenommen. Leider gibt es keine sichere Datierung.

Münzen mit Doppelporträt wurden auch von einem römischen Beamten, dem Statthalter von Bithynien, Marcus Granius Marcellus, in Apameia initiiert. Der Proconsul hat diese Münze wahrscheinlich im Jahr 14 n. Chr. prägen lassen, also am Ende der Herrschaft des Augustus.[56] Die sitzende Frauenfigur mit doppeltem Füllhorn auf der Rückseite kann ebenfalls Livia darstellen. Gerade das doppelte Füllhorn auf alexandrinischen Münzen wäre ein Indiz. Auch andere Statthalter von Provinzen im Osten, die dem Senat nach 27 v. Chr. unterstellt waren, haben mit besonderer Aufmerksamkeit die Herrscherfrauen auf ihre Münzen prägen lassen, vermutlich um sich dem Augustus selbst zu empfehlen. Die alexandrinischen Münzen scheinen dabei immer eine gewisse Vorbildwirkung gehabt zu haben. Ein wenig aus dem Rahmen fällt eine Münze,[57] die 25 v. Chr. vom Proconsul der Provinz Africa proconsularis, Marcus Acilius Glabrio, ausgegeben wurde.[58] Sie zeigt auf der Rückseite die einanderzugewandten Büsten eines Paares. Das Datum läßt es reizvoll erscheinen, darin Iulia und Marcellus zu sehen, die in diesem Jahr heirateten. Da in tiberischer Zeit allerdings mehrere Prägungen aus diesem Raum für Livia stammen (vgl. S. 216), ist es gut möglich, Livia und Augustus in dem Paar zu sehen, wobei die sogenannten Flottenprägungen des Antonius als Vorlage gedient haben könnten, die ebenfalls die einander zugewandten Bildnisse von Antonius und seiner Frau aufweisen (vgl. S. 75).[59]

Die Tatsache, daß Livia dem Augustus keine Nachfolger gebar, ist möglicherweise ein Grund, warum sie nicht auf Münzen des Westens vor Ende der Herrschaft des Princeps erschien. Anders verhält es sich bei ihrer Stieftochter Iulia, der in Rom 13 v. Chr. zusammen mit ihren Söhnen, den leiblichen Nachfolgern des Augustus, eine Münzemission gewidmet wurde, auch wenn ihr Name nicht ausdrücklich genannt ist (vgl. S. 131).[60] Octavian/Augustus ließ also seine Frau dort auf Münzen abbilden, wo es den üblichen Kommunikationsformen wie in Alexandria entsprach. Daß jedoch auch römische Statthalter die Frau des Herrschers abbilden, deutet zum einen auf die traditionellen Strukturen des Ostens, zum andern aber auch darauf, daß sie sich mit dem

Herrscher einig wähnten. Da die Emissionen außerhalb Alexandrias nur unsicher zu datieren sind, muß vorerst ungeklärt bleiben, warum die römischen Repräsentanten in den Provinzen so dachten.

Inszenierung des Porträts

Porträts existieren von Livia in ungewöhnlich großer Zahl, aber auch hier ist eine Datierung schwierig und häufig umstritten. Sie dokumentieren durch ihre Fülle zum einen die Bedeutung Livias für die Herrscherfamilie, zum andern zeigen sie, wie sich die hohe Familie ins Bild gesetzt sehen wollte. Oft ist zu wenig über den chronologischen Hintergrund einzelner Statuen bekannt. Demgegenüber haben wir einen ungefähren Überblick über die Orte, an denen sich die Herrscher darstellen wollten.[61] Die Frauen werden nicht in so großer Zahl, aber etwa im gleichen topographischen Kontext abgebildet. Die meisten Bildnisse stammen von öffentlichen Plätzen und Gebäuden. Während die literarischen Quellen betonen, daß Livia kaum im öffentlichen Raum präsent war, sprechen die Bilder eine andere Sprache. Möglicherweise sind aber auch erst einzelne Phasen des Auftauchens zu unterscheiden. Das Theater war ein wichtiger Ort der Repräsentation, denn hier wurden im Rahmen der kultischen Verehrung des Herrschers sein Bildnis und die Porträts seiner Familienangehörigen herumgetragen. Das Kaiserporträt gehörte natürlich auch ins Fahnenheiligtum der Legionen und war an den Feldzeichen der Truppe befestigt. In der Zeit der Severer waren auf den Standarten definitiv auch die Ehefrauen und Mütter der Herrscher abgebildet – in früherer Zeit wahrscheinlich nicht. Schließlich stellten auch Privatleute Bildnisse der Herrscherfamilie auf – etwa in ihren Gärten –, um ihre Loyalität mit dem Herrscherhaus zu zeigen.

Liviaporträts stammen vorrangig aus den Tempeln für den vergöttlichten Augustus, mit dem sie offenbar als feste Einheit wahrgenommen wurde. Problematisch ist freilich, daß wir nicht wissen, wann die Bildnisse jeweils aufgestellt wurden, auch wenn wir die Porträts selbst datieren können. Es ist sogar gut möglich, daß der Transfer von Liviabildnissen in den Augustustempel eine spätere Interpretation und Aktualisierung ihres Bildes in der Öffentlichkeit reflektiert. Sehr wichtig für die Deutung ist, daß annähernd jedes Liviabildnis Bestandteil einer Porträtgruppe war. Livia wurde also nicht als Individuum, sondern im Kontext der Herrscherfamilie betrachtet. Der dynastische Anspruch des Hauses machte es erforderlich, die Frauen abzubilden, aber an individuellen Repräsentationen fehlte zunächst das Interesse. Livia wird dabei stets kleiner dargestellt als der Princeps, dem sie zugesellt ist. Ein umfangreicher Fund aus Velleia läßt sogar folgende »Größenhierarchie« erkennen: Livias Porträt fällt kleiner aus als das der erwachsenen männlichen Mitglieder des Hauses und größer als das der anderen weiblichen Mitglieder und der Kinder.[62] Sie allein trägt ein Diadem. Dabei wurden die Statuen so angeordnet, daß die Kaiserin mit Blick oder Wendung auf den Herrscher ausgerichtet war.[63] Am Zeigefinger der linken Hand trägt sie wohl einen Siegelring,[64] was ihre Rolle als Vorsteherin eines großen eigenen Haushalts nach dem Tod des Augustus mit erheblicher wirtschaftlicher Verantwortung unterstreicht – möglicherweise aber auch auf eine gesteigerte politische Autorität hinweist. Seit wann Livia jedoch diese Position der wichtigsten Frau des Kaiserhauses einnahm, kann man aus den Porträts nicht erschließen. Die Gruppe in Velleia gehört in die Zeit des Tiberius oder Caligula[65], ist aber offenbar noch bis in die Regierungszeit des Claudius mehrfach umgestellt worden. Die zugehörige Inschrift für Livia stammt jedoch aus der Zeit vor ihrer Vergöttlichung und ist somit ein sicherer Hinweis, daß Livia diese Prominenz nicht erst dieser Erhöhung verdankte, sondern spätestens der Nachfolge ihres Sohnes Tiberius. Ihre dynastische Position wird noch dadurch unterstrichen, daß sie als »Tochter« des Augustus sowie Mutter des Tiberius und Drusus bezeichnet wird.[66] Gleichzeitig macht der Fund aus Velleia deutlich, daß die Bildnisse der Livia den jeweils neuen Interpretationen ihrer Rolle durch die Zeitgenossen angepaßt wurden. Wir haben also größte Schwierigkeiten, Bildnisse als Entwicklungsindikatoren zu nehmen.

Insgesamt kann man in etwa zwei Phasen von Liviabildnissen unterscheiden: erstens die Bildnisse, die zu Lebzeiten des Augustus entstanden und die Livia mit einer Zopffrisur, dem sogenannten Nodus, zeigen, und zweitens jene Bildnisse, die nach dem Tod des Augustus gefertigt wurden, wo sie eine Mittelscheitelfrisur trägt. Allein die Tatsache, daß es einen so sichtbaren Bruch gab, spricht für sich.

Die Bildnisse der Livia sagen wenig darüber aus, wie sie eigentlich aussah (Abb. 11). In diesem Punkt bleiben die antiken Autoren merkwürdig vage, einmal abgesehen davon, daß ihre *forma* (Schönheit) gerühmt wird.[67] Andererseits ist auch diese angebliche Schönheit relativ. Von der Problematik erworbener oder zu erwerbender Schönheit in Gang und Haltung war schon häufiger die Rede (vgl. S. 18 ff.). Natürliche Schönheit dagegen galt als eine gefährliche Gabe, war sie doch eine beständige Gefahrenquelle für die Sittsamkeit. Der Rhetoriklehrer Favorinus rät bei der Auswahl der idealen Ehefrau, daß sie nicht zu schön und nicht zu häßlich sein darf.[68] Von Livia behauptete Ovid, sie habe die Schönheit der Venus und den Charakter der Iuno.[69] Als Ovid diesen Vergleich zog, war Livia schon um die 70 Jahre alt. Rechnet man die allgemeine Schmeichelei ab – schließlich war Ovid offiziell wegen seiner frivolen Dichtung von Augustus ans Schwarze Meer verbannt und hoffte auf Livias Fürsprache beim Herrscher –, wird wohl auch hier weniger eine augenfällige Schönheit, als vielmehr die ideale Ehefrau topisch beschrieben, bei der Weiblichkeit mit Sittsamkeit gepaart ist. Jene Schönheit dagegen, die Octavian bestrickt haben soll, wird natürlich gerade zum literarischen Stilmittel, um die tyrannenähnlich Natur des jungen Mannes zu entlarven.

Die Archäologen beschreiben Livias Bildnisse als *erhaben schön*. Es fragt sich, warum bei der Betrachtung von Frauen diese obsessive Verknüpfung mit Schönheit überhaupt existiert. Kleopatra, wußte Plutarch zu berichten,[70] war keineswegs schön im landläufigen Sinn, aber von faszinierender Ausstrahlung. Für Livias Porträt hat Angelika Dierichs ebenfalls die Schönheit in Frage gestellt mit Hinweis auf den weiten Augenstand und die ein wenig zu schmal geratene Oberlippe.[71] Dennoch geht auch heute noch von manchen Liviaporträts eine wahrnehmbare Faszination aus. Diese würde sich möglicherweise schnell relativieren, wenn wir die Plastiken in ihrem Originalzustand mit goldenen Haaren und knallroten Lippen zu sehen bekämen. Es ist eine unbestreitbare Ambivalenz in den Zügen Livias zu erkennen. Diese Ambivalenz hat Syme (vgl. S. 10) dazu angeregt, von der kalten Schönheit mit dem geschlossenen Blick zu sprechen – eine weitere Konstruktion?

Römische Bildnisse sollen aber gar kein naturgetreues Abbild sein, sehr wohl aber den Dargestellten positiv erscheinen lassen und wiedererkennbar. Für die Porträts der Männer in republikanischer Zeit steht fest, daß man sie individuell zuordnen konnte, daß sie aber auch mehrere topische Züge enthielten, die den Charakter und die politischen Kompetenzen des Porträtierten ins Bild setzen sollten.[72] Vor diesem Hintergrund muß man auch bei Livias Porträt eine Botschaft vermuten.

Der erste bekannte Bildnistyp Livias (Abb. 28), der Marbury Hall-Typ, wird durch eine Variante der Nodusfrisur charakterisiert. Bei der sogenannten Nodusfrisur werden die Haare auf dem Schädeldach von hinten nach vorne gekämmt und auf der Stirn zu einer Welle, dem Nodus, umgeschlagen. Die Enden der umgeschlagenen Haare werden dann zu einem Zopf geflochten und auf der Schädeldecke zurück in den Nacken geführt, wo sie zusammen mit den übrigen zu einem Zopf geflochtenen Haaren in einem Knoten enden.[73] Man benötigte dafür sehr viel Haar. Volles Frauenhaar galt als schön. Vermutlich wurde bei Livia – wie auch wohl den meisten anderen Frauen – fremdes Haar benutzt. Gefragt waren die hellen Haare der Germaninnen.[74]

Wie der Vorgängertyp dieses für uns ersten Liviaporträts aussah, ist unbekannt. Wir wissen nur, daß es einen älteren Bildnistyp gegeben haben muß, weil Livia schon im Jahr 35 v. Chr. ebenso wie ihrer Schwägerin Octavia eine Statue zuerkannt wurde (vgl. S. 80f.). Damals war Livia erst 23 Jahre alt.

Der Marbury Hall-Typ als frühester dürfte um 15 v. Chr. entstanden sein – Livia war Mitte 40. Ihre Söhne taten sich in dieser Zeit im Alpenraum als erfolgreiche Heerführer hervor. Dieser erste bekannte Bildnistyp Livias enthält, anders als die in kurzer Folge darauf entstehenden Typen als einziger Altershinweise. Das zweite aus dieser Reihe stammende offizielle Bild ist demgegenüber auffällig alterslos gehalten (Abb. 13). So wie die von Augustus geschaffene Ordnung ewig bestehen soll, wurden auch die Bilder der Herrscherfamilie alterslos gestaltet. Livias Porträt wurde in dieser Hinsicht also dem Porträt des Ehemanns angeglichen, das sich an den Werken der griechischen Plastik des 5. Jahrhunderts v. Chr. orientierte. Hier lag ein Bruch mit den Botschaften der republikanischen Porträts vor, die nicht jugendliche Spannkraft zum Ausdruck brachten, sondern eher ältere Männer darstellten, die alle Tugenden des Alters – eine würdige Erscheinung *(gravitas)*, strenge Selbstdisziplin *(severitas)* und Standhaftigkeit *(constantia)* – ausstrahlten. Dennoch ist es signifikant, daß Livia in die Darstellungsform ihres Mannes einbezogen wird, weil damit ein klarer Hinweis auf die dynastischen Ambitionen des Augustus und die damit erforderliche Herausstellung seiner Ehefrau einhergeht.

Anders als die Physignomie weisen Haarfrisur und Tracht des Liviaporträts in die Republik. Der Nodus ist in der ersten Hälfte des 1. Jahrhunderts v. Chr. belegt, wurde also schon in der Generation von Livias Mutter getragen. Als Livias Bildnis um 15 v. Chr. entstand, war er inzwischen aus der Mode,[75] so daß diese Aufmachung einen sehr gesetzten traditionellen Eindruck hinterlassen haben mußte, vielleicht gar einen altmodischen. Die vorgebliche Simplizität der Frisur ist jedoch wohl eher eine Chiffre. So trägt auch Iulia, Augustus' Tochter, auf den 13 v. Chr. mit ihrem Porträt ausgegebenen Münzen den Nodus (Abb. 24). Nach allem, was wir über sie wissen, war sie, was ihre Kleidung angeht, eher extravagant. Zudem spiegelt natürlich der beträchtliche Aufwand, den diese komplizierte Frisur erforderte, auch den gesellschaftlichen Rang der Trägerin wider – war somit auch ein Standesmerkmal. Der Nodus war eine zutiefst römische Frisur, die aus der Auseinandersetzung mit den weitaus verspielteren hellenistischen Haartrachten entstand – möglicherweise sogar durch die Bilder, die Octavian von Octavia und Livia 35 v. Chr. aufgestellt hatte, noch besonders in Erinnerung gebracht. Kleopatras Aufenthalt in Rom zwischen 46 und 44 v. Chr. als Caesars Geliebte hatte Frauen angeregt, deren aufwendige Frisur nachzuahmen.[76] Auf den Denaren allerdings, also römischen Münzen, die Antonius 32 v. Chr. mit dem Bild Kleopatras prägen ließ, wird die Königin wohl nicht zufällig mit einer nodusähnlichen Frisur präsentiert (Abb. 26).[77]

Die Tracht des Liviabildes verweist ebenfalls auf eine Matrone, die ehrbare römische Ehefrau der Republik. Sie war durch ein bestimmtes Erscheinungsbild in der Öffentlichkeit festgelegt (Abb. 23).[78] Die Matrone trug die wollene rote Stola mit einem Purpurstreifen am unteren Rand,[79] eine Art Trägerkleid über der Tunica, darüber eine palla, einen wollenen Überwurf, der das Haupt verhüllte, und schließlich die *vittae*, Wollbänder im Haar. Von ihrem Körper war, wie die antike Liebesdichtung verrät, nichts zu sehen. Die völlige Verhüllung einer Matrone in der Öffentlichkeit galt als Zeichen ihrer Schamhaftigkeit *(pudicitia)*, war aber wohl eher als deren Schutz gedacht. Livias Zeitgenosse Horaz etwa sagt über das Matronengewand: *von der Ehefrau siehst Du nichts als das Gesicht ... das übrige verhüllt das Gewand, das tief herabwallt, ... die bis zu den Fesseln herabwallende Stola und die umgeworfene palla, also sehr vieles, was den genauen Anblick des Körpers mißgönnt.*[80] Das Matronenkleid sollte nicht nur eine Sichtschranke darstellen, es sollte Frauen auch vor Übergriffen schützen, indem es jedem Fremden die Ehrbarkeit seiner Trägerin signalisierte. Wer eine Matrone beschimpfte, die nicht als solche gekleidet war, hatte nach Aussagen der römischen Juristen keine Beleidigungsklage zu befürchten.[81]

Livias äußeres Erscheinungsbild auf ihrem offiziellen Porträt war also ebenfalls das der traditionell gekleideten römischen Ehefrau. Das Gewand hatte gleich eine doppelte Funktion. Üblicherweise bildete die äußere Erscheinung die Position des Ehemanns und damit den Rang der Frau ab.[82] Bei Livia aber war gerade dies in der römischen Gesellschaft prekär, weshalb das Matronenkleid einerseits die Traditionsgebundenheit des augusteischen Hauses spiegelte, andererseits aber auch die Selbstdarstellung des Augustus als republikanischer Aristokrat zu inszenieren half.

Neben der Ausrichtung des Bildnis als Matrone wurde Livias Porträt auch mütterlich gestaltet. Der mütterliche Zug gehörte natürlich zum Bild einer römischen Matrone, denn es war ja ihre vornehmste Aufgabe, den Ehemann mit legitimen Kindern auszustatten. Es ist reizvoll, diesen betonten Aspekt bei der Darstellung Livias mit der Adoption des Tiberius durch Augustus im Jahr 4 n. Chr. in Verbindung zu bringen,[83] als man sie zur Reichsmutter zu stilisieren begann (Abb. 1). Das Gesicht wird rundlich und voll dargestellt, was die Nodusfrisur noch unterstreicht.[84] Nicht selten wird ein Doppelkinn angedeutet, so daß die mütterlichen Züge eindeutig in den Vordergrund treten. Auch die

Göttin Ceres als Lebenspenderin, die häufig mit Livia assoziiert wurde, wird mit einem Doppelkinn abgebildet. Bei aller Mütterlichkeit wird aber auch Livias Jugendlichkeit hervorgehoben, etwa durch die schwellende Haut um die Augenhöhlen. Die meisten Statuen weisen extrem spitze Brüste auf, ebenfalls ein Merkmal der unverdorbenen Jugendlichkeit. Das ist besonders dann auffällig, wenn es sich um ein ansonsten sehr matronal gestaltetes Porträt handelt, wie die Liviastatue im Louvre. Der lange Hals mit den sogenannten Venusfalten betont ebenfalls das Mütterliche. Im republikanischen Porträt der Männer war der lange Hals ein Stilmittel, um Willenskraft darzustellen.[85]

Die Gesichtszüge des Matronenbildes der Livia zeichnen sich durch große Augen – möglicherweise in Anlehnung an die Darstellung der Ptolemäerköniginnen –,[86] glatte Gesichtsflächen (Stirn, Wange, Schläfen) und kaum hervortretende Wangenknochen, eine deutlich hervorspringende Nase, geschwungene Lippen ohne besondere Fülle und ein zierlich geformtes Kinn aus. Prominent ist diese Darstellungsform beim Kopenhagenporträt (Abb. 13), das aus dem ägyptischen Fayum stammt und die lokale Tradition besonders betonte. Gegen die großen Augen fällt gerade der kleine Mund auf, durch den die sexuelle Ausstrahlung des Porträts deutlich zurückgenommen wird. Ein altersloses, ruhiges, würdiges Gesicht wird porträtiert – das Idealbild der Livia als Gemahlin des Augustus.[87] Zu einer ähnlichen Interpretation kommt auch Susan Wood, wenn sie schreibt: »Das ist ein Stil, der Kontrolle über die eigene Natur wie auch die Gefühle nahelegt und dabei das Modell dennoch als eine attraktive und ewig junge Frau darstellt, die Verkörperung einer guten Ehefrau, begehrenswert, aber züchtig.«[88]

Auffällig ist, daß Livias frühe Bildnisse eine ältere Frau darstellen als die späteren Porträts. Hier treffen zwei Vorstellungen zusammen. Zum einen galt die ältere Frau, die sich normgerecht verhielt, als klug und verantwortungsbewußt,[89] bewies also männliche Tugenden, was sie – nach zeitgenössischer Ansicht – sozial aufwertete. Eine Frau so darzustellen bedeutete, ihr ein Höchstmaß an sozialer Kompetenz zuzuweisen.[90] Diesen Anspruch verfolgt vermutlich auch das frühe Bild. Auf der anderen Seite war aber gerade die Jugendlichkeit des Princeps, die männliche Tatkraft betonte, Ausdruck für ein Herrscherbild. Wenn Livia also mit den späteren Porträts Anschluß an diese Darstellungsform des Ehemanns erhielt, kann das nichts anderes bedeuten, als daß beide verstärkt als Paar wahrgenommen werden sollten und damit auch für Livia ein Herrscherbild entstehen mußte. Die ideologische Orientierung des Principats als wiederhergestellte Republik war also in der Bildkunst zugunsten eines dynastisch orientierten Systems außer Kraft gesetzt.

Die ideale Ehefrau – noch eine Rolle für Livia

Nicht nur das Porträt Livias, sondern auch die Fragmente ihrer denkwürdigen Aussprüche, selbst die Bewertungen durch ihre Gegner bestätigen ihre Rolle als ideale Ehefrau. Als sie in späteren Jahren gefragt wurde, wie sie einen so starken Einfluß auf Augustus gewonnen habe, antwortete sie: *Sie habe dies dadurch erreicht, daß sie selbst peinlich auf ein sittlich einwandfreies Benehmen gesehen, gerne alle seine Wünsche erfüllt, sich nicht in seine Angelegenheiten gemischt und vor allem den Anschein erweckt habe, als höre und merke sie nichts von seinen Liebesgeschichten.*[91] Mit dieser Selbstcharakterisierung Livias sind alle wichtigen Felder für die ehrbare römische Matrone vorgezeichnet – ein Leben für und durch den Mann. Damit ist nichts über Livias tatsächlichen Lebensstil ausgesagt, sondern nur darüber, wie sie sich dargestellt wissen wollte und von anderen wahrgenommen wurde.

Um das Ideal der Ehefrau näher zu bestimmen und den Befund für Livia zu überprüfen, schauen wir uns eine große zeitgenössische Grabinschrift für die Ehefrau eines Senators genauer an, deren Leben zahlreiche Berührungspunkte mit dem Livias hat. Turia, wie die Forschung sie der Einfachheit wegen nennt, kam aus einem ähnlichen familiären Umfeld, hatte keine Kinder, war aber mit ihrem Mann über 40 Jahre verheiratet gewesen, als sie starb.[92]

Entscheidend für die Definition der idealen Ehefrau ist die Beschreibung der Verstorbenen durch den Senator: *Warum soll ich an deine häuslichen Tugenden erinnern, deine Schamhaftigkeit, deine Nachgiebigkeit, deine Freundlichkeit, deine Umgänglichkeit, deine Handarbeit, deine Hingabe an den Glauben ohne Aberglauben, deine unauffällige Kleidung, deine bescheidene Lebensführung.*[93] An erster Stelle rangiert die *pudicitia*, die Schamhaftigkeit oder Keuschheit; an zweiter Stelle steht *obsequium*, der Gehorsam, die Unterordnung unter den Ehemann. In der spätrepublikanischen Spruchsammlung des Publius Syrus (85) fand sich der Eintrag: *Eine sittsame Frau beherrscht den Gatten durch Gehorsam.* Das entspricht genau dem von Livia gezeichneten Bild. Bei Turia folgt auf den Gehorsam ihr angenehmes Wesen aus Kameradschaft *(comitas)* und Unkompliziertheit *(facilitas)*. Das entsprach ebenfalls genau den Vorzügen, die man von Livia kolportierte (vgl. S. 117; 246; 254), aber auch anderen Frauen gerade der höchsten gesellschaftlichen Kreise zuschrieb.[94] Darauf wird Turias hausfrauliche Kompetenz erwähnt, zusammengefaßt im Hinweis auf die Wollverarbeitung. Schließlich wird ihre *religio* genannt, das Verhältnis zu den Göttern. In diesem Punkt hebt der Gatte besonders Turias Nüchternheit hervor, denn Frauen neigten ja nach Ansicht römischer Männer zu abergläubischen Praktiken und dubiosen fremden Kulten. Turia aber war im altrömischen Sinne fromm.

Als letztes geht der Witwer auf die äußere Erscheinung seiner Ehefrau ein und lobt sie dafür, daß ihr Äußeres nicht so auffällig war, daß man hinschauen mußte *(ornatus non conspiciendi)*. Alle hier ausführlich ausgebreiteten Stereotypen weiblicher Lebensführung kommen in zahlreichen Grabinschriften für römische Ehefrauen aus unterschiedlichen gesellschaftlichen Schichten vor. Sie alle sprechen kaum von tatsächlichen Lebensgewohnheiten der Frauen, sondern über das allgemeine Frauenideal. Diese Ideale unterlagen allerdings kaum einem Wandel in den ersten zwei Jahrhunderten des Principats.

Paternus schreibt über Urbana, *die süßeste, keuscheste und einzigartigste Ehefrau*, sie habe sich einen Grabstein verdient, *weil sie ihr ganzes Leben mit mir verbrachte in höchstem Frohsinn und Einfachheit, in ehelicher Zuneigung und dem ihr eigenen Fleiß.*[95] Und knapp zusammengefaßt heißt es von Marcus' Frau Amymone: *Hier liegt Marcus' (Frau) Amymone, die beste und schönste, eifrig mit ihrer Wolle, fromm, sittsam, sparsam, keusch, zufrieden im Hause zu bleiben.*[96] Auch der Schlachter Lucius Aurelius Hermia vom Viminalhügel in Rom setzte seiner Frau und ehemaligen Sklavin einen Grabstein mit den Worten: *Sie, die mir im Tod vorangegangen ist mit keuschem Körper, war meine eine und einzige Frau, mit einem liebenden Sinn lebte sie treu ihrem treuen Mann; immer fröhlich, selbst in bitteren Zeiten, vernachlässigte sie nie ihre Pflichten.* Auf der Rückseite des Steins spricht Aurelia Philematium selbst und beschreibt sich als: *eine Frau keusch und bescheiden, ohne Kenntnis des gewöhnlichen Volkes, treu dem Mann.* Stolz vermerkt sie: *durch meine beständige Sorge ging es meinem Mann in allem gut.* Auch über Allia, ebenfalls eine Freigelassene, heißt es:

Wackere, rechtschaffene, sparsame, unschuldige und überaus treue Hüterin, gepflegt zu Hause, sehr gepflegt auch draußen, von bestem Leumund, war sie ohne Tadel; als erste stieg sie vom Lager, doch als letzte begab sie sich zur Ruhe ins Bett, nachdem sie der Reihe nach die Dinge geordnet hatte; nie glitt ihr grundlos das Garn aus den Händen, und im Gehorsam übertraf sie keine andere und wohltuend war ihr Charakter.[97]

Alle diese Inschriften für Frauen zeichnen ähnliche Charakterbilder: Sie sind ihrem Gatten Gefährtinnen im doppelten Sinn; sie leisten ihm Gesellschaft, sind ihm Gesprächspartnerin, unterstützen seine Sache, stehen aber auch als anziehende Sexualpartnerinnen zur Verfügung. Bei Allia, der Frau des Aulus

Allius, werden selbst ihre körperlichen Vorzüge, die ihr freilich gleichgültig waren, hervorgehoben:

Sie gefiel sich selbst nicht, nie dünkte sie sich als Freie, obgleich sie hellhäutig[98] war, mit schönen Augen und goldenem Haar und auf ihrem Antlitz stets ein Schimmer lag wie von Elfenbein, wie ihn keine Sterbliche je besessen haben soll. Und auf der schneeigen Brust prangten ihr wohlgeformte kleine Warzen. Und die Schenkel? Sie konnte sich in Positur stellen wie Atalante auf der Bühne. Sie blieb nicht ängstlich auf Schönheitspflege bedacht, doch schön durch ihren gefälligen Körper, trug sie ihre glatten Glieder, ein Haar suchte man an ihr überall vergebens.[99]

Neben der eigenen sexuellen Anziehung für den Gatten war weibliche Duldsamkeit *(patientia)* für das Funktionieren des römischen Ehealltags von zentraler Bedeutung. Offenbar bargen die sexuellen Eskapaden der Ehemänner mit den weiblichen Haushaltsangehörigen erhebliches häusliches Konfliktpotential, vermutlich weniger mit dem Mann als vielmehr darin, daß die Ehefrau die untergebene Rivalin kraft ihrer Position im Haushalt drangsalierte.[100] Valerius Maximus, der zur Zeit des Tiberius schreibt, erwähnt einen Schrein auf dem Palatin, zu dem in alter Zeit Eheleute wanderten, wenn es einen Konflikt zwischen ihnen gab.[101] Dort legten sie einzeln ihren Zwist dar und kehrten dann einträchtig nach Hause zurück. Der Name des Schreins *viriplacata* (Männerbesänftigerin) ist ein Hinweis auf das ungleiche Kräfteverhältnis in römischen Durchschnittsfamilien, in denen Frauen nicht die gleichen Möglichkeiten der Konfliktbewältigung wie in der Aristokratie besaßen. Noch der Kirchenvater Augustinus berichtet von Matronen in seiner Heimatstadt, die von ihren Männern mißhandelt wurden.[102]

Livia duldete angeblich nicht nur die sexuellen Eskapaden des Augustus,[103] sondern – will man Sueton Glauben schenken – förderte diese auch noch. Sueton (Aug. 71,1) präzisiert: *Man überliefert, Vorliebe des Augustus sei die Deflorierung von jungen Mädchen gewesen; seine Frau habe ihm diese Mädchen von überallher zugehalten.* Die Promiskuität des Augustus ist wenig strittig, und es ist durchaus denkbar, daß er, der zeitlebens so viel Geschmack an jungem Fleisch fand, mit Livia nach Eintritt der Menopause überhaupt nicht mehr verkehrte. So wird bereits im Jahr 9 v. Chr. ihr Hausstand als abgetrennt von dem des Herrschers wahrgenommen.[104] Plinius d. Ä. spricht von einer körperlichen Abstoßung *(dissociatio corporum)* des Paares, die zur Unfruchtbarkeit geführt habe.[105]

Zu Livias Rezept für eine glückliche Ehe gehörte neben eigenem untadeligen Verhalten die angebliche Selbstaussage, daß sie nicht mit ihm wegen seiner Liebesabenteuer zankte und statt dessen tat, als ob sie nichts davon wüßte.[106] Affären setzten bereits kurz nach der Eheschließung ein – was einmal mehr der angeblichen sexuellen Affinität zwischen Octavian und Livia im Jahr 38 v. Chr. widerspricht. Als Octavian – wahrscheinlich im Jahr 33 – Antonius dessen Beziehung zu Kleopatra vorhielt, schrieb Antonius amüsiert zurück:

Was hat Dich denn so verändert? Daß ich die Königin beschlafe? Ist sie meine Frau? Habe ich erst jetzt damit angefangen oder schon vor neun Jahren? Und Du, schläfst Du denn bloß mit Drusilla? So gut mag es Dir gehen, daß Du, wenn Du diesen Brief liest, weder mit Tertulla, noch Terentilla, Rufilla, Salvia Titisenia oder allen zusammen geschlafen hast. Oder macht es einen Unterschied, wo und in welcher er Dir steht?[107]

Schon Scribonia hatte sich über die dreiste Rücksichtslosigkeit Octavians bei seinen Liebesabenteuern beklagt (vgl. S. 47). Auch für Livia gab es entwürdigende Szenen – etwa als Terentia, die Frau des Maecenas, offen als Favoritin des Augustus gehandelt wurde. Das führte so weit, daß darüber geklatscht wurde, Augustus habe seine Gallienreise Ende 16 v. Chr. nur unternommen, um dieser Leidenschaft ungestört frönen zu können.[108] Livia und Terentia seien sogar in eine Schönheitskonkurrenz gedrängt worden. Die Beziehung erschütterte nicht nur das Verhältnis des Princeps zu seinem Freund und Ratgeber, sie zerrüttete auch die Ehe des Maecenas, der offenbar mit großzügigen Geschenken versuchte, seine Frau zurückzugewinnen.[109] Livia übte sich dagegen in Wegschauen.

Eine andere Strategie, die Ehe zu erhalten, bestand darin, stets an der Seite des Mannes zu sein. In den ersten Jahren des Principats begleitete sie Augustus auf Reisen, ab 16 v. Chr. nur noch gelegentlich innerhalb Italiens. Sie nahm statt dessen die Geschäfte in Rom wahr. Insgesamt achteinhalb Jahre seiner Regierungszeit verbrachte Augustus auf Reisen durch die Provinzen, die er bis auf Africa und Sardinien alle besucht hat.[110] Neuere Forschungen relativieren die Annahme, daß Livia an einer Reise nach Griechenland und in den Osten teilgenommen habe. Allerdings zitiert Tacitus (ann. 3,34) ihren Enkelsohn Drusus 21 n. Chr. in einer Senatsdebatte mit den Worten: *Wie oft sei der göttliche Augustus in den Okzident und den Orient in Begleitung Livias gereist.* Da dieses Argument in einer Aussprache darüber vorgebracht wurde, ob Frauen der Statthalter ihre Ehemänner in die Provinzen begleiten sollten, kann es erheb-

liche Glaubwürdigkeit beanspruchen. Wahrscheinlich nahm sie an der Orientreise des Augustus von 22 v. Chr. bis 19 v. Chr. teil, die das Paar über Sparta bis
hin nach Syrien (20 v. Chr.) und zum jüdischen König Herodes dem Großen
führte.[111] Die Teilnahme an der dreijährigen Reise (16–13 v. Chr.) nach Gallien
und Hispanien ist umstritten. Vermutlich blieb sie ebenso wie 10 v. Chr., als der
Princeps erneut in den Osten aufbrach, in Rom.[112] Die Gerüchte um Terentia
würden das bestätigen. Im Jahr 9 v. Chr. reiste sie zusammen mit ihm nach Ticinum (Pavia), um dort Tiberius, der mit der Leiche seines Bruders Drusus zurückkehrte, zu empfangen.[113] Auch auf seiner letzten Reise, als Augustus den Nachfolger Tiberius auf dem Weg zum Hafen in Brundisium (Brindisi) bis nach
Beneventum begleiten wollte, aber unterwegs erkrankte und im campanischen
Nola starb, war Livia an seiner Seite. Dennoch lag es in ihrem Interesse, in Rom
zu bleiben, während der Herrscher sich auf Inspektion im Reich befand. Spätestens nach Octavias Tod (11 v. Chr. vgl. S. 126 ff.) konnte sie in eine Art Reichs-
verweserrolle schlüpfen.

Dem Austausch zwischen Eheleuten kam eine wichtige Rolle zu. Livia war
schon in ihrer ersten Ehe immer an der Seite des Mannes geblieben. Hier erwarb man sich das Vertrauen des Mannes. Das vertrauliche Gespräch mit der
Ehefrau war ein Leitmotiv der guten römischen Ehe. Die oben zitierten Grabinschriften betonen die fröhliche Gemeinschaft mit der Frau, der innerhalb der
Oberschicht besondere Bedeutung zukam, je länger die Ehe andauerte. Die eheliche Eintracht betraf auch den gedanklichen Austausch. In einer Welt, die vom
Mann beständige Selbstbeherrschung verlangte und trotz aller gegenteiligen
Behauptungen kaum echte Freundschaft bot, war diese geistige Intimität zwischen Eheleuten ein hohes Gut. Anders als von Standesgenossen konnte der
Ehemann von seiner Frau auch eine ehrliche Meinung erwarten. Turias Ehemann stellt heraus, wie seine Frau ihn in der schweren Zeit des Triumvirats
und der Proskriptionen unterstützte, und erwähnt dabei ausdrücklich die vertraulichen und verborgenen Beratungen, die heimlichen Gespräche.[114] Vitellius
begründet die Ehepläne des Claudius im Senat mit der seelischen Entlastung,
die der Herrscher durch eine *Gefährtin in Glück und Unglück, der er die
geheimsten Gedanken und die kleinen Kinder anvertrauen kann,*[115] finden
würde. Vierhundert Jahre später seufzt der Aristokrat und hochrangige Würdenträger Vettius Agorius beim Tode seiner Ehefrau Paulina: *Dir konnte ich die
fest verschlossenen Tiefen meiner Seele anvertrauen.*[116] Wie Livia und Augustus,
war auch dieses Paar jahrzehntelang verheiratet gewesen. Im Jahr 9 v. Chr. formuliert der Philosoph Areus dies auf Livia bezogen ähnlich: *Deines Mannes
immer gegenwärtiger Begleiter, dem nicht nur, was in die Öffentlichkeit dringt,*

bekannt ist, sondern auch alle verborgeneren Regungen eurer Seelen.[117] Als Areus dies schrieb, waren Livia und Augustus fast 30 Jahre verheiratet, weshalb sich mehr als Schmeichelei hinter diesen Worten verbirgt.

Bei Livia gewinnt das vertraute Gespräch durch den hohen Rang des Ehemanns zwangsläufig den Charakter der politischen Beratung. So sickert durch, daß Augustus sich Notizen von seinen Gesprächen mit ihr machte oder aber mit einem schriftlichen Dossier zur Verabredung erschien. In diese Position kann sie nur sehr langsam hineingewachsen sein. Es gibt zahlreiche Hinweise, daß beide häufig Briefe wechselten. War Augustus auf Reisen, war dies eine pure Notwendigkeit. Sie archivierte seine Schreiben. Wie systematisch sie das tat, kann man nicht sagen, sicher ist nur, daß sie zahlreiche Briefe von Augustus aufhob und diese nach einem bestimmten Ordnungssystem aufbewahrte.

Neben der beratenden Tätigkeit erwartete man von der Ehefrau, daß sie mäßigend auf den Mann einwirkte, gleichsam als Reflex der Geschlechterrollen, die der Frau den mütterlich behütenden Part zuwiesen (vgl. S. 66). Die Begründung in einem Leitfaden für die Landwirtschaft, warum dem Verwalter eines Gutshofes eine Gefährtin zur Seite zu stellen sei, faßt diese Rollenerwartung an die Ehefrau zusammen: ... *sollte man ihm eine Frau in contubernium* [Sklavenehe] *zuweisen, die ihn mäßigt* (contineat eum), *andererseits in bestimmten Angelegenheiten unterstützt.*[118] Schon die geraubten Töchter der Sabiner vermitteln im Konflikt zwischen Vätern und Ehemännern. Der Konsul Cicero war erst auf Drängen seiner Frau bereit, die Leiche des angeblichen Verschwörers Cornelius Lentulus Sura zur Bestattung herauszugeben.[119] Die mäßigende Rolle übernahmen auch die Mutter und Schwiegermutter.[120] Schon die als Vorbilder *(exempla)* verstandenen Frauen der Frühzeit, Veturia, die Mutter, und Volumnia, die Ehefrau des Coriolanus, hatten, als er Rom belagerte, ihren Einfluß bei ihm geltend gemacht, um die Stadt zu retten.[121]

Diesem bezähmenden Wesen des Weiblichen waren auch kultische Praktiken gewidmet. So hatte man den Frauen nach der Legende aufgrund des Erfolgs der Veturia und Volumnia gestattet, den Tempel der Fortuna muliebris zu errichten.[122] Livia ließ diesen Tempel, der der schützenden weiblichen Kraft geweiht war, renovieren.[123] Bezüge zu Fortuna finden sich auch in ihrem Haus auf dem Palatin, wo das sogenannte gelbe Fries die Göttin mit einer sich zum Gebet nähernden Person darstellt.[124] Die altrömische Göttin Fortuna war nicht die launische Schicksalsgöttin Tyche des griechischen Kulturkreises,[125] sondern eine ausdrücklich bewußt spendende und die Wege beschützende Gottheit. Sie war eng mit dem weiblichen Lebenszyklus verbunden. Jener Fortuna, die am Forum boarium, dem Rindermarkt, in einem Doppelheiligtum mit Mater matuta, einer weiteren wichtigen matronalen Gottheit, verehrt wurde, brachten die adligen Bräute vor der Vermählung ihre gefältelten Kinderkleider dar, so daß das Sitzbild der Göttin im Tempel ganz von diesen Kleidungsstücken bedeckt war.[126] Beide Göttinnen wurden zusammen als *deae nutrices* (göttliche Ammen) verstanden und somit als Schützerinnen. Die römische Fortuna war traditionell eine latinische Doppelgottheit – eine Göttin in zweierlei Gestalt, wie die beiden Fortunae von Antium zeigen. Die beiden Frauen, die zu Coriolanus kommen, reflektieren diese Doppelung, einerseits als zwei Stadien im Leben einer Frau, andererseits als Besänftigerinnen und Beschützerinnen.

Fulvia hatte sich dem traditionellen Anspruch, mäßigend auf ihren Mann einzuwirken, entzogen und sich statt dessen in der Frage der Besteuerung reicher Frauen konsequent hinter die Politik des Ehemannes gestellt (vgl. S. 69 f.). Auch Livia, so scheint es zumindest, hat stets das Interesse des Principats in den Vordergrund gerückt und den Machterhalt der Familie absolut gesetzt. Zumindest läßt Tacitus' Charakterisierung ihrer Person darauf schließen: *Ihre Sittenreinheit im häuslichen Leben entsprach altehrwürdiger Tradition; aber sie war liebenswürdiger (comis), als man es den Frauen der alten Zeit zugestanden hätte. Als Mutter war sie herrschsüchtig (impotens),[127] als Gattin unkompliziert (facilis) und paßte sich gut dem intriganten Wesen ihres Ehemannes und der Verstellungskunst ihres Sohnes an.*[128] Livia wird hier die rückhaltlose Unterstützung von Mann und Sohn ebenso zum Vorwurf gemacht wie die Art, mit der sie die *domus* verwaltete – nämlich viel zugänglicher, als es sich für eine Frau gehört, die altrömischer Tugend verpflichtet war. Dennoch galten *comitas* wie *facilitas* als positive Eigenschaften römischer Matronen (vgl. S. 111).

In Rom war man daran gewöhnt, Ideale über Anekdoten und Geschichten zu tradieren. Die Schilderungen von idealen Ehefrauen handeln daher von der Unterstützung des Mannes bis zur Selbstaufgabe.[129] Turia hatte ihn in größter Not konsequent unterstützt. Sie war sogar über die übliche Bescheidenheit einer Matrone hinausgegangen und hatte sich trotz ihrer Stellung dem Triumvirn Lepidus wie eine Sklavin zu Füßen geworfen, um den Ehemann zu retten. Es gab Frauen wie etwa Arria, Porcia oder Paulina, die sich zusammen mit ihren Männern umbrachten oder ihnen Mut machten, diesen Schritt zu gehen, indem sie selbst den Tod wählten.[130] Porcia, die Frau des Brutus, hatte in Ermangelung geeigneterer Mittel glühende Kohlen verschluckt. Paulina, Senecas junge Frau, wollte ihr Leben dem des Mannes hinterherwerfen, und Arria hatte sich selbst mit dem Schwert durchbohrt, um ihrem Mann den Weg in den Tod zu weisen. In der Krise galt solch ein dominantes Verhalten offenbar nicht nur als akzeptabel, sondern als vorbildlich und war Ausweis einer guten Ehe.[131]

Trotz aller Traditionalität konnte man sich hingegen der Tatsache nicht entziehen, daß Livia eben die Frau des Princeps war, und so gewinnt die an sich traditionelle Rolle auch nach außen stark an politischen Konturen. Als Cnaeus Cornelius Cinna wahrscheinlich zwischen 16 und 13 v. Chr. bei der Planung eines Attentats gegen Augustus enttarnt wurde, rettete Livia dem Attentäter Cinna das Leben.[132] Niemand weiß, was zwischen Augustus und Livia gesprochen worden ist – vermutlich gab es gar kein Gespräch, sondern einen Briefwechsel. Dennoch hat der wahrscheinliche Austausch die Gemüter erregt, und wir besitzen sogar zwei Fassungen dieser vertraulichen Unterredung. Die Darstellung bei Seneca suggeriert, daß Augustus sich nach der Entdeckung der Tat eine Weile darüber den Kopf zermarterte, was er tun solle, bevor Livia ihm respektvoll ihren Rat anbot.[133] Sie wirkte, wie es von einer guten Ehefrau erwartet wurde, mäßigend, aber auch zurückhaltend auf ihren Mann ein, dennoch hat dieser Fall ein klares politisches Profil, so daß man Livia aus der Außenperspektive auf diesem Terrain – zumindest zum fraglichen Zeitpunkt – erheblichen Einfluß zugestand. Die Datierung[134] bereitet einige Schwierigkeiten, wohl aber ist es interessant zu beobachten, wie Livias politischer Einfluß zunahm, als es immer unwahrscheinlicher wurde, daß sie noch Kinder bekam. Sie hat möglicherweise bewußt auf diese Rolle hingearbeitet, um zu verhindern, daß sie als Ehefrau ausgetauscht würde. In keiner Quelle dagegen wird erwähnt, daß Livia weitläufig mit Cinna, dem Schwager ihres Adoptivbruders, verwandt war, daß sie also nicht mehr tat, als sich für ein Familienmitglied einzusetzen.

Beharrlich unter Beweis gestellte Diskretion, Sachkompetenz und ein wachsendes Netz von Klienten vergrößerte mit der Zeit die Akzeptanz für Livias Vorschläge. Livia genoß zweifellos die Macht und erwarb zunehmend Kenntnisse über die geheimsten Angelegenheiten des Reiches. Das wird vor allem beim ersten Herrscherwechsel im Jahr 14 n. Chr. deutlich, als es nicht ohne sie ging. Dennoch kann Augustus nie an ihrer Loyalität gezweifelt haben. Mit zunehmendem Alter muß er folglich in eine beträchtliche Abhängigkeit von ihr geraten sein, weil er in seiner Position niemandem vertrauen konnte – und seine alten Gefährten bereits tot waren. Die eigene Tochter, die eigenen Enkel – sie alle hatten sich gegen Augustus gestellt – glaubten die Macht besser gebrauchen zu können. Insbesondere der Verrat der älteren Iulia (vgl. S. 136 ff.) mag ein gewaltiger Schlag gewesen sein, aber auch die Haltung des Erben Caius kurz vor dessen Tod (vgl. S. 139). Seelisch war der Princeps nach dem Tod seiner Adoptivsöhne, die er abgöttisch geliebt hatte, sehr angegriffen. Ein zärtlicher Brief an Caius belegt, wie innig er ihnen begegnete. Einen Tag nach seinem 64. Geburtstag (1 n. Chr.) schreibt Augustus an den Enkel, der im Orient auf Kriegszug war:

Sei gegrüßt, mein süßestes Eselchen, nach dem ich mich, die Götter wissen es, immer sehne, wenn Du von mir abwesend bist. Aber ganz besonders an solchen Tagen, wie es der heutige ist, da suchen meine Augen Dich überall, und mir bleibt nur die Hoffnung, daß, wo Du an diesem Tage auch immer gewesen bist, Du doch sicher heiter und bei guter Gesundheit meinen 64. Geburtstag wirst gefeiert haben. Denn, wie Du siehst, habe ich das für alte Leute gewöhnlich so wichtige Wechseljahr ohne Gefahr zurückgelegt. Allein so lange mir noch Lebenszeit übrig bleibt, bitte ich die Götter, Euch *[Caius und Lucius]* gesund zu erhalten und mich den Rest meiner Tage angesichts des blühendsten Wohlstandes der Republik verleben und Euch als tapfere Männer meinen Posten übernehmen zu lassen.[135]

Binnen Jahresfrist war der hoffnungsvolle Erbe Lucius tot, 18 Monate später auch sein Bruder Caius.

Familienbild und Öffentlichkeit zur Zeit des Augustus

Schon um Angriffe gegen seine Person zu vermeiden, wie er selbst sie so erfolgreich gegen Antonius geführt hatte, drängte Augustus, als er zur Alleinherrschaft aufgestiegen war, die Frauen seiner Familie demonstrativ aus der Öffentlichkeit heraus und versuchte sie statt dessen auf eine häusliche Rolle als Matronen zu beschränken. Mit der Konsolidierung seiner Herrschaft ging die Propagierung eines neuen Frauenbildes einher. Flankiert von einer Ehegesetzgebung, die Ehebruch und Unzucht *(stuprum)*, sexuellen Verkehr mit einer Freien, zum öffentlichen Straftatbestand erhob sowie die Angehörigen der Oberschicht zur Ehe zwang, wurde eine öffentliche Trennung der Geschlechter verfolgt, deren Ziel die »Verhinderung jeglichen Kontakts einer Frau zu anderen Männern als dem Gatten« war.[136] Dabei ging es um zwei Dinge: moralische Erneuerung als Chiffre der gesellschaftlichen Erneuerung und Schwächung der traditionellen Elite. Für letztere waren ihre Heiratsverbindungen ein mächtiges Mittel der Politik gewesen, bei dem die aristokratischen Ehefrauen einen nicht unbeträchtlichen Teil an Prestige und Klientel eingebracht hatten. Was als Wiederbelebung alter Sitte daherkam, muß in einen allgemeinen Diskurs über sexuelle Ausschweifungen von Frauen eingeordnet werden. Das Fehlverhalten von

Frauen war nämlich als Ursache der vorangegangenen politischen Krise gesehen worden. Diese Diskussion stand natürlich in engem Zusammenhang mit der starken politischen Bedeutung einzelner Frauen am Ende der römischen Republik. Die Ehegesetze sollten diese Gesellschaftsschicht disziplinieren, die den Frauen im Rahmen der sozialen Vernetzung so viel Gewicht beimaß. Die Geschichte von Titus Annius Milo und seiner Frau Fausta mag das illustrieren. So soll Milo seine Frau, eine Tochter Sullas, in flagranti mit Sallust erwischt haben. Der gehörnte Ehemann begnügte sich jedoch mit einer ordentlichen Tracht Prügel für den Missetäter sowie einer saftigen Entschädigungssumme, krümmte seiner vornehmen und reichen Gattin aber kein Haar.[137] Die neuen Gesetze hätten von ihm verlangt, sich von ihr scheiden zu lassen und sie einem öffentlichen Gerichtsverfahren zuzuführen. Augustus selbst urteilte Tochter und Enkeltochter vor seinem Hausgericht ab.[138]

Daß das von Augustus vertretene Ideal gerade für seinen eigenen Haushalt nicht der Realität entsprach, wird noch zur Sprache kommen. Vorläufig interessiert hier das Bild, das er von seiner Familie in der Öffentlichkeit zeigte und propagierte. Die *disciplina domus*,[139] die Hauszucht, war ihm besonders wichtig. Er stellte sich dabei als Familienoberhaupt *(pater familias)* dar, das die weiblichen Angehörigen im Griff hatte und sich damit von der Praxis der späten römischen Republik absetzte. Die Vorgehensweise des Augustus suggerierte, daß die Haltung, die der Herrscher von seinen Frauen verlangte, altrömischem und damit per se tugendhaftem Verhalten entspräche. Im zeitgenössischen Geschichtswerk des Livius wird das Verhalten der Frauen zum Gradmesser gesellschaftlicher Verwerfungen und Frauenzucht zur Projektionsfläche für die gute alte Zeit gemacht. Aulus Gellius notierte noch im 2. Jahrhundert: *Die Autoren, die über die Lebensweise und Sitten des römischen Volkes geschrieben haben, behaupten, die Frauen hätten in Rom und in Latium ein enthaltsames Leben geführt.*[140] Valerius Maximus würzte dieselbe Beobachtung mit Beispielen, bei denen ein Mann die Frau wegen Weingenuß erschlug und ein anderer sich scheiden ließ, weil sie ohne sein Wissen das Haus verlassen hatte.[141] Die Selbstinszenierung des augusteischen Haushalts ruhte entsprechend auf zwei Säulen: Frauenzucht und Bescheidenheit. Sueton (Aug. 64,2) führt dazu aus:

Seine Tochter und seine Enkelinnen ließ er so ausbilden, daß sie sich auch an die Verarbeitung der Wolle gewöhnten. Auch durften sie nichts heimlich reden oder tun, sondern nur, was auch in der Hofchronik (in diurnos commentarios) aufgenommen werden konnte... Was für einfaches Hausgerät und Mobiliar er [Augustus] hatte, erkennt man an den noch heute erhaltenen Betten und Tischen, von denen die meisten für einen gewöhnlichen Privatmann kaum elegant genug wären. Man sagt auch, daß er nur auf einem niedrigen, schwach gepolsterten Bett ge-schlafen habe. Er trug kaum eine andere Kleidung als ein Hausgewand, das von seiner Schwester, seiner Frau, seiner Tochter oder seinen Enkelinnen angefertigt wurde.[142]

Die Wollherstellung ist der Indikator für den traditionellen Haushalt. Lucretia, das historische Beispiel einer tugendhaften Frau schlechthin, wurde vom augusteischen Historiker Livius in einer bezeichnenden Szene in sein Geschichtswerk eingeführt, als sie noch spät am Abend unter ihren Sklavinnen im Atrium, dem Mittelpunkt des Hauses, saß und Wolle bearbeitete.[143] Mit Lucretias Vergewaltigung und anschließendem Selbstmord war im historischen Gedächtnis Roms das Ende der tyrannischen Königszeit und der Beginn der freien Republik verbunden. Die sexuelle Gewalttat führte letztlich zum Aufstand gegen den König, der die Tat begangen hatte. Aber Lucretia steht nicht nur für den politischen Wechsel, sondern auch für das den römischen Frauen auferlegte Keuschheitsideal. Obwohl Lucretia von Ehemann und Vater von jeder Schuld freigesprochen wurde, brachte sie sich um mit der Begründung, daß künftig keine untreue Frau sich auf ihr Schicksal berufen könne und somit unbestraft davonkomme. Vor diesem Hintergrund bekommt das Verhalten der Frauen im augusteischen Haus seinen Sinn. In Livias persönlichem Haushalt scheint die Wollherstellung – soweit man die Beschäftigungen ihrer Sklaven beurteilen kann – tatsächlich eine weit über die unmittelbare Eigenversorgung hinausgehende Bedeutung gehabt zu haben. Sie beschäftigte Wollwäger *(lanipendi)* sowie Näher und Näherinnen *(sarcinatores/sarcinatrices)*.[144]

Neben der Wollherstellung wird die Selbstzucht der Frauen des augusteischen Hauses betont. Livia konnte schließlich dieses Rollenverhalten am glaubwürdigsten nach außen vertreten. Sie wurde zur Ikone der sittlichen Erneuerung stilisiert. Die gesamte Lebensführung des Paares wurde als maßvoll und bescheiden inszeniert. Dazu gehörte die bei Sueton beschriebene einfache Ausstattung der Wohnung und die hausgewebten Kleider des Princeps. Lebenslang hielt Livia an den einfachen Eß- und Trinkgewohnheiten fest, auf die man später ihr hohes Alter zurückführte. Sie trank – angeblich mehr aus medizinischen Erwägungen als aus Lebensgenuß – einen herben Wein, der am Golf von Triest wuchs, und pflegte Salat von Alant zu sich zu nehmen – einem Gewächs, dem schon in der Antike entgiftende Wirkung zugeschrieben wurde.[145]

Es gab deutliche Spannungen zwischen Anspruch und Wirklichkeit. Die oben von Tacitus vorgebrachte Kritik einer überzogenen Leutseligkeit *(facilitas)* Livias legt diesen Konflikt zwischen Selbstinszenierung und Realität offen. Sie war eben nicht nur die keusche Ehefrau mit der Spinnwirtel in der Hand, sondern eine vom Mann relativ unabhängige Ehefrau, was bei Hof auch jeder wußte. Schließlich sorgte die traditionelle patronale Praxis (vgl. S. 248) dafür, daß die Frauen aus der Umgebung des Herrschers als Patroninnen umworben wurden und auch eigene politische Ambitionen entwickelten. Augustus jedoch gefiel sich darin, Livias vorbildliches Verhalten als sein Verdienst hinzustellen. Er gab damit für die gesamte Kaiserzeit ein Ideal vor. Noch für die Ehefrau des Kaisers Traian stellt Plinius d. J. im Jahr 100 n. Chr. in einer Lobrede heraus, daß ihr vorbildliches Verhalten Traians erzieherischem Wirken zuzuschreiben sei.[146] Im Zusammenhang mit der Ehegesetzgebung des Jahres 18 v. Chr., die unter anderem auch das Ehebruchsgesetz enthielt, berichtet Cassius Dio (54,16,4 – 5), daß einige Senatoren weiterreichende Gesetze verlangten, die Frauen besser kontrollieren halfen. Der Kaiser verstieg sich zu der Bemerkung: *Ihr selbst solltet euren Ehefrauen Rat und Anweisungen erteilen, so wie ihr es wollt; das tue doch auch ich.* Die Senatoren wollten daraufhin Details über die angeblich der Livia erteilten Ratschläge erfahren: *Obschon widerwillig, machte er nun einige Bemerkungen über die Kleidung und den sonstigen Putz der Frauen sowie über ihre Ausgänge und ihr zurückhaltendes Benehmen.* Mit unverhohlener Selbstgerechtigkeit ging Augustus hier ans Werk, denn Cassius Dio bemerkt weiterhin, daß dem Kaiser nicht einfiel, *daß sein tatsächliches Verhalten den Worten ihre Glaubwürdigkeit nahm.* Der innere Kreis, die Senatoren, die am Hof verkehrten, kannten offenbar eine andere Livia.

Wieder werden Sittsamkeit und Erscheinungsbild zusammengebracht. Für die Frauen der Familie war allerdings der zumindest äußerlich zur Schau gestellte Lebenswandel Livias eine schwere Belastung. Konnte Livia nach außen die ihr auferlegte Rolle in Bezug auf äußere Erscheinung und Umgang erfolgreich wahren, fiel das der wesentlich jüngeren Stieftochter Iulia erheblich schwerer. Es kam zu Reibereien, und Livia mag der Iulia nicht nur einmal als gutes Beispiel vorgehalten worden sein. Hieran knüpft eine Geschichte bei Macrobius, nach der einmal beide Damen mit Gefolge zu einer Gladiatorenvorführung im Circus erschienen. Livia war von respektablen Männern umgeben, während Iulias Begleiter nicht nur jung, sondern extravagant daherkamen. Augustus, der davon Kenntnis erhielt, schrieb an seine Tochter, daß sie den Unterschied zwischen den beiden Frauen doch bemerken müsse. Ihre etwas frivole Antwort stichelte gegen Livia: *Diese Männer werden alt sein, wenn ich es auch bin.*[147] Es liegt ebenfalls nahe, daß Livia Augustus auf die Schwächen der

Tochter zumindest so lange aufmerksam machte, wie sie noch nicht mit Tiberius verheiratet war. So gab es häusliche Konkurrenz zwischen den beiden Frauen, die nicht frei von beträchtlicher Eitelkeit war. Sie wetteiferten etwa darum, wer von ihnen den kleinsten Sklaven besaß.[148] Iulia war nicht nur sehr gebildet und geistreich, sie genoß, vielleicht gerade ihrer menschlichen Schwächen wegen, große Sympathien im Volk. Livia dagegen zeigte sich in der Öffentlichkeit unnahbar. Eine Geschichte, die über sie in Umlauf gebracht wurde, kolportierte einen Ausspruch von ihr, als ihr einige nackte Männer unter die Augen kamen und diesen aufgrund ihres ungebührlichen Betragens die Todesstrafe drohte: *daß für züchtige Frauen sich solche Männer nicht von Statuen unterscheiden.*[149]

Trotz aller nach außen demonstrierten Bescheidenheit und Zurückhaltung wurde Livia, wenn auch erst allmählich, eine eigene Macht im Hause des Kaisers. Tacitus deutet an, daß ihr eigentliches Betätigungsfeld innerhalb des Hauses *(domus)* lag und ihre Aktivitäten auch auf seinen Vorteil gerichtet waren. Allerdings ist die *domus* im Fall der kaiserlichen Familie eben die *res publica* selbst (vgl. S. 158). Da Livia über beträchtliche eigene materielle Mittel verfügte und direkten Zugang zum Herrscher hatte, war sie wesentlich an einer Festigung der gesellschaftlichen Position des Princeps beteiligt, indem sie Wohltaten und Zuwendungen verteilen konnte und somit die Anhängerschaft verbreitern half.

Die Inszenierung der *domus Augusta* nach außen führte auch zu weitreichenden Konflikten mit der Aristokratie. Daß die Anwesenheit einer Ehefrau in der Provinz 21 n. Chr. überhaupt zum Thema im Principat des Tiberius wurde,[150] offenbart ebenfalls den Zwiespalt zwischen dem von Augustus propagierten Frauenbild, das die Wiederherstellung der Republik kommunizieren sollte, in der die Frauen angeblich züchtig und tugendhaft waren, und den Ansprüchen der aristokratischen Gesellschaft, in der die Frauen eine wichtige Rolle in der sozialen Vernetzung der Familien wie der von ihr geübten patronalen Praxis einnahmen. Die Bilder aus den Provinzen sprechen eine ganz andere Sprache als die literarischen Texte. Zahllose Ehrungen wurden dem Herrscher und seiner Familie erwiesen. Seine Familienangehörigen wurden hofiert. Gleichzeitig suchte der Princeps rigoros zu unterbinden, daß andere Aristokraten sich selbst oder mit ihren Familien in den Provinzen profilieren konnten. Statthalterfrauen durften ihre Männer nur in den Wintermonaten besuchen.[151] Um das Prestige der Provinzstatthalter zu beschneiden, erließ Augustus 11 n. Chr. ein Verbot von Ehrungen für die Amtsdauer und weitere 60 Tage.[152] Noch in der Republik waren selbst die Frauen der Statthalter im Osten regelmäßig öffentlich geehrt worden. Die Frauen der kaiserlichen Familie waren dagegen bildlich in der Öffentlichkeit vertreten, und sie begleiteten ihre Männer häufig bei ihren Amtsgeschäften in den Provinzen. Das gilt für Livia zumindest in der Anfangsphase des Principats, für Iulia und Agrippa bis 12 v. Chr. und später für Germanicus und Agrippina. Auch andere Frauen von dem Kaiser nahestehenden Statthaltern reisten – wie Plancina – mit in die Provinzen.

Hellenistische Herrscherin. Livias Rolle im Osten des Reiches

Im Osten rückte Livia schon unmittelbar nach Actium in die Rolle einer hellenistischen Herrscherin. Die Frau des Herrschers war hier traditionell für die glückverheißende Ausübung der Herrschaft von Bedeutung. So wurden Städte nach ihr benannt, Kulte für sie eingerichtet und andere Ehrungen beschlossen.[153] Von einem Kult kann man in den Fällen ausgehen, wo Priester und Priesterinnen Livias genannt, die Ausrichtung von Prozessionen, die Darbringung von Opfergaben, die Aufstellung von Kultbildern der Livia selbst erwähnt sind, die Ehrung der Livia in Tempeln und Heiligtümern, die Errichtung von Altären der Livia sowie die Abhaltung von musischem oder sportlichem Wettstreit *(agon)* zu ihren Ehren und unter ihrem Namen bezeugt sind.[154] In Ägypten fand sie im Tempel von Kalabscha sogar Eingang in den hieroglyphischen Erwähnungen neben Augustus. In einem Fall taucht auch ihr Bild auf.[155] Während Augustus 21 v. Chr. in Griechenland weilte, beschlossen die Athener göttliche Ehren für Livia. Sie wurde zusammen mit ihrer Stieftochter Iulia, Ehefrau des Agrippa, mit dem Kult der Göttin Hestia auf der Akropolis verbunden.[156] Gerade das Vorgehen der Athener zeigt deutlich, daß diese Ehrungen als traditionelle Ehrungen der Frau des Herrschers zu verstehen sind. Zudem bot die Ehrung den Vorteil, die offenkundige Verstimmung des Augustus gegenüber Athen in diesem Jahr zu kompensieren.[157] Vor ihr hatte Athen Octavia (vgl. S. 74) und Kleopatra als Frauen des Antonius göttliche Verehrung zuteil werden lassen. Als Kleopatra in den Augen der Öffentlichkeit Octavia ersetzte und Antonius und die Königin im Mai 32 v. Chr. hier ihr Hauptquartier errichteten, beeilten sich die Athener, Kleopatra ebenfalls aufwendig zu ehren.[158] Die Ehrung der Livia als Hestia, die römische Vesta – Hüterin des staatlichen Feuers –, scheint demgegenüber eine programmatische römisch-augusteische Komponente zu verfolgen. Denn Vesta war mit dem Liviabild der keuschen Frau bestens zu verbinden[159] und zudem in römischen Augen eine Heilsbringerin. Valerius Maximus (6,1 pr.) schrieb in der Einleitung zu seinem Artikel über die Keuschheit in tiberischer Zeit: *Keuschheit, du besondere Stütze der Männer und zugleich der Frauen, woher soll ich Dich rufen? Du wohnst nämlich am Herd der Vesta, den uralter Glaube weihte, Du ruhst auf den Götterpolstern der kapitolinischen Iuno, Du, der Pfeiler des Palatins, heiligst mit Deiner ständigen Gegenwart die erhabenen Penaten und das verehrungswürdige eheliche Lager Iulias* [= Livia].

Bereits zu Lebzeiten des Augustus erfuhr Livia in zahlreichen Städten Griechenlands, Kleinasiens und auf den Inseln im östlichen Mittelmeer kultische Verehrung. Diese Vergöttlichung der lebenden Frau des Herrschers folgte dem Vorbild der hellenistischen Königinnen, von denen sie auch Beinamen wie *basilissa* (Königin) und *kyria* (Herrin) übernahm. Daneben wurde sie dem Kult für Augustus angeschlossen, was ebenfalls hellenistischer Tradition entsprach. Der zwischen 16 v. Chr. und 12 v. Chr. erstmals konzipierte Kalender von Zypern benannte die Monate in der Reihenfolge Augustus, Agrippa, Livia und rückte Octavia an die vierte Stelle vor die Söhne Livias.[160] Die kleinen Adoptivsöhne des Augustus spielen interessanterweise gar keine Rolle.

Schon zu Lebzeiten des Augustus wurden Livia und der Kaiser als *theoi sebastoi* (göttliche Herrscher) geehrt. Anders als im Westen erscheint sie im Osten auch auf zahlreichen lokalen Münzprägungen. Charakteristisch für eine hellenistische Königin war hier das Staffelporträt (vgl. S. 102 f.). Als *Thea Libia* (Göttin Livia) erscheint Livia auf Münzen in der Zeit des Augustus, des Tiberius und des Claudius, wobei Prägungen dieser Art unter Augustus und Claudius interessanterweise am stärksten vertreten sind.[161]

Livia wird im Osten als *thea* (Göttin) geehrt. Dabei wurde sie entweder mit einer bestimmten Göttin gleichgesetzt, vor allem mit Hera, Demeter, Aphrodite, Artemis und Hestia, oder mit den spezifischen Beinamen bestimmter Göttinnen bezeichnet sowie auf Münzen mit den entsprechenden Attributen ausgestattet.[162] Angleichung an eine Gottheit kann dabei ebenso kultische Verehrung implizieren wie die bloße Übertragung von Eigenschaften meinen. Zeus' Ehefrau Hera war besonders beliebt und muß parallel zu einer Identifikation des Augustus als Zeus gesehen werden. Das ist insofern nicht uninteressant als damit erneut ein Bruch mit der hellenistischen Tradition einhergeht, die Aphrodite als Göttin für die Herrschergattin favorisierte.[163] Hera, die auch für den Schutz der Ehe zuständig war, erzeugte somit eine römische Note.

Im Schatten Octavias

Livias Einfluß bei Hof entwickelte sich sehr langsam. Zunächst wurde ihre Rolle im Westen bewußt marginalisiert, weil ein sichtbarer Handlungsrahmen der Ehefrau des Princeps der angeblich wiederhergestellten Republik entgegenstand. Problematischer für die Konstruktion des neuen Systems waren allerdings die dynastischen Ambitionen des Augustus, die bereits wenige Jahre nach dem Sieg von Actium virulent wurden. Das Ausbleiben von gemeinsamen Kindern mit Livia verhinderte jedoch, daß sie in diese Pläne vorerst einbezogen wurde. Die Heirat der einzigen Tochter des Augustus 25 v. Chr. mit Marcellus, dem Sohn seiner Schwester, zeichnete vielmehr eine rein iulische Lösung der dynastischen Frage vor und stellte Livia der Schwägerin Octavia zur Seite, wobei letztere als die einflußreichere porträtiert wurde. So dichtete Horaz (c. 3,14) anläßlich der Rückkehr des Augustus aus Hispanien im Juni 24 v. Chr.: *Ihres einzigen Gatten froh, soll die Frau hervorschreiten zur Erfüllung der richtigen Riten und die Schwester des ruhmreichen Feldherrn und geschmückt mit der Bittsteller Binde[164] Mütter der Jungfrauen und Jünglinge, die eben gerettet.*

Übersetzt wird der Anfang gewöhnlich mit »*seine*« Gemahlin oder Gattin, tatsächlich ist die Formulierung bei Horaz aber viel allgemeiner, wenn er von der Frau *(mulier)* spricht, des einzig geliebten Gatten froh. Im matronalen Kult spielte die *univira*, die einmal verheiratete Frau, noch immer eine wichtige Rolle. Der 11. Juni war der Festtag der Matralia, an dem die Matronen in den Tempel der Mater matuta am Forum boarium gingen und dort besonders für die Kinder ihrer Schwester beteten. Die ehrwürdige Muttergöttin, die auch ausgesprochen aphrodisische Züge trägt, identifiziert mit der etruskischen Uni und der phönikischen Astarte, war besonders für Fruchtbarkeit und damit Neuanfang zuständig.[165] Während sich die *mulier* noch auf jede an den Riten beteiligte Matrone beziehen kann, ist die »Schwester des ruhmreichen Feldherrn« eindeutig als Octavia identifiziert, so daß ihr die prominentere Position zukommt.

Auch die großen Familien der Republik hatten dynastische Politik betrieben, allerdings vermieden sie aufgrund der Anforderungen des politischen Systems, innerhalb der engeren Familie zu heiraten. Allenfalls mit entfernteren Zweigen der Verwandtschaft suchte man durch Ehebündnisse die Solidarität zu stärken. Kam es doch einmal zu einer Vetternheirat wie zwischen Lucullus und seiner Cousine Clodia, dann meist deshalb, weil die finanziellen Verhältnisse der Brautfamilie zu angespannt waren, um einen akzeptablen Ehemann zu finden.

Der märchenhaft reiche Lucullus akzeptierte die patricische Braut ohne Mitgift.

Die dynastischen Ambitionen des Augustus waren jedoch anders gelagert. Sie zeigten sich in einer grundsätzlichen Herausstellung der Frauen seiner leiblichen Familie. Schon seine Mutter Attia, Caesars Nichte, erhielt 43 v. Chr. ein Staatsbegräbnis *(funus publicum)*,[166] eine für eine Frau bis dahin nicht dagewesene Ehrung. Auch Octavia wurde 11 v. Chr. auf Staatskosten bestattet.[167] Die Ehrungen seiner Person nach dem Sieg von Naulochos bezogen Frau und Schwester mit ein (vgl. S. 77 f.).

Livias Rolle im Triumvirat wie zu Beginn des Principats stand zunächst im Schatten Octavias. Die ersten zehn Jahre der Alleinherrschaft hielt sich Livia in der Öffentlichkeit zurück, ob freiwillig oder gezwungenermaßen, ist schwer zu entscheiden. Erst allmählich profilierte sie sich als Ehefrau des Princeps vor allem durch ihre ständige Präsenz in Gegenwart des Herrschers, auf die sie später verzichten konnte.

Octavias Prominenz war dagegen im Triumvirat nicht zu übersehen. Sie wird als politische Vermittlerin in den Zwistigkeiten zwischen Octavian und Antonius vor dem Vertrag von Tarent genannt; sie ist es, die Proskribierte vor dem Untergang bewahrt und in der Widmung von Vitruvs Werk zur Architektur als Vermittlerin eines herrscherlichen Gefallens genannt wird.[168] Mit dem Tod des Marcellus 23 v. Chr. beginnt Octavias Stern am Hof zu sinken – teilweise als Folge der Selbstisolation (vgl. S. 149) – und Livias langsam aufzugehen.

KAPITEL 7

MATER FAMILIAS –
ZWISCHEN MUTTERLIEBE UND VATERLAND

Nachfolge zweiter Akt: Augustus' erhoffte Lösung
(17 v. Chr. – 4 n. Chr.)

Um das Jahr 20 v. Chr. begannen die realen Chancen des Augustus auf leibliche Nachkommenschaft mit Livia rapide zu schwinden. Livia war jetzt 38 Jahre alt – für die Antike ein fortgeschrittenes Alter. Augustus zog nach der Geburt seines zweiten Enkels die Konsequenz und adoptierte den zwei Jahre alten Caius zusammen mit dessen erst wenige Wochen alten Bruder Lucius. Durch die Erbfolge seiner Söhne konnte auch der unverzichtbare Agrippa dauerhaft an den Principat des Augustus gebunden werden. Schon im Jahr 18 v. Chr. war sein *imperium proconsulare* um weitere fünf Jahre verlängert und durch die Verleihung der *tribunicia potestas* ebenfalls für fünf Jahre ergänzt worden. Faktisch bedeutete das die Mitherrschaft. Vom 31. Mai bis zum 3. Juni 17 v. Chr. hielt man die Saecularfeiern zur Verkündung eines neuen römischen Zeitalters ab (vgl. S. 92). Gleichsam ein Paukenschlag zu Beginn des nun anbrechenden Goldenen Zeitalters war die Adoption der Agrippasöhne wenige Wochen später.[1]

Rechtsgültige Adoptionen fanden nur auf zwei Arten statt. Bei der ältesten Form, der *arrogatio*, gab sich ein Mann, der nicht mehr der Gewalt von Vater oder Großvater unterstand, selbst in Adoption. Diese Adoption erfolgte vor dem Gesamtvolk, das sich nach Curien, Geschlechtern, versammelt hatte, in den *comitia curiata*. Da die Familie des Adoptierten durch die Adoption aufhörte zu existieren, waren sakralrechtliche Fragen betroffen, weshalb es üblich war, daß der *pontifex maximus* (der Oberpriester) vor der Abstimmung der Comitien ein Gutachten erstellte. Ein Imperiumsträger, meist ein Konsul, berief daraufhin die *comitia curiata* ein, befragte die Adoptionswilligen, ob sie die Adoption wollten, und stellte schließlich folgenden Antrag:

Wollt Ihr befehlen, daß *[Name des Adoptivsohns]* nach Recht und Gesetz so Sohn des *[Name des Adoptivvaters]* sei, als ob er von ihm als Vater und seiner Frau geboren sei, und daß infolge davon der Adoptivvater die volle Gewalt über dessen Leben und Tod erhalte, wie es dem Vater am (legitimen) Sohn zusteht. Daß dies so geschehe, wie ich gesagt habe, bitte ich Euch, Bürger.[2]

Das war eine *rogatio*, ein förmlicher Gesetzesantrag, so daß die *arrogatio* in Form eines Gesetzes, der *lex curiata*, beschlossen wurde. Der *pontifex maximus* war zum Zeitpunkt der Adoption von Caius und Lucius immer noch Lepidus.

Die zweite Form der Adoption war ein privates Rechtsgeschäft zwischen zwei Vätern, bei dem ein Sohn aus der Gewalt des einen in die des anderen überging. Der Vater verkaufte seinen Sohn zu einem symbolischen Preis. Damit der Kauf rechtsgültig war, mußte er in Gegenwart eines höheren Amtsträgers stattfinden, der militärische Befehlsgewalt *(imperium)* ausüben konnte. Augustus adoptierte seine beiden Enkel auf diese Weise. Bei Sueton heißt es: *Caius und Lucius adoptierte er in seinem Hause, nachdem er sie in aller Form von ihrem Vater Agrippa loskaufte.*[3] Im Jahr 17 v. Chr., zum Zeitpunkt der Adoption, verfügten beide Väter, Augustus und Agrippa, über ein *imperium*, und der ausdrückliche Hinweis auf das Haus läßt vermuten, daß kein weiterer Magistrat hinzugezogen wurde.

Augustus orientierte sich, nachdem seine erste Einsetzung eines Nachfolgers als gescheitert betrachtet werden mußte, nun am unverdächtigen republikanischen Modell des Familienerhalts. Es war selbstverständlich, daß der *pater familias* eines großen Hausverbandes mit einer Vielzahl an Klienten und Freunden dafür sorgen würde, daß er einen Nachfolger an der Spitze eines solchen Herrschaftverbandes hinterließ. Dabei verließ ein Vater sich jedoch oft nicht darauf, die Söhne seiner Tochter im Testament als Erben einzusetzen, sondern designierte sie als Lebender zu seinen Nachfolgern, indem er sie vor dem Prätor adoptierte. Die Doppeladoption von Lucius und Caius wies noch ein weiteres republikanisches Element auf, nämlich die übliche Loyalitätsbildung durch Adoption. Augustus ging es bei der Adoption seiner Enkel darum, den Anspruch agnatisch – also im Mannesstamm – zu sichern und dabei gleichzeitig sowohl die zukünftige Solidarität der beiden Brüder als auch die derzeitige seines besten Generals Agrippa zu sichern. Üblicherweise adoptierte ein Großvater den zweiten oder dritten Sohn der Tochter, nachdem die legitime Nachfolge des Schwiegersohns sichergestellt war. Daß beide Söhne Agrippas adoptiert wurden, läuft letztlich auf eine Absorption der Familie des Feldherrn hinaus.

Prestigeträchtig wie diese Adoptionen zur Loyalitätsbindung traditionell waren, war das hingegen bei der Verbindung mit Agrippa aufgrund der bescheidenen Herkunft der Vipsanier nicht. Den Redner Porcius Latro, der in Anwesenheit von Augustus und Agrippa die Adoption eines sozial niedriger Stehenden durch einen *nobilis* kritisiert hatte, kostete diese Kritik die Karriere, weil man offenbar eine Anspielung auf die Adoption im Herrscherhaus vermutete.[4] In den Augen der stadtrömischen Bevölkerung wurde die Adoption natürlich anders beurteilt. Sie kümmerte sich sicher wenig um die penible Vorfahrenzählerei der Aristokratie; für sie standen die vielen Wohltaten im Vordergrund, die Agrippa den Bewohnern Roms erwiesen hatte.

Dennoch war die Adoption der Agrippasöhne auch sonst nicht ganz so traditionell, wie es bei vordergründiger Betrachtung erscheinen mag. Es wurde vielmehr ein quasisakraler Akt initiiert, der vermutlich richtungweisend werden sollte. Plinius d. J. behauptet nämlich in seinem Panegyrikus (8,1) auf den Kaiser Traian, der selbst von Nerva adoptiert worden war, daß diese Adoption *nicht in einem abgeschlossenen cubiculum ... und nicht vor einem Ehebett ... vollzogen wurde.* In Traians Fall ging es natürlich in erster Linie darum, zu zeigen, daß keine Frau ihre Hände im Spiel gehabt hatte, konkret um die Abgrenzung von der Adoption Neros durch Claudius, vielleicht sogar der des Tiberius, die beide unter dem Einfluß der Ehefrauen zustande gekommen waren. Formal kann Plinius jedoch allenfalls die Adoption von Caius und Lucius Caesar durch Augustus gemeint haben, die im Hause des Augustus stattfand.[5] Daß Adoptionen nicht üblicherweise vor dem ehelichen Lager vollzogen wurden, ist schon durch die Anwesenheit des Prätors zwingend, der für die Rechtsprechung zuständig war. Tiberius und Neros Adoptionen waren beide vom Typ der *arrogatio* und wurden per Gesetz vorgenommen.[6] Keine einzige Kaiseradoption nach der von Caius und Lucius war eine *adoptio*. Das bedeutet, daß diese in einem nicht der allgemeinen Öffentlichkeit zugänglichem Raum vor dem Ehebett des Augustus so zelebriert wurde, als entstammten die fiktiven Söhne tatsächlich dem Bett des Kaisers.

Auch das Alter der Adoptierten war außergewöhnlich. Normalerweise wurden halbwüchsige Söhne von mindestens 12 Jahren ausgewählt. Beide Kinder waren dagegen ungewöhnlich klein, Caius noch nicht drei Jahre und Lucius ein Neugeborenes, so daß eine fiktive Geburt durchaus einen gewissen Sinn ergibt. Das bedeutet jedoch, daß Augustus auf diese Weise seine Ehefrau in das adoptive Geflecht miteinbeziehen wollte, die normalerweise an einer Adoption durch den Ehemann keinerlei Anteil hatte. Livia wurde damit implizit ihre Mutter, was bei üblichen Adoptionen strikt vermieden wurde. Diese Auffassung wurde zumindest bildlich rezipiert, wie auf der Münze aus Tralleis, wo sie mit den Nachfolgern abgebildet wurde, (vgl. S. 104) oder durch die Stellung

Livias auf der *ara pacis* (vgl. S. 154). Auch eine Weihung aus dem Jahr 4 v. Chr. durch den ehemaligen Epistrategen der Thebais in Ägypten spiegelt diese Deutung.[7]

Das nächste Anliegen des Augustus war die wirkungsvolle Präsentation der erwählten Nachfolger. Er ging dabei sehr behutsam vor: *Niemals empfahl er dem Volk seine Söhne ohne den Zusatz: » Wenn sie es verdienen.« Bitter beklagte er, daß sich beim Erscheinen der Knaben gewöhnlich alles erhob und stehend Beifall klatschte.*[8] Das Zitat verdeutlicht, worauf es ankam. Die Söhne sollten sich ganz im Sinne des Principats durch ihre Verdienste und Wohltaten für die Nachfolge des Adoptivvaters qualifizieren; gleichzeitig galt es, keinen Zweifel daran zu lassen, daß nur ein Iulier als Nachfolger in Frage kam.

Der ältere Caius wurde der Öffentlichkeit bereits im Jahre 13 v. Chr. mit sieben Jahren vorgestellt, als er zum ersten Mal am *troia*-Spiel teilnehmen durfte. Die *troia* war ein altes religiöses Reiterkampfspiel der adligen römischen Knaben, das erst in augusteischer Zeit mit dem Troiamythos verbunden und von Augustus besonders gefördert wurde, um die Jugend zum militärischen Training zu animieren. Caius durfte zusammen mit dem 29jährigen Tiberius aus Anlaß der Rückkehr des Augustus aus Hispanien die Leitung dieses Spiels übernehmen.

Aus dem gleichen Anlaß war im selben Jahr die *ara pacis*, der Friedensaltar, mit dem gewaltigen dynastischen Fries im Senat beschlossen worden. Caius und Lucius Caesar wurden dabei in der Tracht der Trojaner mit einem Halsring, der *torques*, abgebildet,[9] also in der Kleidung präsentiert, in der Caius das erste Mal offiziell erschienen war und die natürlich an die trojanische Abstammung der Iulier von Iullus, dem Sohn des Aeneas, erinnern sollte. Alle anderen Kinder auf dem Fries trugen hingegen die Kindertoga.

Flankiert wurde die Ehrung des jungen Nachfolgers durch eine Silbermünze des Münzmeisters Caius Marius Tromentina, die die Büsten der beiden Knaben und ihrer Mutter Iulia mit Nodusfrisur auf dem Revers zeigte (Abb. 24).[10] Über Iulias Haupt schwebt wie ein dynastisches Zeichen die *corona civica* (Bürgerkrone), um die direkte Abkunft von Augustus zu betonen – jenes Zeichen, das das Haus des Kaisers schmückte und an seine Rolle als Retter der Freiheit erinnerte. Eine andere Münze hat nur Iulias Büste auf der Rückseite.[11] Diesmal ist die Tochter des Augustus mit dem Köcher der Jagdgöttin Diana ausgestattet. Die Münzen sind Ausdruck der Ambivalenz bei der Darstellung von Frauen im Westen. Offiziell ist Diana Augusta mit den Zügen und der Frisur der Iulia dargestellt und nicht umgekehrt. Diana ist als Schwester des Apollon – jenes besonderen Schutzgottes des Herrschers – auch die passende Göttin

für ein wichtiges Mitglied der Kaiserfamilie. Gleichzeitig verweist eine Identifikation mit Diana auf die Geburt der Erben des Augustus, denn Diana ist wie
Iuno Lucina eine geburtshelfende Göttin und wurde in dieser Funktion auch
während der Saecularspiele von 17 v. Chr. angerufen, die ja der Adoption unmittelbar vorausgegangen waren. Zudem galt sie als Beschützerin der Kinder
und als nährende Gottheit.[12]

Im Jahr nach dem ersten Auftritt des Caius, 12 v. Chr., gab Augustus anläßlich des Dianafestes Gladiatorenspiele zu Ehren seiner Adoptivsöhne. Während der Spiele erreichte ihn die Nachricht von der tödlichen Erkrankung des
Agrippa. Nach dessen Tod sollte nun Livias Sohn Tiberius Iulia heiraten. Noch
im Sommer wurde die Verlobung gefeiert. Die offizielle Hochzeit fand am
12. Februar 11 v. Chr. statt. Man wartete gerade noch die Geburt des Agrippa
Postumus ab. Tiberius mußte sich für diese Ehe von seiner schwangeren Frau
Vipsania, Agrippas Tochter, trennen, mit der ihn offenbar eine tiefe Zuneigung
verband.[13] Die Kinder und Enkel des Agrippa zählten für Augustus nur, solange
sie iulisches Blut hatten. Tiberius fiel nun die Aufgabe zu, den Adoptivsöhnen
des Augustus durch diese Ehe eine Stütze zu sein. Für ihn sollte das ein bitterer
Kelch werden.

Augustus sah sich großen Schwierigkeiten bei der Verheiratung seiner Tochter gegenüber. Schon des öfteren waren ihm Gerüchte über deren angebliche
Affären mit Männern aus dem hohen Adel zu Ohren gekommen, aber er zweifelte nicht an ihrer ehelichen Treue. Statt dessen hielt er diese Beziehungen
lediglich für Koketterie, was er freilich auch nicht billigte, aber ertragen konnte.
Macrobius (Sat. 2,5,3 – 4) vermerkt:

Ihr Vater hatte mehr als einmal in einer nachsichtigen aber strengen Rede sie
ermahnt, ihre luxuriöse Lebensweise zu mäßigen und die Wahl ihrer auffälligen
Begleiter. Aber wenn er die Zahl seiner Enkel und ihre Ähnlichkeit mit Agrippa
bedachte, schämte er sich, Zweifel an der Keuschheit *(pudicitia)* seiner Tochter zu
hegen. So überzeugte er sich selbst, daß seine Tochter zwar leichtherzig fast bis
an den Punkt des Leichtsinns war, aber über jeden Vorwurf erhaben, und er fühlte
sich ermuntert zu glauben, daß seine Vorfahrin Claudia[14] auch eine solche Person
gewesen war. Er pflegte seinen Freunden zu sagen, er habe zwei eigensinnige
Töchter, die er zu ertragen habe, die römische Republik und Iulia.

Unter diesen Umständen schien eine Ehe das einzig probate Mittel, die Tochter
einigermaßen im Zaum zu halten. Wen aber wählen, ohne den Principat zu
gefährden? Wer auch unter den mächtigen Männern ihr Ehemann würde,

stellte eine potentielle Gefahr für das System dar. Augustus erging sich daher in Überlegungen, sie mit einem verdienten Mann aus dem Ritterstand zu verheiraten, der ihm und seinen (Adoptiv-)Söhnen nicht gefährlich werden könnte.[15] Tiberius zu berufen, muß Livias Rat gewesen sein. Für ihn sprach, daß er, persönlich mehrfach ausgezeichnet, durch seine Mutter dem Kaiserhaus eng verbunden war und einen von Alter wie Ansehen idealen Ehekandidaten abgab. Sein Verhältnis zu Iulia war jedoch alles andere als gut, und es fiel ihm schwer, die Mutter seines Sohnes zu verlassen (vgl. S. 145), um die stolze Iulia zu heiraten. *Dies* [die Hochzeit] *geschah nicht ohne erheblichen inneren Widerstand, weil er einerseits auf den vertrauten Umgang mit* (Vipsania) *Agrippina großen Wert legte, und andererseits die Sitten der Iulia mißbilligte, weil er bemerkt hatte, daß sie ihn schon zu Lebzeiten ihres früheren Mannes begehrte; dies war auch die Meinung der Öffentlichkeit.*[16]

Die Ehe hätte recht erfolgreich sein können, wenn Iulia den Tiberius tatsächlich gewollt hätte. Aber sie mochte sich in der Position gefühlt haben, nun endlich selbst einen Mann auszuwählen. Am Anfang funktionierte die Verbindung recht gut, aber nach dem Tod eines gemeinsamen Sohnes, der kurz nach der Geburt in Aquileia starb, kam es schon 10 v. Chr. zur völligen Entfremdung des Paares. Vermutlich hatte Tiberius große Hoffnungen auf diesen Erben gesetzt und fühlte sich von Iulia nun hintergangen. Seine heftige Reaktion kann ein Hinweis darauf sein, daß er den Verdacht hegte, der Tod des Kindes sei herbeigeführt worden. Da er sich zum Zeitpunkt der Geburt in Pannonien befand, war er wohl im wesentlichen auf Berichte vom Hörensagen angewiesen, die die Situation vielleicht völlig verkannten.

Vier Jahre nach der Hochzeit seiner Mutter mit Tiberius wurde der zwölfjährige Caius, im Jahr 8 v. Chr., den Legionen der Rheinarmee als *comes Augusti* (Begleiter des Kaisers) vorgestellt. Wieder hatte er seinen Mut bei einem der *troia* ähnlichen Reiterspiel zu beweisen. In Lugdunum (Lyon) wurden Münzen in Gold und Silber geprägt, um das Ereignis dauerhaft festzuhalten.[17] Ein großes Geldgeschenk an die Truppen sorgte dafür, daß es unvergeßlich blieb. Mit Sicherheit wurden die als Aurei geprägten Münzen mit dem Reiterbild des Caius zu diesem Zweck bei der Rheinarmee verteilt. Die Vorstellung bei der Armee war an Symbolik kaum zu überbieten, galten doch die Legionen als wichtigste Stütze des augusteischen Regiments. Eine wahre Flut von Abbildungen mit den Nachfolgern überschwemmte fortan die militärischen Lager. Militärische Orden ebenso wie Verzierungen an den Waffen wurden mit dem Konterfei der Augustussöhne geschmückt.[18]

Auch Tiberius, der Stiefvater der beiden Erben des Augustus, wurde entsprechend herausgestellt. Im Jahr der Vorstellung des Caius bei der Rheinarmee (8 v. Chr.) hatte er erstmals das *imperium proconsulare* in Germanien erhalten und wurde, nachdem er 13 v. Chr. bereits Konsul gewesen war, für das folgende Jahr (7 v. Chr.) erneut für dieses Amt designiert. Hatte Augustus seinen Stiefsohn Tiberius 12 v. Chr., also noch zu Lebzeiten des Agrippa, daran gehindert, den ihm vom Senat beschlossenen Triumph über Pannonien zu feiern und ihm nur die *ornamenta triumphalia*, die Abzeichen eines Triumphators, zugestanden, durfte sein Schwiegersohn Tiberius im Jahr 7 v. Chr. einen glänzenden Triumph über Germanien genießen.[19] Tiberius scheint diese Position jedoch erst durch den Tod seines Bruders Drusus erhalten zu haben, der bereits 10 v. Chr. das *imperium proconsulare* hatte und offenbar in die Fußstapfen des Agrippa als Mitkaiser treten sollte. Neue Bildnisse wurden von Tiberius verbreitet. Im folgenden Jahr (6 v. Chr.) erhielt er dazu noch die *tribunicia potestas* für 5 Jahre verliehen und wohl zugleich ein umfassendes *imperium proconsulare*.[20] Damit war Livias Sohn praktisch zum Mitregenten des Augustus erhoben worden und nahm nun die gleiche Stellung ein, die zuletzt Agrippa inne hatte. Aber noch im gleichen Jahr zog Tiberius sich in ein freiwilliges Exil nach Rhodos zurück (vgl. S. 167 ff.).

Vielleicht war erst durch die Abreise des Tiberius der Weg endgültig frei, die Söhne des Kaisers noch offensiver herauszustellen, oder aber der Rückzug des Tiberius provozierte die nun rasante Hervorhebung der (Adoptiv-)Söhne.[21] Ein Jahr später jedenfalls, im Jahr 5 v. Chr., begann die offizielle Karriere des ältesten Augustussohns. Erstmals nach 17 Jahren ließ der Princeps sich wieder zum Konsul wählen, um den fünfzehnjährigen Caius bei der Annahme der *toga virilis* (Männergewand) in seiner republikanischen Amtstracht zu begleiten. Dieses spezifische Ritual markierte für die römischen Knaben das Ende der Kindheit. Dabei vertauschten sie ihr Kindergewand, die *toga praetexta* mit der *toga (virilis)* der Männer. Im Kreise von Freunden und Verwandten des Hauses gingen sie gewöhnlich zum *tabularium*, dem Archiv, am Forum, um sich in die Bürgerliste eintragen zu lassen, und wurden damit wahlberechtigt und militärpflichtig. Der übliche feierliche Zug im Kreis der Familie und ihrer Freunde bot einen erneuten Anlaß, die Stärke des augusteischen Hauses zur Schau zu stellen.

Der genaue Zeitpunkt, wann aus dem Kind ein römischer Bürger wurde,[22] lag im individuellen Ermessen des Vaters, der die geistige und körperliche Reife seines Sohns zu beurteilen hatte. Entscheidend dabei war die Geschlechtsreife *(pubertas)* des Sohns, die man im Durchschnitt zwischen 15 und 17 erreicht glaubte. Augustus verhielt sich mit diesem Initiationsritus ganz republikanisch.

Doch sein Handeln war immer mehrdeutig. Denn Caius wurde nicht wie üblich zum Staatsarchiv, sondern aufs Forum und in den Senat geführt. Hier wurde er für das Amt des Konsuls im Jahr 1 n. Chr., also im Alter von 21 Jahren, designiert. Die große Bedeutung des Festakts kommt auch in einer sardischen Inschrift zum Tragen, in der ein städtischer Beschluß festgehalten wurde, daß der Tag ein heiliger Tag sein solle.[23] Üblicherweise bekleidete man das unterste Staatsamt, die Quästur, jedoch erst mit 25 Jahren. Gleichzeitig wählten die Ritter Caius zum *princeps iuventutis* (erster der Jugend), ein Ehrentitel, der politisch nichts Konkretes aussagte, aber schnell zu einer Art Nachfolgertitel avancierte. Ein Jahr zuvor hatte Augustus das Volk noch zurückgewiesen, als es Caius zum Konsul wählen wollte. Jetzt wurde der Anlaß inszeniert. Augustus ließ sich nie gern die Initiative aus der Hand nehmen. Es gab Geldspenden, 60 Denare pro Kopf. Festgesandtschaften reisten von weit her nach Rom. Wo immer möglich, begleiteten die Adoptivsöhne seitdem den Princeps bei seinen Auftritten. Ein neuer reichsweiter Loyalitätseid, der sie einbezog, wurde verbreitet.[24]

Etwas zeitverzögert wurde im Jahr 2 v. Chr. dem jüngeren Bruder Lucius im gleichen Alter die *toga virilis* verliehen. Auch er wurde zum *princeps iuventutis* gewählt und zum Konsul designiert, in das Priesterkollegium der Augurn aufgenommen und mit Aemilia Lepida, einer Enkelin des Triumvirn Marcus Aemilius Lepidus und Urenkelin von Sulla und Pompeius, verlobt.[25] Caius war Mitglied einer anderen bedeutenden Priesterschaft, der *pontifices*. Allerdings ist nicht klar, ob er im Jahr 6 oder 5 v. Chr. in diese Körperschaft aufgenommen worden war; wohl aber nach der Abreise des Tiberius. Beiden Adoptivsöhnen wurde im gleichen Jahr das Recht zugestanden, auf der Grundlage konsularischer Amtsgewalt Gebäude zu weihen. Wieder wurde also ein Sonderamt geschaffen, das niemand wehzutun schien, aber erhebliche symbolische Aussagekraft hatte, weil die Weihenden natürlich auch in den entsprechenden Weihinschriften genannt wurden. Vermutlich aus dem Jahr 2 v. Chr. stammen die überaus umfangreichen Münzprägungen in Gold und Silber – wieder aus Lugdunum –, die beide *principes iuventutis* mit den von den Rittern verliehenen Ehrenzeichen darstellen: der silberne Schild, der eindeutig an den Tugendschild des Augustus erinnern sollte, sowie die silberne Lanze.[26] Diesmal waren beide mit der Toga ausgesprochen unmilitärisch gekleidet – das Gleichgewicht zwischen Militär- und Bürgergesellschaft wurde also fein austariert. Nur die Abzeichen ihrer Priesterwürde identifizierten die beiden ansonsten völlig gleich aussehenden Adoptivsöhne. Das Nachfolgekonzept des Augustus sah offenbar eine Doppelspitze vor.

Zu Beginn des Jahres 2 v. Chr. bot der Senat dem Augustus den Titel *pater patriae* (Vater des Vaterlandes) an. Er und seine Herrschaft schienen damit nach einer gelungenen Etablierung der Söhne als Nachfolger auf dem Höhepunkt zu sein. Kurz darauf kam es jedoch zu einer großen Belastung für den Principat und vielleicht sogar für die Nachfolge von Caius und Lucius; ausgelöst durch einen Skandal,[27] in dem ihre Mutter Iulia des Ehebruchs angeklagt, ihre Ehe mit Tiberius geschieden, sie selbst auf die kleine Insel Pandateria (Ventotene) vor der campanischen Küste verbannt wurde, die der Verbannungsort für mehrere Kaiserfrauen werden sollte.

In patriarchalischer Manier hatte Augustus, gegen jedes Recht, Iulia im Namen des Tiberius den Scheidebrief geschickt. Zwar war er Iulias *pater familias*, denn sie war nicht in einer *manus*-Ehe verheiratet,[28] aber nicht der des Tiberius. Zusammen mit Iulia wurden auch ihre Freunde angeklagt. Faktisch hatte die Ehe mit Tiberius schon seit 10 v. Chr. nicht mehr bestanden, als Tiberius aus dem gemeinsamen Schlafzimmer auszog. Iulias Freizügigkeit war angeblich stadtbekannt. Schon Agrippa soll unter ihren Seitensprüngen gelitten haben.[29] Macrobius (Sat. 2,5,9) überliefert Iulias Antwort auf die Frage, wie es sein könne, daß alle ihre Kinder bei ihrem freizügigen Lebensstil Agrippa so ähnlich sähen: *Ich nehme nie einen Passagier an Bord, außer das Boot ist voll.* Man muß sich fragen, ob sich Iulia ihrer Sache so sicher war. Agrippa hatte sie auf viele Reisen mitgenommen; aber hatte sie tatsächlich unter seinen Augen Liebhaber? Möglicherweise hatte sie die, bewiesen ist es jedoch nicht. Es hat etwas Aberwitziges zu glauben, daß die römischen Moralvorstellungen nicht auch von den Aristokratinnen soweit geteilt worden wären, als daß sie ihre Liebhaber nicht öffentlich präsentierten. Was vielmehr mißtrauisch machen muß: So viele bedeutende Frauen des Kaiserhauses wurden wegen Ehebruchs verbannt.

Die Verurteilung von Frauen im frühen Principat beruhte fast ausnahmslos auf sexuellen Komponenten. Iulia ist der erste Fall, aber der Trend setzt sich bis zu Messalina, der Ehefrau des Kaisers Claudius, fort. Messalina hatte diesen Kunstgriff ihrerseits zur Vernichtung persönlicher Gegnerinnen wie Iulia Livilla genutzt. Offensichtlich ist eine solche Vorgehensweise Ausdruck des gesellschaftlich festgeschriebenen Geschlechterverhältnisses: Den Frauen kommt per definitionem keine öffentlich-politische Rolle zu, dementsprechend kann ihr Ruf auch in diesem Kontext nicht beschädigt werden. Sie werden also auf dem Terrain vernichtet, das als ihre eigentliche Aufgabe definiert ist: die Bewahrung der Keuschheit *(pudicitia)*. Die Handhabe waren die augusteischen Ehegesetze aus dem Jahr 18 v. Chr., die in dieser Frage in den zuvor rechtlich autarken

Raum der *domus* eindrangen und moralisches Verhalten zu einer öffentlichen Angelegenheit machten. Setzte man die Frauen der Elite, wie im Fall Messalinas geschehen, mit Prostituierten gleich, wurden sie automatisch *feminae improbosae*, was entsprechend den augusteischen Gesetzen zur sozialen Degradierung führt. Auch Iulia wurde implizit der Prostitution beschuldigt. Kein Zweifel, Iulia war eine lebenslustige Frau, sie genoß die Gesellschaft von Literaten ebenso wie jungen Aristokraten und umgab sich mit einem entsprechenden Gefolge.

Im Jahr 2 v. Chr. ließ Augustus gegen die Tochter im Senat einen Brief verlesen, in der er ihr Ehebruch und sexuelle Ausschweifungen vorwarf. [30] Vergeblich verwandte Tiberius sich in Briefen aus dem Exil für die Ehefrau. Warum tat er das, wenn er doch gleich nach seinem eigenen Herrschaftsantritt die Haftbedingungen für Iulia sogar noch verschärfte? Tiberius tat seine Pflicht, kratzte die Reste seiner Ehre zusammen und mußte doch erkennen, daß er nur ein Spielball des Augustus war. Für Augustus hatte die Scheidung zudem den Vorteil, Tiberius als potentiellen Konkurrenten seiner Adoptivsöhne endgültig auszuschalten. [31]

Die offizielle Lesart, »Ehebruch«, wurde – trotz erheblicher Ausschmückungen[32] – schon in der Antike angezweifelt. Nach Plinius d. Ä. war die Ermordung des Augustus geplant gewesen. [33] Auch wenn sich die Hintergründe nicht mehr richtig erhellen lassen, spricht doch einiges dafür, daß die Ehebruchanklage nur ein Vorwand war, und der eigentliche Grund für das Vorgehen des Augustus sich in der Niederwerfung einer Verschwörung verbarg, die sich um Iulia rankte. Es gab wohl nicht einmal einen Prozeß, sondern Augustus zeigte das angeblich skandalöse Verhalten seiner Tochter mit einem Brief vor dem Senat an. [34] Für eine Verschwörung spricht auch die Härte, die er an den Tag legte, sowie der große Kreis der Betroffenen. Von den Freunden der Iulia wurde Iullus Antonius, inzwischen mit Marcella, der Kaisernichte und Exfrau Agrippas, verheiratet, umgebracht. [35] Sempronius Gracchus schickte man zusammen mit seinem noch nicht siebenjährigen Sohn in die Verbannung auf die Insel Cercina. [36] Wenn es sich um ein Ehebruchsdelikt handelte, warum wurde das Kind einbezogen? Auch der jugendliche Sohn des Iullus mußte ins Exil gehen. Unter den übrigen Freunden der Iulia wurden ein Quinctius Crispinus, ein Scipio und ein Appius Claudius, alles Namen der höchsten Aristokratie, genannt. [37] Iullus Antonius, der letzte überlebende Sohn des Marcus Antonius, scheint der Kopf der Verschwörer gewesen zu sein. Möglicherweise hatte sein Prokonsulat in Asia 10 v. Chr. den Ausschlag gegeben, wo er alte Bindungen an seinen Vater wieder fruchtbar machen konnte. Iulias Verstrickung ist schwer zu erklären, zumal ihre Interessen nicht wirklich klar sind, es sei denn, sie wollte selbst an der Seite des Iullus herrschen, denn die Nachfolge ihrer Söhne war zu diesem Zeitpunkt unbestritten. Aber vielleicht konnte und wollte die 38jährige nicht mehr so lange warten.

Iulia mag sich vor allem von Livia an den Rand gedrängt gefühlt haben. Macrobius gibt Hinweise, daß sich die Anhänger der beiden Frauen gegenüberstanden. Jegliche Erziehungsverantwortung für die Söhne war auf den Haushalt des Augustus und seiner Frau übertragen worden. Nach dem Tod des Agrippa und besonders dem Exil des Tiberius war Iulia politisch isoliert, denn als ihre Söhne zur Herrschaft designiert worden waren, waren sie gleichzeitig ihrem Zugriff entzogen worden, so daß sie auf die beiden wenig Einflußmöglichkeiten hatte. Eine persönliche Beziehung bestand aufgrund der frühen räumlichen Trennung kaum. Iulia war außerordentlich beliebt. Wiederholt bat das Volk in den folgenden Jahren um Begnadigung für sie, aber Augustus blieb unerbittlich. Die einzige Erleichterung bestand darin, daß sie fünf Jahre später nach Rhegion (Reggio) an der kalabrischen Küste übersiedeln durfte (vgl. S. 161). Ihre Mutter Scribonia begleitete Iulia ins Exil.[38] Ein seltsames Verhalten gegenüber einer Tochter, die ihr schon am Tag der Geburt weggenommen worden war – vielleicht ein Indiz, daß sie selbst in das Geschehen verstrickt war.

Livia profitierte am meisten vom Sturz Iulias. Sie war jetzt zweifellos die erste Frau des augusteischen Hauses – Octavia tot, Iulia verbannt und keine andere Frau ihr ebenbürtig. Wenig später, 1 v. Chr., heiratete der vorgesehene Nachfolger Caius kurz vor seinem Aufbruch in den Osten Livias Enkeltochter Livilla, die Nichte des Tiberius und Großnichte des Augustus. Für Livia war das vorerst die beste Lösung, um in den dynastischen Plänen des Augustus endlich auch die Rolle ihrer Familie absichern zu können, die durch den Rückzug des Tiberius erheblich gefährdet war. Der Fall der Iulia mag daher die Heiratsallianz nicht unwesentlich befördert haben. Tiberius' Rückzug ins Private war inzwischen zum unfreiwilligen Exil geworden, und Livia hoffte ihn daraus zu befreien.

Von Anfang an hatte Augustus seiner Tochter Iulia die Erziehung ihrer Söhne entzogen und sich persönlich darum gekümmert. Sie sollten Abbilder seiner selbst werden bis in die Handschrift hinein.[39] Er ließ in der Öffentlichkeit ein bestimmtes Bild seiner Adoptivsöhne, seiner eigenen Person und seiner Frau entwerfen. Das offizielle Bildnis von Caius und Lucius wurde bewußt an sein eigenes Porträt angepaßt, also auch im Stil berühmter Bildhauer des 5. Jahrhunderts v. Chr. gearbeitet (Abb. 30). Die Bildnisse der jungen Nachfolger waren dabei so uniform gestaltet, daß nur die verschiedenen Gabeln und Zangen im Stirnhaar es ermöglichten, sie zu unterscheiden. Signifikant ist, daß die Physignomie des letzten Agrippasohns, ihres Bruders Agrippa Postumus, dagegen dem Aussehen seines Vaters angeglichen wurde. Das »klassizistische Gütesiegel« wurde also nur denen aufgedrückt, die als Iulier gelten konnten.[40]

Das augusteische Nachfolgeglück währte dagegen nicht lange. Die Orientmission des Caius Caesar, die ihn durch das *imperium proconsulare* formal zum Nachfolger des Augustus machte, war dazu angelegt, den nötigen militärischen Erfolg des Augustussohns herbeizuführen, der nach wie vor als konstitutiv für die Übernahme von Herrschaftsverantwortung galt. Offizielle Aufgabe des 20jährigen war, Thronstreitigkeiten in Armenien zugunsten Roms zu entscheiden und den Parthern eine Schlappe beibringen. In Caius' Stab waren die besten Orientspezialisten versammelt, alles war sorgfältig vorbereitet. Augustus wünschte seinem Sohn vor der Abreise in programmatischer Weise die Klugheit des Pompeius, die Kühnheit Alexanders und seine eigene Fortuna.[41] Schon begannen die Dichter im Gleichklang mit den griechischen Städten den jungen Mann, der sich erst auf dem Weg in den Krieg befand, als neuen Kriegsgott Ares zu feiern. Das Unternehmen brachte indes nur mäßigen Erfolg. Ein neuer Partherkrieg begann sich abzuzeichnen, so daß Augustus sogar Tiberius zurückberief. Noch im Jahr von dessen Rückkehr (2 n. Chr.) verstarb Lucius Caesar auf der Reise nach Hispanien am 20. August in Massilia (Marseille) an einer Krankheit. 18 Monate später war der ältere Caius ebenfalls tot. Er wurde bei der Belagerung der armenischen Stadt Artagira, die er endlich auch einnehmen konnte, im September 3 n. Chr. verwundet. Obwohl die Wunde zunächst nicht lebensgefährlich zu sein schien, verschlechterte sich sein Zustand so sehr, daß er in eine Depression verfiel, seine amtlichen Befugnisse niederlegte und den Wunsch äußerte, sich gänzlich aus dem politischen Leben zurückzuziehen. Nur mit Mühe konnte Augustus ihn bewegen, nach Italien zurückzukehren. Zur Rückfahrt bestieg er statt eines Kriegsschiffs ein Handelsschiff, was seinen Zustand verdeutlicht. Er kam bis Limyra in Lykien, wo er am 21. oder 22. Februar 4 n. Chr. an den Folgen der Verletzung starb – eine Katastrophe für Augustus. Über ein halbes Jahr lang bis zur Beisetzung wurden alle Rechtsgeschäfte ausgesetzt.

Außergewöhnliche Totenehrungen für die beiden vorgesehenen Nachfolger folgten in Rom und den Munizipien. In Pisa war die Trauerzeit für Lucius, den Patron der Gemeinde, noch nicht zu Ende als die neue Todesnachricht die Stadt am 2. April 4 n. Chr. erreichte. Die Gemeinde überschlug sich, einen ansehnlichen Kenotaph mit goldener Panzerstatue für Caius flankiert von vergoldeten Reiterstatuen zu errichten, um bei Augustus Eindruck zu machen.[42] Andere

Gemeinden haben wohl recht ähnlich reagiert. Zum ersten Mal erlebte das Imperium nun die hysterische Trauer beim Tod eines Erben des Augustus. Für Tiberius wurde die Lage damit nicht leichter. Gerüchte, in die Todesfälle verstrickt gewesen zu sein, müssen in dieser emotional aufgeladenen Atmosphäre guten Nährboden gefunden haben.

Römische Mütter und ihre Kinder

Die Hauptaufgabe römischer Frauen bestand darin, Mutter zu werden und ihren Ehemännern legitime Kinder zu gebären. Jedes weibliche Leben, das diesem Anspruch nicht genügen konnte, galt als verschwendet. Der Tod eines jungen Mädchens am Vorabend seiner Hochzeit war daher besonders bitter, wie Plinius' d. J. Klagen über den Tod der zwölfjährigen, aber bereits verlobten Tochter seines Freundes Fundanus bezeugen.[43] Schon die Bezeichnung *matrona* für die ehrbare Ehefrau enthält den entscheidenden Hinweis auf ihre Bestimmung als Mutter *(mater)*.

Waren die Kinder erst einmal geboren, hatten die Frauen jedoch keine unmittelbaren Rechte. Männer verfügten ausschließlich über sie. Während der Schwangerschaft erhielten sie von ihren auf Reisen befindlichen Gatten unter Umständen wie Alis aus Oxyrhynchos Anweisungen, das Neugeborene auszusetzen.[44] Wehe aber ihnen, wenn sie ohne Wissen oder gegen den Willen des Mannes abtrieben. Dann drohten ihnen drakonische Strafen, weil sie nicht in die Kompetenz des Vaters einzugreifen hatten, dem das werdende Leben gehörte. Er allein entschied über Leben und Tod des Neugeborenen. Noch die Rechte eines toten Vaters, der eine schwangere Frau hinterließ, blieben gewahrt. Normalerweise waren es die Verwandten des Mannes, die sicher gehen wollten, daß ihnen kein Erbe untergeschoben wurde. Sie veranlaßten dann, daß die schwangere Witwe in einem verschlossenen Raum, dessen Eingang man verriegelte und dessen Seitentüren mit Brettern vernagelt waren, niederkam. Die Wache wurde jeweils von drei Frauen und drei Männern, die allesamt Bürgerstatus hatten, übernommen, denen zwei Helfer zur Verfügung standen. Niemand durfte das Zimmer ohne Durchsuchung betreten oder verlassen. Setzten die Wehen ein, wurden zehn freie Römerinnen und sechs Sklavinnen nach einer Leibesvisitation in den verschlossenen Raum geschickt, wo mindestens drei Lampen zu brennen hatten. Einmal geboren, wurde dieses Kind der Mutter entzogen. Bis es zu sprechen begann, durfte sie es in immer länger werdenden Intervallen lediglich besuchen – nach seinem ersten Geburtstag nur noch alle sechs Monate.[45] Da war kein Raum für Emotionalität. Gleichzeitig spricht gerade diese Vorsichtsmaßnahme dafür, daß Mütter und Kinder normalerweise eine enge Beziehung durch den Kontakt der ersten Jahre aufbauten. Augustus hatte diese emotionale Bindung zwischen Iulia und ihren Söhnen bewußt verhindert.

Im Fall einer Scheidung blieben die Kinder beim Vater. Tullia, Ciceros geschiedene Tochter, mußte gar das Haus ihres Exschwiegervaters, des Adoptivvaters ihres geschiedenen Mannes Dolabella, aufsuchen, um dort ihr Kind zur Welt zu bringen. Von dort kehrte sie ohne das Neugeborene in das Haus ihres Vaters zurück.[46] Erst wenn der Vater der Kinder starb, hatte die Mutter eine Chance, selbst die Erziehung ihrer Kinder zu übernehmen. Häufig wurde jedoch zunächst eine weibliche Verwandte des Vaters, seine Mutter oder Schwester, damit beauftragt. Die Kinder gehörten in ihre agnatische Familie. Die Mütter der Männer zogen – wie Caesars Mutter Aurelia – als Witwen öfter ins Haus ihrer Söhne und kümmerten sich dort um die Kinder[47] oder überwachten die Schwiegertöchter und erhoben ihre Stimme im Familienrat. Man kann sich vorstellen, daß die Anwesenheit der Schwiegermutter zu erheblichen Problemen mit den Schwiegertöchtern führte, insbesondere in Erziehungsfragen. Octavian selbst kam erst ins Haus seiner inzwischen wiederverheirateten Mutter, nachdem seine Großmutter väterlicherseits ebenfalls verstorben war.[48] Der spätere Kaiser Nero lebte lange bei der Schwester seines Vaters, Domitia Lepida, bevor es der Mutter Agrippina gelang, ihn zu sich zu holen. In diesen Regelungen lag vermutlich der Grund, warum Antonia nach Drusus' Tod zu Livia zog. Antonia hatte nicht vor, wieder zu heiraten. Sie zog es vor, bei der Schwiegermutter zu bleiben und dafür in der Nähe ihrer Kinder. Möglicherweise half Livia der Entscheidung nach. Antonia hat der claudischen Familie immer die Treue gehalten, sich damit ihrer Schwiegermutter untergeordnet, hat aber unter den Nichten des Augustus ihre Kinder im Nachfolgeranking auch am besten plazieren können. Selbst der Bestattung ihres Sohnes Germanicus blieb sie aus Solidarität zu Schwiegermutter und Schwager fern und stellte sich damit öffentlich gegen die eigene Schwiegertochter.[49]

Verwitwete Mütter oder, anders ausgedrückt, Frauen mit Kindern, deren Vater nicht mehr lebte, gab es in Rom zumindest in der Oberschicht einige, weil die Frauen hier so viel jünger als ihre Ehemänner waren. Ihre Position war insofern außergewöhnlich, als sie die gesamte Verantwortung für die Kindererziehung übernahmen. Tacitus (dial. 28), der auf die Strenge und Ordnung in der Kindererziehung der Vorfahren verweist, nennt als Beispiele für vorbildliche Mütter ausnahmslos Witwen:

So hat Cornelia, die Mutter der Gracchen, so Aurelia, die Mutter Caesars, so Attia, die des Augustus, der Erziehung vorgestanden, wie wir vernehmen, und Kinder aufgezogen, denen höchster Rang zukam. Diese Ordnung und Strenge zielte darauf ab, daß lauter, unberührt und durch keine Verkehrtheit verbogen eines jeden Natur sogleich mit ganzem Herzen die edlen Fertigkeiten an sich risse und, ob sie sich nun zum Kriegswesen oder zur Rechtswissenschaft oder zum Studium der Redekunst neigte, dies allein betrieb, dies vollständig einsog.

Intellektuelle Erziehung ließ die Mutter also ihren Kindern angedeihen. Über Agricolas Mutter, ebenfalls eine Witwe, sagt Tacitus (Agr. 4,4) an anderer Stelle: *Iulia Procilla war seine Mutter, eine Frau von seltener Sittenreinheit* (castitas). *In ihren Armen und Güte erzogen, brachte er Kindheit und Jugend zu mit der Pflege jedweder ehrenhafter Künste.* Livia traf wohl nach dem Tod des Claudius Nero alle Entscheidungen, die ihre Söhne angingen, zunächst allein. Augustus' Befugnis als *pater familias* reichte andererseits weiter als die eines gewöhnlichen Familienoberhaupts. So fungierte er in der kaiserlichen Familie selbst für die Teile seiner iulischen Familie als *pater familias*, über die er formal gar keine Gewalt als Hausvater ausübte: er schied im Namen des Schwiegersohns die Ehe seiner Tochter oder ordnete die Aussetzung seines Urenkels, eines Kindes der Iulia minor, an. Möglicherweise mischte er sich auch in die Erziehung des Tiberius und des Drusus ein.

Von den antiken Autoren wurde die Mutterrolle stets mit reichem Gefühl und vor allem Güte *(indulgentia)* in Verbindung gebracht.[50] Liebe und der Verweis auf *indulgentia* haben zusammen mit anderen Äußerungen dazu geführt, in Müttern den nachsichtigen Elternteil zu sehen, der die Kinder verwöhnt – gleichsam das Korrektiv zu väterlicher Strenge. Bei Seneca (de provid. 2,5) heißt es: *Siehst Du nicht wie verschieden Väter, verschieden Mütter Nachsicht üben. Jene wollen ihre Kinder zu ernster Arbeit frühzeitig angehalten sehen, dulden sie auch an Feiertagen nicht müßig, bringen sie in Schweiß und bisweilen zum Weinen. Dagegen die Mütter wollen sie in ihren Armen hegen, im Schatten halten, sie niemals betrüben, weinen, arbeiten lassen.*

Aber das uns so vertraut scheinende Bild führt in die Irre. *Indulgentia* kann aus Gnade oder Schwäche erfolgen, es ist die Folie weiblicher Schwäche, vor der Seneca seine Szene entwirft. Dem Ideal mütterlichen Verhaltens entspricht es dagegen nicht.[51] Die tugendhafte Mutter ist eine *severa mater*, eine strenge Mutter.[52] Agricolas Mutter beendete die philosophischen Studien ihres Sohns mit unerbittlicher Strenge, als er in Schwärmerei zu geraten schien.[53] Neros Mutter Agrippina griff ebenfalls durch, als ihr Sohn sich zu sehr der Philosophie verschrieb.[54] Bei Seneca verlangt die richtige *indulgentia* dem Kind gerade etwas ab – zu seinem Besten enthält sie auch Härte.

Die Stellung der Mutter war ambivalent. Sie war deutlich in der Verantwortung für das Kind nachgeordnet. Als Vorbild wird sie häufig erst an dritter Stelle nach Vätern und *paedagogi,* jenen zumeist unfreien Erziehern, genannt.[55] Aber sie war insofern eine Schnittstelle bei der Entwicklung des Kindes, als die kleinen Kinder bis zum Alter von etwa 6 oder 7 Jahren vor allem in der Frauenwelt lebten. Dennoch hegten nicht nur Witwen Ambitionen für ihre Söhne, auch Ehepaare legten offenbar beträchtlichen Ehrgeiz an den Tag, ihre Kinder voranzubringen.

Von der Mutter wurde wie von der Ehefrau erwartet, daß sie den Interessen der Kinder diente. Dazu gehörte neben einer angemessenen frühen Erziehung und Vermittlung von Sprachfertigkeiten (vgl. S. 17) die spätere Sorge um einen akzeptablen Ehepartner, das Arrangieren von Ehen sowie der Anspruch, daß sie mit ihrem Vermögen für die Kinder eintrat, also für eine Mitgift der Töchter sorgte und den Söhnen ermöglichte, eine Karriere zu verfolgen. Eigenes Vermögen und häufig nach dem Tod des Mannes eine Art Vorerbschaft an seinem Vermögen sorgten schließlich auch dafür, daß Mütter nachhaltigen Einfluß auf ihre Söhne ausüben konnten. Sie konnten Respekt von ihren Söhnen erwarten und daß man ihren Rat anhörte.[56] Von Servilia, der Geliebten Caesars und Halbschwester des jüngeren Cato, heißt es, sie habe einst bei ihrem Bruder Cato *materna auctoritas* (mütterliche Autorität) ausgeübt.[57] Ihren Sohn Brutus beriet sie nach dem Mord an Caesar. Cicero behauptete gar, Brutus lasse sich von seiner Mutter *durch ihre Bitten bestimmen.*[58] Von Cornelias fordernder Haltung gegenüber ihrem Sohn Caius Gracchus war schon die Rede (vgl. S. 62 f.), auch wenn es sich formal ebenfalls um Bitten handelte, mit denen sie ihn bestürmte. Mütter blieben mitunter auch in der Nähe ihrer erwachsenen Söhne. So begleitete Iulia, die Mutter des Antonius, ihren Sohn in seinem Amt als Tribun auf Reisen.[59] Auch Antonia minor scheint ihrem Sohn Germanicus zeitweise in den Orient gefolgt zu sein.[60]

Livia, leibliche Mutter des Tiberius und des Drusus

Livia hatte zunächst in der Ehe mit Claudius Nero ihre familiäre Pflicht erfüllt. Zwei Söhne waren ein idealer Vorteil. Einer von ihnen hätte sogar noch Livias Vater, der keine Söhne hatte, als Adoptivsohn dienen können. Livias Bindung an ihren ältesten Sohn Tiberius war zeitlebens intensiv. Als er zwei Jahre alt war, hatte sie ihn auf die abenteuerliche Flucht seines Vaters mitgenommen und sich zusammen mit einer Kinderfrau um ihn gekümmert. Sicherer wäre es vermutlich gewesen, sich mit oder ohne Kind irgendwohin zurückzuziehen und abzuwarten. Nach der Hochzeit seiner Mutter mit Octavian blieb der knapp Dreijährige im Haus seines Vaters. Ihm folgte drei Monate später sein Bruder Drusus, der schon im Haus des Stiefvaters zur Welt kam. Daß Claudius Nero dies nicht verhindern konnte, ist ein Spiegel der Machtposition Octavians. Dieser schickte das Neugeborene jedoch umgehend zu seinem Vater: *In der Folgezeit, als Livia schon bei Caesar lebte, gebar sie den Claudius Drusus Nero. Caesar erkannte ihn an und sandte ihn seinem wirklichen Vater zu, wobei er eben diesen Eintrag in seine Denkwürdigkeiten machte:* »*Caesar gab das von seiner Gemahlin Livia geborene Kind seinem Vater Nero zurück.*«[61] Octavian war sogar so dreist, Drusus anzuerkennen, er vollzog also die dem *pater familias* zukommenden Riten und verhinderte auf diese Weise, daß Claudius Nero dieses Kind töten ließ, eine nicht unübliche Praxis, wenn die Legitimität des Kindes in Frage stand. Kann das ein Indiz dafür sein, daß Augustus doch Drusus' Vater war? Er zog Drusus stets dem Tiberius vor und betrachtete ihn nach dem Tod des Agrippa als dessen Nachfolger in der Position des Mitherrschers. Neben den chronologischen Argumenten (vgl. S. 336) spricht gegen die Vermutung der Vaterschaft vor allem, daß Augustus Drusus nicht adoptierte, als er keine Kinder von Livia bekam, sondern sich auf das gefährliche Risiko einließ, Kleinkinder zu adoptieren.

Ob es zu Lebzeiten des Claudius Nero Kontakt zwischen Livia und ihren Söhnen gab, wissen wir nicht. Erst als Claudius Nero sechs Jahre später (33 v. Chr.) starb und Augustus zum Vormund seiner Söhne bestimmte, kehrten die beiden Jungen in den Haushalt ihrer Mutter zurück.[62] Der neunjährige Tiberius hielt dem Vater die Leichenrede.[63] Leichenspiele wurden veranstaltet. Die Umstände der Hochzeit und seine frühe Erziehung im Haus des Vaters dürften verhindert haben, daß Tiberius seiner Mutter gegenüber eine besonders positive Haltung einnahm. Hinzu kam, daß sie ihn zeit ihres Lebens zum Spielball ihrer persönlichen Interessen machte. Andererseits profitierte er natürlich davon, daß seine Mutter mit dem mächtigsten Mann Roms verheiratet war. Je älter er wurde, betrachtete er wohl jede öffentliche Anerkennung eher als sein persönliches Verdienst.

Vermutlich hat sich Livia schon früh Hoffnungen auf eine Verbindung zwischen einem ihrer Söhne und der Tochter des Augustus gemacht. Dennoch dürfte die Verlobung des zehnjährigen Tiberius mit der einjährigen Tochter des Agrippa 32 v. Chr., als die Krise im Zusammenhang mit Antonius eskalierte, auf Livias Betreiben vonstatten gegangen sein. Gesellschaftlich war Vipsania keine herausragende Wahl. Aber man verpflichtete sich Agrippa, der sich als überragender Feldherr in Gallien und gegen Sextus Pompeius für Augustus als unentbehrlich erwiesen hatte. Livia sicherte zudem für ihren Sohn ein gewaltiges Erbe, denn Vipsania war das einzige Enkelkind von Ciceros Freund Pomponius Atticus, einem der reichsten Männer Roms. Wäre die Initiative von Augustus ausgegangen, hätte er mit Marcellus einen weit geeigneteren Kandidaten aus der eigenen Familie präsentieren können als seinen Stiefsohn. Einige Hinweise in der Überlieferung lassen erkennen, daß Agrippa der Livia diese Initiative verdankte. Denn als ihm das von der Herrschaft des Antonius befreite römische Korinth in die Hände fiel und als er an die Neuordnung der städtischen Strukturen ging, benannte er eine der Verwaltungseinheiten der Stadt nach ihr.[64]

Die Hochzeit folgte allerdings erst im Jahr 16 v. Chr., als Tiberius sich seine ersten militärischen Lorbeeren verdient hatte, das Amt eines Prätors bekleidete und Vipsania schon 17 Jahre alt war. Iulia war in diesem Alter bereits zum zweiten Mal verheiratet. Es gab vermutlich eine Doppelhochzeit. Denn etwa gleichzeitig heiratete Livias Sohn Drusus eine Nichte des Augustus, Antonia minor, die jüngste Tochter der Octavia von Antonius. Diesmal war es also gelungen, eine Braut aus der Familie des Augustus für einen von Livias Söhnen zu sichern, auch wenn diese gerade 11 Jahre alt war. Es war sicher kein Zufall, daß beide Eheschließungen im Jahr nach der Adoption der Enkel durch den Princeps erfolgte, die für die Nachfolge eine entscheidende Weiche stellte. Beide Söhne der Livia gingen anschließend als Feldherren des Augustus in den Alpenraum.

Beide Ehen erwiesen sich als fruchtbar und von Zuneigung geprägt. Vipsania gebar Tiberius den jüngeren Drusus und war zum zweiten Mal schwanger, als er sich im Jahr 12 v. Chr. auf Verlangen des Princeps von ihr scheiden lassen mußte.

Die Trennung war für Tiberius ein schwerer Schlag, weil er in Agrippas Tochter eine Partnerin gefunden zu haben meinte, der er vertraute. Als sie ihm nach der Scheidung bei einem öffentlichen Opfer begegnete, traten ihm die Tränen in die Augen. Daraufhin wurde dafür gesorgt, daß er sie nie wieder zu Gesicht bekam.[65] Die Eifersucht auf ihren späteren Ehemann Caius Asinius Gallus reichte so weit, daß er ihn umgehend nach Vipsanias Tod vernichtete (vgl. S. 237). Vipsania war sehr jung bei ihrer Heirat gewesen, also formbar und anpassungswillig. Iulia dagegen war im gleichen Alter wie Tiberius und hatte ihren eigenen Kopf. Es ist gut möglich, daß Tiberius die Ehe mit seiner ersten Frau erst verklärte, nachdem es zum Konflikt mit Iulia gekommen war.

Aus Drusus' Ehe mit Antonia gingen sogar drei Kinder hervor, und es wurde behauptet, daß Drusus – unüblich für einen Aristokraten seiner Zeit – nur mit seiner Frau sexuellen Kontakt pflegte.[66]

Für Livia kam es einer Zurücksetzung gleich, daß Tiberius nicht als erster Ehemann für Iulia in Frage kam. Stärker wird sie dies noch nach dem Tod des Marcellus empfunden haben, denn der 21jährige Tiberius hatte sich bereits im Krieg gegen die Kantabrer im Nordwesten der iberischen Halbinsel bewährt, mehr, als Marcellus je zustande gebracht hatte. Als Tiberius schließlich als dritter Ehemann für Iulia ausgesucht wurde, war Livia wohl die treibende Kraft. Möglicherweise hatte sie sich vor der Ehe mit Vipsania vergeblich um eine Nichte des Augustus bemüht, weshalb die Verlobungszeit für Vipsania und Tiberius deutlich über die sonst übliche Zeit andauerte. Augustus hatte zu Tiberius im Gegensatz zu Drusus nie ein besonders herzliches Verhältnis; vielleicht lehnte er deshalb eine solche Verbindung ab.

Livia zeigte sich – wie von ihr erwartet – großzügig bei der Karriereförderung ihres Sohnes Tiberius. Sie trug verschiedentlich zur Ausrichtung seiner Spiele *cuncta magnifice* (mit großer Pracht) bei.[67] Zunächst sind hier die Leichenspiele des Jahres 33 v. Chr. zu nennen, die der neunjährige Tiberus in Gedenken an seinen Vater auf dem Forum abhielt. Dieser Akt der Kindesliebe brachte den Jungen ins öffentliche Bewußtsein, aber er diente auch den Interessen Octavians, der sich als Geldgeber in Szene setzte. Im Jahr 29 v. Chr wurde dem Stiefsohn erlaubt, die älteren Jungen beim *Lusus Troiae*, dem Troiaspiel, anzuführen, und im gleichen Jahr durfte er auf dem Pferd links neben Octavian anläßlich des großen Triumphes reiten;[68] Marcellus nahm den rechten Ehrenplatz ein (vgl. S. 96). Irgendwann nach 29 v. Chr. hat Tiberius – möglicherweise zusammen mit Drusus – Leichenspiele für seinen Großvater Drusus im von Statilius Taurus errichteten Amphitheater auf dem Marsfeld veranstaltet.[69] Ein mögliches Datum ist seine Prätur im Jahr 16 v. Chr.

Als Tiberius die *toga virilis* am 24. April 27 v. Chr., also kurz nach der Errichtung des Principats, verliehen wurde, hatte ihn selbstverständlich sein Stiefvater Augustus auf das Forum begleitet. Die Tatsache, daß beide Knaben im Haushalt des Augustus aufwuchsen, brachte sie also frühzeitig in eine öffentliche Position. Sie wurden dabei ebenso instrumentalisiert, wie diese Auftritte für sie nützlich waren. Obwohl sie stets in der zweiten Reihe hinter den Angehörigen der Familie zurückstanden, waren sie für Außenstehende Mitglieder und Repräsentanten des augusteischen Hauses. Die erfolgreiche Übernahme militärischer Führungsfunktionen ab 16 v. Chr. bot beiden schließlich den entscheidenden Rahmen einer möglichst gefahrlosen Integration ins politische System des Principats. Sie erwiesen sich beide als sehr tüchtig, und da sie Verwandte des Imperators waren, erschien die über die Münzprägung konsequent im ganzen Reich propagierte Vorstellung, daß sie ihre Siege an Stelle des Augustus und für ihn errangen, glaubhaft (Abb. 27). Zuerst wurde diese Übertragung militärischer Erfolge auf den Princeps für die Kriege herausgestellt, die Livias Söhne gegen die Alpenstämme im Jahr 15 v. Chr. führten.

Vermutlich auf Veranlassung des Augustus hat Horaz die Taten der claudischen Brüder in zwei Oden besungen. Erneut wird deutlich zwischen Drusus und Tiberius unterschieden. Während in der Ode an Drusus,[70] inzwischen Gemahl einer Nichte des Princeps, vor allem der Ruhm der Claudier und ihre Zähigkeit, sich aus Not selbst zu befreien, hervorgehoben werden, steht in der Tiberius-Ode Augustus selbst im Mittelpunkt – der größte aller Herrscher, soweit die Strahlen der Sonne reichen.[71] Man kann sich vorstellen, wie dies an dem ehrgeizigen Aristokraten Tiberius nagte.

Der Senat ließ im Jahr 7/6 v. Chr. bei La Turbie oberhalb von Monaco das große *Tropaeum Alpinum*, ein Siegesdenkmal, nicht etwa für die beiden erfolgreichen claudischen Generäle, sondern für den obersten Feldherrn Augustus errichten, *weil unter seinem Oberbefehl und seinen Auspizien alle Alpenvölker unter die römische Herrschaft gebracht wurden.*[72] Paul Zanker hat darauf hingewiesen, wie sehr sich die Bildnisse von Augustus' Söhnen von denen der Stiefsöhne unterscheiden. »Während die principes iuventutis in der Rolle der Nachfolger schon als Knaben überall mit Ehren überhäuft werden und in Bild und Wirklichkeit neben dem Augustus stehen, wird bei den tatsächlich verdienstvollen Feldherren Drusus und Tiberius in geradezu penetranter Weise auf die Unterordnung unter den Oberbefehlshaber verwiesen.«[73]

Livias Engagement für ihre Söhne stand in der Tradition republikanischer Karrierefinanzierung. Noch unter dem Principat war Patronage seitens der Frauen meist auf ihre männlichen Angehörigen bezogen, die daraus politischen Vorteil ziehen konnten, der Frauen verwehrt war.[74] Immer wieder hat Livia es verstanden, ihren eigenen Wohlstand so zu verwenden, daß ihre Söhne und insbesondere Tiberius ins Bild gesetzt wurden. Anläßlich seines Triumphes über Germanien weihte sie am 7. Januar 7 v. Chr. zusammen mit dem Sohn die von ihr gestiftete *porticus Liviae* (vgl. S. 162 ff.). Tiberius gelobte im gleichen Jahr die Restaurierung des Concordiatempels am Forum, gleichsam als Erinnerungsmal für seinen inzwischen verstorbenen Bruder.[75] Das Heiligtum lag dem

Tempel der Dioskuren gegenüber, die traditionell als Schlachtenlenker geehrt wurden und durch die topographische Annäherung jetzt ihr zeitgenössisches Pendant in Tiberius und Drusus finden sollten. Dieser wurde bereits 6 n. Chr. von Tiberius eingeweiht. Erst lange nach der Adoption des Tiberius kam es 10 n. Chr. tatsächlich zur Wiedereinweihung des Concordiatempels.[76] Beide Tempel wurden im Namen der claudischen Brüder errichtet.[77] Livia trug mit ihrem Vermögen erneut einen Teil der Ausgaben.

Offene Konflikte brachen nach dem Tod des (noch nicht 30jährigen) Drusus aus, dessen Witwe Antonia dem Schwager allerdings lebenslang die Treue hielt. Tiberius hatte seinen Donaufeldzug abgeschlossen und befand sich mit einem Spezialauftrag in Gallien, als ihn die Nachricht erreichte, Drusus sei auf seinem letzten Feldzug, auf dem er bis an die Elbe gelangt war, am 14. Sept. 9 v. Chr. durch einen Sturz vom Pferd irgendwo zwischen Saale und Rhein schwer verunglückt. Tiberius eilte darauf in Rekordzeit ans Sterbebett. In drei Tages- und Nachtritten legte er etwa 900 km zurück, zuletzt nur von einem Germanen begleitet.[78] Er fand seinen Bruder zwar noch lebend vor, aber ohne Hoffnung auf Genesung. Zu Fuß begleitete er dann den Leichnam des Drusus von Germanien nach Oberitalien. Dieser außergewöhnliche Liebesdienst war keine Demonstration, denn gerade Tiberius hat sich zeitlebens wenig um die öffentliche Meinung gekümmert, sondern ein Zeichen großer Zuneigung und tiefer Verzweiflung. In Ticinum (Pavia) nahm Livia zusammen mit Augustus die Leiche des Sohnes in Empfang und geleitete sie nach Rom, wo Drusus als dritter nach Marcellus und Agrippa im Mausoleum des Augustus beigesetzt wurde. Deutlicher als mit einer gemeinsamen Grablege konnte man den Anspruch der Dynastie nicht formulieren. Die Claudier waren spätestens jetzt Teil des Herrscherhauses geworden. Wie bei Marcellus wurden zahlreiche postume Ehrungen verliehen: Unter anderem erhielt Drusus den Namen Germanicus (Germanenbezwinger), der fortan in seiner Familie erblich sein sollte. Tiberius mußte die germanische Front als Oberbefehlshaber übernehmen und erhielt erstmals ein *imperium proconsulare*.

Der Tod des Drusus, des »prince charming« des augusteischen Hauses, war ein herber Schlag für Livia wie für ihren Sohn. Drusus war ausgesprochen populär. Dennoch spricht einiges dafür, daß erst nach seinem Tod jene Legende entstand, er habe die republikanische Freiheit wiederherstellen wollen. Bleiben wir kurz bei Livia, bevor wir uns Tiberius zuwenden. Livia trauerte sehr um den Sohn. Sie trug so schwer an dem Verlust, daß sie Hilfe in Anspruch nahm und sich an den Stoiker Areus wandte (vgl. S. 115 f.). Livias Trauerbewältigung galt in der Antike als vorbildlich, was als Hinweis auf ihren Charakter interpretiert wurde. Vergleiche wurden zur Haltung der Gracchenmutter Cornelia gezogen. Anders als Octavia, die sich in der Trauer um ihren einzigen Sohn verzehrte, bemühte Livia sich auf Anraten des Areus um eine positive Haltung. Octavia hatte sich nach dem Tod des Marcellus weitgehend zurückgezogen. Sie weigerte sich, sich trösten zu lassen, lehnte es ab, ein Bild von ihm zu sehen, und ertrug es nicht, wenn in ihrer Gegenwart von ihm gesprochen wurde. Seneca deutet an, daß sie gegen andere Mütter äußerst mißgünstig eingestellt war und insbesondere Livia die zwei Söhne neidete. An offiziellen Feierlichkeiten nahm sie nicht mehr teil, sondern war in ihrem Trauerkleid die personifizierte Anklage, so daß ihre eigenen Töchter sich auf Dauer schlecht behandelt vorkamen und sich ihr entfremdeten. Allein die Stiftungen für Marcellus verschafften Octavia Erleichterung.[79]

Livia ging offensiver mit dem Tod des Sohns um *und nicht trauerte sie mehr, als es der Anstand erforderte.*[80] Zwar erfüllte sie die sittliche Norm, die von der Mutter exzessives Trauern im Rahmen der Bestattung erwartete, aber nachdem der Leichnam beigesetzt war, veränderte sich ihr Verhalten. Sie sprach gern über ihren Sohn sowohl privat als auch in der Öffentlichkeit und erleichterte damit der Umgebung erheblich den Umgang mit ihr. Wie sehr Livia tatsächlich um den Sohn trauerte, wissen wir nicht. Nach dem Tod des Drusus präsentierte sich jedenfalls eine andere Livia der Öffentlichkeit, eine menschlichere, die durch den Verlust ihres Kindes nahbarer geworden war (vgl. S. 153). Neben Senecas Ausführungen war es vor allem die *consolatio ad Liviam,* eine Trostschrift, deren Datierung heftig umstritten ist – wahrscheinlich entstand sie in claudischer Zeit –, die ein menschliches Liviabild zeichnet, in dem tiefe Trauer vorherrscht. Demnach wollte Livia sich aus Schmerz zu Tode hungern, eine übliche Art für Frauen, auf dramatische Weise zu sterben.

Trauer um Kinder war ein gravierendes Problem der römischen Gesellschaft, und diese sinnvoll zu integrieren und kanalisieren blieb stets ein wichtiges Anliegen. Im Diskurs über Trauer wurde immer wieder nach Geschlechtern geschieden. Wohlerzogene Männer trauerten angeblich maßvoll, Frauen und verweichlichte Männer dagegen maßlos. Tatsächlich kann man kaum Unterschiede zwischen den Geschlechtern wahrnehmen, wenn es um Trauerbewältigung ging. Cicero trauerte heftig und exzessiv um seine erwachsene Tochter und versuchte die Erinnerung an sie unsterblich zu machen. Paula, eine der Frauen aus dem Kreis des Hieronymus, brach bei der Beerdigung ihrer 20jährigen Tochter Blaesilla ohnmächtig zusammen.[81] Allerdings wurde Trauerarbeit in der öffentlichen Wahrnehmung den Frauen zugeschrieben.[82]

Nach Drusus' Tod (9 v. Chr.) lebte Livia zusammen mit Antonia und deren drei Kindern: Germanicus (6 Jahre), Livilla (etwa 5 Jahre) und Claudius (ein Jahr). Livillas Erzieher Prytanis war einer von Livias ehemaligen Sklaven.[83] Die Kaiserin nahm die traditionelle Rolle der Großmutter väterlicherseits als Erziehungskorrektiv offenbar sehr ernst.[84]

In die Erziehung ihres körperlich auffälligen Enkels Claudius mischte sie sich direkt ein und versuchte, ihn mit Härte zu lenken.[85] Sein Hauslehrer blieb ihm bis ins Mannesalter erhalten, und Claudius beschwerte sich mehrfach über die Wahl.[86] Weder Antonia noch Livia konnten es ertragen, Mutter beziehungsweise Großmutter eines körperlich nicht den Normen entsprechenden Kindes zu sein. Im persönlichen Kontakt zeigte Livia sich Claudius gegenüber nach außen hart und unerbittlich. Sueton (Claud. 3,2) beschreibt das Verhältnis als wenig herzlich: *Seine Großmutter Augusta zeigt ihm [Claudius] ständig ihre grenzenlose Verachtung, sprach ihn nur sehr selten an, ermahnte ihn immer nur in scharfen und knappen schriftlichen Mitteilungen oder mündlich durch Beauftragte.*

Claudius litt an einer Lähmung, möglicherweise Folge eines Geburtstraumas, hinzu kam ein hohes Maß an Unkontrolliertheit der Bewegungen sowie auffälliges Stottern.[87] Gerade seine Sprachschwierigkeiten und die Unfähigkeit, in der üblichen Weise als Redner zu brillieren, obwohl er im Sitzen eine recht gute Rede abliefern konnte, werden für die Distanz der Damen verantwortlich gewesen sein, war doch die Redefähigkeit die antike Schlüsselqualifikation überhaupt. Dennoch bemühte sich Livia, für Claudius eine Position innerhalb der kaiserlichen Familie zu finden. Wiederholt schrieb Augustus ihr in dieser Angelegenheit. Er beriet sich auf ihre Bitte hin mit ihrem Sohn Tiberius, dem Onkel des Claudius, über eine Vorgehensweise in dieser Frage.[88] In einem Schreiben des Augustus wird deutlich, daß Livia zwar die Initiative ergreifen konnte, die Entscheidung aber keineswegs von ihr getroffen wurde: *Ich habe, so wie Du es mir aufgetragen hast, liebe Livia, mit Tiberius besprochen, was Dein Enkel Tiberius [Claudius] bei den Spielen zu Ehren des Mars tun soll. Wir haben uns darauf geeinigt, daß wir ein für allemal festlegen müssen, welche Absichten wir mit ihm verfolgen.*

Als Tiberius 6 v. Chr. ins Exil ging, kam als weiterer Enkel der jüngere Drusus hinzu, der in der Zeit der achtjährigen Abwesenheit seines Vaters bei Livia gelebt haben muß, denn er kann allenfalls zwischen 9 und 6 Jahren alt gewesen sein, als Tiberius Rom verließ. Es ist ausgeschlossen, daß Tiberius ihn im Haus der Iulia ließ oder gar Vipsania überantwortete. Die späteren Eheleute Livilla und der jüngere Drusus wurden also für eine beträchtliche Zeit gemeinsam erzogen.

Noch vor dem Tod seines Vaters Germanicus lebte Livias Urenkel Caligula (und vielleicht auch andere Kinder des Germanicus) zumindest zeitweise ebenfalls im Haushalt der Livia. Aus dem Frühjahr 14 n. Chr. ist ein Brief des Augustus an seine Enkelin und »Adoptivschwiegertochter« Agrippina die Ältere, Caligulas Mutter, erhalten, in dem er den Jungen zu ihr schickt, um sie zu Germanicus in Gallien zu begleiten: *Gestern habe ich mit Talarius und Asillius vereinbart, daß sie, wenn die Götter wollen, den Knaben Caius* [Caligula] *am 18. Mai geleiten. Außerdem sende ich zusammen mit ihm einen Arzt von meinen Sklaven, den Germanicus, wie ich ihm schrieb, behalten kann, wenn er will. Lebe wohl, meine Agrippina, und gib Dir Mühe, daß Du gesund zu Deinem Germanicus kommst.*[89] Nach Germanicus' Tod 19 n. Chr. lebte Caligula – inzwischen sieben Jahre alt – zunächst mit Agrippina zusammen, nach deren Hausarrest (vgl. S. 236) kam er erneut zu Livia.[90] Als sie 29 n. Chr. starb, gelangte er noch bis zu seinem 19. Lebensjahr (31 n. Chr.) in die Obhut seiner Großmutter Antonia, die nun Livias Haushalt übernahm. Was mit seinen Brüdern und Schwestern geschah, ist nicht ganz klar. Allein für Drusilla ist eindeutig belegt, daß sie ebenfalls bei Antonia lebte, also vermutlich auch mit zu Livia kam.[91] Doch schon zu Lebzeiten des Germanicus scheint Livia sich für die Urenkel engagiert zu haben. Hymnus, der Pädagoge der Töchter des Germanicus, war wahrscheinlich Livias Sklave;[92] ebenso wie die Amme einer Germanicustochter.[93]

Unklar ist auch, welche Rolle Livia bei jenen Kindern einnahm, die zwar im Haus des Augustus lebten, aber nicht direkt zu ihrem Haushalt gehörten. Agrippa beispielsweise zog schon 25 v. Chr. mit seiner damaligen Frau Marcella in das augusteische Haus.[94] Die beiden ältesten Söhne wie auch die Töchter von Iulia der Älteren wurden unter Livias Aufsicht erzogen. Das entsprach – was die Adoptivkinder angeht – zwar der Tradition, würde aber auch die starken Spannungen zwischen der Augustustochter und Livia erklären.

Für die Ehen der nächsten Generation ist Livias Einfluß nicht direkt faßbar, aber zumindest die Wahl der Verlobten ihres Enkels Claudius weist auf ihre direkten Interessen. Nachdem die erste Verlobung mit Aemilia Lepida, einer Urenkelin des Augustus von der jüngeren Iulia, unmittelbar nach den Adoptionen 4 n. Chr. geschlossen wurde[95] und wohl durch die Verstrickung ihrer Eltern in die Verschwörung 8 n. Chr. (vgl. S. 178) hinfällig wurde,[96] fiel die zweite Wahl auf Livia Medullina, eine Enkelin von Livias eigenem Adoptivbruder und Tochter des Konsuls Marcus Furrius Camillus (8 n. Chr.). Als diese an ihrem Hochzeitstag starb, heiratete Claudius Plautia Urgulanilla, eine Enkeltochter von Livias Busenfreundin Urgulania. Auf der claudischen Seite ist anzunehmen, daß Livia über die angebahnten Eheverbindungen ohne Mitsprache der Betroffenen – allenfalls mit Augustus – entschied. Tiberius' ungewollte Ehe mit Iulia ist ein klares Indiz hierfür. Sie versuchte darüber hinaus mit einigem Erfolg, auch Einfluß auf andere Angehörige des augusteischen Hauses zu erlangen.

Die Ehrungen im Jahr 9 v. Chr. Die neue Livia

Livias eigene Rolle nahm nach dem Tod Octavias allmählich eine neue öffentliche Qualität an (vgl. S. 162), die natürlich durch die gleichzeitige Eheschließung ihres Sohnes mit Iulia, der Tochter des Augustus und leiblichen Mutter der Erben, noch eine eigene Legitimation erhielt. Bis zu einem gewissen Grad verdrängte Livia ihre Schwiegertochter Iulia sogar aus der Mutterrolle gegenüber Caius und Lucius (vgl. S. 130 f.).

Eine langsame Veränderung für Livias Position aus der Rolle der Ehefrau hin zur Familienmutter ergab sich aus der wachsenden Bedeutung ihrer Söhne sowie der Entscheidung in der Nachfolgefrage. Nach dem Tod des Marcellus waren die beiden Claudier noch weiter ins Rampenlicht gerückt. Sowohl Tiberius (24 v. Chr.) als auch Drusus (19 v. Chr.) hatten das Privileg erhalten, Ämter vor der üblichen Zeit bekleiden zu dürfen. Im Jahr 19 v. Chr. war es Tiberius, der als Angehöriger des augusteischen Hauses die in der Schlacht bei Carrhae verlorenen römischen Feldzeichen von den Parthern im Namen des Princeps entgegennehmen konnte, was ihm in Rom die Ehrenzeichen eines Prätors einbrachte. Er veranstaltete viel beachtete Gladiatorenspiele in Rom – einmal zum Gedenken an seinen Vater Claudius Nero, ein anderes mal an seinen Großvater Drusus –, sowie große Spiele, zu denen Livia, aber auch Augustus finanziell beitrugen.[97] Bei aller Popularität, die ihm das einbringen mochte, lag in der Veranstaltung doch ein Ausgrenzungsmechanismus. Tiberius war kein Iulier. Die beiden Enkel des Kaisers waren jedoch Iulier, die jener im Jahr zuvor als Söhne adoptiert hatte. Dennoch waren die zwei Claudier wichtige Stützen der augusteischen Herrschaft und Livia ihre Mutter. Mit der Geburt des Germanicus am 24. Mai 15 v. Chr. gab es erstmals gemeinsame Nachkommen von Livia und Augustus. Die vereinte *domus* der Iulier und Claudier begann sich zu formieren. Ab 15 v. Chr. traten Livias Söhne dann als erfolgreiche Feldherren im Alpenraum in Erscheinung. Militärischer Erfolg war noch immer der Grundstein einer politischen Karriere, und Augustus brauchte loyale Generäle.

Als Tiberius die Tochter des Augustus heiraten mußte, wurde Livias Rolle als *mater familias* gestärkt. Eigene Kinder von ihr und Augustus waren – wie gesagt – nicht mehr zu erwarten. Die Enkel des Augustus sollten die Nachfolge antreten und Tiberius als ihr Stiefvater sie auf diesem Weg begleiten und gegebenenfalls vorübergehend herrschen. Livias Position an der Seite des Augustus wurde neu abgesteckt. Sie war faktisch die Mutter und Großmutter des augusteischen Hauses. Spätestens mit dem Tod ihrer Schwägerin Octavia im Jahr der Eheschließung zwischen Iulia und Tiberius war Livia die mächtigste Frau im Haus des Augustus, was zu erheblichen Konflikten mit ihrer Schwiegertochter Iulia führte, der Mutter der künftigen Nachfolger.

Während Tacitus' (vgl. S. 246 f.) eine öffentlichere Rolle Livias beschreibt, die sie ab der zweiten Hälfte der augusteischen Herrschaft einnahm, lassen sich bei Seneca zumindest noch Splitter der Überlieferung einer älteren Rolle zusammentragen. Er nennt sie: *eine Frau, die sorgfältigste Wächterin ihres Rufes* (femina opinionis suae custos diligentissima).[98] Das entsprach dem Frauenideal der Republik, nämlich möglichst kein Gerede von sich zu machen. Es war aber insofern ein modernes Frauenbild, als der Frau hier Eigenverantwortung (für ihren Ruf) zuerkannt wurde, während die ältere Auffassung an einer äußeren Bewachung der Mädchen und Frauen festhielt. Die republikanisch orientierte Livia war jedoch bis zur Unnahbarkeit selbst auf ihre Reputation bedacht.

Die Zeit zwischen 15 und 9 v. Chr. markiert nun offenbar einen deutlichen Wandel im Erscheinungsbild Livias. Der bereits erwähnte Philosoph Areus, der zum engeren Kreis des Augustus gehörte, wurde nach dem Tod des Drusus im Jahr 9 v. Chr. herangezogen, Livia in ihrer Trauer um den Sohn beizustehen. Dieser soll ihr nun geraten haben, die strenge Haltung um ihres Seelenfriedens willen aufzugeben. Da ihre Trauerhaltung als vorbildlich galt, wurde offenbar der – mit Billigung des Augustus – erteilte Rat eines Philosophen als ursächlich für die Schaffung einer neuen Rolle Livias angesehen. Die Ratschläge des Areus wurden vermutlich bewußt in der Öffentlichkeit lanciert: *Bis zu diesem Tage ... hast Du Dir Mühe gegeben, daß es nichts gebe, was an Dir jemand kritisiere; und nicht hast Du das bei Wichtigerem nur beachtet, sondern auch bei den Kleinigkeiten: nichts zu tun, dem die öffentliche Meinung, freimütigster Richter der Herrscher, nach Deinem Wunsche verzeihen müßte ... Nun bitte und beschwöre ich Dich, Dich nicht unzugänglich Deinen Freunden und abweisend zu zeigen.*[99] Livia wurde wohl auf größere Leutseligkeit festgelegt. Ihre Rolle im Fall Cinna (vgl. S. 118) wurde möglicherweise ebenfalls bewußt kolportiert, weil sie auch hier Menschlichkeit zu erkennen gab.

Die Rolle als Mutter ist komplementär zur Matrone zu sehen. Sie scheint aber für Livia erst dann stärker instrumentalisiert worden zu sein, als klar wurde, daß sie mit Augustus keine gemeinsamen Kinder haben würde. Eine deutliche Zäsur der öffentlichen Wahrnehmung ist somit für das Jahr 9 v. Chr. festzustellen, als an ihrem offiziellen Geburtstag, dem 30. Januar, die *ara pacis Augustae*, der augusteische Altar des Friedens eingeweiht wurde. Dieses dynastisch orientierte Monument weist Livia einen zentralen Platz zu, wo sie an Würde die übrigen Frauen des Hauses überragte (Abb. 25). Ihre Söhne, die erfolgreichen Feldherren der Vorjahre, werden in diese Familie eingegliedert. Sie selbst erscheint hier nun als Stammutter des iulisch-claudischen Hauses – größer dargestellt als alle anderen Frauen, schreitet sie zwischen Caius und Lucius der Familie voran. Wie Augustus trägt sie einen Kranz, wenn auch unter dem Schleier.[100] Der stark zerstörte Zustand der Nordseite des Altars, auf der nach einhelliger Meinung Iulia und Octavia zu finden sind, bereitet andererseits der Forschung auch Probleme. Möglicherweise kam es nach der Verbannung der älteren Iulia zu einer Neukonzeptionierung, denn bei oberflächlicher Betrachtung weist die als Livia gedeutete Figur so gar keine Ähnlichkeit mit den übrigen Liviadarstellungen auf, vor allem weil der Nodus fehlt. Dennoch sind sich die Archäologen einig in der Identifikation. Die Wahl des Datums spricht allerdings dafür, daß die jetzige Anordnung auch die originale ist.

Der Friedensaltar war schon im Jahr 13 v. Chr. beschlossen worden, als Augustus nach längerem Aufenthalt in Hispanien und Gallien am 4. Juli nach Rom zurückkehrte. Es ist das Jahr, in dem für Iulia Münzen ausgegeben werden (vgl. S. 131 f.), was auch für eine prominentere Rolle Iulias in der ursprünglichen Konzeption der *ara pacis* sprechen könnte. Der Senat hatte offenbar ursprünglich vor, Augustus im Senatsgebäude, der Curia Iulia, einen Altar zu errichten. Doch Augustus lehnte ab, so daß dafür eine Form der Ehrung, die das gleiche Anliegen in etwas verschleierter Form zum Ausdruck bringen sollte, realisiert wurde. Augustus selbst faßt die Ereignisse in seinem Tatenbericht (12) wie folgt zusammen: *Als ich nach erfolgreicher Führung der Unternehmungen aus Hispanien und Gallien unter dem Konsulat des Tiberius Nero und Publius Quintilius nach Rom zurückkehrte, ließ der Senat zur Feier meiner Rückkehr einen Altar für die Pax Augusta[101] auf dem Marsfeld errichten und ordnete an, daß auf demselben die Magistrate, die Priester und die vestalischen Jungfrauen ein jährliches Opfer darbringen sollten.*

Zur stärkeren Betonung der Mutterrolle gehören auch die (9 v. Chr.) erwiesen Ehrungen nach dem Tod des Drusus.[102] Livia erhielt das *ius trium liberorum* verliehen,[103] eine von Augustus neu geschaffene Auszeichnung, die Müttern von drei lebendgeborenen Kindern zustand. Damit verbunden war die Befreiung von der Vormundschaft durch einen Tutor. Livia besaß dieses Privileg faktisch schon seit 35 v. Chr. (vgl. S. 77 f.). Man muß die erneute Verleihung des Rechts also als Versuch werten, die Frau des Princeps wieder einer gewissen Frauennormalität zu unterwerfen. Die großspurigen Ehrungen der Triumviratszeit wurden jetzt in reguläre Ehrungen überführt und durch die Erfüllung der Geburtsnorm im Sinne der augusteischen Ehegesetze begründet. Der Ruhm der Söhne tat sein Übriges. Drusus erschien auf der *ara pacis* dezidiert im Feldherrnmantel, verwies also auf seine militärischen Erfolge. Ferner wurden Livia nach 26 Jahren erneut Statuen zugebilligt, also erstmals nach Errichtung des Principats ihr offizielles Bildnis im Reich verbreitet. Möglicherweise stand das neue Bildnis konzeptionell in Verbindung mit der berühmten Statue Cornelias, der Mutter der Gracchen, die 23 v. Chr. in der *porticus Octaviae*, einer von Augustus' Schwester errichteten Säulenhalle, aufgestellt worden war (vgl. S. 80).

Die Ehrenbeschlüsse des Jahres 9 v. Chr. wurden nicht als Reaktion auf den Tod des Sohnes – wie es Cassius Dio nahelegt – gefaßt, sondern bereits zu Beginn des Jahres mit der Weihung des bedeutenden Monuments für die augusteische Familie am Geburtstag Livias eingeleitet. Die *ara pacis* als Symbol augusteischer Segnungen verband sich mit dem Tag, der durch die Geburt Livias segensreich für den Erdkreis wurde.[104] Das Weihdatum der *ara pacis* war ein Vehikel, den Geburtstag der Herrschergattin, der sicher nicht offiziell zu Lebzeiten des Augustus gefeiert wurde, durch die jährlich angesetzten Feierlichkeiten mit Bedeutung als Dynastiedatum zu versehen.

Üblicherweise waren Geburtstagsfeiern die Angelegenheit eines Hauses. Die Sklaven opferten am Geburtstag ihres Herrn seinem Genius, der die dem Mann innewohnende Zeugungskraft repräsentierte. Augustus' Geburtstag wurde schon seit Beginn des Principats öffentlich gefeiert, wie auch sein Genius verehrt wurde. Geburtstagsfeiern avancierten seitdem zum typischen Herrscherfest.[105] Auch die Geburtstage der präsumtiven Nachfolger wurden begangen; zunächst die von Caius und Lucius, zu denen der Vollzug eines öffentlichen Opfers gehörte;[106] nach den Adoptionen von 4 n. Chr. die Geburtstage des Tiberius, Germanicus und Drusus Caesar. Die offiziellen Geburtstagsfeiern markieren sehr genau, wie die Dynastie zur öffentlichen Institution wurde und Livias Geburtstag, der offiziell erst in der Zeit des Tiberius gefeiert wurde (vgl. S. 212), bereits durch die Weihe der *ara pacis* an eben diesem Tag kultische Bedeutung erhielt.

In Verbindung mit der segenspendenen Mutterrolle Livias stehen insbesondere die für sie genehmigten Statuen – nach wie vor eine exzeptionelle Ehre –, die ihr 9 v. Chr. aufgrund ihrer Verdienste *(merita)*, nämlich der Geburt ihrer Söhne, gesetzt wurden.[107] Drusus war Konsul des Jahres und kämpfte erfolg-

reich in Germanien, während Tiberius gerade siegreich aus Pannonien heimge-
kehrt war. Zu Beginn des Jahres 10 v. Chr. hatte der Senat sogar die dritte
Schließung des Janustempels als Zeichen des allgemeinen Friedens – hergestellt
durch die beiden claudischen Feldherren – beantragt. Die Schließung kam nicht
zustande, aber es muß in diesem Zusammenhang zu einem Geldgeschenk von
Volk und Senat gekommen sein, das für Statuen des Augustus gedacht war.[108]
Der Princeps ließ statt dessen Statuen für Salus publica (staatliches Wohl),
Concordia (Eintracht) und Pax (Frieden) errichten.[109] Die Söhne Livias waren
damit sowie mit ihrer prominenten Darstellung auf der *ara pacis* in eine staatstragende Rolle gerückt. Das öffentliche Wohl, die staatliche Eintracht und der
Friede hingen auch von ihnen ab. Die Ehrung ihrer Mutter Livia auf dem Friedensaltar bedeutete im Geist der augusteischen Ehegesetzgebung, daß Frauen
durch Geburten nun öffentlich definierte *merita* erwerben konnten. Die Ehrungen, die natürlich durch die Verdienste der Söhne zusätzlich gerechtfertigt wurden, schufen im Umkehrschluß wiederum die Begründung für eine stärkere
Einbindung der Kaiserin in die öffentliche Präsenz des Hauses.

Die Zentralisierung der Figur Livias in der Konzeption der *ara pacis* wird
ein Schlag für Augustus' Tochter Iulia gewesen sein, die sich wohl in ihrer
Bedeutung stark reduziert sah. Diese Zurücksetzung durch die Aufwertung
Livias wird noch in einem anderen Detail deutlich. Anläßlich der Siegesfeiern
des Tiberius, dem eine *ovatio*, ein kleiner Triumphzug, für seine Erfolge in Pannonien zu Jahresbeginn 9 v. Chr. zugebilligt worden war, bewirtete Livia zusammen mit ihrer Schwiegertochter Iulia die Frauen Roms, während Augustus
und Tiberius ein Bankett für das Volk *(populus)* gaben.[110] Ähnliches war wohl
auch für die Rückkehr des Drusus geplant und sollte sich zwei Jahre später
anläßlich eines regulären Triumphes über Germanien für Tiberius wiederholen.[111] Tiberius lud die Senatoren und Livia deren Ehefrauen – ausdrücklich
räumlich getrennt – zum Gastmahl.[112] Iulia weigerte sich jedoch diesmal, ihren
Part zu übernehmen. Nur Livia und Tiberius agierten. Sehr prononciert wird
Livias Mutterrolle bei beiden Banketten betont. Die Inszenierung ist äußerst
geschickt gewählt. Konnte man sie doch lesen: Livia als Mutter erfolgreicher Feldherren, aber eben auch als Livia die Kaisergattin – die *mater patriae*;
oder, wie es in der Trostschrift für Drusus heißt, *femina princeps* (der weibliche Princeps).[113] Livia und Augustus begannen also in der Öffentlichkeit als
Herrscherpaar aufzutreten, auch wenn Livia auf den ersten Blick mit der Zuständigkeit für Frauen einen beschränkten Raum zugewiesen bekam. Gleichzeitig affirmierte die inszenierte Trennung der Geschlechter den zutiefst konser-
vativen Zug der augusteischen Sittenpolitik. Livias Verhalten versinnbildlichte

die Werte des augusteischen Systems. Frauen und Männer speisten in Rom eigentlich gemeinsam.

Die Wirkung der Vorgänge in Rom blieb nicht aus. Im Westen des Reiches tauchten zunehmend Inschriften auf, die Livia als Mutter ehrten.[114] Daneben gibt es Ehrungen, die drei Generationen von Frauen umfassen – Livia zusammen mit der älteren und jüngeren Iulia –, sie also implizit zur *mater familias* des augusteischen Hauses machen.[115]

Mater familias am Hof des Augustus – Prima inter pares

Während die mit Sexualität verbundenen ehelichen Pflichten nur in den fruchtbaren Jahren der Frau von Bedeutung waren, blieb ihre hauswirtschaftliche Kompetenz aufgrund der damit verbundenen ideellen wie materiellen Wertschöpfung (vgl. S. 61) von gleichbleibendem Belang. Die Frauen verwalteten nicht nur das Haus; zu ihren Aufgaben wurden auch Zuwendungen an Mitglieder des Haushalts, Klienten und Freunde (vgl. S. 246 ff.) gerechnet. Denn es war die Pflicht einer *domus*, für ihre Angehörigen zu sorgen, sei es durch materielle Unterstützung oder durch Rechtsschutz. Turia beispielsweise wird von ihrem Mann für die Großzügigkeit gegenüber Nahestehenden und Verwandten gerühmt.[116] Am stärksten hat Velleius diese Rolle Livias als *mater familias* auch für den öffentlichen Bereich akzentuiert: *eine herausragende Frau in allem eher den Göttern als den Menschen ähnlich, deren Macht* (potentia) *niemand zu spüren bekam, außer bei der Errettung aus einer Gefahr oder bei der Beförderung zu einem Ehrenamt.*[117]

Bis in die späte römische Republik war ein mehr oder weniger homogener Kreis von *domus* an der politischen Entscheidungsbildung beteiligt. Mit der Etablierung des Principats rückte die *domus* der Iulier und Claudier, die allmählich auch als eine gemeinsame wahrgenommen wurde,[118] in eine bevorrechtigte Stellung. Daß Livia um 17 v. Chr. eine besondere Rolle zugebilligt wurde, kann man vielleicht an der Deutung des Erdbebens ersehen, das sich in diesem Jahr in einer ihrer Villen ereignete und als *prodigium* (Götterzeichen) gedeutet wurde, das dem Reich (!) die Niederlage des Statthalters der Provinz Gallia comata, Marcus Lollius, gegen die germanischen Stämme am Rhein verhieß.[119]

Schon zu Beginn des Principats begann sich die äußere Haushaltsorganisation des augusteischen Haushalts quantitativ wie qualitativ von der einer gewöhnlichen aristokratischen *domus* zu unterscheiden.[120] In der traditionellen aristokratischen *domus* gab es ganz verschiedene Sklavengruppen mit unterschiedlichen Zuständigkeitsbereichen, darunter die Sicherheit der Familie, der bauliche Bestand des Hauses einschließlich seines Gartens, die Versorgung mit Nahrung und Kleidung, die persönliche Bedienung, die Betreuung der Kinder, der Sektor für Einladungen, Gastlichkeit und Repräsentation und schließlich der engere Bereich der Haushaltsführung. Ein so komplexer Haushalt war faktisch von der Hausfrau nicht mehr im Detail zu überwachen, den augusteischen darf man sich noch erheblich größer vorstellen. Um einen Eindruck von möglichen Zahlenverhältnissen zu gewinnen, sei auf das römische Stadthaus des Stadtpräfekten Pedanius Secundus, eines hohen städtischen Beamten, verwiesen, in dem zur Zeit Neros 400 Sklaven lebten.[121] Die Hausherrin konnte bei solchen Dimensionen allenfalls stichprobenhaft die Arbeit überprüfen und die Hausmeister *(atrienses)* kontrollieren, so daß ihre Fähigkeiten bei der Personalführung zum wichtigsten Faktor wurden.

Wenig ist über Livia und die Sklaven des kaiserlichen Haushalts zu sagen. Wirft man jedoch einen Blick auf Livias persönliche Sklaven, zeigt sich, in welchen Bereichen sie sich selbst engagierte. Sie kümmerte sich etwa um die Aufsicht über die Erziehung ihrer Enkel und Urenkel (vgl. S. 149 ff.). Livia folgte in diesem Punkt den traditionellen familiären Gepflogenheiten.

Darüber hinaus wurden in ihrem Haus die Söhne ausländischer Klientelfürsten wie Herodes Agrippa erzogen, der Livia auch später sehr verehrte.[122] Ob die Geiseln fremder Völker, unter denen auch zahlreiche Frauen waren, alle im Haus des Augustus lebten, bleibt ungewiß.[123] Der Partherkönig Phraates IV. schickte als Unterpfand seiner Freundschaft zwischen 10 und 8 v. Chr. vier Söhne und vier Enkel zu Augustus.[124] Vermutlich wurden sie aufgrund ihres hohen Standes im Haus des Princeps untergebracht. Die vielversprechenden Söhne von Rittern, wie Marcus Salvius Otho aus einer etruskischen Familie in Ferentium (Ferento), wurden an den Sitz des Herrschers geholt und blieben Livia für ihre Patronage zumeist lebenslang verbunden. Damit trat Livia als *mater familias* des Gesamtstaates in Erscheinung. Dagegen ist unbekannt, inwieweit diese »Pagenschule« Produkt ihrer eigenen Initiative war oder aber von Augustus an sie delegiert wurde.

In der Beziehung zu ihrem Enkel Claudius erkennt man Livias Position innerhalb des Haushalts sehr genau. Ihre Pflicht war es, den Herrscher zu unterstützen. Aus dieser Perspektive war der kränkelnde Claudius eine Gefahr für das öffentliche Ansehen des Principats. Gleichzeitig war es ihre Aufgabe, für die Angehörigen des Haushalts zu sorgen und vor allem auch Verantwortung für die Erziehung der Jungen zu übernehmen. Da sie sich besonders ihrer Schwiegertochter Antonia, der Frau des älteren Drusus, verbunden fühlte, hatte sie diese und ihre Kinder nach dem Tod des Drusus in ihren eigenen Haushalt aufgenommen. Sie zögerte nicht, Augustus Ratschläge zu erteilen und ihn zu zwingen, sich dem Fall »Claudius« zu stellen (vgl. S. 150). Daß sie diese Ratschläge schriftlich formulierte, muß allerdings überraschen. Livia war zeitlebens eine eifrige Brief- und Billetschreiberin. Das Corpus überlieferter Schriftdokumente muß beträchtlich gewesen sein, denn Sueton vermutet, Augustus habe sich schriftlich auf seine Begegnungen mit Livia vorbereitet. Das ist eine erstaunliche Nachricht. Staatsangelegenheiten werden nicht zwischen Tür und Angel besprochen, sondern Livia wirkt hier wie ein Kabinettsmitglied, mit dem wichtige Punkte erörtert werden. Wann sie in diese Funktion aufstieg, bleibt dagegen völlig im dunkeln. Wie dem auch sei, Livia hob die an sie gerichteten Schreiben des Augustus gut auf, so daß sie in der Lage war, zu einem bestimmten Thema darin nachzulesen. Daraus spricht eine erhebliche Effizienz, aber auch eine gute Portion Mißtrauen. Kommt man damit vielleicht dem Grund für die jahrzehntelange Verbindung nahe?

In die umfassendere Rolle einer *mater familias* fällt Livias finanzielle Unterstützung für die verbannte jüngere Iulia während des zwanzigjährigen Exils. Offenbar wurde die Hilfe für die verbannten Mutter und Tochter Iulia durch Livia entsprechend inszeniert, denn Tacitus (ann. 4,71,4) vermerkt bitter:

Zur gleichen Zeit fand Iulia den Tod *[28 n. Chr.]*, die Enkelin des Augustus, die dieser als des Ehebruchs überführt, verurteilt und auf die Insel Trimerus, nicht weit von der apulischen Küste, verbannt hatte. Dort hielt sie zwanzig Jahre in der Verbannung aus, auf die Unterstützung durch die Augusta angewiesen, die ihre Stiefkinder zuerst durch geheime Machenschaften aus dem Glück ins Verderben stürzte, dann aber ihr Mitleid mit den Unglücklichen offen zur Schau zu stellen pflegte.

Ähnlich ist das Zusammenleben mit der Schwiegertochter (vgl. auch S. 141) und das Engagement bei der Erziehung der nächsten Generation zu werten. Was nach außen wie Fürsorge aussah, enthielt stets ein beträchtliches Maß an Kontrolle.

Interessant ist, daß der Haushalt von Augustus und Livia in den literarischen Quellen getrennt erscheint – gemeint ist damit wohl die direkte Aufsicht Livias sowie eine eigene Haushaltsorganisation. Auch die epigraphischen Zeugnisse aus der Grablege der kaiserlichen Haushaltsbediensteten sprechen von *domus Caesarum et Liviae*,[125] was einen von den Haushaltsangehörigen empfundenen Vorrang Livias in der Organisation des Haushalts unterstreicht.

Stiefmutter wider Willen?

Livia war die Stiefmutter vieler Kinder. Das Verhältnis zu diesen scheint auf den ersten Blick ungleich belasteter als zu ihren eigenen, für die sie sich engagierte und den ihr zustehenden Respekt empfing. Zunächst ist Iulia, Augustus' Tochter, als Stieftochter zu nennen, die bereits als Säugling in das Haus ihres Vaters gebracht wurde. Dennoch muß die leibliche Mutter Scribonia zeitlebens eine Bindung zu diesem Kind gepflegt haben, das sie im Jahr 2 v. Chr. in die Verbannung begleitete.[126] Livia war wohl sehr weitgehend für die sittenstrenge Erziehung verantwortlich, die Augustus seiner Tochter abverlangte und die ihr kaum Luft zum Atmen ließ. Rivalitäten mit der Stiefmutter hat vor allem Macrobius aufgezeichnet. In den Annalen des Tacitus wird Livia schon bei ihrem ersten Auftritt als Stiefmutter *(noverca)* bezeichnet.[127] Mit der Bewertung muß man sehr vorsichtig sein. Die Stiefmutter galt in der gesamten römischen Literatur als Topos für die Mißgunst gegenüber den Kindern des Ehemanns.[128] Das ist schon bemerkenswert, denn es gab aufgrund von Tod oder Scheidung mit anschließender Wiederverheiratung sehr viele Kinder, die mit einer Stiefmutter oder einem Stiefvater lebten.

Das Verhältnis der beiden Frauen war zwangsläufig alles andere als freundschaftlich. Der ungleiche Lebensstil hielt den Konflikt am Köcheln. Bei der zweiten Bewirtung für die Frauen Roms anläßlich von Tiberius' Triumph (vgl. S. 156) ließ Iulia sich entschuldigen – brüskierte also Ehemann und Schwiegermutter gehörig. Man wird dies als Hinweis auf deutlich gespannte Beziehungen sehen müssen.[129] Dieses Mißverhältnis wird dazu beigetragen haben, daß Tiberius das Zusammenleben nicht mehr aushielt. Im Zusammenhang mit Iulias Verbannung im Jahr 2 v. Chr. wird Livia von den antiken Autoren hingegen nicht erwähnt. Da sie schon beim Tod des Marcellus als Giftmischerin verdächtigt wurde,[130] hielt sie sich wohl demonstrativ aus den Geschehnissen heraus. Gleichwohl kann eine Verbannung Iulias nur in Livias Interesse gelegen haben. Die Brutalität, mit der Augustus gegen seine geliebte Tochter vorging, war wenig angemessen. Nichts wissen wir dagegen über Livias Reaktion. Es ist wenig wahrscheinlich, daß Livia mit Augustus in diesem Fall tatsächlich an einem Strang zog, denn er griff schließlich grob in die Rechte des Tiberius ein. In dessen Namen erging der Scheidungsbrief an Iulia, und Tiberius konnte trotz aller Bitten seiner Frau keine mildere Behandlung verschaffen – bekam also seine Einflußlosigkeit in Rhodos deutlich vor Augen geführt. Man muß wohl daher annehmen, daß Livia nicht an der vernichtenden Aktion gegen ihre Schwiegertochter beteiligt war.

Im kalabrischen Rhegion (Reggio), wohin Iulia nach fünfjährigem Exil (3 n. Chr.) in ein etwas komfortableres Heim auf dem Festland umziehen durfte, versorgte Livia die Verbannte sogar mit einem Sklavenpaar aus ihrem eigenen Haushalt.[131] Fürsorge oder Kontrolle – wird man sich erneut fragen müssen. Bei allem Komfort war das neue Exil fünfmal weiter von Rom entfernt als die Insel Pandateria. Später unterstützte Livia auch Iulias Tochter, die jüngere Iulia, während ihrer Verbannung. Tacitus' Urteil (vgl. S. 159) ist eindeutig. Er hält Livia für schuldig an der Verbannung der Tochter und der Enkelin des Augustus, betont aber auf der anderen Seite, daß in der Öffentlichkeit die fürsorgliche Livia inszeniert wurde, die sich in vorbildlicher Weise selbst um die in Ungnade Gefallenen kümmerte. Auch hier läßt sich natürlich anführen, daß Livia daran interessiert sein mußte zu wissen, was um die verbannten Frauen vorging. Ressentiments zwischen Livia und Scribonia, die einander auch verwandtschaftlich über die Adoption des Libo Drusus verbunden waren, gab es dagegen wohl nicht, so daß der Mutter gestattet wurde, die Tochter ins Exil zu begleiten.[132] Scribonias Schwiegersohn und Vater ihrer Enkel, Paullus Aemilius Lepidus (Konsul 34 v. Chr.), hatte in zweiter Ehe ins augusteische Haus eingeheiratet und Marcella minor, eine der Nichten des Augustus, geehelicht, nachdem Scribonias Tochter im Jahr 18 v. Chr. gestorben war. Scribonias Sohn, P. Cornelius Lentulus Marcellinus, war im Todesjahr seiner Schwester sogar Konsul gewesen.

Agrippa Postumus, der letzte überlebende Enkel des Augustus, beschimpfte Livia als Stiefmutter, nachdem er 5 n. Chr. zwar die *toga virilis*, aber keine seinen Brüdern vergleichbaren Ehren erhalten hatte und erkennen mußte, daß er künftig hinter Tiberius würde zurückstehen müssen und daß sie sich nur um die Belange der leiblichen Kinder kümmerte.[133] Das Stiefmutterimage haftete Livia auch weiterhin in ihrem Verhalten gegen Agrippa Postumus an, um dessentwillen sie angeblich Augustus aus dem Weg räumte, um eine Aussöhnung mit seinem Enkel zu verhindern.[134] In diesen Kontext gehören die nicht verstummenden Gerüchte, Tiberius habe ihr die Herrschaft zu verdanken.[135]

Andererseits gab sich Livia wiederum als Beschützerin von Agrippina der Älteren, Schwester der verbannten jüngeren Iulia, und deren Kinder nach dem Tode des Germanicus. Agrippina war zwar eine Konkurrentin für Tiberius, aber sie war auch die Mutter der leiblichen Urenkel der Livia, so daß es deren Pflicht war, sich ihrer anzunehmen. Erst nach Livias Tod kam es zu schlimmsten Exzessen gegen diese letzten leiblichen Nachkommen des Augustus. Agrippina selbst mußte endgültig ins Exil gehen.[136]

Zusammenfassend läßt sich also sagen, daß Livia in der Öffentlichkeit als fürsorgliche und damit pflichtbewußte *mater familias* auftrat, die historiographische Tradition aber den Stiefmuttertopos erfolgreich verwendete, um sie als Anstifterin von Verbrechen gegen die Nachkommen des Augustus erscheinen zu lassen.

Stiftungen im öffentlichen Raum

Nach Octavias Tod (11 v. Chr.) erlangte Livias Rolle als Ehefrau des Augustus deutlich über den familiären Radius hinausgehende Konturen. Ihre Fürsorge erstreckte sich nun nicht mehr auf die *domus*, sondern sie wurde faktisch sukzessiv zur *mater patriae* (Mutter des Vaterlandes), die Stadt wurde also zur *domus* des Princeps. Hierher gehörten Zuwendungen für die stadtrömische *plebs* sowie Engagement im kultischen Bereich.

Bei manchen ihrer Stiftungen ist nicht ganz klar, ob Augustus sie selbst vornahm und dann nur den Namen seiner Gattin verwendete oder ob Livia sie im eigenen Namen tätigte. Ich tendiere zur zweiten Variante, weil keines der folgenden Bauwerke im Tatenbericht als Verdienst des Augustus erwähnt ist.

Zu diesen Wohltaten für die stadtrömische Bevölkerung gehört erstens der Bau eines großen Marktgebäudes auf dem nördlichen Esquilin, das *macellum Liviae*, eine Art Kaufhaus auf einer Fläche von 2000 m² Grundfläche. In diesem Bereich hatte Maecenas, einer der Günstlinge des Augustus, ein großes Stadterneuerungsprogramm in Gang gesetzt, als er hier anstelle der alten Mülldeponie der Stadt, einem Zwitter aus Abfallgrube und Massengrab, seine Gärten anlegen ließ. Als Maecenas im Jahr 8 v. Chr. starb, vermachte er seinen umfangreichen Besitz dem Princeps. Das Marktgebäude sollte also dazu beitragen, daß das Stadtgebiet für die Bürger wieder zugänglich wurde.

Ähnlich lag der Fall bei einem weiteren Bau in unmittelbarer Nähe. Vedius Pollio, ein zwielichtiger Freigelassener, dem es gelungen war, ein beträchtliches Vermögen zu erwerben und in den Ritterstand aufzusteigen, hinterließ dem Princeps unter anderem seinen Stadtpalast auf dem Esquilin, der im Gebiet der *subura*, einer nur notdürftig entwickelten Gegend der Stadt, lag. Augustus ließ die prächtige Hausanlage zum Erstaunen seiner Zeitgenossen abreißen. Auf dem freigewordenen Areal weihte Livia im Januar 7 v. Chr. zusammen mit Tiberius eine nach ihr benannte *porticus*.[137] Es handelte sich um einen innerstädtischen Park von beträchtlicher Größe (etwa 8600 m²), der von einer prächtigen Säulenhalle umgeben war. Den äußeren Anlaß bot der Triumph des Tiberius über Germanien.[138] Das Erbe Pollios war bereits 15 v. Chr. an Augustus gefallen, verbunden mit dem Wunsch, den Palast in ein Gedächtnismonument für den Verstorbenen umzuwandeln. Allerdings brachte das stadtbekannte Benehmen des Pollio, der auch schon einmal einen renitenten Sklaven den Muränen zum Fraß vorwarf, den Princeps mit seiner Immobilie in arge Verlegenheit. In dem ärmlichen Gebiet der *subura* einen luxuriösen öffentlichen Raum zu schaffen war eine Art Königsweg.[139] Damit konnten zwei Dinge vermittelt werden: die moralische Erneuerung durch gemeinnützige Verwendung von privatem Luxus und die Darstellung Livias als ideale Matrone und *mater familias*, die Fürsorge gegenüber ihrem Sohn, aber auch der stadtrömischen *plebs* walten läßt sowie ihr Vermögen in den Dienst ihrer Familie stellt. Daß Livia bei der gemeinsamen Stiftung anläßlich eines triumphalen Ereignisses natürlich auch Anteil am Erfolg des Sohnes nahm, versteht sich von selbst.

Die *porticus Liviae* war nicht nur luxuriös, sie war auch ein romantischer Ort, an dem sich die Liebespaare trafen und die Natur sich dem Städter durch Wasser und Pflanzen offenbarte. Der gepflanzte Wein gedieh so üppig, daß er gekeltert wurde. Durch eine hier untergebrachte erlesene Kunstsammlung erwies sich die Stifterin als Frau von Geschmack und Bildung. Livia knüpfte mit ihrer *porticus* zudem an das Bauprogramm anderer Frauen an. Dazu gehören die 7 v. Chr. noch nicht fertiggestellte *porticus Vipsania*, errichtet durch Vipsania Polla, Agrippas Schwester, die sich auch sonst als Patronin betätigte,[140] und die *porticus Octaviae* (119 × 132 m), die ebenfalls luxuriös ausgestattet und mit einer Bibliothek und Kunstsammlung versehen war. Letztere erhielt durch eine *curia* sowie *schola(e)* in erster Linie urbanen Charakter und war als Gedächtnismonument für den 23 v. Chr. verstorbenen Sohn der Octavia ein eher privates Ensemble.[141]

Livias Stiftung war schon insofern etwas Besonderes, als sie der *porticus Liviae* durch die Hinzufügung eines neuen Schreins für Concordia zusätzlich eine kultische Komponente verschaffte, die wiederum die Rolle der *mater familias* des augusteischen Hauses unterstrich. Der Concordia-Schrein wurde am 11. Juni, dem traditionellen Fest der Matralia, von Livia allein geweiht.[142] Da das Jahr der Weihung nicht zweifelsfrei geklärt ist, bleiben verschiedene Deutungsmöglichkeiten offen. Vorrangig stand die Weihung im Zusammenhang mit dem ehelichen Einvernehmen zwischen Augustus und Livia, denn später erhielt der Schrein die Funktion, Eheleuten zu helfen. Livia selbst avancierte – vermutlich in Anschluß an ihre eigene Vergöttlichung – zur Ehepatronin, die noch im 4. Jahrhundert n. Chr. mit der Göttin Iuno, Schützerin der Ehe, identifiziert wurde.[143] Schon in einer Inschrift in der Provinz Africa proconsularis aus dem Jahr 3 n. Chr. wurde sie als Retterin eines Ehepaars geehrt und die Weihung für die Iuno der Livia vollzogen.[144]

Die Matralia als Weihedatum hingen eng mit der Aufzucht von Kindern zusammen (vgl. S. 126). Sie bewahrten auch ein archaisches Ritual, bei dem eine Sklavin durch Auspeitschen aus dem Tempel vertrieben wurde. Vermutlich ist der ursprüngliche Kult, der besonders die Solidarität der Schwestern stärkte, eng mit den entsprechenden archaischen Heiratspraktiken der Kreuzcousinenehe verbunden, bei der die Tochter eines beliebigen Mannes den Sohn seiner Schwester heiratete, der Sohn aber die Tochter vom Bruder seiner Mutter zur Frau nahm. Gerade weil die Frauen in eine *manus* gerieten und damit ihre angestammte Familie kultisch verließen,[145] war es wichtig, sie rituell wieder miteinander zu verbinden.

Derartige Heiratspraktiken waren jedoch dem kollektiven Gedächtnis schon lange verloren, so daß man die Sklavin im Tempel auch anders deuten konnte, nämlich als Ausgleichshandlung für die rechtmäßige Ehefrau, die eifersüchtig die Liebesbeziehungen des Ehemannes zu seinen Sklavinnen hinnehmen mußte. Das römische Recht schützte zwar die Position der Ehefrau insofern, als nur sie eheliche Kinder hervorbringen konnte, zu denen die Konkubinenkinder juristisch gesehen keinerlei Konkurrenz darstellten, aber die innerhäuslichen Konflikte wurden wohl dadurch nur abgeschwächt. Eheliche Eintracht mag also sehr wohl in Livias Zeit ein vorrangiges Ziel beim Vollzug der Riten anläßlich der Matralia gewesen sein, so daß die Verbindung zu Concordia nicht so weit hergeholt erscheint. Wie bereits erwähnt, wurde gerade in der toleranten Haltung Livias zu den sexuellen Abenteuern des Augustus ein Erfolgsmodell der Ehe gesehen (vgl. S. 114).

Die *concordia* kann aber – wenn die Weihung nicht noch im selben Jahr wie die der *porticus* vollzogen wurde – auch in Zusammenhang mit dem Exil des Tiberius stehen (vgl. S. 167 ff.). Da die *concordia* in späterer Zeit mit der Ehe in Verbindung gebracht wurde, ist diese – so zumindest auch bei Ovid – das übergreifende Thema gewesen.[146] Daneben ging es aber auch um die Eintracht der Familie, der *domus Augusta* als Konstrukt aus Iuliern und Claudiern (vgl. S. 183 f.), um ihres Sohnes Tiberius willen.[147] Die Ähnlichkeit des Schreins mit der *ara pacis* legt ebenfalls den weiteren Bedeutungszusammenhang mit der *domus* nahe.[148] Tiberius hatte sich durch sein freiwilliges Exil nach Rhodos im Jahr nach der Weihung der *porticus* in eine bedrohliche Lage gebracht, die im Jahr 1 v. Chr. zu eskalieren drohte. Noch am Tag der Weihung der *porticus Liviae* hatte Tiberius die Restaurierung des Concordiatempels am Forum gelobt.[149] Als er das Versprechen schließlich im Jahr 10 n. Chr. einlöste, tat er es in seinem und im Namen seines verstorbenen Bruders Drusus. Was lag also näher als in der Zeit der familiären Krise, die Livia erheblich zusetzte und vermutlich ihr Verhältnis zu Augustus, der seinen Enkeln rückhaltlos vertraute, schwer belastete, an dieses Versprechen anzuknüpfen und die vielgestaltige Semantik einer Concordiaweihung am Tage der Matralia auszuschöpfen? Zudem war *concordia* ja bereits wenige Jahre zuvor in unmittelbare Nähe zu den Söhnen Livias gerückt worden, als wegen ihrer militärischen Siege Statuen für Salus publica, Concordia und Pax errichtet worden waren (vgl. S. 156).

Bei den Matralia betete die Matrone besonders für die Kinder ihrer Schwester. Livia hatte zwar keine Schwester, aber die soziale Rolle der *matertera*, der Mutterschwester, war auch die eines Mutterersatzes, einer *mater altera*.[150] Es gab einige magische Praktiken, die die Verwandtschaft der Mutter mit einem Kind verband. Nach der Geburt nahmen Mutter und Schwester der Mutter das Kind gemeinsam aus der Wiege und bestrichen Stirn und Lippen mit Speichel.[151] Dieses Ritual war mit guten Wünschen für die Zukunft verbunden. Es sollte die Beziehung zur mütterlichen Verwandtschaft stärken, die ja mit der Rechtsgemeinschaft der Familie, in die das Kind geboren wurde, nichts zu tun hatte.

Livia mag bei der Weihung daher auch ihre Stiefkinder im Blick gehabt haben, bei denen sie die Mutterstelle vertrat. Die schlecht beleumundete Stiefmutter *(noverca)* war kaum wirksam ins Bild zu setzen, ganz anders die *matertera* als Ersatzmutter. Der wesentliche Konflikt in der Zeit von Tiberius Exil schwelte zwischen Tiberius und Livias Stiefsohn (vgl. S. 170).

Die Concordia-Thematik hat im Imperium erheblichen Nachhall gefunden. Dutzende von Familien waren, wie das augusteische Haus, das, was man heute gern patchwork-Familien nennt. Spannungen mögen an der Tagesordnung gewesen sein – für die Situation des Kaiserhauses kann das vielfach belegt werden. Daß Concordia ein Thema war, das die Lebenswirklichkeit der Menschen berührte, zeigt ein Beispiel aus Italien. In Pompeji weihte die Staatspriesterin Eumachia eine große Gebäudeanlage am Forum der Concordia und Pietas Augusta.[152] Diese Weihung ist klar auf Livia und Tiberius bezogen, wenn auch auf das Jahr 22 n. Chr., als der Senat einen Altar für die *pietas Augusta* beschloß.[153] Livia wird als zentrale Figur in Gestalt der Concordia Augusta im Gebäudekomplex der Eumachia dargestellt, was ihre Rolle in tiberischer Zeit als Garantin der Eintracht der Dynastie wie auch des Gemeinwesens unterstreicht.[154]

Zu den Stiftungen im öffentlichen Raum ist auch ein Teil von Livias sakralem Engagement zu rechnen. *Pietas* (Frömmigkeit, Hingabe an die Götter) galt als wichtiges Kennzeichen der Matrone (vgl. S. 111 f.), die im Hauskult wie im Staatskult Aufgaben zu erfüllen hatte, die zum Heil der Gemeinschaft beitrugen. Livias kultische Aktivität reicht auch hier über den häuslichen Rahmen hinaus und ist doch aufs engste mit den matronalen Kultobliegenheiten verbunden. Frühzeitig wurde sie selbst mit Göttinnen in Verbindung gebracht. Vorrangig waren es solche, die dem Bereich »Frauenleben und Familie« zuzuweisen sind.

Umstritten ist, wie man den weiblichen Beitrag im Kult zu bewerten hat.[155] Da Frauen stets dort zuständig waren, wo es ihre Fruchtbarkeit und Sexualität betraf, kann man ihre kultische Funktion als komplementär zur männlichen betrachten. Den kultischen Beitrag der Frauen deshalb als nachrangig zu bewerten, weil er nicht Krieg und Politik betrifft, ist sicher nicht richtig, im Gegenteil war die natürliche weibliche Fruchtbarkeit für die antike Gesellschaft überlebensnotwendig und wurde auch so wahrgenommen. Hinzu kommt, daß Frauen auch in der männlichen Domäne in Krisenzeiten kultisch in die Pflicht genommen wurden, etwa während der Punischen Kriege bei der Installierung einer für den Sieg als wichtig erachteten Gottheit im Staatskult (vgl. S. 204).

Livias persönliches Engagement kann im Kontext einer Rolle als *mater patriae* gedeutet werden. Augustus hatte seine Erneuerung des Staates auch mit der Rückbesinnung im kultischen Bereich verbunden. Livia übernahm dabei die Verantwortung für die von den Matronen ausgeübten Kulte. Sie ließ den matronalen Tempel der Fortuna muliebris restaurieren sowie den Tempel der Bona dea.[156] Im Gegensatz zu Concordia, die auch für die Eintracht zwischen Männern sowie das ganze Staatswesen stand und später häufig den Zusatz »Augusta« erhielt, waren beide Göttinnen mit prononciert weiblichen Kultfesten oder Legenden verbunden. Im Kreis der Staatskulte standen sie singulär, weil beide Kulte weibliche Priester hatten. Der Tempel für Fortuna muliebris war sogar von Frauen gestiftet worden, nachdem sie in der Frühzeit Roms die Gefahr eines Angriffs auf die Stadt abgewehrt hatten. Die als Fortuna muliebris verehrte Göttin stand für eine dem weiblichen Geschlecht innewohnende beschützende Kraft. Bei der Deutung dieses Kults ist die Parallelität von *stola*, dem typischen Obergewand der Matronen, und Waffen betont sowie eine Inversion der weiblichen Rolle hervorgehoben worden, dem angeblich ein absoluter Ausnahmecharakter zukommt.[157] Aber Fortuna war doch stets eine beschützende und geleitende Gottheit (vgl. S. 116f.). Der weibliche Schutz besteht allerdings nicht in der Verteidigung durch Waffen, sondern in der Ernährung und Aufzucht der Kinder, in der Verwahrung der Vorräte, in der Mäßigung, wenn Konflikte zu lösen sind (vgl. ibid.).[158] Genau dieser Aspekt wird durch Fortuna muliebris beschworen.

Der ebenfalls von Livia geförderte Bona dea-Kult hatte zumindest in der

Republik ein jährliches Kultfest, an dem im Haus eines führenden Magistraten ausschließlich Frauen teilnahmen und dabei zahlreiche kontrollierte Tabubrüche begingen (vgl. S. 203 f.). Wie kaum ein anderer Kult war er mit den Frauen der römischen Aristokratie verbunden. Ursprünglich wohl ein Vegetationsfest, wurde Bona dea zunehmend zur Heilgöttin, die sich auch mit der in der Kaiserzeit verehrten Salus (Wohl/Heil) ikonographisch verband[159] und damit aufs engste mit dem Kaiserhaus verknüpft wurde. Fortuna muliebris wie Bona dea waren Kulte, bei denen Frauen Rollen übernahmen, die ansonsten Männern zufielen. Daß sie von Livia gefördert wurden, scheint mir daher sehr signifikant.

Krisenzeiten – Tiberius im Exil

Der Tod des Drusus war für seinen Bruder Tiberius ein schwerer Verlust – zeitlebens hat er versucht, die Erinnerung an ihn im öffentlichen Bewußtsein wachzuhalten. Solange er noch in Germanien festgehalten wurde, war die Situation wenig prekär; nachdem er aber am 1. Januar 7 v. Chr. seinen Triumph gefeiert hatte und anschließend dauerhaft nach Rom zurückkehrte, wurde es für ihn zunehmend schwieriger. Mit eigener Trauer beschäftigt, bemerkte Livia vielleicht die tiefe Niedergeschlagenheit ihres Sohnes nicht, der sich immerhin nach Kräften mühte, ihr zur Seite zu stehen. Seneca stellt die besondere Zuneigung beider heraus und deutet an, daß Livia von nun an ihrem Sohn sehr zugetan war, weil seine Trauer um den Bruder es ihr erleichterte, über den Verlust hinwegzukommen.[160] Offenbar wähnte Livia sich auf dem Höhepunkt ihrer Einflußmöglichkeiten, als Tiberius im Jahr 6 v. Chr. für fünf Jahre die *tribunicia potestas* erhielt und damit die gleiche Stellung wie zuvor Agrippa innehatte. Er war faktisch zum Mitherrscher des Augustus aufgestiegen. Andere Ehrungen, die sich aus der »Prinzgemahl«-Rolle für Tiberius ergaben, habe ich oben an anderer Stelle erwähnt (vgl. S. 134).

Da ereignete sich das Ungeheuerliche. Tiberius entsagte der hohen Stellung und bat um Urlaub. Er begründete sein Gesuch damit, er sei der Ehren überdrüssig und brauche Ruhe.[161] Es sei sein Wunsch, nach Rhodos zu gehen und seine durch den Krieg unterbrochene Ausbildung fortzusetzen.[162] Augustus und Livia waren schockiert, Augustus sogar gekränkt, weil eine innerhäusliche Angelegenheit damit in die Öffentlichkeit gelangte. Er beschwerte sich sogar im Senat über das Verhalten des Stiefsohns. Livia bemühte sich zu vermitteln, aber vergeblich.

Die wahren Motive des Tiberius lagen tiefer. Er selbst gab später an, er habe seinen Stiefsöhnen nicht im Weg stehen wollen.[163] Tatsächlich ging es ihm aber wohl darum, seine eigene Würde angesichts der sich abzeichnenden Nachfolgepläne des Augustus zu wahren und durch seine Entscheidung indirekt Druck auf den Princeps auszuüben. Noch waren die vorgesehenen Nachfolger sehr jung, er selbst aber der geachtetste Feldherr des Reiches, Oberbefehlshaber und Träger der Staatsgewalt. Nach dem Tod des Bruders hatte er vielleicht erwartet, stärker als Nachfolger des Augustus aufgebaut zu werden. Sein Rückzug – so hoffte er – sollte beweisen, wie unentbehrlich er war. Rhodos war keine abgelegene Insel, sondern lag auf der Hauptschiffahrtsroute in die östlichen Provinzen, war als Handelsmetropole ein Nachrichtendrehkreuz.[164] Aber sein Plan ging nicht auf.

Livia versuchte Tiberius umzustimmen, die glänzende Karriere nicht zu riskieren. Er blieb stur und trat sogar, als er von Livia und Augustus unter Druck gesetzt wurde, in einen viertägigen Hungerstreik, um sich so die Aufenthaltsbewilligung für Rhodos zu erzwingen. Das Mittel des Hungerstreiks zeigt die Entschlossenheit des Tiberius, aber auch eine gewisse Ausweglosigkeit seiner Position, seinen Protest anders zum Ausdruck zu bringen.[165]

Mit nur kleinem Gefolge brach Tiberius schließlich auf.[166] Ein tiefer Riß ging durch die ohnehin schwierige Beziehung zu Augustus, der sich von diesem Verhalten verraten und die eigene Tochter beleidigt sah, weil die Trennung nun für alle sichtbar wurde.[167] Zwischen Livia und Augustus mag es ebenfalls zu Spannungen gekommen sein, zumal Tiberius sich auf diese Weise den Plänen des Augustus entzogen hatte. Livias eigene Position war ohne ihre Söhne äußerst brüchig, denn ihr Einfluß beruhte auch auf deren Erfolg.

Ein Beispiel hierfür ist Tiberius' Engagement für Archelaos von Kappadokien. Noch bevor Livias Sohn 23 v. Chr. sein erstes Amt, die Quästur, antrat, plädierte er als Anwalt. Unter anderem verteidigte er vor Augustus den Klientelkönig Archelaos und vertrat die Sache einiger kleinasiatischer Städte im Senat.[168] Damit förderte er nicht nur seinen eigenen Ruf, sondern diente auch den Interessen seiner Mutter, die Verbindungen mit Archelaos und nach Kleinasien unterhielt und auf diese Weise die Interessen ihrer Klienten wahren konnte.[169] Der Gang ins Exil war für einen römischen Aristokraten in jedem Fall fast so schlimm wie der Tod, so daß Livia nun auch ihren zweiten Sohn verlor, eine heikle Entwicklung, bei der möglicherweise gar ihr Status als Ehefrau auf dem Spiel stand.

Was hatte zu dem schweren Zerwürfnis geführt? Da war zunächst das problematische Verhältnis des Tiberius zu seiner Frau Iulia. Bereits nach dem Tod des einzigen gemeinsamen Kindes vier Jahre zuvor (10 v. Chr.) war er aus dem ehelichen Schlafzimmer ausgezogen (vgl. S. 133). Das war ein bitterer Affront, über den natürlich geredet wurde. Nach außen hielt das augusteische Haus, wie bei der Feier der *ovatio* 9 v. Chr., allerdings die Fassade aufrecht. Hinzu kam, Tiberius' schwieriges Verhältnis zu Augustus. Er hatte erlebt, wie Augustus seinem Vater die Mutter weggenommen hatte, und die eigene Ehefrau seinetwegen verloren; er war von ihm als Lückenbüßer behandelt, nach oben gehoben und wieder zurückgestoßen worden – ganz nach Belieben des Herrschers. Jetzt war er mit der Tochter des Princeps verheiratet, die offenbar nicht bereit war, sich wie Vipsania lenken zu lassen, und begonnen hatte, ihm vor Augen zu führen, daß er ihrer nicht würdig sei. Warum der Tod des gemeinsamen Sohns das anfangs gar nicht so schlechte Verhältnis so nachhaltig belastete, kann man nur vermuten. Aber die heftige Reaktion des Tiberius erlaubt den Schluß, daß er Iulia für den Tod des Kindes verantwortlich machte. Vielleicht entsprach das auch der Wahrheit. Es war im Grunde nicht schwer, eine vertraute Hebamme zu gewinnen und das Neugeborene sterben zu lassen. Manches spricht aber dafür, daß Iulia vielleicht erst durch das rüde Verhalten des Tiberius zur grundsätzlichen Kritik an ihm kam. Nachdem sie erkannt hatte, daß sie ihre Ambitionen nicht mit Tiberius durchsetzen konnte, betrachtete sie ihn mit Geringschätzung. Wie weit sie auch öffentlich aus ihrer Verachtung keinen Hehl machte, kann man nicht genau erkennen. Sie zögerte jedenfalls nicht, dem Vater einen Brief mit Beleidigungen über Tiberius zu schreiben, von dem man später behauptete, einer ihrer angeblichen Mitverschwörer, Sempronius Gracchus, habe ihn verfaßt.[170]

Aber der eigentliche Kern für die Entscheidung des Tiberius lag in der Bevorzugung seiner Stiefsöhne. Systematisch wurden sie in den Vordergrund gestellt (vgl. S. 133 ff.), ohne daß sie irgendwelche Verdienste außer ihrer Abstammung von Augustus aufzuweisen hatten. Hatte Tiberius als Konsul noch im Jahr 13 v. Chr. zusammen mit dem siebenjährigen Caius die Spiele zu Ehren der Rückkehr des Kaisers aus Gallien geleitet, so durfte der 13jährige Caius bereits im Jahr 7 v. Chr. den Spielen allein an der Seite des Konsuls Tiberius vorstehen. Das Volk trug dem Jüngling im Jahr des Rhodosrückzugs, bei den Wahlen für das Jahr 5 v. Chr., das Konsulamt an, ohne daß er kandidiert hatte. Der Herrscher lehnte dies allerdings – inszeniert bescheiden – vorerst ab. Tiberius war jedenfalls nicht zum Konsul gewählt worden. Vor dem Hintergrund der grandiosen Einführung des Augustuserben bei der Rheinarmee zwei Jahre zuvor mußte Tiberius sich hinter einem Knaben zurückgesetzt fühlen. Für einen römischen Aristokraten, der auch in der Rolle des Stiefvaters immer das Vorbild zu sein hatte, war das eine unerträgliche Belastung. Die Beziehung zu seinem Stiefsohn Caius war für Tiberius also besonders problematisch.[171] Selbst wenn Augustus die Propagierung der Enkel als offizielle Nachfolger erst nach dem Rückzug des Tiberius wirklich offensiv betrieb,[172] mußte jedem im Reich klar sein, daß sein Stiefsohn nie mehr als eine Interimslösung sein konnte, und das bedeutete eine faktische Minderung seiner Würde als römischer Mann. Er kam nicht wie Agrippa aus einer unbedeutenden Familie, der sich mit dieser Rolle zufriedengeben konnte, sondern stammte von Generationen republikanischer Würdenträger ab.

Das Exil des Tiberius und Livias Stellung in Rom

Zunächst war Tiberius in seinem rhodischen Exil recht zufrieden. Nur zu bald mußte er aber feststellen, daß er sich selbst matt gesetzt hatte. Als er nach dem Sturz Iulias im Jahr 2 v. Chr. den Wunsch äußerte, nach Rom zurückzukehren, dachte Augustus nicht daran, ihm dies zu gestatten. Tiberius hatte darum gebeten, seine Verwandten wiedersehen zu dürfen. Schroff wurde ihm geantwortet, er möge sich um die Seinen nicht mehr kümmern, die er so leichten Herzens verlassen habe.[173]

Gefährlich wurde seine Situation schließlich ein Jahr später, als sein *imperium proconsulare* und seine *tribunicia potestas* ausliefen. Bis dahin hatten sämtliche durchreisenden vornehmen Römer sowie die Magistrate für die Ostprovinzen ihm die Aufwartung gemacht, und zumindest im Osten des Reiches wurde er auch kultisch verehrt. Noch 1 v. Chr. wird im karischen Nysa ein Priester des Tiberius genannt.[174] Jetzt begann sich das Blatt rasch zu wenden. Aus der Umgebung des inzwischen 19jährigen Caius, der sich seit diesem Jahr mit dem *imperium proconsulare* auf seinem Feldzug im Osten befand, kamen unverhüllte Drohungen. Tiberius suchte daraufhin den Stiefsohn in Samos auf, vielleicht um sich mit ihm auszusöhnen. Insbesondere Marcus Lollius, der sich durch Tiberius nach der Niederlage von 16 v. Chr. in Germanien schwer gekränkt fühlte, tat sich gegen ihn hervor. Ein erneutes Gesuch des Verbannten, nach Rom zurückkehren zu dürfen, wurde abgelehnt. Einer der Gäste an Caius' Tafel brüstete sich, er werde auf Befehl nach Rhodos fahren und den Kopf des *Verbannten holen*.[175] In Nemausus (Nîmes), das im Patronat des Caius stand,[176] wurden bereits die Statuen des Tiberius gestürzt.[177] Er stand am Rand des Abgrunds. Nur mit Mühe konnte Livia für ihren Sohn erreichen, daß er wenigstens den Titel eines Legaten erhielt und damit formal eine offizielle Stellung einnahm, was ihm einen gewissen Schutz für Leib und Leben verschaffte. Vermutlich initiierte sie auch Solidaritätsbekundungen in Italien. In Saepinum in Samnium erhielt Tiberius noch im letzten Jahr seiner *tribunicia potestas*,[178] als seine Situation auf Rhodos bereits heikel zu werden drohte, eine Ehreninschrift zum Dank für den von ihm (auch im Namen seines Bruders) geleisteten Beitrag zu den Stadtmauern der Gemeinde.[179] Da Livia enge Beziehungen zu Samnium unterhielt, darf man vermuten, daß sie in der für ihren Sohn schwierigen Situation diese Loyalität eingefordert hat.

Erst drei Jahre später, im Jahr 2 n. Chr., erlaubte Augustus die Rückkehr nach Rom, allerdings durfte Tiberius sich jetzt nicht mehr an Staatsgeschäften beteiligen. Cassius Dio stellt ausdrücklich heraus, daß der entscheidende Brief der Rückberufung von Augustus und Livia gemeinsam verfaßt war.[180] Sie wird recht erleichtert gewesen sein. Gründe für den Stimmungsumschwung des Princeps sind schwer auszumachen. Livia setzte sich nachhaltig für ihren Sohn ein – warf ihr ganzes Prestige in die Waagschale, um ihm die Rückkehr zu ermöglichen. Wahrscheinlich hat Livia in diesem Zusammenhang den Concordia-Schrein in der *porticus Liviae* geweiht (vgl. S. 163).[181] Ostentativ sollte die Eintracht des augusteischen Hauses und vor allem auch die Ehe zwischen Augustus und Livia beschworen werden. Auch der Auftrag für die berühmte Plastik des Augustus in ihrem Landhaus in Prima Porta (Abb. 22) mag aus dieser Zeit stammen.[182] Eine fragmentarisch erhaltene Inschrift aus Livias Haushalt bezeugt einen *a statuis* – möglicherweise sogar einen auf Kaiserporträts spezialisierten Bildhauer.[183] Auf dem Brustpanzer der Augustusfigur wird die Rückgabe der 53 v. Chr. bei Carrhae verlorengegangenen Feldzeichen durch die Perser dargestellt – einer der am meisten stilisierten außenpolitischen Erfolge des Kaisers. Tiberius hatte die Ehrenzeichen der aufgeriebenen Legionen 20 v. Chr. anstelle des Princeps persönlich in Empfang genommen. Mit der Aufstellung konnte Livia an die Verdienste des Sohns gemahnen, ohne illoyal zu sein.

Die Lage entspannte sich. Livia ging persönlich gestärkt aus der schweren Krise hervor. Marcus Lollius, der inzwischen bei seinem Gönner Caius in Ungnade gefallen war, hatte sich das Leben genommen.[184] Statt dessen übernahm Publius Sulpicius Quirinius, ein hochdekorierter Exkonsul aus Lanuvium, die Rolle des Lollius als Begleiter *(comes)* und militärischer Berater *(rector)* im Stab des Nachfolgers.[185] Quirinius war es vermutlich zu verdanken, daß Caius seine Zustimmung zur Rückberufung des Tiberius gab. Ernannt worden war Quirinius mit Sicherheit von Augustus, ob unter dem Einfluß der Livia, ist ungewiß. Er war ein erfahrener Militär im Osten des Reiches – also bestens für seine Aufgabe geeignet. Da Tiberius aber, als er für Quirinius 22 n. Chr. ein Staatsbegräbnis im Senat beantragte, besonders dessen Loyalität während des rhodischen Exils herausstrich und den angeblichen Verrat des Lollius noch einmal zur Sprache brachte, hat er ihm wohl auf der Reise zu Caius seine Aufwartung gemacht. Die Freundschaft kann kaum in dieser verzweifelten Situation erst entstanden sein.

Quirinius war ein Aufsteiger aus dem Ritterstand, er verdankte dem Princeps alles, so daß er es sich wohl nicht leisten konnte, diese Gunst durch illoyales Verhalten zu riskieren. Daß er es dennoch tat, kann nur bedeuten, daß er bereits mit Livia oder aber Tiberius freundschaftlich verbunden war. Livia hatte stets einzelne Ritter gefördert (vgl. S. 257).

Für Quirinius ging die Rechnung auf. Seine Bindung an das Haus des Princeps wurde enger, und er konnte sogar in zweiter Ehe Aemilia Lepida als Ehefrau gewinnen. Diese für den Princepsenkel Lucius ausgewählte Braut kann er erst nach der Rückberufung des Tiberius geheiratet haben.[186] Schon zwei Jahre nach Tiberius' Adoption durch Augustus wurde Quirinius dann Statthalter in Syrien. Die Dankbarkeit des Tiberius reichte aber weiter, und Quirinius wurde später unter seinem Principat ganz besonders einflußreich. Libo wandte sich 16 n. Chr. an ihn, um sein drohendes Verhängnis abzuwenden – entweder um Gnade bei Tiberius zu erlangen oder aber bei Livia vorzusprechen (vgl. S. 62).[187]

Daß Caius, der Stiefsohn, einer Rückberufung des Tiberius zustimmen mußte, daß er also von dem jungen Mann abhängig war, muß ebenfalls eine Demütigung für Livias Sohn gewesen sein, insbesondere vor dem Hintergrund, daß die militärische Lage sich unter Führung des Caius nicht so positiv wie geplant entwickelte, war Tiberius' Rückberufung auch militärisch nötig. Wenn Krieg mit den Parthern drohte, konnte man auf Roms besten General nicht verzichten. Das hätten wahrscheinlich auch die Truppen nicht verstanden.

Kurz vor der Ankunft des Tiberius in Rom starb am 20. August 2 n. Chr. Lucius Caesar, der jüngere der Augustussöhne. Eine Krankheit, die an Bord des Schiffes ausbrach, das ihn von Massilia (Marseille) nach Italien bringen sollte, kostete ihn das Leben. Sofort entstanden Gerüchte, die Nahrung sei vergiftet worden, und unter den Verdächtigen fiel Livias Name, weil es ihr Vorteil gewesen wäre. Um den Verdacht abzuwenden, verfaßte Tiberius ein Trauergedicht auf den Stiefsohn.

Nach Lucius' Tod blieb die Lage für Tiberius gefährlich. Unerbittlich forderte die stadtrömische Bevölkerung die Rückkehr der älteren Iulia.[188] Ihre Rückkehr auf das Festland nach Rhegion (Reggio) im Jahr 3 n. Chr. sah nur vordergründig wie eine Erleichterung aus (vgl. S. 161). Livia sorgte zudem dafür, daß Iulia nicht ohne weiteres in die Geschehnisse der Stadt eingreifen konnte. Iulias überlebender Sohn Agrippa wurde außerdem nicht wie seine

Brüder in die Nachfolgepolitik einbezogen, obwohl mit dem Tod des Lucius durchaus der Gedanke nahegelegen hätte, den letzten Enkel des Augustus an die Seite des verbleibenden Nachfolgers zu stellen. Anders als für seine Brüder im gleichen Alter gab es keine Signale, die auf eine solche Förderung durch den Großvater hindeuten konnten. Die Verleihung der *toga virilis* war vorläufig aufgeschoben.

Im Herbst des Jahres erreichte Rom die Nachricht, Caius sei auf seinem Feldzug in Armenien schwer verwundet worden. Wenige Monate später erlag er auf der Rückreise in Limyra in Lykien seiner Verletzung. Die tiefe Niedergeschlagenheit, die ihn nach der Verwundung ergriffen hatte (vgl. S. 139), wurde offenbar von Männern seines Stabes noch gefördert. Velleius, der sich ebenfalls im Gefolge befand, spricht davon, daß die Männer seiner Umgebung den Verwundeten darin ermunterten, nicht nach Rom zurückzukehren, während Augustus in der Hauptstadt ihn bekniete, die Rückreise zu beschleunigen. Augustus hatte vielleicht vor, Caius für seine Verdienste nun die *tribunicia potestas* zu verleihen. Gerüchte, die im Osten ankamen, mochten allerdings ein ganz andere Bild vermitteln – nämlich daß Tiberius zurück war und nun seine Position zurückverlangen würde. Angeblich plante Augustus zu diesem Zeitpunkt schon die Einbeziehung des Tiberius in die Nachfolge.[189] Vielleicht sollte der Kaiserenkel sich nach Ansicht seiner Berater im Osten eine günstige Ausgangsposition für einen bevorstehenden Machtkampf verschaffen. Aber sein Tod machte alle diese Überlegungen haltlos. Tiberius wurde tatsächlich als Nachfolger des Augustus eingesetzt.

KAPITEL 8

MATER PATRIAE. LIVIA NACH DER ADOPTION DES TIBERIUS

Nachfolge Schlußakt: Die problematische Lösung (4 n. Chr. – 14 n. Chr.)

Nach dem Tod der Adoptivsöhne war die Nachfolgefrage erst einmal offen. So wie der Principat konstruiert war, mußte man nach einem Mann suchen, der zur Familie des Augustus gehörte, also dessen Prestige und Vermögen glaubhaft weitertrug und deshalb von Senat und Volk akzeptiert wurde, der aber auch Resonanz und Autorität bei der Armee hatte. Die Situation konnte gefährlich werden, wenn Augustus etwas zustieß und der Staat erneut in Chaos und Bürgerkrieg versank, bis ein neuer Princeps gefunden war.

Augustus war schon 66 Jahre alt und nach wie vor bei labiler Gesundheit, so daß man das Problem nicht auf die lange Bank schieben durfte. Im Grunde blieb Augustus nichts anderes übrig, als Tiberius, der alle Voraussetzungen erfüllte, zum Nachfolger zu machen. Tiberius – Kandidat ohne Alternative – saß so erstmals wirklich in einer Position des Fordernden. Er konnte Sicherheiten für die Ernsthaftigkeit der Absichten des Augustus verlangen. Viel zu oft war er zurückgesetzt worden. Die Übertragung von *imperium proconsulare* und *tribunicia potestas* dürfte für Tiberius jetzt nicht mehr genug gewesen sein. Vermutlich bestand er darauf, durch Adoption Iulier zu werden und damit die leiblichen Erben des Augustus auszuschließen, insbesondere den 16jährigen Enkel Agrippa Postumus. Als legitimer Sohn des Augustus war Tiberius nicht so leicht wieder beiseite zu schieben, es sei denn, man beseitigte ihn.

Das Ergebnis der Verhandlungen war ein Kompromiß, dem Tiberius, wie es scheint, nur zögernd zustimmte. Augustus entschloß sich, Tiberius unter Bedingungen zu adoptieren, die für diesen zumindest problematisch waren. Er war nicht der einzige Adoptivsohn. Agrippa, der letzte lebende Enkel, wurde ebenfalls adoptiert. Tiberius selbst adoptierte vor seiner eigenen Adoption den 19jährigen Germanicus, den Sohn seines Bruders und der jüngeren Antonia und damit Enkel der Augustus-Schwester Octavia. Germanicus war zwar der Neffe des Tiberius, aber Tiberius hatte von Vipsania einen eigenen Sohn, den jüngeren Drusus, der im gleichen Alter wie sein Vetter Germanicus war und der somit nicht automatisch der nächste Princeps nach Tiberius wurde.

Mit der Adoption durch Augustus war Tiberius nach dem Selbstverständnis des Principats wie auch nach dem dynastischen Denken, das vor allem im Heer und im Volk bereits Wurzeln geschlagen hatte, der Form und Sache nach der Nachfolger in der Herrschaft. Allerdings, so scheint es, hat Augustus selbst in dieser ausweglosen Situation für seine dynastischen Ambitionen noch den Gedanken der leiblichen Nachfolge weiterverfolgt und dem Tiberius für dessen eigene Nachfolge diese Bürde aufgezwungen, es sei denn, er strebte ganz pragmatisch nach einer Doppelspitze für das Reich. Die Ikonographie der Adoptivsöhne wäre als Hinweis zu deuten (vgl. S. 135; 138 f.) ebenso wie die Tatsache, daß Augustus selbst sich immer wieder Mitregenten suchte.

Augustus zögerte drei Monate, bevor er sich zum Adoptionsakt entschloß. Tat der Kaiser sich schwer mit der Entscheidung, rang er um eine andere Lösung, verliefen die Verhandlungen so zäh? Wir wissen es nicht. Anzunehmen ist, daß Livia ihn zu diesem Schritt drängte, ihren Sohn nun zum Nachfolger zu ernennen. In den Augen des Herrschers Augustus eine vernünftige Lösung, für den Großvater eine bittere Niederlage. Das Exil hatte Tiberius' Popularität geschadet, aber er war den Heeren am Rhein wie auf dem Balkan bestens vertraut, und Augustus hatte keine Zeit, einen neuen Nachfolger aufzubauen. Er konnte nicht wissen, daß ihm noch zehn Lebensjahre blieben.

Tiberius erhielt vom Senat erneut die *tribunicia potestas*, dieses Mal sogar, wie es scheint, bereits auf zehn und nicht nur für fünf Jahre. Seine Position als Nachfolger war damit mehr als gesichert. Tiberius ließ sich dazu zunächst im privaten Kreis, dann auch im Senat lange drängen. Das war nicht lediglich Ausdruck eines zögerlichen Charakters, wie gemeinhin angenommen wird, sondern ist als politisches Druckmittel zu verstehen, das die Ernsthaftigkeit ebenso wie die Endgültigkeit der Bestallung sichern sollte.

Die Adoption des Tiberius erfolgte als *arrogatio*, ganz traditionell auf dem Forum durch das Gesetz einer der Volksversammlungen (vgl. S. 128 f.).[1] Öffentlich erklärte Augustus dabei, er adoptiere den Stiefsohn *rei publicae causa* – um des Staates willen.[2] Diese Formel wurde immer wieder als Ausdruck der Zwangssituation des Augustus[3] gedeutet, in der ein betagter kränklicher Herrscher den Tiberius als Sohn annahm. Augustus hatte offenbar überraschend der von ihm zu sprechenden Formel bei der Adoption des Tiberius diese Worte hinzugefügt.[4] Andererseits darf man nicht übersehen, daß er mit diesem neu angeführten Grund zu den sonst bei der *arrogatio* üblichen Gründen, diese deutlich von anderen Adoptionen abhob, in erster Linie natürlich von der gleichzeitigen Adoption seines Enkels Agrippa Postumus, den er ohne diese Formel adoptierte.[5] Velleius, der möglicherweise sogar Augenzeuge der Zeremonie war, sah darin die entscheidende Designation des Tiberius zum Erben der Herrschaft und nennt ihn im folgenden den *vindex et custos imperii* (Retter und Wächter des Reiches). Diese antike Lesart der Ereignisse dürfte die richtige sein,[6] wenn man bedenkt, daß Tiberius unmittelbar nach der Adoption außer der *tribunicia potestas* ein langfristiges *imperium proconsulare* erhielt, und der 26. Juni, der Adoptionstag, zum jährlichen Festtag erhoben wurde.[7]

Andererseits konnte man die Adoption eben auch anders deuten, zumal relativ schnell nach der Adoption Gerüchte aufkamen, Augustus habe daran gedacht, Germanicus zum Nachfolger zu bestimmen, war aber von Livia an diesem Plan gehindert worden. Aber für Livia war Germanicus ebenso Enkel wie Drusus der Jüngere. Aus ihrer Perspektive bedeutete die Adoption des Germanicus keine Zurücksetzung des Tiberius, sondern die hierarchische Eingliederung des übrigen Claudierhauses in die iulische Familie – damit wurde das Konzept einer *domus Augusta* aus Iuliern und Claudiern für alle sichtbar begründet (vgl. S. 183 f.).[8] Faktisch war die Nachfolge für zwei Generationen gesichert, und diese war von Claudiern dominiert. Germanicus' Selbstverständnis war wohl auch weitaus mehr von den Claudiern geprägt, als üblicherweise angenommen wird.[9] Problematischer war dagegen aus Livias Sicht der Anspruch des Agrippa Postumus, der ebenfalls durch die Adoption zum Sohn des Augustus aufstieg. Augustus hat nach der Adoption jedoch alles getan, um Tiberius als seinen Nachfolger herauszustellen; deshalb ergibt es keinen Sinn, schon in der Eidesformel des Staatsaktes destabilisierende Tendenzen zu vermuten.

Welche Ziele verfolgte Augustus mit der Adoption des Agrippa Postumus? Einerseits sollte ein leiblicher Enkel wohl nicht hinter einem Claudier zurückgesetzt werden. Das wäre ohne Adoption der Fall gewesen, weil der Enkel rechtlich gesehen nicht zur Familie des Augustus, sondern zu der des verstorbenen Agrippa gehörte, also ein Vipsanius war. Wichtiger war die Absicherung der Nachfolge des Tiberius, denn mit der Einbindung in die Familie wollte man auch die Bindung des Agrippa verfestigen und verhindern, daß er außerhalb der Familie zum Kristallisationspunkt eines zweiten iulischen Zentrums werden konnte, und statt dessen dafür sorgen, daß er in die Solidarität eingebunden wurde. Die gemeinsame *domus* wurde durch Hochzeiten und Verlobungen markiert. So heiratete Augustus' Enkeltochter Agrippina den Germanicus, und ihre Nichte Aemilia Lepida wurde mit Germanicus' Bruder verlobt. Drusus wurde mit seiner claudischen Cousine Livilla verheiratet, der Witwe des Caius. Aber die Strategie ging nicht auf.

Das komplizierte Geflecht, mit dem das neue politische System abgesichert und gefestigt werden sollte, schuf auf Dauer Spannungen und unvermeidliche Rivalitäten, welche die Geschlossenheit des Hauses beträchtlich gefährden mußten. Tiberius wurde zwar eine wichtige Stütze für Augustus, wuchs in die Aufgabe des nächsten Herrschers hinein und bewährte sich insbesondere im existenzbedrohenden pannonischen Aufstand, der im Jahr 6 n. Chr. ausbrach, aber im Umfeld entstanden zahlreiche Konflikte, die zum Ruin mehrerer Mitglieder der Familie führten.

Agrippa, der noch nicht für eine Nachfolge in Frage kam, weil er mit 16 Jahren noch zu jung war und keinerlei überzeugende Verdienste aufzuweisen hatte, wurde als erster zum Mittelpunkt oppositioneller Kreise. 5 n. Chr., bereits ein Jahr nach der Adoption, hatte er die *toga virilis* erhalten, aber ohne dieselben Vorrechte und Ehren wie einst seine Brüder (vgl. S. 134 ff.). Tiberius wurde dagegen deutlich als der kommende Herrscher herausgestellt. So übertrug Augustus dem Adoptivsohn Aufgaben, die ihm eigentlich selbst zukamen: Als im Jahr 5 n. Chr. parthische Gesandte bei ihm vorstellig wurden, verwies er sie weiter an Tiberius, der entlang der Elbe gegen die Germanen vorging. Unklar ist, wann Germanicus und Drusus, die »Söhne« des Tiberius, zu *principes iuventutis* ernannt und damit als künftige Herrscher designiert wurden. Ob Germanicus diesen Ehrentitel schon im Jahr der Adoption erhielt und Drusus drei Jahre später – wie andere Ämter auch – oder aber beide ihn erst nach der Ausschaltung des Agrippa bekamen, ist nicht mehr zu klären.

Agrippa mußte es als Zurücksetzung empfinden, daß ihm der Titel eines *princeps iuventutis* – und damit die Designation zur Nachfolge – nach Anlegen der *toga virilis* verweigert wurde, waren doch seine Brüder jeweils bei Eintritt ins Mannesalter durch diese Auszeichnung geehrt worden. Er machte Livia für diese Behandlung verantwortlich.[10] Es ist durchaus möglich, daß Livia dem Augustus klargemacht hatte, daß er sich nach Lage der Dinge keine erneute Brüskierung des Tiberius leisten konnte, auf dessen militärische Fähigkeiten er schon aufgrund von Unruhen in Germanien mehr als je zuvor angewiesen war. Da andererseits Agrippa nicht bereit war, sich den Vorstellungen des Princeps zu fügen, sondern als Sohn der Iulia sogar deren politische Freunde um sich sammeln konnte, schaltete Augustus den jungen Mann politisch aus. Spätestens zu Beginn des Jahres 6 n. Chr. wurde er förmlich als Sohn des Augustus verstoßen *(abdicatio)*,[11] aus Rom nach Surrentum (Sorrent) am Golf von Neapel entfernt und gegen Jahresende (7 n. Chr.) dauerhaft auf die Insel Planasia bei Korsika verbannt. Sein Vermögen wurde der Militärkasse einverleibt. In der Öffentlichkeit stellte man Agrippa als geistig gestört hin. Tatsächlich war er das Opfer der nach dem Tod der beiden Caesares geänderten Nachfolgepolitik. Offenbar konnte oder wollte Postumus sich mit seinem Schicksal nicht abfinden. Andererseits war seine Agitation außerordentlich gefährlich[12] angesichts zunächst wenig erfolgreicher außenpolitischer Entwicklungen im fernen Germanien und in Pannonien und einer innenpolitischen Krise, die von einer Brandkatastrophe, Überschwemmung, Hunger und einer steigenden Steuerlast zur Kriegsfinanzierung begleitet war.[13] In Rom ließen sich die Volksmassen vorerst durch die Spiele im Januar 7 n. Chr., die Tiberius und Germanicus zur Erinnerung an den älteren Drusus veranstalteten, wieder beruhigen.[14]

Auch Agrippas Schwester, die jüngere Iulia, war zusammen mit ihrem Mann, dem Patricier Aemilius Paullus (Konsul 1 n. Chr.), in die Affäre verwickelt und zog die entsprechende Konsequenz. Der Ehemann der Enkelin des Princeps war pikanterweise seinerseits ein Enkel von Scribonia,[15] der Mutter der älteren Iulia.[16] Die jüngere Iulia fühlte sich vermutlich ebenfalls durch die Behandlung ihres Bruders diskriminiert, und Paullus glaubte sich dem Nachfolger Tiberius durchaus ebenbürtig.[17] Die Nachkommen des Augustus von Iulia waren mit Ausnahme von Agrippina, die mit Germanicus verheiratet war, tot oder politisch kaltgestellt. Noch war Iulia (die Mutter) am Leben und konnte zurückgeholt werden. Nach Aufdeckung der Verschwörung wurde Paullus sogleich hingerichtet und verfiel der Erinnerungsächtung *(damnatio memoriae)*. Iulia wurde auf die Insel Trimerus (Tremiti) vor der Nordküste Apuliens verbannt. 20 Jahre bis zu ihrem Tod im Jahr 28 n. Chr. sollte sie in diesem Exil verbringen. Einen Sohn, den sie in der Verbannung gebar, durfte sie nicht aufziehen.[18] Den Palast seiner Enkelin in Rom ließ Augustus demonstrativ niederreißen.[19] Wie im Fall ihrer Mutter wurden auch für die jüngere Iulia moralische Vergehen und Ehebruch als Anklagepunkte vorgebracht. Aber durch die Hinrichtung des Ehemanns ist die Ehebruchsversion noch weniger glaubhaft als im Fall der älteren Iulia. Decimus Iunius Silanus, der einzige namhaft gemachte Liebhaber, wählte das freiwillige Exil. Ovid – ebenfalls in die Affäre verwickelt – wurde nach Tomi am Schwarzen Meer verbannt (vgl. S. 181).[20] Die Siege gegen die Aufständischen in Pannonien taten das ihre, die Bevölkerung mit der Regierung zu versöhnen.

Doch die Lage blieb gefährlich, obwohl Iulia und ihre beiden Kinder Iulia und Agrippa weitgehend politisch isoliert waren. Agrippina dagegen hat sich kaum an dieser Verschwörung beteiligt, zumal ihre Chancen an der Seite des

Germanicus nicht besser sein konnten. Sie war im Gegenteil das Aushänge-schild der augusteischen Familie, die fürsorgende Mutter und treue Ehefrau – die künftige Herrscherin Roms.

Keine Söhne

Die Nachfolgepolitik des Augustus war von zahlreichen Brüchen gekennzeich-net. Problematisch erwies sich von Anfang an, daß es außer Marcellus, der früh verstarb, keine männlichen Nachkommen im iulisch-octavischen Haus gab. Die Verwandtschaft zu Augustus verlief ausschließlich über die mit ihm bluts-verwandten Frauen, vor allem über seine Tochter und seine Schwester, und wer sich nach einem potentiellen Nachfolger umsah, mochte an mehrere Personen denken. Das Fehlen einer männlichen Nachkommenschaft verlieh sogar Frauen, deren Verwandtschaft zu Augustus weitläufiger war, eine gewisse Bedeutung.

Augustus mußte sich zur Konstruktion seiner Nachfolge der traditionellen Methoden der republikanischen *patres* bedienen: Heiratspolitik und Adoption. Der Mangel an Männern in der eigenen Familie zwang ihn sehr bald, die weib-lichen Familienangehörigen mit vornehmen Männern und Freunden zu verhei-raten. Die beiden Marcellae wurden mit Agrippa, Iullus Antonius, Paullus Aemilius Lepidus, Marcus Valerius Messalla Barbatus Appianus, Antonia maior mit Lucius Domitius Ahenobarbus vermählt. Sie alle waren loyale An-hänger des Herrschers, aber bis auf Agrippa Nachfahren bedeutender republi-kanischer Adelsgeschlechter, was den frühen Principat schwer belasten sollte. Denn natürlich fühlten sich diese Männer alle zur Nachfolge berufen. In der Generation der Großnichten und Großneffen des Augustus wurde vorzugs-weise innerhalb der Familie geheiratet und nur in Ausnahmefällen verdiente Freunde über die Ehe an die Familie des Herrschers gebunden. Noch kompli-zierter wurde das Nachfolgeproblem durch Livias Kinder, die Stiefsöhne des Augustus, Tiberius und Drusus, die beide erfolgreiche Feldherren waren und für die Livia versuchte, machtvolle Positionen zu sichern. Aber Augustus zog stets die Angehörigen seiner Familie den Stiefsöhnen vor, hat sie aber aufgrund des Männermangels in seiner Familie früh politisch privilegieren müssen. Erst allmählich wurden die Hochzeiten der Stiefsöhne mit Mitgliedern der iulischen Familie dazu benutzt, den claudischen Zweig der Großfamilie an die Iulier her-anzuziehen. Der ältere Drusus, Livias jüngerer Sohn, heiratete 16 (?) v. Chr. die jüngste Nichte des Augustus, Antonia minor. Tiberius' und Iulias Eheschlie-ßung im Jahr 11 v. Chr. war dagegen eine Notlösung. Nach Agrippas Tod fiel dessen Rolle, die Familie des Augustus zu versorgen und als loyale Generäle den Principat zu schützen, Livias Söhnen zu. Die zweite Heiratswelle folgte nach den Adoptionen 4 n. Chr. Germanicus heiratete Agrippina, der jüngere Drusus, Tiberius' Sohn, Livilla, die Witwe des Caius. Beides waren streng dynastische Ehen, die jeweils die dem Herrscher am nächsten stehenden Abkömmlinge verbanden. Vorrang hatte die Ehe des Germanicus mit Agrippina, der Großneffe (Livias Enkel) mit einer Enkeltochter des Augustus. Der jüngere Drusus heiratete nur die Großnichte, allerdings seine eigene Cousine. Betrachtet man die Ehen aus Livias Perspektive, konnte es gar nicht besser sein. Die Claudier waren als Erben wohletabliert, und der nächste Princeps würde ein Claudier sein, auch wenn er den Namen Iulius trug.

Adlige ohne Kinder, aber auch Väter von Töchtern hatten seit Jahrhunderten auf Adoption als Strategie der Familienpolitik zurückgegriffen. Dabei war es auch nicht ungewöhnlich gewesen, mehr als einen Sohn zu adoptieren. An diesem gängigen Konzept orientierte sich das Adoptionssystem des Augustus, der immer zwei Personen adoptierte und Tiberius zwang, dies auch in der nächsten Generation fortzusetzen, indem er seinem leiblichen Sohn Drusus den Adoptivsohn Germanicus zur Seite stellte.[21] Dennoch war das dynastische System des Augustus bis zuletzt auf die Angehörigen seines Hauses fixiert, darin manifestiert sich auch der monarchische Charakter des Principats.

Die Mutter des Reiches

Nachdem Tiberius durch Adoption zum Nachfolger des Augustus aufgestiegen war, wurde noch einmal die Mutterrolle für Livia neu akzentuiert, nun als Mutter künftiger Herrscher und nicht länger als Mutter erfolgreicher Generäle. Im Münzbild schlug sich das ebenso nieder wie im Porträt.[22]

Die Geburt des Nachfolgers wird zur wichtigen, von Livia dem Staat erwiesenen Wohltat stilisiert. Diese erneute Aufwertung ihrer Position macht eine Weihung von der via Flaminia deutlich, die an den Genius von Augustus und Tiberius Caesar (als seinem Nachfolger) gerichtet ist sowie parallel dazu an die Iuno der Livia.[23] Aus Himera auf Sizilien stammt ein Altar aus augusteischer Zeit für Augustus und für Livia als Mutter des Tiberius Caesar und Gattin des Augustus.[24] Die Vorstellung vom Dreigestirn an der Spitze des Staates, das Wohlfahrt verspricht, nimmt Gestalt an. Nun gewinnt auch der 17. Januar, der offizielle Hochzeitstag des Herrscherpaares, plötzlich an Bedeutung. Tiberius wählte gerade diesen Tag aus, um als Nachfolger im Jahr 5 oder 9 n. Chr. einen Altar für die göttliche Macht des Herrschers, die *ara numinis Augusti,* zu weihen.[25] Der häufig in diesem Zusammenhang genannte Ehrenbogen von Pavia aus dem Jahr 7/8 n. Chr., der Livias Namen neben dem des Augustus und Tiberius[26] enthält, muß hingegen als Konstruktion der Wissenschaft betrachtet werden. Dennoch ist nicht zu übersehen, daß Livia in diesen Jahren ihren festen Platz im Herrscherkult erhielt. Tiberius war in der bildlichen Darstellung der Sohn des Paares Livia und Augustus.

Die Konsequenz so vieler Wohltaten war in den Ostprovinzen bereits vorweggenommen – die Vergöttlichung. Aber selbst im Westen – wie in Sizilien – wurde Livia noch zu Lebzeiten des Augustus durch die Aufstellung von Statuen und die Verehrung von Bildern in eine göttliche Sphäre gerückt.

Öffentliche Weihungen reichen von reinen Ehrenwidmungen bis zu kultischen Verehrungen. Die Gemeinde Tibur (Tivoli) setzte Livia eine Inschrift auf Gemeindekosten als Ehefrau des Caesar Augustus.[27] Die italische Gemeinde Superaequum (Castelvecchio Subequo) ehrte sie als Gemahlin des Augustus und Mutter von Tiberius Caesar und Drusus Germanicus.[28] Die besondere Herausstellung Livias und ihrer Söhne ist ein Zeichen von großer Loyalität. Die Gemeinde Haluntium (San Marco d'Alunzio) an der Küste Siziliens weihte sogar *der Göttin Livia, der Gemahlin des Augustus* eine Inschrift.[29] Für eine nun verstärkt einsetzende göttliche Verehrung spricht auch eine Inschrift aus Zama Regia (El-Lehs) in der Provinz Africa proconsularis, in der ein Ehepaar Livia für die Errettung aus nicht näher benannter Gefahr bereits im Jahr 3 n. Chr. dankt und eine Weihung veranlaßt: *Der Iuno der Livia[30], Ehefrau des Augustus, geweiht, als der Imperator Lucius Passienus Rufus Africa innehatte, haben Cnaeus Cornelius Rufus, Sohn des Cnaeus Cornelius und Maria Galla, Tochter des Caius, Ehefrau des Cnaeus, als Gerettete das Gelübde gerne und verdientermaßen eingelöst.[31]* Livia wird hier als Schützerin der Eheleute wahrgenommen, lange bevor sie als die Ehe schützende Gottheit etabliert war. Im Exil in Tomi dichtete Ovid für das Wohl des Augustus und vernachlässigte Livia dabei nicht. Obgleich er sie nur als Ehefrau des Augustus anspricht, kommt er doch auf ihren Sohn und Enkel als Nachfolger zu sprechen und hält sich dabei ganz an die durch die Adoption 4 n. Chr. konstruierte Verwandtschaft. Livia war Ceres, die fruchtspendende Göttin:

> werde Dir *[Augustus]*, wie Du es immer durch Tat und Gesinnung verdientest,
> immer der dankbaren Stadt schuldige Liebe zuteil!
> Livia möge mit Dir gemeinsame Jahre durchleben,
> sie, die nur eines Gemahls Hand, nur die Deine verdient!
> Wäre sie nicht, so müßtest als Unvermählter Du leben,
> gab es doch keine, der Du Gatte vermöchtest zu sein.

Mit Dir Glücklichem lebe Dein Sohn *[Tiberius]* auch glücklich und herrsche
mit Dir Älterem weit, weit in sein Alter hinein!
Und Deine Enkel *[Germanicus und Drusus]*, ein Sternbild der Jugend, mögen
als Beispiel
Deinen Vater *[Caesar]* und Dich nehmen, wie sie es ja tun.[32]

Ein Brief Ovids an seinen Patron Marcus Aurelius Cotta Maximus (Konsul
20 n. Chr.) belegt ebenfalls die göttliche Verehrung der Dynastie von Augustus über Livia hin zu den Enkeln. Der Dichter nennt Livia unter seinen Hausgöttern:

Kürzlich wurden die beiden Caesaren mir übergeben,
Götterbilder, die Du Maximus Cotta gesandt,
und auf daß Dein Geschenk so vollkommen sei, wie es sein soll,
hast Du Livia noch ihren Caesaren zugesellt.
Glückliches Silber, an Wert auch jeglichem Gold überlegen:
erst nur rohes Metall, trägt es die Gottheiten jetzt!
Hättest Du mir Schätze geschenkt, Du konntest nichts Größeres geben
als diese himmlischen Drei, die Du vor Augen mir bringst...
Schone, so fleh' ich, Du unvergänglicher Ruhm unsrer Zeiten,
den seine Mühe zum Herrn über die Lande gemacht!
Bei unserm göttlichen Land, das teurer Dir ist als Du selber,
bei den Göttern, die nie taub sind bei Deinem Gebet,
bei Deiner Ehegefährtin, die einzig Dir gleich sich erwiesen,
der Deiner Hoheit Glanz niemals beschwerlich erscheint,
Bei Deinem Sohn, der ähnlich Dir ist durch das Bild seiner Männlichkeit,
der sich durch Wesen und Art stets als der Deine erweist
bei Deinen Enkeln, die würdig des Ahnen, des Vaters sich zeigen
... lang lebe auch Du *[Augustus]* ... Du auch, die dem gewaltigen Manne
so glückhaft vermählt ist,
hör mich in Demut flehn: leih mir ein gnädiges Ohr!
Heil sei Deinem Gemahl und Heil Deinen Söhnen und Enkeln!
Heil ihren Frauen mitsamt dem, was ihr Schoß euch gebar!
Und wenn das grause Germanien Dir Deinen Drusus geraubt hat,
bleibe der einzige er, den Du geopfert dem Krieg!
Möge nur bald als Rächer des hingemordeten Bruders
purpurgekleidet Dein Sohn lenken das weiße Gespann![33]

Ovids Verse spiegeln den Bedeutungszuwachs der Livia in der letzten Dekade der augusteischen Herrschaft. Verzweifelt flehte er sie um Gnade an, endlich dem verhaßten Exil zu entfliehen. Jahrelang hatte er auf die Nachsicht des Augustus gehofft. Dabei war seine Verbannung in die Dobrudscha vermutlich seiner Mitwisserschaft an den Verschwörungsplänen der jüngeren Iulia im Jahr 8 n. Chr. geschuldet. Sein Vergehen war so unangenehm, daß er nicht einmal eine Andeutung über die Umstände wagt, sondern von seinem *error* (Irrtum) spricht.[34] Er nennt seine *musa* (Muse) und seine *ars* (Kunst) verantwortlich für die Verbannung.[35] Generationenlang haben sittenstrenge Altertumswissenschaftler die schlüpfrige *ars amatoria* als Motiv der Entfernung aus Rom gesehen, die allerdings damals schon seit acht Jahren verfügbar war und nur dann als Grund in Frage käme, wenn die jüngere Iulia tatsächlich ein Ehebruchsdelikt zu Fall gebracht hätte und die Verspottung der Ehe auch als Verspottung des Augustus und seiner einschlägigen Gesetze gewertet worden wäre. Es ist nicht unwahrscheinlich, daß es einen Zusammenhang gibt zwischen der Verbannung und der Zerstörung eines anderen Werkes des Dichters, nämlich der Medea – eines Dramas über die bekannteste Kindermörderin der Antike, die den Mann, der sich von ihr abwendet, durch den Tod seiner Kinder bestraft und die von ihm gewählte Braut mit einem vergifteten Gewand umbringt. Konnte man, wenn man wollte, gar Livia in der Medea erkennen als Mörderin der Kinder des Augustus, wie es Rolf Hochhuth kürzlich so pointiert tat?[36] Oder hatte der Höfling des Augustus zufällig ein Geheimnis entdeckt, das für diesen Kaiser höchst unangenehm war?[37] Vielleicht war er Zeuge einer heimlichen Hochzeit zwischen der jüngeren Iulia und Decimus Iunius Silanus, die den Bund der letzten Leibeserben gegen Augustus besiegeln sollte.[38] Wahrscheinlich war er Zeuge der Verschwörung der Enkel gegen den Großvater; auch wenn er schwört, die Relevanz des Gesehenen nicht erkannt zu haben, war er vermutlich sogar darin verwickelt. Die Verschwörung war möglicherweise größer als wir ahnen. Auch andere Verwandte scheinen sich daran beteiligt zu haben, aber nach außen wurde dieser Machtkampf des augusteischen Hauses als ein rein moralischer Skandal behandelt, und so war es doch recht passend, einen frivolen Dichter zu verbannen und die Produktion der *ars amatoria* als Vorwand zu benutzen.

Es ist bemerkenswert, wie sich allmählich die Idee einer *domus Augusta* – eines Herrscherhauses – zu formen beginnt. Mit der Verleihung des Titels *pater patriae* durch den Senat 2 v. Chr. waren auch Segenswünsche für das Wohl des augusteischen Hauses ausgesprochen und dabei der dynastische Anspruch des Hauses *(tibi domuique tuae)* mit dem Staatswohl verknüpft worden.[39] Damit wurde der in der *ara pacis* (vgl. S. 153 f.) bereits zuvor bildlich formuliert Anspruch eingelöst. Die mit der Verleihung des Titels *pater patriae* gleichzeitige Weihung des Augustusforums rekurriert ebenfalls auf den dynastischen Aspekt. Mittels eines Edikts wird eine Anweisung veröffentlicht, wie das Statuenprogramm der hier aufgestellten siegreichen Feldherren zu lesen war: *damit an deren Vorbild sowohl er selbst* [Augustus], *solange er lebe, als auch die principes späterer Zeiten von ihren Bürgern gemessen werden könnten.*[40] Deutlicher konnte man den Herrschaftsanspruch des Principats und seine Übertragung auf die nächste Generation nicht formulieren.[41] Erst mit den Adoptionen von Tiberius und Germanicus im Jahr 4 n. Chr. wird das Konzept von der *domus Augusta* als ein Amalgam aus Claudiern und Iuliern offensiv proklamiert, obgleich bereits bei der Bestattung des Liviasohns Drusus 9 v. Chr. die Ahnenmasken von Claudiern und Iuliern den Leichnam begleitet hatten. Es lag in Livias ureigenstem Interesse, dieses Konzept eines gemeinsamen Hauses zu fördern, was ihre persönliche Stellung nachhaltig stärken sollte. Die Errichtung des Concordiaschreins (vgl. S. 163) in ihrer *porticus* scheint genau diese Thematik zu befördern. Die Eheschließungen der jüngeren Generation (vgl. S. 176 f.) nach den Adoptionen schließen die *domus* zusätzlich dynastisch nach außen ab. Der Untergang von Agrippa Postumus und der jüngeren Iulia trug entscheidend zur weiteren Entwicklung bei, weil nun die claudischen Anwärter Germanicus und der jüngere Drusus in sehr kurzer Zeit herausgestellt wurden.[42] In seinen Exilwerken hat Ovid die Einbeziehung der Claudier verherrlicht und Livia an erste Stelle vor die Söhne und Schwiegertöchter gerückt.[43] In einem wohl anläßlich des Triumphes vom 23. Oktober 12 n. Chr. verfaßten Brief aus Tomi findet sich schließlich der erste Quellenbeleg für den Begriff *domus Augusta*.[44] Der Dichter will offenbar sein Einverständnis mit der neuen Selbstdarstellung des augusteischen Hauses uneingeschränkt zum Ausdruck bringen und seine Loyalität bekunden. Durch seine Ehefrau wird er über die Vorgänge in Rom wohl informiert gewesen sein. Aber auch in der Provinz wurde der Ansatz rezipiert. Etwa gleichzeitig ließ im Jahr 11 n. Chr. die Stadt Narbo (Narbonne) einen Altar für die kultische Verehrung des Princeps weihen. Auch hier wird die Bedeutung des Hauses noch einmal neu aufgefüllt, indem Livia bei den Segenswünschen nach Augustus an die erste Stelle getreten war, vor seine Kinder und seine Familie *(gens)*. Dann folgten der Senat, das römische Volk und schließlich die Bürger und Einwohner von Narbo selbst.[45] Hier taucht allerdings noch nicht der Begriff *domus Augusta* auf, wie er uns aus den Dokumenten tiberischer Zeit so geläufig ist.[46]

Ein Jahr später, 12 n. Chr., verzeichnet Cassius Dio die Weihung einer *stoa*

Liouvia (στοὰ Λιουία), einer *porticus Livia*, zu Ehren des Caius und Lucius Caesar,[47] was die Herausgeber des Textes zu einer Korrektur in *basilica Iulia* veranlaßt hat.[48] Die Angabe kann sich nur auf eine andere *porticus* mit Livias Namen zu Ehren der Adoptivsöhne des Augustus beziehen. Auf diese Weise wurde also noch einmal die Rolle Livias als Stammutter des augusteischen Hauses bestätigt und somit die Verbindung zwischen den verstorbenen Adoptivsöhnen des Augustus und den lebenden Erben, den leiblichen Nachkommen, seiner Frau gezogen, von denen der eine (Tiberius) im gleichen Jahr seinen Triumph über Pannonien und Dalmatien feierte und der andere (Germanicus) als Konsul fungierte. Zur gleichen Zeit war am Forum Romanum ein Neubau der Basilica Iulia zu Ehren der Adoptivsöhne im Gang, dessen Fertigstellung Augustus seinen Erben auferlegte.[49] Deutlicher waren die Iulier wohl nicht mit den Claudiern zu verknüpfen, auch wenn der claudische Name dabei schamhaft verschwiegen wurde und statt dessen der Name Livias erschien.

Spätestens zwischen 13 und 14 n. Chr. wurden in der Münzstätte im gallischen Lugdunum (Lyon) Silber- und Goldmünzen mit dem Bild einer thronenden Göttin geprägt, die Szepter und Ähren hält und mit der man Livia – als Ceres Augusta – identifizieren konnte (Abb. 21).[50] Obwohl weder sicher ist, daß die abgebildete Frauengöttin tatsächlich Livia darstellt, noch ob das Münzbild von den Zeitgenossen wirklich so verstanden wurde, zeigt diese Emission deutlich, daß Livias Stellung gegen Ende der Herrschaft des Augustus deutlich an öffentlichem Profil gewonnen hatte und ein Münztyp geschaffen wurde, in dem Livia erkannt werden konnte, aber nicht mußte. Mit der Zeit wurde die Göttin auf der Münze immer stärker als Darstellung der Livia gedeutet. Claudius vollzog dann den letzten Schritt, indem er Münzen dieses Typs mit der Umschrift Diva Augusta versah und damit die abgebildete Göttin eindeutig als Livia identifizierte (Abb. 12).[51] Die Ambivalenz der Darstellung war von Anfang an gewollt. Auch unter Tiberius wurde der Münztyp (jetzt zusätzlich in einer Version mit Olivenzweig für Pax Augusta[52]) durchgängig geprägt. In den Provinzen, etwa in Sardis oder Pergamon, wurde die Darstellung jetzt definitiv mit Livia verknüpft, indem lokale Kopien mit eindeutiger Namenszuweisung entstanden.[53]

Anlaß für die augusteischen Emissionen, die ja einmal mehr die fruchtbringende Ceres vergegenwärtigten, könnte die vorzeitige Verlängerung der *tribunicia potestas* des Tiberius im Jahr 13 n. Chr. gewesen sein, zumal ihm noch das gleichwertige *imperium proconsulare* verliehen wurde, was ihn faktisch zum Mitherrscher des Augustus machte. Das mit diesem Münztyp verbundene Porträt des Augustus auf der Vorderseite war bis dahin immer mit den Erben des Augustus auf der Rückseite in Verbindung gebracht worden.[54] Nun zeigten sie Tiberius, der mit seiner 15. *tribunicia potestas* auf einer Parallelemission erschien.[55] Subtiler konnte man Livias Stellung kaum zum Ausdruck bringen. Ihre gleichzeitige Einbeziehung in der darstellenden Kunst zeigt, daß Augustus sehr wohl seine Gattin auf der Münze gesehen haben wollte, um ihr wie anschließend durch sein Testament zu einer prominenten Position im Principat seines Nachfolgers zu verhelfen. Tiberius' eigene Beziehung zur Göttin Ceres war gut belegt. Schon im Jahr 7 n. Chr. (10. Aug.) hatte er die Weihung eines Altars für Ceres mater (Mutter Ceres) und Ops Augusta (Augusteische Fruchtbarkeit) vollzogen, um auf die Unruhen des Vorjahres in Rom – ausgelöst durch Versorgungsengpässe – nachhaltig zu reagieren.[56]

Die Mutterrolle traf im Imperium auf große Resonanz. Vor allem gilt dies für die Frauen. Ihr Lebenszyklus war aufs engste mit weiblichen Gottheiten verbunden, das galt natürlich in besonderem Maß für die für eine Geburt verantwortlichen Göttinnen. Der Dichter Perses hat ein Gebet überliefert, das eine Frau nach einer glücklich verlaufenen Geburt zusammen mit ihren Weihegaben im Tempel der Artemis, der römischen Diana, darbot: *Herrin, Beschützerin der Kinder, bewahre in Deinem Tempel diese Puppe und diese Krone aus glänzenden Haaren. Bewahre, Ilithia,[57] diese Gabe der Anerkennung. Sie ist das Lösegeld für die Schmerzen der Tisis.*[58] In Korinth wird Livia als (Diana) Pacilucifera Augusta verehrt.[59] Für die Frauen war Livia genauso weit entfernt wie die Göttinnen, ihnen aber aufgrund ihrer menschlichen Gestalt auch wieder näher. Sie wurde mit zahlreichen Mutter- und Geburtsgottheiten in Verbindung gebracht oder als Genetrix orbis (Gebärerin des Erdkreises) gefeiert (vgl. S. 216 f.). Die Übergänge zwischen der Regierungszeit des Augustus und des Tiberius sind hier fließend. Nach dem Tod des Augustus wollte man ihr im Senat den Titel der *mater patriae* analog zum *pater patriae* verleihen. Obwohl dieser Antrag am Widerstand des Tiberius scheiterte, wurde sie als *mater patriae* im Imperium wahrgenommen (vgl. 189 ff.). Mit dem Anspruch der *domus Augusta*, den Staat in die Klientel des eigenen Hauses aufzunehmen, ging die Aufwertung der öffentlichen Rolle Livias zwangsläufig einher. Auch zu Beginn der tiberischen Herrschaft schlägt sich dies im bildlichen Diskurs nieder. 15 n. Chr. errichtete der Konsul Caius Norbanus Flaccus beim Circus Flaminius in Rom aus öffentlichen Mitteln einen Bogen, der mit *Statuen des vergöttlichten Augustus und der domus Augusta*[60] geschmückt wurde. Auch wenn wir das genaue Programm dieser Statuen nicht kennen, so läßt die Formulierung nur zu, daß der neue Kaiser (Tiberius), seine Söhne (Germanicus und Drusus), die Frauen und Mütter sowie die Kinder abgebildet waren. Allein die personelle Ausstattung einer claudisch dominierten Familiengruppe weist Livia einen prononcierten Platz zu. Man muß vermuten, daß Livia direkt neben Tiberius trat, denn der epigraphische Befund der folgenden Jahre an Staatsinschriften wie städtischen Ehreninschriften nennt stets die Reihenfolge Augustus, Tiberius, Livia. Erst dann folgen die potentiellen Erben der Herrschaft.[61]

In der östlichen Reichshälfte wurde seit langem die segenspendende Rolle Livias kultisch überhöht. In Assos in der Provinz Asia wurde sie als Gottheit und Hera nea (neue Hera) geehrt und zugleich als *euergetis tou kosmou*, als Wohltäterin des Erdkreises, gefeiert.[62] Weihungen wurden häufig auch für die Person der Livia, etwa als Kultgenossin einer Gottheit, vorgenommen. Nicht selten sind es Frauen, die entsprechende Ehrungen initiierten wie Antonia Tryphaina, eine Priesterin der Livia, die 18/19 n.Chr. ausdrücklich die Weihung eines Kultbilds der Kaiserin in Kyzikos im Tempel der Athena Polias für Livia als *Mutter des Tib(erius) Aug(ustus) Caesar* vornimmt.[63] Livia führte hier den Beinamen *Sebaste Nikephoros* (siegbringende Kaiserin). Überhaupt scheint die Möglichkeit der Frauen, sich im Kult der Herrscherin zu engagieren, ein willkommenes Vehikel, sich finanziell für die eigene Polis einzusetzen.

Die offen propagierte Mutter-Sohn-Beziehung zwischen Livia und Tiberius war eine ideale Folie für wohlhabende Frauen des Imperiums, die ihre Söhne zu fördern wünschten. Zu ihnen gehörte auch Eumachia (vgl. S. 165), die mit der Übernahme der Patronatsfunktion und eines öffentlichen Priesterinnenamtes die höchstmögliche öffentliche Position erreicht hatte und durch ihre Stiftungen die Förderung der politischen Karriere ihres Sohnes betrieb. Mit einem solchen Ehrgeiz lag es nahe, sich mit Livia, der Mutter des Tiberius, zu identifizieren. Frauen konnten ihre eigenen Ambitionen nur über ihre Söhne erfüllen. Das war sicher einer der Gründe, warum Livia so lange über ihren eigenen Tod hinaus populär blieb. Selbst wenn die Paare ihre Ehe bei Iulia Augusta bekräftigten, lag darin nicht nur die Hoffnung auf eine gute Ehe, sondern auch auf Söhne, die ihren Müttern zur Ehre gereichten.

KAPITEL 9

IULIA AUGUSTA – PRIESTERIN DES TOTEN HERRSCHERS

In der Regierungszeit des Tiberius konsolidierte sich Livias Rolle insofern neu, als bereits vorhandene Profile offiziell fixiert werden sollten. Die daraus erwachsenen Rivalitäten zwischen dem Princeps und seiner Mutter führten darüber hinaus zu entscheidenden Weichenstellungen für die Position aller Kaiserfrauen im 1. und 2. Jahrhundert n. Chr. Um die Konflikte im Principat des Tiberius zu verstehen, ist es zunächst wichtig, auf das entscheidende Dokument, nämlich die Fragmente von Augustus' Testament, einzugehen, das wesentlichen Anstoß für die Neukonzeption der Stellung Livias gab. Man muß sich fragen, warum der Kaiser seinen letzten Willen in dieser Weise bekundete. Das Testament erwies sich jedenfalls als eine der Stützen für Livias wachsenden Einfluß. Ein zweiter Aspekt der neuen Rolle liegt in der stärkeren Verankerung Livias im kultischen Bereich, die vor allem von ihr selbst ausging und große Komplexität zeigt. Die ökonomischen Grundlagen ihrer herausragenden Position werden dabei vorerst ausgeklammert und sollen im Zusammenhang mit der von ihr geübten Matronage gesondert behandelt werden (vgl. S. 262 ff.).

Der Tod des Augustus

Augustus nahm die Gefahr, die dem System von Angehörigen der verbliebenen Familie erwuchs, angeblich so ernst, daß er Verfügungen traf, im Falle seines Todes Agrippa Postumus und den exilierten Sempronius Gracchus, einen der angeblichen Liebhaber der älteren Iulia, zu beseitigen.[1] Wahrscheinlicher ist, daß Livia und Tiberius diesen letzten Schritt nach dem Tod des Herrschers selbst unternahmen. Es spricht sogar einiges dafür, daß er noch kurz vor seinem Tod heimlich zum Enkel reiste und sich mit ihm aussöhnte.[2] Vielleicht hat er die Hoffnung niemals aufgegeben, doch noch die Herrschaft an einen Blutsverwandten weiterzugeben, obgleich er die drei Verbannten *stets als seine Eiterbeulen oder seine drei Krebsgeschwüre* bezeichnet haben soll.[3] Wahrscheinlicher ist, daß der alte Mann den Enkel noch einmal sehen wollte: Agrippa war jetzt 24 Jahre alt und Iulia und ihre Kinder noch immer nicht vergessen. Für Livia und Tiberius, aber auch für Germanicus und Drusus war die Situation äußerst gefährlich. Augustus war zwar immer kränklich gewesen, aber der Umstand, daß er so kurz nach dem heimlichen Besuch beim letzten Enkel starb, hat Gerüchte genährt, Livia habe den Herrscher mit präparierten Feigen in ihrem Garten vergiftet.[4] Angesichts der langen Krankengeschichte ist das wenig wahrscheinlich, auszuschließen ist es dagegen nicht. Da nur Cassius Dio diesen Verdacht äußert, muß man wohl von Livias Unschuld ausgehen. Zudem sind die von ihm berichteten Todesumstände insofern kaum haltbar, als Augustus auf einer Reise starb, also nicht von den Feigen der Livia genascht haben kann, die nach dieser Version am Baum präpariert worden waren, so daß das Paar sie eigenhändig gepflückt essen konnte.

Kaum zu bezweifeln ist dagegen, daß Livia Augustus' Tod geheimhalten ließ, bis Tiberius,[5] der in Eilmärschen nach Nola hetzte, am Sterbebett eintraf. Das Ereignis wurde meisterhaft choreographiert, um es der Nachwelt ins Gedächtnis zu brennen. Demnach starb Augustus im gleichen bescheidenen Raum wie sein Vater, was noch einmal seine Bodenständigkeit verdeutlichte; und er starb am gleichen Tag, an dem er vor über 50 Jahren seinen ersten Konsulat angetreten hatte. Nun erfüllte sich seine Lebensaufgabe, dem Gemeinwesen zu dienen. Die Worte am Sterbebett des Augustus: *Habe ich mein Spiel gut absolviert, dann spendet mir Beifall und gebt mir alle als Freunde das Geleit,*[6] die seit der Aufklärung als zynischer Kommentar des alten Mannes auf sein Leben gedeutet werden, sind die üblichen Schlußworte der spätgriechischen Komödie, die der Schauspieler zu seinem Publikum spricht. Das sollte heißen, Augustus hatte seine – ihm von den Göttern zugewiesene – Rolle mit Bravour ausgefüllt, nicht eine Rolle in ständiger Verstellung gespielt. Neben diesem dramatischen Schlußakkord vergaß die betagte Kaiserin auch nicht, sich selbst ins Spiel zu bringen, indem sie verbreiten ließ, Augustus' letzte Worte seien an sie gerichtet gewesen, als sie den Sterbenden küßte: *Lebewohl, Livia, und gedenke unseres gemeinsamen Lebens.*[7] Das ließ den Kaiser als einen Mann von Gefühl, dessen letzte Gedanken seiner Frau galten, milde und großherzig erscheinen. Gleichzeitig wurde Livia damit ausgezeichnet, für Treue und Beständigkeit belohnt.

Der Princeps erscheint als bis zuletzt dominierende Person, tatsächlich ergriff sie zur selben Zeit in dieser brenzligen Situation des ersten Herrscherwechsels die Initiative und gab den Befehl, Agrippa, den letzten Enkel des Augustus, zu ermorden. Die Reaktion des Tiberius auf die Nachricht von der Ermordung zeigt, daß Livia allein handelte. Ins Vertrauen gezogen hatte sie Sallustius Cris-

pus, wiederum einen Mann aus dem Ritterstand, der schon zu Zeiten des Maecenas als Ratgeber des Augustus fungierte.[8] Auch Augustus' Tochter überlebte
den Vater nicht lange. Nachdem der neue Princeps ihre Haftbedingungen verschärft hatte, erlag sie wenige Monate später dem Hungertod – ob freiwillig
oder erzwungen, ist unklar.[9] Livias Entscheidung war aus ihrer Sicht notwen-
dig. Zwischen 7 und 14 n. Chr. hatte es zumindest einen Befreiungsversuch für
die Verbannten gegeben,[10] aber auch nachdem der Tod des Augustus bekannt
geworden war, versuchte einer der Sklaven Agrippas, nach Planasia überzuset-
zen und den Gefangenen zu befreien.[11]

Nachdem der Tod des Augustus offiziell am 19. August 14 n. Chr. verkündet
worden war, vollzog sich ein reibungsloser Übergang zum neuen Princeps.
Sobald die Nachricht von seinem Ableben in Rom eintraf, legten die Konsuln
den Eid auf Tiberius ab; sie vereidigten ihrerseits die beiden Präfekten der Leibgarde und der Getreideversorgung, danach den Senat; anschließend erfolgte
der Eidschwur der Garde und der stadtrömischen Bevölkerung. Die Automatik
der Amtshandlung indiziert die Fraglosigkeit, mit welcher die Magistrate, der
Senat, die Soldaten und die *plebs* davon ausgingen, daß nicht nur die Monarchie sich fortsetzen, sondern der Mitregent die Stelle des verstorbenen Herrschers einnehmen werde. Aber Livia ging lieber kein Risiko ein!

Tiberius war ein ungeliebter, aber hoch effizienter Erbe für Augustus. Der
Princeps hatte ihm nie wirkliche Sympathie entgegengebracht, und Tiberius
war, wie es seiner claudischen Herkunft entsprach, ein schwieriger Mensch,
andererseits war sein bisheriges Leben von zahlreichen Enttäuschungen und
Verletzungen überschattet. Noch sein Testament hatte Augustus mit den für
Tiberius' Ohren bitteren Worten eingeleitet: *Da ja das finstere Schicksal mir
meine Söhne Caius und Lucius entrissen hat.*[12]

Das Testament des Augustus

Augustus hinterließ ein Testament,[13] das ungewöhnlicher nicht sein konnte. Es
war, wie in der Aristokratie üblich, im Tempel der Vesta deponiert und wurde
von dort in den Senat überstellt,[14] wo ein Freigelassener es verlas.[15] Vermutlich
wählte man einen ehemaligen Sklaven aus dem Besitz des Herrschers, um keinen Senator in einer so wichtigen Angelegenheit zu bevorzugen. Der Princeps
hatte erwartungsgemäß seinen Adoptivsohn Tiberius, der bereits durch alle
wichtigen Ämter ausgezeichnet war, um den Machtwechsel reibungslos zu voll-
ziehen, zum privaten Erben eingesetzt.

Um die Position eines Erben im römischen Recht zu verstehen, muß man wissen, daß damit nicht Personen gemeint waren, denen man Teile der Erbschaft hinterließ, sondern jeder, der am Anfang eines Testaments als Erbe genannt war, wurde zum Universalerben. Er trat fast vollständig in die Rechtsposition des Erblassers ein. Dazu gehörte es, die Verantwortung für die *sacra,* den Kult des Verstorbenen, zu übernehmen und Verfügungsgewalt über das Vermögen des Toten zu erwerben, was die Vermögenstitel und schließlich auch die Schulden des Testators einschloß. Mehrere Erben waren gemeinsam Universalnachfolger entsprechend den Bruchteilen, die ihnen im Testament zugedacht worden waren. Jeder von ihnen konnte die Teilung des Erbes beim Prätor anstrengen, oder aber alle konnten gemeinsam in einem *consortium* die Vermögensrechte ausüben. Dem Erben fiel immer die Pflicht zu, den Toten gegebenenfalls zu rächen, und natürlich die Aufgabe, für eine angemessene Bestattung und die sich daraus ergebenden Totenfeiern zu sorgen. Damit sind aber Testamentserbe und der sogenannte *suus heres,* also der Erbe, der ohne Testament geerbt hätte, ebenbürtige Erben, die sich von den übrigen Erben – etwa den Zwangs- oder Nacherben – dadurch unterscheiden, daß jene zwar in die Erbschaft eintreten, nicht aber *heres* – Erbe im römischen Sinn – werden.

Mit einem Drittel war Livia an dieser Erbschaft des Augustus beteiligt worden. Vorher mußte der Senat um Erlaubnis gebeten werden,[16] denn seit 169 v. Chr. verbot ein Gesetz, die *lex Voconia,* Frauen als Erben von Vermögen einzusetzen, die 100000 Sesterzen überstiegen. Ziel des Gesetzes war es, Produktivvermögen in männlichen Händen zu konzentrieren, nachdem es sich durch die großen Verluste an Männern während der Punischen Kriege überproportional auf Frauen verteilt hatte. Hier tat sich ein erhebliches Spannungsfeld zwischen den Interessen der Familie und denen der Gesellschaft auf. Die Gesellschaft war eher dafür, daß Männer das Vermögen erbten oder der Staat die Hälfte einstrich, aber die Väter von Töchtern wollten, daß diese erbten. Daß dieses Gesetz so lange in Kraft blieb, dabei aber gerade bei Vätern von Töchtern auf erheblichen Widerstand stieß, legt diesen Konflikt offen. Andererseits wird die Lockerung der privatrechtlichen Stellung der Ehefrau im Verhältnis zum Ehemann durch den Rückgang der *manus*-Ehe[17] ein Festhalten an dem Gesetz begünstigt haben. Denn der Vater von Töchtern wurde auf diese Weise genötigt, den Schwiegersohn oder auch den Enkel zum Erben einzusetzen. Wollte er das vermeiden, mußte er einen männlichen Verwandten zum Erben machen. Die Tochter ging jedoch nie mittellos aus. Sie sollte nur keine Verfügung über das Familienvermögen *(patrimonium)* erhalten. Immerhin konnte sie über ein Legat noch die Hälfte des Vermögens erben.

Neben seinen Haupterben, Tiberius und Livia, wählte der Kaiser als Erben im zweiten Rang Drusus und Germanicus, die Söhne des Tiberius, als die Personen, die erbten, wenn die Primärerben verstorben waren oder die Erbschaft ablehnten. Er behielt hier ebenfalls die Zweidrittel/Eindrittel-Teilung bei, wobei Tiberius' leiblicher Sohn Drusus den kleineren Anteil, sein Adoptivsohn Germanicus den größeren Anteil haben sollte, wohl weil Germanicus schon Vater war und deshalb der eigenen Ehegesetzgebung entsprochen wurde. Zwar war das Testament nur die Regelung der privaten Vermögensangelegenheiten des Princeps – seine staatsrechtliche Stellung konnte er nicht vererben –, aber diese private Nachfolgeregelung mußte schon aufgrund seiner öffentlichen Position Beachtung finden. In ihr sah er auf den ersten Blick den Germanicus vor dem leiblichen Sohn des Tiberius. Die Bedeutung eines Testaments für einen Römer kann man nicht überschätzen. Es galt als Spiegel seiner Persönlichkeit und als Abbild seiner sozialen Vernetzung. Jede Regelung war strengen sozialen Normierungen unterworfen. Die Verfügungen waren also nicht Ausdruck einer spontanen Zuneigung, sondern sind als dezidierte Selbstaussagen zu begreifen.

Den Erben des Augustus wurde auferlegt, große Summen an staatstragende Gruppen auszahlen, erstens an die stadtrömische Bürgerschaft, zweitens an die Militärs der Stadt wie die Prätorianer und die Stadtkohorten und schließlich an die im Imperium stationierten Legionen. Diese stattlichen Beträge mußten bar beglichen werden (vgl. S. 268).

Entsprach das Vorgehen der Vermögensteilung noch den Gepflogenheiten eines bedeutenden Aristokraten, so war eine andere Bestimmung des Princeps doch recht ungewöhnlich, nämlich seinen Namen an Tiberius wie auch Livia zu vererben. Tiberius war sein Adoptivsohn, trug also schon seinen Namen. Allerdings nannte Tiberius sich seit der Adoption nicht, wie es üblich gewesen wäre, Caius Iulius Caesar – so nannte sich Augustus seit seiner testamentarischen Adoption durch den Dictator –, sondern Tiberius Iulius Caesar. Sollte hier eine Korrektur vorgenommen werden? Die Zeitgenossen haben es jedenfalls anders gesehen. Ihrer Meinung nach bedeutete es die Vererbung des Ehrennamens Augustus und die Adoption der Livia, auf die ich gleich zurückkomme.

Beinamen konnten zwar in einer Familie vererbt werden, wurden aber nicht testamentarisch weitergegeben, sondern als eine Folge des Gebrauchs eines Namens durch das soziale Umfeld. In der Kaiserzeit werden dann im Herrscherhaus per Senatsbeschluß erbliche Beinamen gängig. Drusus der Ältere erhielt postum den Namen Germanicus verliehen, der in seiner Familie erblich werden sollte; Claudius' Sohn wurde nach der Eroberung Britanniens per

Abb. 1: Livia als Göttin Ceres mit Ährenbündel und Füllhorn.
Die Nodusfrisur deutet auf eine Datierung vor dem Tod des Augustus (Louvre Paris).

Abb. 2: Bild einer wartenden Braut (Fresko aus der Villa dei Misteri in Pompeji).

Abb. 3: Darstellung eines Hellenistischen Herrscherpaars: Ptolemaios II. und seine Schwestergemahlin Arsinoë II. von Ägypten (Octadrachme nach 265 v. Chr. Alexandria).

Abb. 4: Bronzemünze mit dem Porträt Livias und der Umschrift Salus Augusta (Dupondius ca. 23 n. Chr. Rom).

Abb. 5: Junge Frau aus Hawara in Ägypten mit einem Amulett, das vor dem bösen Blick schützen soll (Mumienporträt 70 n. Chr., Ägyptisches Museum Berlin).

Abb. 6: Fulvia als Siegesgöttin auf einer von ihrem Mann Antonius herausgegebenen Silbermünze (Quinar 43/42. v. Chr. Rom/Lyon).

Abb. 7: Mädchen beim Knöchelspiel (2. Jh. n. Chr. Pergamonmuseum Berlin).

Abb. 8a: Dionysosprägungen des Antonius in Silber mit dem Bildnis der Octavia (Kistophoren um 35 v. Chr. Ephesos).

Abb. 9: Grabrelief der Hebamme Scribonia Attice aus Ostia. Zwei Frauen helfen einer Kreißenden, die auf dem Gebärstuhl in der Mitte Platz genommen hat (2. Jh. n. Chr.).

Abb. 8b: Octavia und Antonius dargestellt wie ein hellenistisches Herrscherpaar.

Abb. 10: Porträt der vergöttlichten Livia
(»Diva Augusta Typ« ab 42 n. Chr.
Ruhruniversität Bochum).

Abb. 11: Liviaporträt »Albani-Bonn Typ«
aus schwarzem Basalt
(27 v. Chr.–14 n. Chr. Louvre Paris).

Abb. 12: Bronzemünze vom Senat in der Zeit des Claudius zu Ehren der vom Herrscher
vergöttlichten Großmutter Livia und des vergöttlichten Augustus ausgegeben
(Dupondius ab 42 n. Chr.).

Abb. 13: Liviaporträt »Fayum Typ«
(4–14 n. Chr. Carlsberg Glyptothek
Kopenhagen).

Abb. 14: Liviaporträt nach dem Tod des
Gatten mit neuer Frisur (»Cerestyp mit
vittae« 14–42 n. Chr. Köln Römisch-
Germanisches Museum).

Abb. 15: Fulvia als Siegesgöttin auf einer Goldmünze (Aureus) aus dem
Perusinischen Krieg (41/40 v. Chr. Rom).

Abb. 16: Die Braut wird von Aphrodite für den Bräutigam vorbereitet. Im Vordergrund der Hochzeitsgott Hymenaios (Ausschnitt aus dem Fresko der sog. Aldobrandinischen Hochzeit, 1. Jh. n. Chr. Vatikanische Museen Rom).

Abb. 17: Tiberius und Livia als
Herrscherpaar (Kamee aus dem Museo
Archeologico Florenz).

Abb. 18: Livia als Priesterin ihres Mannes
mit Attributen der Göttinnen Ceres
und Kybele. Auf der Hand hält sie den
Porträtkopf des toten Herrschers
(Kamee 14–29 n. Chr. Kunsthistorisches
Museum Wien).

Abb. 19: Octavia auf der sog. Hochzeitsprägung des Antonius in Gold
(Aureus 40 v. Chr. Feldmünzstätte).

Abb. 20: *Augustus und Livia als Paar (Kamee vor 14 n. Chr., Privatsammlung).*

Abb. 21: *Livia als Göttin Ceres auf der Rückseite einer in Gold und Silber herausgebrachten Prägung des Augustus. Der Typus wurde von Tiberius mehrfach wiederholt (Aureus nach 2 v. Chr., möglicherweise 13/14 n. Chr. Lyon).*

Abb. 22: Augustusstatue aus Livias
Villa in Primaporta (nach 20 v. Chr.
Vatikanische Museen Rom).

Abb. 23: Die vornehme Bürgerin
Eumachia aus Pompeji im Gewand
einer Matrone.

Abb. 24: Iulia, die Tochter des Augustus, auf einer 13 v. Chr. durch den Münzmeister
C. Marius Tromentina ausgegebenen Silbermünze (Denar) zwischen ihren Söhnen Caius
und Lucius Caesar, die 17 v. Chr. von Augustus adoptiert worden waren.

Abb. 25: Ausschnitt aus der ara pacis, dem Altar des augusteischen Friedens. Die Personen
im Vordergrund sind von links Livia (vor ihr nicht zu sehen der Knabe Caius Caesar),
Tiberius, das Ehepaar Antonia die Jüngere und Drusus der Ältere mit seinem ältesten Sohn
Germanicus, das Ehepaar Antonia die Ältere und Lucius Domitius Ahenobarbus mit seinen
Kindern Cnaeus Domitius Ahenobarbus (später Vater Neros) und Domitia
(12–9 v. Chr. Rom).

Abb. 26: Kleopatra auf der Rückseite der
von Antonius im Osten herausgegebenen
Silbermünzen (Denar 32 v. Chr.).

Abb. 27: Livias Söhne übergeben ihren in
den Alpenkriegen erworbenen Siegeslorbeer
dem Oberbefehlshaber Augustus (Denar
15–13 v. Chr. möglicherweise Lyon).

*Abb. 28: Liviaporträt »Marbury Hall Typ« als ältester bekannter Typus
(35 v. Chr.–14 n. Chr. Liverpool).*

*Abb. 29: Bronzemünze aus Romula/Sevilla in Spanien. Livia auf der Weltkugel und der
Umschrift* genetrix orbis *– Gebärerin der Welt – mit Halbmond; Augustus mit Stern zum
Zeichen seiner Göttlichkeit und dem Blitzbündel des Gottes Iupiter (27 v. Chr.–14 n. Chr.).*

Abb. 30: Augustus und seine Adoptivsöhne und potentiellen Nachfolger, seine Enkel Caius und Lucius Caesar (Statuengruppe aus Korinth).

Abb. 31: Bronzeprägung im Namen des Senats für Livia anlässlich ihrer Genesung von schwerer Krankheit. Zu sehen ist der mit Maultieren bespannte Wagen (carpentum), auf dem ihr Bildnis in den Circus gefahren wurde (Sesterz 22 n. Chr. Rom).

Abb. 32: Terentius Neo und seine Frau. Er, bekleidet mit der formellen Toga, hält eine Buchrolle in der Hand, die seine Kultiviertheit unterstreicht; sie hält Schreibtafel und Griffel als Zeichen ihrer Rolle als Herrin eines wohlgeordneten Haushalts (Fresko aus Pompeji 1. Jh. n. Chr.).

Senatsbeschluß zu Britannicus. Eine Frau erhielt jedoch immer nur den Namen ihres Vaters, nie den des Gatten.

Ein Name hatte grundsätzlich ambivalente Funktion.[18] Er diente einerseits der Distinktion, um ein Individuum vom anderen zu unterscheiden und mit einem unverwechselbaren Namen auszustatten. Andererseits hatte er ebensosehr integrative Funktion, indem er familiäre, soziale, regionale oder ethnische Zugehörigkeiten indizierte und damit den Einzelnen als Mitglied (s)einer Gruppe ausweist. Die einmal fixierte Gruppenzugehörigkeit erfüllte ihrerseits sowohl nach innen wie außen erneut Distinktionsfunktionen. Kodierungsmöglichkeiten gesellschaftlicher Positionen wurden also bewußt eingesetzt. Der stereotype Charakter eines römischen Namens forderte geradezu auf, ihn zu dechiffrieren. Üblicherweise bestand er aus Vorname, Name und Beiname, gelegentlich kam ein ehrender Individualname hinzu, der auf die besonderen Verdienste eines Mannes hinwies. Zu denken ist an Scipio Africanus (Scipio, Sieger in Africa) oder Cato Censorinus (Cato der Censor). In ähnlicher Weise ist auch der Augustusname aufzufassen, obgleich er als quasi sakraler Name verstanden werden muß (vgl. S. 87 f.).

Im Kanon der Erinnerungsstrategien gewöhnlicher Aristokraten nahm der Name spätestens seit dem Ende der Republik unbedingte Priorität ein. Dabei personifizierte er den ganzen Menschen. Der Begriff *nomen* wurde synonym für den Menschen selbst gebraucht. Das zeigt sich auch in den zahlreichen magischen Praktiken. Die grundsätzlich magische Wirkung eines Namens wird dadurch bezeugt, daß dem *flamen dialis*, dem Hauptpriester des Iuppiter, nicht nur Genuß und Berührung von Bohnen, die im Totenkult eine erhebliche Rolle spielten, untersagt waren, sondern er durfte nicht einmal das Wort selbst erwähnen, also den Namen der Frucht nennen.

Magische Kraft kam dem Namen auch in den unzähligen antiken Fluchtafeln zu, die Verfluchte stets beim Namen nannten, etwa wie in einem Täfelchen aus Cumae[19]: *Angeklagt unter dem Namen Naevia Secunda, Freigelassene des Lucius, oder welchen Namen auch immer sie führt.* Wollte ein Herr seinen entlaufenen Sklaven fangen, gab es ebenfalls eine magische Hilfe: *Auf einem Blatt schreibt der Herr oder die Herrin persönlich mit der linken Hand den Namen des Entlaufenen und mit der rechten folgende Formel: pallachata, pallakata, cappa, und selbiges Blatt werfe man in eine Getreidemühle und lasse es dort zermahlen.*[20]

Die allgemeine Vorstellung war, daß der Name einer Person so lange fortbestand, wie der Mensch im Gedächtnis der anderen lebendig blieb. Auf einem Grabstein aus der Provinz Africa proconsularis stand: *So empfange ich für meine Verdienste den Lohn und werde mit Namen gegrüßt. Und ich bin nach dem Tod noch glücklich, weil (mir) liebe Kameraden durch diese Inschrift einen ewigen Namen fest gesichert haben.[21]*

Diese Mentalität, den Namen als letzte Zusammenfassung menschlicher Existenz zu sehen, kann man schließlich noch durch einen Eintrag im Traumdeutungsbuch Artemidors (1,4) illustrieren:

Es träumte z. B. einer, er habe seinen Namen verloren. Es geschah nun, daß er den Sohn verlor – nicht nur, weil er das Wertvollste verlor, sondern auch weil der Sohn denselben Namen trug –; dazu auch noch das gesamte Vermögen, weil man Prozesse gegen ihn eröffnete, in denen er wegen politischer Vergehen angeklagt und verurteilt wurde; ehrlos und flüchtig beendete er sein Leben mit dem Strick, so daß er als Toter nicht einmal mehr seinen Namen hatte. Denn die Verwandten nennen die Selbstmörder beim Leichenschmaus nicht mit Namen.

In der Weitergabe des Augustusnamens an Livia und Tiberius steckte somit zum einen der Wunsch, weiter gegenwärtig zu sein – allerdings mußte Augustus sich angesichts seiner großen Taten kaum Sorgen machen, nicht im Gedächtnis zu bleiben –, zum andern sollte das eigene Prestige, das sich ganz nachhaltig im Namen Augustus kristallisierte, auf den Nachfolger und die Gattin übertragen werden.

Aber Augustus' Formulierung im Testament *quos et ferre nomen suum iussit*[22] *(und befahl ihnen seinen Namen zu tragen)* wies eindeutig auf einen bloßen Transfer des Augustusnamens und implizierte eine testamentarische Adoption. Da Tiberius bereits adoptiert war, konnte nur Livia gemeint sein. Sie sollte ebenso Mitglied der iulischen Familie werden wie zuvor ihr Sohn Tiberius und ihr Enkel Germanicus.[23] Seitdem führte Livia den Namen *Iulia Augusta*. Nichts belegt meines Erachtens besser als dieser Fall, daß testamentarische Adoption eine soziale Form des Adoptierens darstellte, aber keine rechtlich wirksamen Konsequenzen hatte. Nach Leonhard Schumacher eröffnete eine testamentarische Adoption die Möglichkeit zu einem formalen Arrogationsverfahren (vgl. S. 128 f.), so wie Octavian es im Jahr seines ersten Konsulats vor die Komitien gebracht hatte. Arrogationen von Frauen waren nach übereinstimmender Aussage unserer Rechtsquellen jedoch nicht vor dem 3. Jahrhundert n. Chr. möglich.[24] Daß Livia hingegen auf die ihr zustehende Möglichkeit zur *arrogatio* verzichtet haben soll, ist insofern kaum wahrscheinlich, als sie durchaus Anstrengungen unternahm, von der Adoption durch Augustus zu profitieren.[25] Sie nahm definitiv seinen Namen an. Ihre Freigelassenen beispielsweise trugen bis auf eine Ausnahme nach Livias Erhebung zur Augusta alle das Praenomen Marcus. Freigelassene von Frauen führten üblicherweise den Namen des Vaters der Freilasserin. Bei Livias ehemaligen Sklaven verweist das Praenomen aber auf Livias leiblichen Vater, Marcus Livius Drusus, und nicht auf ihren »Adoptivvater« Caius Iulius Caesar (Augustus). Livia wurde also rechtlich gesehen nicht die Tochter des Augustus. Sollte jedoch Tiberius, was für ihn aus verschiedenen Gründen kein Problem gewesen sein dürfte, eine förmliche Anerkennung, also die nötige *lex curiata*, verhindert und damit überhaupt erst den Präzedenzfall für die fehlende Frauen*arrogatio* geschaffen haben, so bleiben unsere Quellen, die ansonsten genüßlich die Gegensätze zwischen Mutter und Sohn ausbreiten, darüber merkwürdig still. Die familiäre Situation der *domus Augusta* hätte sich durch eine rechtswirksame *arrogatio* der Livia überaus kompliziert. Nicht nur wäre die Ehefrau auf diese Weise Tochter geworden, sondern die Mutter wäre zur Schwester ihres eigenen Sohns wie zur Tante ihrer Enkel avanciert. Die im römischen Recht bestehenden Ehehindernisse folgen aber genau dieser Logik, wenn sie Generationsvermischungen zu vermeiden suchen. Das gilt auch für Adoptionsbeziehungen. So durfte der Adoptivbruder nicht die Adoptivschwester heiraten, der Schwiegersohn nicht die Schwiegermutter oder der Stiefvater nicht die Stieftochter.[26] Die Fiktion, seine eigene Ehefrau zur Tochter zu machen, war für die Römer Inzest, und den hat man selbst bei ritueller Verwandtschaft wie der Adoption stets gemieden. Anders sah es in der *manus*-Ehe[27] aus, wo die Frau als Erbin wie eine Tochter behandelt wurde (vgl. S. 338 ff.). Darin besteht schon deshalb kein Widerspruch, weil *manus* eine ältere Form der familiären Gewalt darstellt als *patria potestas*, Adoption aber üblicherweise darauf abzielte, väterliche Gewalt über eine Person zu erwerben. Nur auf einer mir bekannten Inschrift wird Livia als Tochter des Augustus bezeichnet.[28] Der Grund für diese Wahl mag in der Herausstellung der Beziehung ihres Enkels Claudius zu Augustus gelegen haben.

Was hatte Augustus zu diesem ungewöhnlichen Schritt veranlaßt? Testamentarische Adoptionen waren nicht unbekannt. Aber gewöhnlich bediente man sich ihrer dort, wo keine männlichen Erben vorhanden waren, die den Namen des Erblassers trugen und sein Vermögen weitergeben konnten. Augustus hatte aber durch seine reguläre Adoptionspraxis zahlreiche natürliche Erben geschaffen: Tiberius und seine »Nachkommen«. Frauen waren zudem keine bevorzugten Kandidaten bei Adoption, Ehefrauen noch viel weniger. Augustus selbst war ja einst im Testament seines Großonkels Caesar adoptiert worden, und er hatte seinen politischen Aufstieg zunächst ganz wesentlich diesem Umstand zu verdanken, daß die Testamentsadoption ihm Caesars Charisma übertrug.

Schließlich war es Augustus sogar gelungen, seine privatrechtliche Adoption in eine vollgültige Adoption umzuwandeln – ein einzigartiges Verfahren. Die Adoption der Livia war also keineswegs ein zufälliges Versehen, das sich aus einer ungenauen Formulierung ergab, sondern Augustus muß damit ein konkretes Ziel verfolgt haben. Livia strebte entsprechend in der Folgezeit danach, diese Adoption und die Aufnahme in die iulische Familie propagandistisch herauszustellen. So versuchte sie eine *ara adoptionis*, einen Adoptionsaltar, zu weihen,[29] eine außergewöhnliche Maßnahme, die offenbar die Adoption betonen und vor allem eine kultische Bedeutung schaffen sollte, wie sie normalerweise mit einer rechtswirksamen Adoption verbunden war. Tiberius, der dieses politische Zeichen wohl verstand, verhinderte dann auch umgehend die Errichtung des Altars. Wollte Augustus eine neue Adoptionsform schaffen, sozusagen Livia von ihrem Platz als leibliche Mutter des Tiberius auf den Platz der Mutter im Rechtssinn als Adoptivmutter hieven und damit das propagandistische Konzept der Mutterschaft abrunden? Ovids Sichtweise nahm eine solche Deutung in gewisser Weise vorweg (vgl. S. 181 ff.). Ganz unwahrscheinlich ist es freilich nicht, wenn man an die mit den Adoptionen von Caius und Lucius verbundenen Fiktionen einer Abstammung aus dem Bett des Augustus denkt (vgl. S. 130).

Die Verleihung des Augustus- wie des Iuliernamens muß als eine Aufwertung der Person Livias gesehen werden. Der Name brachte zwar keine konkreten Befugnisse oder Kompetenzen mit sich, aber er vermittelte sakrale Konnotationen (vgl. S. 87 f.) und bedeutete Anteil an der besonderen Aura, die Augustus umgeben hatte. Der Princeps war auf diesen im Jahr 27 v. Chr. vom Senat verliehenen Namen, der ihn eindeutig über alle Mitglieder der Aristokratie erhob, besonders stolz gewesen. Daß er ihn nun als persönlichen Beinamen weiterleitete, wird nicht ohne vorausgehende Absprachen in Senatskreisen denkbar sein. Für umfassende Vorbereitungen spricht auch, daß im Senat vorab die Erlaubnis zur Umgehung der *lex Voconia* eingeholt worden war. In solchen Fragen überließ Augustus nichts dem Zufall. Aber seine eigentlichen Ziele bleiben weitgehend im dunkeln. Es war kaum an eine Mitherrschaft gedacht, was angesichts der Rolle, die Livia zu Lebzeiten ihres Mannes ausfüllte, auch absurd gewesen wäre. Zudem war ihr keine offizielle Rolle bei der Bestattung zugedacht, dem Ort, an dem der Erbe sich profilierte. Dennoch dürfte es Augustus darum gegangen sein, Livias Position deutlich durch das Testament zu stärken. Wäre es nur um einen finanziellen Mittelzufluß gegangen, hätte ein Legat, wie es für eine Ehefrau üblich war, ausgereicht. Die Teilhabe am Augustusnamen weist weit darüber hinaus. Vermutlich sah Augustus in seiner Frau eine Garantin für die Kontinuität seiner Politik, was sie ihm suggeriert haben mag. In jedem Fall sollte das Testament ihr auch weiterhin eine aktive Rolle im Principat sichern oder diese zumindest legitimieren. Das so formulierte Mißtrauen gegen den Adoptivsohn mußte diesen bitter kränken und erwies sich als schwere Belastung für den Principat des Nachfolgers Tiberius.

Der Senat sah die Livia zugedachte Position offenbar noch umfassender und ersann eine Reihe von Ehrungen nach dem Tod des Augustus, um dieser vermeintlich neuen Rolle gerecht zu werden. Berührt waren dabei die Bereiche Staat, Familie und Kult. Analog zum verstorbenen *pater patriae* Augustus sollte Livia nun die *mater patriae* werden also auch offiziell an seine Seite als Herrscherin rücken. Von der Bedeutung dieses Titels für Augustus war schon die Rede (vgl. S.93). Zweitens sollte Tiberius seine Filiation durch den Hinweis auf die Mutter erweitern und sich jetzt nicht nur Sohn des Augustus, sondern auch Sohn der Livia nennen, was gänzlich unüblich in Rom war, auch wenn es einer etruskischen Tradition entsprach.[30] Diese Maßnahmen deuten erneut darauf, daß die Mutterposition Livias im Testament verrechtlicht werden sollte. Aber, war das nötig? Im ganzen Reich ehrte man Livia als Mutter des Tiberius. Der dritte Vorschlag seitens des Senats lautete, die Monate September und Oktober in Tiberius und Livia umzubenennen, was sie dem Sohn gleichgeordnet hätte. Der Monat August, der Sextilis des römischen Kalenders, war ja nach dem ersten Princeps benannt, um den Monat des Sieges über Kleopatra im kollektiven Gedächtnis dauerhaft zu verankern. Der Quintilis hatte den Namen Iulius nach Caesar erhalten. Die Umbenennung von Monatsnamen fällt bereits in den kultischen Bereich. Sie gehört zu den göttlichen Ehren.[31] Letztlich implizierte bereits der Augustaname Livias Göttlichkeit.

Tiberius lehnte alle diese Vorschläge zur Ehrung seiner Mutter konsequent ab mit dem Hinweis, *die Ehrungen für Frauen seien einzuschränken.*[32] Hätte er sich in diesem Punkt geschmeidiger gezeigt, wäre vermutlich die ganze Geschichte der Kaiserzeit anders verlaufen.

Livias Selbstinszenierung im Kult

Gleich nach dem Tod des Augustus tat Livia alles, um ihren eigenen Anteil an der weiteren sakralen Aufwertung ihres Mannes zu stärken. Sie betonte ihre Nähe zum verstorbenen Princeps. Anfangs standen ihre Handlungen unter dem Gebot ehelicher Loyalität *(pietas).* Hatte nicht Augustus auf seinem Sterbebett gesagt: *Gedenke unserer Ehe?*

Zunächst erwies sie sich als loyale Ehefrau, indem sie den Leichnam vom

Sterbeort Nola in Campanien in feierlicher Prozession nach Rom brachte und die Huldigung der trauernden Gemeinden Italiens entgegennahm. Die Überführung der Urne des Germanicus durch seine Frau Agrippina fünf Jahre später vermittelt einen Eindruck davon, wie durch eine solche Prozession die Emotionen geschürt werden konnten und wieviel Sympathie einer trauernden Witwe entgegengebracht wurde. Während der eigentlichen Beisetzung, die von Augustus sorgfältig geplant worden war und eine Mischung aus altaristokratischer Einäscherung und ritualisierten Tumulten darstellte, wie sie sich bei Caesars Bestattung abgespielt hatten, nahm Livia dagegen keine überlieferte Sonderrolle ein. Dennoch wurde die prachtvolle Ausstattung später ihr zugeschrieben.[33] Erst als der Scheiterhaufen brannte, reklamierte sie eine Position. Wieder handelte es sich vordergründig um einen Akt der *pietas*, als sie zusammen mit vornehmen Rittern fünf Tage am Ort der Verbrennung verbrachte,[34] um die Knochen des toten Herrschers einzusammeln und für die Urne des Mausoleums vorzubereiten. Zwar war es Aufgabe weiblicher Verwandter, die Knochen zu bergen, aber durch die Einbeziehung der Ritter bezog Livia mit diesem Akt klar die Stellung eines *heres*, eines römischen Erben, der sich um die Bestattung des Toten kümmerte, aber eben auch Ansprüche auf die echte Nachfolge des Verstorbenen anmeldete. Auch Livias Wunsch, einen Adoptionsaltar einzurichten (vgl. S. 196), könnte man als einen reinen *pietas*-Akt einordnen, nur der Gesamtkontext deutet in eine andere Richtung. Daß sie hingegen keinen Senator für diesen Liebesdienst gewinnen konnte oder bewußt nicht zu gewinnen versuchte, zeigt, wie brisant die Situation war. Die Zeremonie ist eindeutig der von Augustus konzeptionierten angefügt worden.

Der nächste Schritt war eine vehemente Förderung der Vergöttlichung des toten Herrschers und seine formale Aufnahme unter die Staatsgötter. Livia belohnte einen ehemaligen Prätor, der behauptete, die aufsteigende Seele des Augustus gesehen zu haben, mit einer Million Sesterzen. Sie unterstützte damit die Einrichtung eines Kultes für den verstorbenen Princeps und wurde zugleich seine erste Priesterin *(sacerdos)*.[35] Das Zeugnis des Prätors bot den entscheidenden Anlaß für die Erhebung zum Gott, die am 17. September 14 n. Chr. vom Senat offiziell vorgenommen wurde.[36]

Außergewöhnlich war, daß eine Frau die Priesterin eines männlichen Gottes werden konnte. Nun war die Frömmigkeit gegenüber Göttern immer auch Teil der *pietas* und gehörte, wie anfangs beschrieben, unbedingt zum Tugendkatalog einer vorbildlichen Matrone. *Hingabe an den Glauben ohne Aberglauben* nennt es Turias Ehemann. Aus der Verbannung schrieb Cicero (fam. 14,4) 58 v. Chr. an seine Frau Terentia: *So habe ich nur den einen Wunsch, Dich, mein liebstes Leben, so bald wie möglich zu sehen und in Deinen Armen zu sterben. Die Götter, die Du so fromm verehrt hast, und die Menschen, denen ich immer gedient habe, haben uns ja mit Undank gelohnt.* Auf den ersten Blick wirkt das, als gehöre zum Haus der Kult, während der Mann draußen, auf dem Forum, sich der Politik widmet. Aber wieder ist Vorsicht geboten. Es gab keine direkte Aufgabenteilung nach dem Muster »die Frauen gehen in die Kirche und die Männer ins Wirtshaus«, sondern die Aufgabe der Frauen im Kult war eine ergänzende. Vom eigentlichen Opfervollzug, dem Herzstück des Kultes, waren sie ausgeschlossen. Frühe Verbote gestatteten der Frau nicht, den Speltweizen zu mahlen, Tiere zu schlachten und Wein zu trinken. Was von Plutarch, der darüber berichtet,[37] als Privileg für die geraubten Töchter der Sabiner und eine Arbeitsbefreiung gedeutet wurde, hielt die Frau vom blutigen Opfer fern. Hier war allein der Mann zuständig. Der Ausschluß vom Opfer aber zeigt, daß die Frau im Kult nicht andere repräsentieren, nicht für die Gemeinschaft handeln konnte. Denn das Opfer im römischen Kult geschah immer im Namen der Gemeinschaft.[38] Auch im Hauskult assistierte sie dem Gatten nur, legte allenfalls einen Kranz am Altar der Laren (Hausgötter) nieder.[39]

Natürlich hatte sich unter dem Einfluß des Hellenismus auch griechische Kultpraxis in Rom etabliert, so gab es nach einer Hellenisierung des Cereskultes dort zwei weibliche Priester. Im römischen Kult blieben die Frauen im Staatskult auf Kulte beschränkt, in denen es um weibliche Angelegenheiten ging. Dennoch war dieser Teil des Kults unverzichtbar für das Wohl der staatlichen Gemeinschaft (vgl. S. 166).

Livias Übernahme des Priesteramtes für den *divus Augustus* umfaßte hingegen den Vollzug eines Opfers. Sie erreichte damit eine einzigartige Stellung und einen kaum zu überbietenden Prestigegewinn. Dieser war bildlich daran abzulesen, daß ihr fortan als Priesterin ein Liktor zustand,[40] der ihr bei allen öffentlichen Anlässen mit geschultertem Rutenbündel vorausschritt. Ein wohl zunächst vorgesehener ständiger Liktor ließ sich aufgrund des Widerstands von seiten des Tiberius nicht durchsetzen.[41] Fragt man nach Vorbildern für ihre Rolle, so fallen einem sofort die Vestalinnen, Priesterinnen der Vesta – eines genuin römischen Kultes – ein, die ebenfalls einen Liktor hatten und auch von den oben skizzierten Beschränkungen ausgenommen waren. Sie stellten an drei bestimmten Festtagen das sogenannte Opfermehl, die *mola salsa*, her, die über jedes Opfertier gestreut wurde. Auch wenn sie nur im Hintergrund tätig waren, verlieh ihre Anwesenheit beim Opfer diesem erst die nötige Authentizität. Das galt für jede staatliche Opfergabe, die somit ohne die Mitwirkung der Vestalinnen nicht denkbar war. Denn von dem Begriff des Bestreuens *(in mola re)* –

sozusagen der Vorbereitung des Opfers – ist das römische Wort für opfern, *immolare*, abgeleitet.

Die vestalischen Jungfrauen, sechs an der Zahl, nahmen als Hüterinnen des staatlichen Herdfeuers – jenes Symbols für den Zusammenhalt von Familie und Gesellschaft – eine Sonderstellung unter den Frauen ein.[42] So wie auch das Feuer, dessen Reinheit sie durch ihre Keuschheit repräsentierten, in verschiedenen Kategorien, etwa als bedrohlich oder anheimelnd, definierbar ist, waren sie mehrdeutig – vielleicht sogar ganzheitlich zu verstehen. Da sie weder verheiratet waren noch Kinder hatten, galten sie nicht als Matronen, trugen aber die Kleidung der verheirateten Frauen – die Stola und um den Kopf Wollbänder *(vittae)*. Das *flammeum*, die rote Haube, zusammen mit der zum *tutulus* getürmten Frisur, wie sie zur Braut am Hochzeitstag gehört (vgl. S. 31 f.), weist auf ihren Übergangsstatus zwischen (jungfräulicher) Braut und Ehefrau. Die Vestalinnen ließen sich nur schwer oder gar nicht in die Gesellschaft der Frauen einordnen.[43] Sie wurden in erster Linie als Priesterinnen wahrgenommen und verbrachten ihr Leben sehr weitgehend getrennt von dem anderer Frauen. Ihnen wurde eine große Scheu und Ehrfurcht entgegengebracht. Sie präsidierten allenfalls bei einer Kultveranstaltung der Frauen wie dem Fest der Bona dea, mischten sich aber meist nicht unter die Matronen.

Zu bedenken ist, daß die Vestalinnen vielleicht nur deshalb als Vorbild bei der Ausgestaltung der öffentlichen Rolle der Kaiserfrauen dienten, weil sie die privilegiertesten unter den Frauen waren. Sie genossen als einzige Frauen wirkliche Ausnahmeprivilegien, die durchaus an die männlicher Magistrate heranreichten – etwa das erwähnte Vorrecht, wie die Magistrate von einem Liktor begleitet zu werden. Die sechs vestalischen Jungfrauen hatten zusammen so viele Liktoren wie ein Prätor, der ursprüngliche oberste Beamte der Republik. Sie durften vor Gericht als Zeugen aussagen, ohne die Vormundschaft eines Mannes den eigenen Besitz frei verwalten und ein Testament abfassen.[44] Gleichzeitig waren sie aus jedem familiären Verband ausgeschieden, denn weder konnten sie der natürliche Erbe einer Person sein, also ohne Testament erben, noch selbst einen Erben haben, es sei denn durch das Testament. Damit waren sie der menschlichen Sphäre ein Stück weit entrückt. Sie allein durften im zweirädrigen Wagen, dem *carpentum*, bei Tage durch die Stadt Rom fahren, was nicht einmal den Konsuln erlaubt war. Und ein zum Tode Verurteilter, dem auf dem Weg zur Hinrichtung eine Vestalin begegnete, mußte unverzüglich freigelassen werden.

Andere römische Priesterinnen, die als Vorbild in Frage kamen, waren die Ehefrauen des *flamen dialis*, des Iuppiterpriesters, und des *rex sacrorum*, des

Opferkönigs. Beide Frauen hatten das Recht zu blutigen Opfern in der *regia*, dem alten Königspalast. Die *regina sacrorum* mußte am ersten Tag eines jeden Monats der Göttin Iuno ein Schwein oder ein Schaf opfern;[45] die *flaminica* vollzog das gleiche Opfer an den *nundiniae*, den Markttagen, vor Iuppiter.[46] Beide waren nur als Teil eines priesterlichen Paares denkbar. Der *flamen dialis* konnte sein Amt nur zusammen mit der *flaminica* ausüben; wenn sie starb, verlor er sein Priestertum. Beide Priesterinnen vereinen in sich Erinnerungen an die etruskischen Könige, die einst Rom beherrscht hatten und einzelnen Frauen einen weit größeren Anteil am öffentlichen Leben zugestanden.[47] Allerdings ist unser Wissen so gering, daß kaum Rückschlüsse auf eventuelle Impulse von dieser Seite greifbar sind. Die Vorstellung weiblichen Priestertums ist im römischen Staatskult jedenfalls nicht allein mit Jungfräulichkeit verbunden, deren Verlust bei den Vestalinnen mit dem Tode bestraft wurde,[48] sondern gerade auch mit Eheleben. Beide Formen von Priesterinnen waren konstituierend für das Wohl des römischen Staates. Die archaischen Pflichten der *flaminica* waren wie die der Vestalinnen mit der Bewahrung der Fruchtbarkeit verbunden.[49] Bei den Vestalinnen war dies in Livias Zeit noch deutlich nachvollziehbar. Der Vestakult galt in besonderer Weise als staatstragend. Horaz (c. 3,30) äußert, daß Roms Fortexistenz so lange gewährleistet sei, wie die *stumme Vestalin* mit dem *pontifex* (gemeint ist hier wohl der Oberpriester) zum Kapitol hinaufsteigt. Die Vestalin war also mit Roms Heil unmittelbar visuell durch ihre Präsenz beim Staatsopfer verknüpft. Daneben war die Vestalin durch die ihr eigene kultische Zuständigkeit, nämlich die Wahrung der Fortpflanzungsfähigkeit der Gemeinschaft, an zentraler Stelle für das Wohl der Gemeinschaft verantwortlich. Daher ist es wohl auch kein Zufall, daß die Göttin Vesta in der eskalierenden Krise der römischen Republik seit den sechziger Jahren v. Chr. immer wieder von den Protagonisten auf den von ihnen geprägten Münzen in Anspruch genommen wurde.[50] Vesta, die vermutlich vor der Zeit des Augustus nicht einmal ein Kultbild besaß,[51] war die Garantin Roms und seiner Traditionen. Diese dem Vestakult innewohnende Potenz wird neben den formalen Privilegien wesentlich dazu beigetragen haben, die Vestalinnen als Folie für die Ehrung Livias auszuwählen.

Schon 35 v. Chr. waren die Privilegien Livias und Octavias, *sacrosanctitas* und Befreiung von der *tutela muliebrum*[52] (vgl. S. 77 ff.), aus dem Arsenal der bisher allein den Priesterinnen der Vesta vorbehaltenen Auszeichnungen entlehnt worden. Andererseits spricht die seit Augustus einsetzende Stärkung der gesellschaftlichen Position der Vestalinnen in gewisser Weise auch gegen eine solche Deutung. Die *virgines Vestae* sind zunehmend in der Öffentlichkeit präsent, wobei die *virgo Vestalis maxima*, die Vesta-Oberpriesterin, eine besonders exponierte Stellung einnahm.[53] Ruth Stepper schreibt: »Während das kultische Wirken der Vestalinnen, allen voran der virgo Vestalis maxima, zunehmend aus dem rein sakralen Kontext gelöst und in gewisser Hinsicht profanisiert wird, erscheint das öffentliche Auftreten der Kaiserfrauen sakralisiert.«[54] Anzumerken ist, daß die Bezüge Livias zu den Vestalinnen nach 27 v. Chr. nicht weiterverfolgt werden. Man kann vielmehr argumentieren, die *sacrosanctitas* stammt aus der Triumviratszeit, und die nächste Ehrung, das *ius trium liberorum* des Jahres 9 v. Chr., war eine profane Auszeichnung für Livia, die im Grunde die bereits erfolgte Befreiung von der *tutela* noch einmal vollzog – jetzt aber sozusagen gut begründet, nämlich als Belohnung für drei Lebendgeburten.

Erst unter Tiberius hat man wieder an die Vestalinnen angeknüpft, aber auch das erst in einer besonderen Krisensituation, nämlich Livias Krankheit im Jahr 22 n. Chr. (vgl. S. 208). In der Folge nahm die Kaiserin seit 23 n. Chr. ihren Platz im Theater unter den Vestalinnen ein.[55] Es wurde zudem auf Senatsbeschluß eine Münze ausgegeben, die den Vestatempel des Augustushauses abzubilden scheint.[56] Hinzu kommt, daß die große Ehre, Vestalin zu werden, offensichtlich zu Beginn der Kaiserzeit weitgehend an Attraktivität verloren hatte.[57] Augustus und Tiberius warben auf das heftigste um geeignete Kandidatinnen.[58] Die Plazierung der Livia unter den Vestalinnen trug somit zur Aufwertung dieses Priesterinnenkollegiums bei und nicht umgekehrt.[59] Denn offenbar wurden die Rekrutierungsprobleme durch den Zugang – wahrscheinlich besonders der Oberpriesterin – zum Haus des Princeps weitgehend beseitigt, der es den Frauen ermöglichte, für ihre Familien wirkungsvoll Patronage zu betreiben.

Nachdem Augustus 12 v. Chr. auch das Amt des *pontifex maximus* übernommen hatte, richtete er einen Vestaschrein in seinem Haus auf dem Palatin ein, der auch ein Kultbild der Göttin enthielt. Ziel war es wohl, sich der lästigen Pflicht eines Umzugs in die *regia*, das Amtslokal der Oberpriester, am Forum zu entziehen. Es spricht nichts dafür, daß Livia in besonderer Weise mit dem Kult der Vesta in Verbindung gebracht wurde, wie vor allem von Dietmar Kienast postuliert, der eine Übertragung des Kultes auf Livia annimmt. Außer einer sehr fragmentarischen Inschrift gibt es keinen weiteren Beleg.[60]

Matronenkulte in Rom

Seit dem Ende des 3. Jahrhunderts v. Chr. nahmen die Frauen an den häufiger werdenden Supplikationen, den öffentlichen Bitt- und Dankfesten, teil, die mitunter auch von Weihgaben begleitet waren. Diese Feste zählten jedoch zum *ritus Graecus*, der griechischen Kultpraxis. Demgegenüber war die kultische Rolle der römischen Matrone im öffentlichen Bereich des römischen Staatskults auf rein weibliche Domänen festgelegt und wurde häufig als Ausnahme von der Regel kultischen Handelns definiert (vgl. S. 166 f.). Sie fanden jeweils an einem einzigen Tag statt und meist unter Ausschluß der Öffentlichkeit. Es gab vergleichsweise wenige Kultfeste für alle Frauen. Eine besondere Rolle in der kultischen Partizipation blieb den Matronen und unter ihnen häufig den *univirae*, den Erstvermählten, vorbehalten. Das aber scheint die gesellschaftliche Hierarchie zu spiegeln, die auch im Kult den Männern und Vollbürgern einen Primat einräumte.

Betrachtet man die kultischen Aktivitäten der Frauen im Staatskult, fällt die vergleichsweise geringe Zahl der Festtage und der ausschließlich weibliche Kontext auf. Den Jahresauftakt machten die Matronalia am 1. März. Dann weihten die Matronen der Iuno Blumen in ihrem Tempel auf dem Esquilin. Die Männer hatten an diesem Tag die Frauen zu beschenken. Am 1. April, am Fest der Venus verticordia und der Fortuna virilis, wurde die Kultstatue der Venus verticordia von den Matronen einem Bad unterzogen – jene Venus, von der man glaubte, daß sie die Herzen der Frauen der Keuschheit und der treuen Erfüllung ihrer Pflichten als Matronen zuführen würde. Nach dem Bad wurde die Statue wieder mit ihrem Schmuck und Blumen bedeckt. Anschließend badeten die Frauen selbst, mit einem Myrtenkranz bekrönt, in den Thermen. Während dieses Bades widmeten sie der Fortuna virilis ein Gebet und Weihrauchopfer, um anschließend *cocetum* zu trinken (vgl. S. 130). Am 6. Juli opferten die Matronen im Tempel der Fortuna muliebris, einer Göttin, die weibliche Tatkraft förderte und der dem Weiblichen innewohnenden Schutzkraft geweiht war (vgl. S. 116 f.; 166). An den Nonae Caprotinae am 7. Juli opferten freie Frauen und Dienerinnen zur Feier der Fruchtbarkeit unter einem wilden Feigenbaum der Iuno eine Gabe von Feigenmilch. Am 11. Juni folgten die Matralia (vgl. S. 126; 164). Im August kam ein eher privates Ceresfest hinzu. Der Ritus für Bona dea vollzog sich in zwei Handlungen, möglicherweise weil sich eine griechische und eine römische Tradition hier überlagerten. Am 1. Mai wurde im Tempel am Aventin geopfert. In der Nacht vom 3. auf den 4. Dezember feierten die Matronen im Hause eines Beamten *cum imperio*, d. h. der über die höchste zivile und militärische Befehlsgewalt verfügte (Konsul/Prätor), hinter verschlossenen Türen. Höhepunkt des Festes war die Opferung einer Sau, wobei die Göttin den Bauch des Tieres erhielt. Dazu gehörte ein Trankopfer sowie ein Opfermahl. Der Kult im Dezember wurde von Matronen höchsten Ranges zusammen mit den Vestalinnen zelebriert. Kein Mann durfte zu dieser

Zeit im Haus sein. Das Fest der Bona dea war von exzessiven Praktiken begleitet: es gab Tanz, Gesänge und reichlich Wein.

Bleibt noch der Kult der *pudicitia*, der weiblichen Keuschheit, zu nennen,
der an keinen spezifischen Festtag gebunden war und an zwei verschiedenen
Schreinen, dem der *pudicitia patricia* und dem der *pudicitia plebeia* vollzogen
wurde. Im Mittelpunkt stand die Zentraltugend einer römischen Ehefrau.
Pudicitia bedeutete körperliche Keuschheit, aber auch ein normkonformes vorbildliches Verhalten. Nach Livius verliehen die Regeln dieses Kults den Matronen, sofern sie *univirae* und keusch (*pudens* = ihrem Mann treu) waren, das
Recht zu opfern *(ius sacrificandi)*.[61] Zweifelhaft bleibt, ob die Matronen an
den Carmentalia, am 11. Januar, Opfer an Carmenta, die Mutter des latini-
schen Helden Euander, der auf dem Gebiet Roms der Legende nach die erste
Stadt gründete, darbrachten oder an Rumina, die wölfische Amme der Stadtgründer Romulus und Remus.[62]

Der kultische Sektor war der einzige, auf dem Frauen öffentlich aktiv in
Erscheinung treten konnten, ohne das traditionelle Rollenverständnis in Frage
zu stellen.[63] Gerade in der Zeit der Punischen Kriege hatten die Matronen im
religiösen Bereich an Bedeutung gewonnen.[64] Sie wurden in ausweglosen Situationen zum Wohl des Staates aktiviert. Schon 393 v. Chr. sollen sie nach der
Plünderung Roms durch die Gallier in einer Versammlung beschlossen haben,
dem Staat ihren Schmuck zu überlassen, um ein dringend benötigtes Sühne-
opfer zu finanzieren.[65]

Es gab in republikanischer Zeit einen engen Zusammenhang zwischen angeblichen Keuschheitsverletzungen römischer Matronen und politischer Krise.
331 v. Chr. stiftete Fabius Rullianus am Forum boarium einen Schrein für *pudicitia Patricia* für die Matronen, die noch mit ihrem ersten Ehemann verheiratet
waren. Vorausgegangen waren Verfahren gegen Ehefrauen, die bei der Verabreichung von Medizin – eine wichtige Aufgabe der Gattin – ihre Ehemänner
vergiftet hatten (vgl. S. 32). 333 v. Chr. war die Wahl eines Dictators, der nur in
Krisenzeiten eingesetzt wurde, damit begründet worden, daß ehrbare Matronen ihrer Heiltränke wegen der Giftmischerei angeklagt wurden.[66] 296 v. Chr.,
während des 3. Samnitenkrieges kam der Schrein für *pudicitia Plebeia* hinzu,
gestiftet von einer gewissen Verginia, einer mit einem Plebeier verheirateten
Patricierin, der man den Zugang zum patricischen Schrein verweigert hatte. Es
handelte sich um eine Stiftung in ihrem Haus, also auf Privatland und somit
strenggenommen nicht Teil des Staatskults. Im folgenden Jahr konsultierte
infolge von Dürre und Seuchen der Sohn des Gründers des älteren Pudici-
tiaschreins, Fabius Gurges, die Sibyllinischen Bücher – eine Sammlung von

Orakelsprüchen. Sie führten ihn zur Eröffnung von Prozessen gegen Frauen wegen Ehebruch. Die Frauen wurden öffentlich belangt und mit Strafgeldern belegt. Angeblich kam so viel Geld zusammen, daß Gurges einen Tempel für Venus obsequens (die gehorsame Venus) errichten konnte.

In den Punischen Kriegen spitzte sich die Entwicklung weiter zu. Die Verflechtung von weiblichem Körper und politischem Erfolg oder Mißerfolg läßt sich auch an den Vestalinnen zeigen, die wiederholt mit dem archaischen Ritual des Lebendigbegrabens wegen der Verletzung des Keuschheitsgebots hingerichtet wurden.[67] Insbesondere der zweite Punische Krieg war streckenweise so vernichtend gewesen, daß man zu den ungewöhnlichsten Maßnahmen griff. Menschenopfer wie ein Gallier- und ein Griechenpaar auf dem Forum boarium nach der dramatischen Niederlage von Cannae 216 v. Chr. sind hier zu vermerken.[68] Gleich zwei Vestalinnen wurde der Prozeß wegen Unkeuschheit gemacht.[69] Zum ersten Mal hören wir auch von geschlechtlich ungewöhnlichen Vorzeichen. Zweigeschlechtliche Neugeborene erregten Aufmerksamkeit und wurden rituell ab 207 v. Chr. auf See entfernt.[70] Im gleichen Jahr veranlaßte das Priesterkollegium der pontifices, daß 27 Jungfrauen zur Entsühnung durch die Stadt ziehen sollten. Dafür wurde hatte Livius Andronicus eigens ein neues Lied verfaßt.[71] Diese Entsühnungsmaßnahme erwies sich als nicht wirkungsvoll genug. Denn noch während der Proben wurde der Iunotempel auf dem Aventin vom Blitz getroffen. Ein prodigium, ein Zeichen der Götter, verlangte Reaktion. Bei Livius heißt es:

Da die Haruspices (die etruskischen Zeichenschauer) die Auskunft gaben, dieses Zeichen der Götter gehe die Matronen an und die Göttin müsse durch ein Geschenk versöhnt werden, wurden auf Anordnung der kurulischen Ädilen die Matronen, die in der Stadt Rom und bis zum zehnten Meilenstein vor der Stadt ihre Wohnung hatten, auf dem Kapitol zusammengerufen, und sie wählten aus ihrer Mitte 25 aus, denen sie einen Beitrag aus ihrer Mitgift bringen wollten. Daraus wurde als Geschenk ein goldenes Becken angefertigt und zum Aventin getragen, und die Frauen brachten rein und keusch ein Opfer dar.

Während der Punischen Kriege wurde auch der erste orientalische Kult Teil des Staatskultes, und die Matronen spielten dabei eine wichtige Rolle. 204 v. Chr. – Hannibal stand immer noch in Italien – kam es zur Überführung des Magna Mater- oder Kybele-Kults. Schon im Jahr zuvor war durch ein Orakel lanciert worden, der fremde Eroberer sei durch die Überführung des Kultbildes von Kleinasien nach Rom zu vertreiben. Auf die politischen Verwicklungen der vornehmen Familie der Scipionen, die in erster Reihe der Generalität stand, einzugehen, würde zu weit führen; hier ist wichtig, daß die Matronen maßgeblich an der Einholung der Muttergottheit Kybele beteiligt wurden. Sie gingen nach Ostia, wo das Schiff mit dem Kultstein italischen Boden erreichte, und nahmen die Göttin in Empfang. Nachdem ein jüngerer Scipio mit dem Boot hinausgerudert war, übernahm er den Stein von den Priestern und brachte ihn an Land *Die ersten Frauen der Bürgerschaft übernahmen sie … Sie ließen die Göttin, eine nach der anderen, der Reihe nach von Hand zu Hand gehen, und die gesamte Bürgerschaft strömte ihr entgegen. Wo sie vorbeikamen, standen Weihrauchpfannen vor den Türen, und man zündete den Weihrauch an und betete, die Göttin möge freiwillig und gnädig die Stadt Rom betreten.*[72]

Frauen wurden in Notzeiten also auf unterschiedliche Weise kultisch instrumentalisiert. Die Intensivierung dieser Bemühungen während der Punischen Kriege hat zu einer relativen Aufwertung ihrer Position geführt, weil der Kult ihnen reichlich Gelegenheit bot, in der Öffentlichkeit sichtbar zu repräsentieren und den Ruhm und Glanz ihrer Familien entsprechend zu inszenieren. Erinnert sei an Aemilia, die Ehefrau des Africanus (vgl. S. 66). Sulpicia, aus höchsten aristokratischen Kreisen Roms, schreibt in einem ihrer Gedichte über die Matronalia in augusteischer Zeit:

[Es ist Dein] Geburtstag, Iuno, nimm diese heilige Menge an duftenden Kräutern, die ein gebildetes Mädchen mit zarter Hand Dir reicht. Für Dich hat sie heute gebadet, für Dich sich froh hergerichtet, um vor Deinem Altarfeuer gesehen und bewundert zu werden. Sie sagt, in Wahrheit hat sie sich schön gemacht, Dich zu ehren, aber im Geheimen gibt es jemand anders, dem sie gefallen will.[73]

Artemidor führt in seinem Traumdeutungsbuch (1,56) aus, *daß es für freie und reiche Jungfrauen Gutes bedeutet,* [im Traum] *mit einem Wagen durch die Stadt zu fahren; es verschafft ihnen angesehene Priesterämter.*

Der Kult der Augusta

Vor diesem Hintergrund überrascht es nicht, daß Livia gerade im kultischen Bereich nach dem Tode des Augustus eine Stärkung ihrer Position suchte. Zu Lebzeiten des Augustus war ihre aktive kultische Rolle beschränkt gewesen. Sie hatte sich in traditioneller Weise für Götter, vorzugsweise Göttinnen, engagiert, die mit der weiblichen Lebenswelt verbunden waren (vgl. S. 199 ff.). Allerdings besaß sie hier Möglichkeiten, die weit über das hinausgingen, was einer Matrone sonst möglich war. So trat sie auf, als sei sie eine *univira* (eine in erster Ehe verheiratete), eine Frau, die im Kult besondere Befugnisse hatte. Sie verfügte zudem über große materielle Möglichkeiten für Stiftungen und Weihungen. Gleichzeitig war ihre Position überall dort, wo Hierarchien galten, aufgrund ihrer Ehe mit dem Princeps herausgehoben. Von den Supplikationen wissen wir, daß sie nach Geschlechtern getrennt abgehalten wurden und die Frauen unter dem Vorsitz der vornehmsten Matrone ihre eigenen Riten feierten. Es ist anzunehmen, daß Livia als Ehefrau und später Witwe des Augustus diesen Vorsitz für sich beanspruchen konnte – vielleicht hatte es um eben diese Position aber auch Meinungsverschiedenheiten unter den Frauen des augusteischen Hauses gegeben. Als Objekt kultischer Verehrung war Livia nach der Adoption des Tiberius verstärkt in den Kult für Mann und Sohn einbezogen worden (vgl. S. 180 ff.).

Im Osten des Imperiums lagen die Dinge von Anfang an anders. Livia war dort schon nach dem Sieg über Antonius und Kleopatra Gegenstand kultischer Verehrung seitens der Reichsbevölkerung geworden (vgl. S. 124 ff.). In den Kontext göttlicher Verehrung kann man auch die Benennung von Städten mit ihrem Namen rechnen. Noch zur Zeit des Augustus hatten sich hier die Klientelkönige hervorgetan (vgl. S. 259).[74] Die meisten Ehrungen dieser Art stammen hingegen aus tiberischer Zeit.[75] Nach wie vor wurde sie in der Zeit des Tiberius mit verschiedenen bekannten Göttinnen aus dem griechischen Raum verehrt, darunter Demeter, Hera, Aphrodite und Tyche.[76]

Aber auch im Westen wurde sie – wie das Beispiel Sizilien lehrt – kultisch verehrt (vgl. S. 181). Wie bereits besprochen waren verschiedene Entwicklungen zu konstatieren, die mit der Neugestaltung des offiziellen Porträts einhergingen. Einmal wird Livia zusammen mit ihrem Gatten verehrt. Bereits aus der Triumviratszeit gab es vereinzelt Weihungen für das Paar Livia und Octavian.[77] Andere gemeinsame Weihungen stammen aus der Zeit nach 27 v. Chr., sind aber nicht näher einzugrenzen.[78] In Livia sah die Reichsbevölkerung wie im lebenden Kaiser frühzeitig eine Gottheit.

Tiberius trat den kultischen Ambitionen der Mutter zunächst entgegen. Weiter unten soll der Konflikt zwischen beiden auch in politischer Hinsicht genauer zur Sprache kommen, daher an dieser Stelle nur einige kurze Überlegungen. Aus der Zeit um den Herrscherwechsel 14 n. Chr. stammt der Treueid der Zyprioten auf den neuen Kaiser. Darin verpflichteten sie sich, *mit den anderen Göttern allein für die* [Göttin] *Roma und für den* [Gott] *Kaiser Tiberius, den*

Sohn des Augustus, und für die Söhne seines Blutes (τε τοῦ αἵματος αὐτοῦ), *aber niemanden sonst von allen* [göttliche Ehren] *einzuführen.*[79] Die Dynastie wird gesichert, aber Livia ausgeschlossen. Vermutlich handelt es sich um den von offizieller Seite verlangten Eid, denn gerade im Osten war die göttliche Verehrung der Kaiserin verbreitet. Über ihren Ausschluß herrschte aber auch im augusteischen Haus durchaus keine Einigkeit oder zumindest kein verbindlicher Kurs. Germanicus jedenfalls lehnte im Jahr 19 n. Chr. Angebote auf seiner Ägyptenreise ab, ihm göttliche Verehrung zukommen zu lassen, mit dem Hinweis, solche stünden nur Tiberius und Livia zu: *Euren guten Willen, den ihr zeigt, wenn immer ihr mich seht, begrüße ich; aber eure vergötternden Akklamationen lehne ich ganz und gar ab. Denn solche stehen nur dem wirklichen Retter und Wohltäter des ganzen Menschengeschlechts zu, meinem Vater und seiner Mutter, meiner Großmutter.*[80] Eine Begründung, warum Livia ebenfalls diese Ehre zukommt, bleibt aus, möglicherweise weil im hellenistischen Reichsteil ein König immer mit einer Königin verbunden war oder aber Livia bereits fest im Verehrungsmodus verankert war.

Tiberius' Position ist nicht stringent. Trotz einer tendenziellen Obstruktionspraxis seinerseits gab es immer wieder Zugeständnisse. Auch das nach 14 n. Chr. neugestaltete Porträt der Augusta (vgl. S. 214 ff.) muß er bewilligt haben. Zumindest das Jahr 22/23 n. Chr. brachte eine tiefgreifende Zäsur. Um die Mitte des Jahres 22 n. Chr. erkrankte die 79jährige Livia schwer. Tiberius kehrte umgehend aus Campanien zurück, wohin er sich im Vorjahr zurückgezogen hatte, vielleicht in Erwartung ihres Todes. 21 n. Chr. war Livia bereits in die jährlichen *vota*,[81] die Gelübde für das Wohl des Kaisers, aufgenommen worden. 22 n. Chr. erfolgte ein Bündel von Beschlüssen, welche ihre göttliche und herausgehobene Position dokumentierten. Die vier höchsten Priesterkollegien sowie die für den Kaiserkult zuständigen Augustalen leisteten außerordentliche Gelübde für die Gesundheit der Kaiserin *(vota pro valetudine)*. Nach ihrer Genesung beschloß der Senat folglich eine *supplicatio* (ein Dankopfer) und Spiele *(ludi magni)*.[82] Entsprechende Beschlüsse hatte Augustus als besondere ihm erwiesene Ehre im Tatenbericht vermerkt. Die Ritter gelobten darüber hinaus ihrer eigenen Schutzgottheit, der Fortuna equestris, ein Geschenk.[83] Zum ersten Mal werden Münzen in Umlauf gebracht, die eindeutig auf Livia Bezug nehmen. Es handelt sich um Sesterzen, die auf Senatsbeschluß geprägt werden (Abb. 31). Sie tragen die Umschrift *S(enatus) P(opulus)Q(ue) R(omanus) Iuliae Augustae* (Senat und römisches Volk für Iulia Augusta)[84] und zeigen einen zweirädrigen, von zwei Eseln gezogenen Wagen. Auf ihm befinden sich Victorien und andere nicht näher definierbare Figuren. Ob es sich um ein *carpentum*, den

Wagen der Vestalinnen, handelt, ist nicht ganz eindeutig, weil diese Ehre in der antiken Literatur nicht für Livia erwähnt wird, wohl aber für Messalina und Agrippina, die Gattinnen des Kaisers Claudius. So ist es möglich, daß das *carpentum* nur auf die *supplicationes* hinweist und kein dauerhaftes Privileg darstellt.[85] Für diese Deutung spricht ein ähnlicher zur Erinnerung an die bereits verstorbene Mutter Caligulas, Agrippina die Ältere, ausgegebener Sesterz. Ihr Bildnis wurde nach ihrer Rehabilitierung auf einem *carpentum* in den Circus gefahren. Vorbild war aber sicher der Wagen der Vestalinnen, denn bei den Vestalia wurden besonders Esel geschmückt, die auch auf dem Sesterz den Wagen ziehen. Nach Cassius Dio führte Livia – wohl nach 23 n. Chr. – auch den Vorsitz im Circus.[86] Das kann eigentlich nichts anderes bedeuten, als daß sie allein vom *pulvinar*, dem herrscherlichen Göttersitz, den Circusspielen zugesehen hat. Mit ihrem Mann hatte sie im Circus immer vom *pulvinar* aus zugeschaut.

Im Jahr 23 n. Chr. erhielt die Provinz Asia die Erlaubnis, einen Tempel für Tiberius, Livia und den Senat zu errichten.[87] Das Staatsverständnis, wie es im Antrag zum Ausdruck kommt, ist ganz monarchisch geprägt. An die Stelle des Volkes war nun das Herrscherpaar getreten, das traditionell kultisch verehrt wurde. Nach heftigen Auseinandersetzungen zwischen den Städten fiel die Wahl zum Bau des Tempels schließlich auf Smyrna, wo er 26 n. Chr. errichtet wurde.[88] Der Statthalter der Provinz Asia, Publius Petronius (29–35 n. Chr.), muß im letzten Lebensjahr Livias jene lokalen Münzen veranlaßt haben, auf deren Vorderseite Livias Porträt gegenüber einem Porträt des als junger Mann dargestellten Senats erschien, während die Rückseite den Tempel abbildete mit der Gestalt des Tiberius als *pontifex*.[89] Ebenfalls 23 n. Chr. nahm Livia im Theater unter den Vestalinnen Platz.[90] Zuvor saß sie wohl, anders als im Circus, bei den Matronen.[91]

Zur gleichen Zeit wurden Dupondien erstmals mit dem eindeutigen Bildnis der Livia (Abb. 4) und der Umschrift *salus Augusta* (22/23 n. Chr.) reichsweit in Umlauf gebracht.[92] Der Sitz unter den Vestalinnen spiegelt genau diese heilbringende Kraft der Augusta. Die Vestalinnen sind die Garantinnen des römischen Heils, und Livia wird ebenfalls zur Heilsträgerin. Dabei ist allerdings nicht klar, ob nicht die heilbringende Kraft durch die Augusta verstärkt wird. Der Senat prägte in den Jahren 22 und 23 n. Chr. weitere Münzen mit den Legenden *iustitia*[93] und *pietas*[94]; diesmal ohne ihren Namen und mit einem weit stärker idealisierten Porträt. Nur die *salus Augusta*-Münze zeigt ein authentisches Porträt, so daß man versucht ist, in den beiden anderen Prägungen Antonia, die Witwe des älteren Drusus *(pietas)*, und Livilla *(iustitia)*, die Frau des jüngeren Drusus, zu sehen, die 23 n. Chr. ebenfalls Witwe wurde. Beide werden etwa im Senatsbeschluß 20 n. Chr. gegen Cnaeus Calpurnius Piso ausdrücklich neben Livia genannt und für ihre vorbildliche Trauerhaltung beim Tod des Germanicus gelobt. Allerdings handelt es sich ja auch um Mutter und Schwester des Toten, so daß man die Parallele vielleicht nicht überstrapazieren sollte. Die Dupondien müssen eng mit der offiziellen Installierung des jüngeren Drusus als Nachfolger im Jahr 22 n. Chr. zusammenhängen, sind also nicht notwendigerweise auf Livias Krankheit zu beziehen. Tiberius hatte in einem Schreiben wortreich den Antrag auf Übertragung der *tribunicia potestas* begründet.[95] Noch vor der militärischen Qualifikation des Drusus wurde die Tatsache herausgestellt, daß er eine Ehefrau und Kinder habe. Der Senat stimmte dem Antrag des Princeps zu und beantragte umfassende Ehrungen für Drusus und Tiberius: Standbilder, Altäre, Tempel und den Bau eines Ehrenbogens. Tiberius schränkte die Beschlüsse offenbar ein oder reduzierte sie.[96] Es war Drusus' Porträt, das auf der Vorderseite der *pietas*-Münze erschien. Auf dem Avers der *iustitia*-Münze prangte dagegen Tiberius wie auch auf der *salus*-Emission selbst. Iustitia wurde gerade von Tiberius seit 13 n. Chr. besonders verehrt.[97] Pietas wurde in der allgemeinen Wahrnehmung, vielleicht weil Drusus noch im März 23 n. Chr. starb und seine Repräsentation als künftiger Herrscher damit abrupt abbricht, mit der Augusta verbunden. Auch Claudius, der 43 n. Chr. den Altar für *pietas Augusta* weiht, weist in der Weihinschrift ausdrücklich darauf hin, daß der Senatsbeschluß bereits im Jahr 22 n. Chr. fiel. Implizit bezieht er seine Weihung auf die *domus Augusta*, deren Repräsentantin in seiner Zeit ohne Zweifel die von ihm divinisierte Livia ist.[98] Auch in den Provinzialprägungen wird gerade Pietas auffällig oft mit Livia in Verbindung gebracht.[99] Eumachia (vgl. S. 165) ordnete ebenfalls Pietas und Concordia der Livia zu. Eine Prägung aus Macedonien zeigt die Abbildung der Iustitia mit der Umschrift *pietas Augusta* und dem Namen der Livia.[100]

Die *salus*-Münze repräsentiert auf kongeniale Weise, wie die Heilserwartung des Staates, die *salus publica*, nun abhängig geworden war von der Dynastie. Das Porträt der Augusta aber repräsentierte die Dynastie, so daß sich hier die auf die Dynastie projizierte Heilserwartung[101] mit der von der Kaiserin selbst abhängigen Heilserwartung verschränkte. Livia hat den darin verborgenen Konflikt bewußt nicht aufgelöst. Der Tempel der Pietas stand auf dem Forum holitorium, dem Gemüsemarkt, unweit des Marcellustheaters. Es ist daher sehr wahrscheinlich, daß die Weihung des Augustusbildes, die Livia im April 22 n. Chr. vornahm (vgl. S. 213) und die so viel Ärger in der Familie auslöste, zwar ursprünglich im Kontext der Nachfolgefrage stand, Livia sich aber allein als die Verkörperung der Dynastie inszenierte und ihre eigene Rolle als Heilsbringerin im Sinne der *salus*-Münze betonte.

Livia steht mit der *salus*-Münze (vgl. S. 240 f.) nun auch visuell im Zenit ihrer Macht, und die Assoziationen mit Iustitia und Pietas erinnern an die Herrschertugenden auf dem Schild des Augustus in der *curia Iulia* (vgl. S. 87). Dabei ersetzt Salus jedoch die Imperatorentugenden Tapferkeit *(virtus)* und Milde *(clementia)*, denn der militärische Bereich sollte für die Kaiserin bis zu Faustina der Jüngeren, die 174 n. Chr. zur *mater castrorum*, zur Mutter der Feldlager, aufstieg, vorläufig tabu bleiben.

Wahrscheinlich war das Gesuch aus der Provinz Asia zur Errichtung des Tempels für Tiberius, Livia und den Senat, sowie dessen Bewilligung ebenso wie die Münzemissionen damit verknüpft, daß sich nicht nur Tiberius, sondern auch Livia großzügig am Wiederaufbau der 17 n. Chr. durch Erdbeben zerstörten zwölf Städte in der Provinz Asia beteiligt hatte. Tiberius jedenfalls erhielt auf Senatsbeschluß Münzemissionen in den Jahren 22/23 n. Chr., parallel zur *salus*-Emission, mit der Umschrift *civitatibus Asiae restitutis*, für die wiederhergestellten Städte Asiens. Die Sesterzen zeigen Tiberius auf einer *sella curulis*, dem Amtsstuhl der Magistrate, mit Lorbeerkranz und in der Hand eine Opferschale sowie Zepter.[102] Der Antrag Asiens war vermutlich mit Dankbarkeit seitens der Städte begründet worden, und Tiberius, der als recht knausrig galt, hatte wohl nichts dagegen, seine Großzügigkeit auch künftigen Generationen vor Augen zu führen. Zugleich bot sich der Anlaß, die Großzügigkeit der Dynastie wirkungsvoll ins Bild zu setzen.

Tacitus hat die Ehrungen 22/23 n. Chr. für Livia als Auslöser für die Verschlechterung der Beziehungen zwischen Tiberius und seiner Mutter in den folgenden Jahren interpretiert. Im Jahr 25 n. Chr. lehnte Tiberius nämlich den Antrag der iberischen Provinz Hispania ulterior auf einen Tempel für sich und Livia rundweg ab.[103] Vermutlich sorgte das für Verstimmung. Denn einen anderen Antrag aus Gytheion im Süden der Peloponnes, das dem Princeps und Livia Götterbilder und Altäre bereitstellen wollte, wies Tiberius nur für seine Person ab, überließ Livia jedoch eine eigene Entscheidung.[104] Seine ostentative Ablehnung zwang die Augusta, ebenfalls Verzicht zu üben. Dennoch kann ihre Antwort nicht nur negativ ausgefallen sein, weil Livia bei der Ausgestaltung des Kultes in Gytheion als Schicksalsgöttin Tyche verehrt wurde. Vor allem aber wurde ihr Bild rechts von Augustus aufgestellt, das des Tiberius links von Augustus.[105] War nach römischem Verständnis der linke Platz der Ehrenplatz, verhielt es sich nach griechischem genau umgekehrt.[106]

Mochte Tiberius auch die Ehrung als *mater patriae* 14 n. Chr. abgelehnt haben oder sich in der Frage göttlicher Verehrung für Livia spröde zeigen, wurde sie doch umfänglich kultisch verehrt (vgl. auch S. 186 f.), z. B. in Antequaria (Anticaria) in der südspanischen Provinz Baetica als *genetrix orbis* (Gebärerin des Erdkreises).[107] Zudem sind zahlreiche Priesterinnen für sie nachweisbar (vgl. S. 340 ff.).

Wann Livias Geburtstag zuerst öffentlich gefeiert wurde, ist unklar, in jedem Fall verzeichnet ein Fragment der Arvalpriesterakten aus dem Jahr 27 n. Chr., also zwei Jahre vor ihrem Tod, bereits einen Hinweis darauf. In einzelnen Städten ist die Feier bereits früher nachweisbar, bezeichnenderweise aber nicht vor dem Tod des Augustus (vgl. S. 240).[108] Nach Livias Tod scheint ihr Geburtstag immer noch eine beachtliche Bedeutung gehabt zu haben.[109]

Livia versuchte, jedes mögliche Prestige aus ihrer Priesterrolle zu ziehen. Am 17. Januar, ihrem Hochzeitstag, weihte sie schon drei Monate nach der Vergöttlichung des Augustus private Spiele *(ludi Palatini)* zum Andenken an den toten Herrscher, die seitdem jährlich stattfanden und zu einem nicht näher bezeichneten Zeitpunkt Teil der offiziellen Feste im Staatskult wurden sowie Aufnahme in den Festkalender fanden.[110] Bereits Caligula ließ das ursprünglich dreitägige Fest um drei weitere Tage verlängern. Der Hochzeitstag war ja durch die Weihung eines Altars am gleichen Tag für das *numen*, die göttliche Wirkkraft, des Augustus durch Tiberius (zwischen 5 und 9 n. Chr.) und die jährlich wiederkehrenden Opfer an diesem Tag reichsweit nach der Adoption des Tiberius propagiert worden.[111]

Livia initiierte ferner den Bau eines Tempels für Augustus auf dem Palatin und stattete ihn großzügig aus: *Eine Wurzel des Zimtbaums von großem Gewicht, die auf einer goldenen Schale lag, sahen wir im Tempel auf dem Palatin, den die Augusta ihrem Ehemann, dem vergöttlichten Augustus, errichtet hatte; aus der Wurzel flossen jedes Jahr Tropfen, die sich zu Körnern verhärteten, bis jener Tempel vom Feuer zerstört wurde.*[112] Zimt war eine absolute Rarität. Er diente vor allem als Aromastoff bei Brand- und Rauchopfern, als Parfum- und Salbenzusatz, nicht dagegen als Gewürz. Noch in der Republik hatte man keine Vorstellung von der Pflanze. Nur die röhrenförmigen kleinen Rollen des Zimtstrauchs gelangten nach Italien. Zwischenhändler hüteten die Geheimnisse des Zimts ähnlich wie beim Weihrauch. Livias Zimtwurzel war also ein ungeheurer Luxus. Offenbar ist der von ihr protegierte Augustustempel von dem großen offiziellen Tempel zu unterscheiden, den der Senat gelobte und dessen Bau Livia zusammen mit Tiberius betrieb.[113] Der Bau kam nur langsam voran, so daß der Tempel erst unter Caligula eingeweiht werden konnte.

Cassius Dio betont besonders die Initiative der Augustuswitwe in Hinblick auf Ehrungen für Augustus, die offiziell von Senat und Tiberius beschlossen wurden. Er bezeichnet Livia in diesem Kontext sogar als Autokratrix (αὐταρχοῦσα), Selbstherrscherin,[114] verwendet also jenen Begriff, der das lateinische *imperator* (Kaiser)[115] aus der Titulatur ins Griechische übertrug. Besonders auffällig ist die private Initiative, mit der sie konsequent agierte, um ihre Nähe zum toten Kaiser zu demonstrieren. Private Aktivitäten erhielten so eine politische Zuspitzung. Neben der Einrichtung der Spiele verband sie die private Weihung eines Augustusbildes in ihrem Haus auf dem Palatin mit einem offiziellen Festschmaus für die Senatoren und deren Ehefrauen sowie die Ritter.[116] Tiberius ließ den Plan nicht zur Ausführung kommen, vermutlich weil sie Männer und Frauen gemeinsam bewirten wollte und sich nicht auf die Bewirtung der Frauen beschränkte, wie das noch zu Augustus' Zeiten üblich war. Ebenfalls in ihrem Haus legte sie ein *sacrarium*, eine Hauskapelle, für Augustus an, in der sie Erinnerungsstücke – vielleicht als Weihgaben – aufbewahrte sowie ihr Archiv unterhielt.[117] Der Schrein wurde von einem eigenen Priester betreut.[118]

Immer stärker drängten Livias Aktivitäten auch in einen offiziellen Rahmen. Als Priesterin des Augustus weihte sie am 23. März 22 n.Chr. nach Auskunft des Festkalenders aus Praeneste (Fasti Praenestini) beim Marcellustheater dem Divus Augustus ein Standbild – also noch vor ihrer Genesung von der lebensbedrohlichen Krankheit. Der Eintrag in den Kalender zeigt, daß es sich nicht mehr um eine private Weihung handelte. Die Arvalpriester wiederholten 38 n.Chr. am Jahrestag der Weihung ein Opfer, so daß das Kultbild eine gewisse Bedeutung erlangt haben wird.[119] Anläßlich der Weihung tat Livia jedoch etwas Ungeheuerliches: Sie nutzte die Abwesenheit des Tiberius, der sich zu Beginn des Vorjahres (Januar 21 n.Chr.) vorübergehend nach Campanien zurückgezogen hatte, und setzte ihren eigenen Namen vor den ihres Sohns, des Princeps. Hierin muß man einen wesentlichen Auslöser für gravierende Mißstimmungen im Kaiserhaus sehen.

Livia tat alles, um das Prestige des Divus Augustus zu stärken oder zu schützen. Um das Ansehen des neuen Gottes zu erhalten, strengte sie über einen namentlich nicht in Erscheinung tretenden Ankläger bei Tiberius ein Verfahren gegen zwei Ritter an, denen eine Verunglimpfung des Gottes Augustus zur Last gelegt wurde.

Dem Faianius warf der Ankläger vor, er habe unter die Kultdiener des Augustus, wie sie in allen vornehmen Häusern nach Art der Kultgemeinschaften bestanden, einen gewissen Cassius, einen durch Unzucht berüchtigten Schauspieler aufgenommen und bei der Veräußerung seiner Gärten habe er eine Statue des Augustus mit in den Kauf gegeben. Dem Rubrius warf man vor, durch Meineid die göttliche Wirkkraft des Augustus verletzt zu haben.[120]

Offensichtlich wollte Livia den Status der neuen Gottheit juristisch geklärt haben. Vor allem aber beabsichtigte sie, ihre eigene Person als Priesterin des Augustus nicht durch derartige private Kultvereinigungen geschmälert zu sehen. Tiberius wies die Klage im Kern ab und optierte für pragmatische Lösungen.

Livias Bildnis nach dem Tod des Augustus

Was war mit den angeblich letzten Worten des Kaisers an seine Frau verbunden? Eine Ermahnung, wie sie auch der sterbende Germanicus an seine Frau Agrippina richtete, sich zurückzunehmen? Es ist wohl erheblich zu bezweifeln, daß Livias und Augustus' Ehe glücklich war. Aber der Ausspruch läßt Raum für Interpretation, macht Identifikationsangebote und provoziert ein Geschichtsbild.

Nach dem Tod ihres Mannes wurde das offizielle Bildnis der Livia völlig neu gestaltet, in dem die Haare nun zu einem Mittelscheitel geteilt werden, aber ebenfalls in einem Nackenknoten enden (Abb. 14). Nicht nur die Frisur, sondern auch die Gesichtsproportionen wurden verändert und dem Götterbild des 5. Jahrhunderts v. Chr. angenähert. Einerseits wird es damit noch deutlicher zum Herrscherbild als der Vorgängertyp aus der ägyptischen Oase Fayum, gleichzeitig spiegelt es sehr eindrucksvoll die ambivalente Rolle der Augusta in ihrer sakralen Bedeutung nach dem Tode des Gatten.

Die Neugestaltung des Liviabildnisses zielt darauf, im ganzen Imperium die veränderte Rolle der Witwe des Augustus bekannt zu machen, die nun zur Priesterin ihres verstorbenen Mannes geworden war. Das neue Bild ist nur bedingt eine Reminiszenz an das Alter der Livia. Selbst das Bildnis moderner Monarchen, wie der englischen Königin, wird gelegentlich modernisiert und ihrem jeweiligen Alter angepaßt, ohne daß sie sichtbar auf den Bildern altern. Livia war bei der Erneuerung ihres Porträts über 70 Jahre alt, wirkt aber nach wie vor wie eine junge Frau. Der Schopf, in den die Mittelscheitelfrisur ausläuft, war gerade erst in Mode gekommen, als diese Bildnistypen der Livia geschaffen wurden.[121] Der Rückgriff auf die griechischen Göttinnenbildnisse des 5. Jahrhunderts v. Chr. verbindet Livias Porträt noch enger mit dem des Augustus. Aus dem Bild des Herrschers und seiner Frau war endgültig das Herrscherbild eines Paares geworden. Gleichzeitig betont der neue Typus die aktuelle sakrale Funktion der Augusta (vgl. S. 198 f.). Aufgrund der häufigen

Göttinnenattribute, wie Füllhorn, Kränze aus Ähren und Mohnkapseln, Mauerkrone oder Diadem wird dieser Porträttyp auch als Cerestyp bezeichnet. Denn Ähren und Mohn waren das Erkennungszeichen der Demeter, der griechischen Göttin des Wachstums und der Fruchtbarkeit, und ihrer römischen Entsprechung Ceres. Schon unter Augustus war Ceres ja eine Bezugsgottheit für Livia gewesen. Beim Cerestypus kommen gelegentlich der Schleier und die eine verheiratete Frau kennzeichnenden *vittae* (am Hals herabhängende Wollschnüre) hinzu. Allerdings, darauf hat Susan Wood in ihrer Studie zu den kaiserlichen Frauenporträts verwiesen, konnten alle Bilder Livias mit Attributen der Ceres ausgestattet sein.[122] Erst die postumen Bilder zeigen Livia dann nicht mehr in der Tracht der Matrone, sondern vorwiegend mit griechischer Kleidung, häufig auch als Iuno wie in Rusellae oder Leptis Magna. War Livia nun keine Matrone mehr, so war sie mit Iuno als Schützerin der Ehe ausgewiesen.

Daß die Ceresbilder andere Gesichtsproportionen hatten, sieht man am besten, wenn man das Liviaporträt aus dem Fayum (heute in Kopenhagen, vgl. Abb. 13) mit dem aus claudischer Zeit (heute in Bochum) vergleicht (Abb. 10). Zeigen die Bildnisse zusätzlich zur Mittelscheitelfrisur die Kopfbinden aus Wolle *(infulae)*[123] oder den über den Kopf genommenen Mantel, ist Livias Stellung als Priesterin des Divus Augustus angedeutet. Werden die Porträts mit einem Diadem versehen, so gleichen sie dem Erscheinungsbild einer griechischen Göttin und weisen auf ein Bildnis, das nach der Erhebung zur Gottheit im Jahr 42 n. Chr. entstanden ist.

Während es keinen eindeutigen Bildnistyp für Livia als Priesterin des Augustus in Marmor gibt, was auf das Fehlen eines offiziellen Prototyps deutet, war in den privat in Auftrag gegebenen Gemmen eine solche Bildsprache durchaus vorhanden. Grund für das Fehlen eines offiziellen Bildnisses wird die Weigerung des Tiberius sein, die Rolle Livias unter seinem Principat in irgendeiner Weise zu institutionalisieren (vgl. S. 239 ff.). Der Wiener Kameo (Abb. 18) zeigt Livia als Priesterin des Augustus mit der Mauerkrone der Kybele, sowie mit Mohn und Ähren für Ceres. Während Ceres ja bereits ein eingeführter Typus ist – letztlich auch durch die Münzen des Augustus –, war Kybele eine neue Interpretation. Bereits unter Augustus war jedoch eine claudische Tradition bei der Einholung dieser großen Muttergottheit während des Punischen Krieges gegenüber der älteren – scipionischen – betont worden (vgl. S. 180; 205 f.). Livia identifizierte sich also mit zwei bedeutenden Muttergottheiten wie auch mit einer geradezu persönlichen Schutzgottheit und verwies implizit auf die lange claudische Tradition im Dienst der Republik. Ein weiteres Werk der Glyptik, der »Grand Camée de France«, aus der Zeit des Tiberius zeigt

Livia – Ähren und Mohn haltend – auf dem Thron neben Tiberius. Deutlicher ließ sich das Gefüge der *domus Augusta* nicht darstellen.[124] Geschnittene Steine zirkulierten vor allem in Hofkreisen, zu denen nach wie vor aristokratische Familien gehörten. Für sie waren diese Codes leicht lesbar.

Allenfalls die Münzen des Tiberius geben Hinweis auf die priesterliche Rolle der Mutter. In der gesamten Regierungszeit wurden die schon unter Augustus ausgegebenen Prägungen der sitzenden Göttin (Abb. 21), nun auch als Pax, geprägt. Hinzu kam ein As, also eine Bronzeprägung.[125] Auf der Vorderseite ist Augustus mit der Strahlenkrone und der Umschrift *divus Augustus pater* sowie den Attributen Blitzbündel und Stern abgebildet. Auf der Rückseite befindet sich zwischen dem Signet SC, das die Prägung als vom Senat in Auftrag gegeben ausweist, eine sitzende Göttin mit Szepter und Opferschale. In den Jahren 15/16 n. Chr. (durch den Hinweis auf das Jahr XVII der *tribunicia potestas* eindeutig zu datieren) wurde ein ähnlicher Typus mit dem Bild des Tiberius auf der Vorderseite und der Legende seines Kaisernamens, der auf der Rückseite durch die Angabe der *tribunicia potestas* und den Titel *pontifex maximus* fortgesetzt wird, geschlagen.[126] Der über den Kopf gezogene Mantel auf den Münzen und die Göttinnenfrisur unterstreichen die bereits durch die Opferschale angedeutete Rolle einer Priesterin. In den Provinzen, etwa im nordafrikanischen Thapsus, ist die Darstellungsform übernommen und mit der Inschrift für Ceres Augusta versehen worden.[127] Von den Proconsuln der Provinz Africa proconsularis Lucius Apronius (18 – 21 n. Chr.), Quintus Iunius Blaesus (21 – 23 n. Chr.) und Publius Cornelius Dolabella (23 – 24 n. Chr.) wurde für die Colonia Iulia Pia Paterna ebenfalls dieses Bild gewählt.[128]

Eine Vorbildwirkung, Livia mit Ceres zu identifizieren, wird man dabei auch der alexandrinischen – vom Kaiser initiierten – Münzprägung nicht absprechen können, die Livia im Porträt auf die Vorderseite und mit einem Bündel aus Ähren und Mohnkapseln abbildete und somit eindeutig die Attribute der Ceres mit der Kaiserin verband.[129] Den eindrucksvollsten Widerhall als segenspendende Mutter des Imperiums fand Livia auf Münzen aus der Kolonie Romula in Hispanien (Abb. 29). Sie erschien hier im Porträt auf der Weltkugel auf dem Münzavers mit einer Umschrift als *Iulia Augusta genetrix orbis*. Das verweist auf Venus genetrix, die Stammutter der iulischen Familie, aber auch auf die Mutter des Herrschers, auf die *mater patriae*. Auf der Rückseite findet sich das Bildnis des Augustus als *divus pater*. Dem Stern des Augustus wurde eine Mondsichel über dem Porträt der Livia auf der Vorderseite gegenübergestellt.[130] Auch wenn Livia nicht als Göttin bezeichnet ist, weist die Ikonographie sie eindeutig als göttliche Mutter aus, die zum vergöttlichten Vater Augustus gehört.

Eine Münze aus Leptis Magna in Nordafrika bringt das mit der entsprechenden Umschrift, *Augusta mater*, auch zum Ausdruck.[131] *Genetrix orbis* wird sie auch von Marcus Cornelius Proculus, dem Kaiserpriester *(pontufex* [sic!] *Caesarum)* aus Antequera (Anticaria) in der Baetica, in einer Weihinschrift genannt.[132] Die imperiale Selbstdarstellung und das Empfinden der Menschen ergänzten sich auf eindringliche Weise. Zu den Muttergottheiten, mit denen Livia identifiziert wurde, zählten Ceres/Demeter, Kybele/Magna Mater und Maia, die Mutter des Hermes. In Ludgunum (Lyon) weihte ein Freigelassener einen Altar für den Mercurius Augustus und die Maia Augusta zusammen mit einem Heiligtum und Standbildern des Tiberius.[133] Mit der Maia Augusta kann hier nur Livia gemeint sein. In Nepet (Nepi) in Etrurien wurde im Jahr 18 n.Chr. eine Weihung für Livia als *Ceres Augusta, mater agrorum*, also Mutter der Felder vorgenommen.[134] Diese Verschmelzung von Livia und Ceres zeigt sich am eindringlichsten darin, daß seit tiberischer Zeit Ceres häufig mit der Physignomie der Augusta dargestellt wird.

KAPITEL 10

ODYSSEUS IN FRAUENKLEIDERN.
LIVIA UND TIBERIUS
(14 N. CHR. – 29 [37] N. CHR.)

D ie politischen Implikationen der kultischen Rolle Livias gleich zu Beginn
des Principats ihres Sohnes waren nicht zu übersehen. Es kam zu schweren Konflikten zwischen Mutter und Sohn. Allerdings hatte Tiberius nicht im
Sinn, Livias bisherige Position zu unterminieren, sondern die Bevölkerung
wie auch der Senat erwarteten nach dem Testament des Augustus eine Neu-
definition der Rolle der Mutter des Princeps. Livia hat ihre Chance genutzt.
Tiberius wehrte zunächst zögernd, dann aber sehr vehement alle diese Versuche ab, und es gab wohl ein ganzes Bündel von Gründen, die ihn dazu veranlaßten.

Das Testament des Augustus war eine der Machtgrundlagen Livias im Principat ihres Sohnes Tiberius (vgl. S. 190 ff.). Es präjudizierte ein politisches
Dilemma, indem es die dynastischen Bindungen[1] des iulisch-claudischen Hauses betonte und Livia zumindest ideell in die iulische Familie inkorporierte. Sie
hatte nach Kräften versucht – wie seinerzeit Augustus –, aus einer gewöhnlichen »Testamentsadoption«, die wenig mehr als eine Namensübertragung
war, politisches Kapital zu schlagen. Tiberius verweigerte seiner Mutter jeglichen demonstrativen Akt, der dieser rein privatrechtlichen Testamentsadoption eine irgendwie geartete sakrale Weihe verschafft hätte (vgl. S. 196). Für
Augustus muß die Einbindung Livias in die kaiserliche Familie – die Stärkung
ihrer Position als *mater patriae* – im Vordergrund gestanden haben. Die an sich
aberwitzige Konstruktion der Adoption der eigenen Frau barg moralische Verpflichtungen, wie sie sich aus einer vollgültigen Adoption ergaben. So mußten
Livias gewaltige Vermögenswerte in der *domus Caesarum* – im Kaiserhaus –
bleiben. Tiberius konnte nach Livias Tod ohne Schwierigkeiten ihr Testament
kassieren und als natürlicher Erbe ihre Erbschaft in Anspruch nehmen, zu der er
nach römischem Recht weder als ihr Sohn noch als der Sohn des Augustus berechtigt war, allenfalls als nächster männlicher Verwandter *(proximus agnatus)*

einer Iulierin. Genauso gut mochte die »Adoptionsbestimmung« ihre Einsetzung als *heres* unter Umgehung der *lex Voconia* abgesichert haben. Von einer
dadurch bewirkten stärkeren dynastischen Stütze kann kaum die Rede sein. Die
arrogatio hatte aus Tiberius bereits den Sohn des Augustus gemacht, und *tribunicia potestas* und *imperium proconsulare* waren sichere Fundamente für einen
reibungslosen Herrscherwechsel. Tacitus legt den Finger auf die Wunde, wenn
er betont, daß Tiberius sich zu Beginn seines Principats trotz allen Zögerns
gegenüber den Ehrungen des Senats eben doch wie ein Princeps benahm.[2]

Augustus ging es in erster Linie darum, seiner Witwe eine bedeutende Rolle
zu sichern, die er freilich versäumte zu definieren. Eine Unterlassung, die er
insofern nicht zu verschulden hatte, als eine klarere Definition das ganze mühsam austarierte System hätte in Gefahr bringen können. Statt dessen wurde
alles getan, den Machtwechsel so reibungslos wie irgend möglich zu gestalten.
Somit blieb ein Freiraum, mit dem sehr unterschiedlich umgegangen wurde.
Tiberius hat Augustus' Bestimmungen in Bezug auf Livia völlig zu ignorieren
versucht; der Senat hat sie in stets vorauseilendem Gehorsam als Mitherr-
schaftswunsch des toten Kaisers für seine Witwe interpretiert. Livia selbst hat
ihre Aufgabe einerseits im Erhalt der neuen Ordnung gesehen, zu deren stabilisierenden Kräften der Kaiserkult gehörte, dem sie sich intensiv widmete. Andererseits hat sie wohl auch keine Einschränkung ihrer bisherigen Rolle als erste
Matrone erwarten dürfen, die sie weiterhin versuchte zu behaupten.

Livia war also sehr bewußt an den Ausbau ihrer Stellung nach dem Jahr
14 n. Chr. gegangen und hatte hierfür – wie oben dargelegt – vor allem ihre kultische Position als Priesterin des Augustus genutzt. Aus dieser Konstellation
mußten sich zahlreiche Konflikte mit Tiberius ergeben. Daß dieser sich hingegen in den Anfangsjahren nicht dezidiert gegen eine Prononcierung der öffentlichen Rolle seiner Mutter wandte, sondern diese eher indirekt zu marginali-
sieren versuchte, belegt die alexandrinische Münzprägung, die schließlich vom
Kaiser autorisiert war. Nach dem Regierungsantritt des Tiberius wurden zunächst keine neuen Münzen ausgegeben. Die letzte Prägeserie des Augustus aus
dem Jahr 12/13 n. Chr. (vgl. S. 102) hatte wie gesagt ein Porträt seiner Frau
auf der Vorderseite der Bronzemünzen getragen. Erst ab 17/18 n. Chr. ließ
Tiberius überhaupt eigene Münzen prägen, die nach wie vor Livia zeigten und
somit ihre Bedeutung für den Principat des Kaisers unterstrichen. Auf dem
Revers trugen diese Münzen das Signum der Kaiserin als Ceres, zwei Kornäh-
ren und zwei Mohnkapseln und die Herrschaftszeichen Halbmond und Stern.[3]
Im Prägezeitraum 19/20 n. Chr. trat noch ein Pfau hinzu, das Zeichen der Göttin Iuno.[4] Nachdem es im Kaiserhaus aber offensichtlich zu ernsthaften Ver-

stimmungen gekommen war, nahm Tiberius im Zeitraum 20/21 n. Chr., als er sich erstmals nach Campanien zurückzog, demonstrativ die Prägungen der hellenistischen Könige in Form von Tetradrachmen wieder auf und ließ nur noch Münzen mit dem Bild des vergöttlichten Augustus auf der Rückseite schlagen. Auf diese Weise hatte er die Augusta geschickt ausgeklammert.[5] Der alexandrinische Münzbefund stand jedoch im krassen Gegensatz zu den zahlreichen im Osten geprägten Münzen für Livia während des Principats ihres Sohnes, die an Frequenz gegenüber der Zeit des Augustus deutlich gestiegen waren. Sie treten in allen Reichsteilen mit verschiedenen Typen und klar auf Livia bezogenen Umschriften auf.

Der Principat des Tiberius

Als Tiberius im Jahr 14 n. Chr. den Principat übernahm, war er schon 56 Jahre alt. Er war ein ausgezeichneter Feldherr und hatte sich in vielen militärischen Unternehmungen für Rom als äußerst nützlich erwiesen. Dennoch war das kein strahlender Held, der jetzt Roms Geschicke lenkte, eher ein unnahbarer, in vielem mißtrauischer Mensch mit zahllosen unbewältigten Kränkungen, verursacht durch die unerbittliche Härte des Augustus, dessen Erbschaft er antrat. Von den Zurücksetzungen war schon oft die Rede. Immer anderen hatte die Liebe und Zuneigung gegolten; die Personen, denen er vertraute, waren gestorben oder aus seiner Nähe entfernt worden. Alle seine Verdienste wurden nicht entsprechend den traditionellen republikanisch-aristokratischen Normen belohnt, sondern allein das Wohlwollen des Augustus entschied über Fortkommen und Entlohnung. Die Tragik des Menschen Tiberius lag darin, daß dieser im Grunde zutiefst aristokratisch Denkende den Anforderungen des neuen Systems nicht gewachsen war. Er hatte die Ordnung des ersten Princeps zu vollenden, der ihn immer benutzt hatte, dessen Anerkennung er aber noch über den Tod hinaus zu gewinnen trachtete, indem er etwa den Vorgaben des Augustus für eine defensive Außen- und Sicherheitspolitik folgte. Tiberius wurde dies nur als Schwäche und Versagen ausgelegt, denn das kommunikative Talent des Augustus, dessen herausragende Fähigkeit zur Selbstinszenierung ging dem neuen Kaiser völlig ab.

Vor allem die kurz nach Tiberius' Tod einsetzende überaus feindselige Historiographie hat das Bild dieses Kaisers bestimmt, ihn als heuchlerischen Betrüger hingestellt.[6] Die Hintergründe für diese Einschätzung sind nicht leicht auszumachen. Cassius Dio beurteilt Tiberius immer wieder als verlogen: *Er sagte nie, was er wirklich wollte, während sein erklärter Wille nie der Wahrheit entsprach.*[7] Nach der Definition des Tacitus,[8] der wie kein anderer die historische

Meinung über den Kaiser festlegte, waren die ersten neun Jahre zwischen 14 und 23 n. Chr., also von Herrschaftsbeginn bis zum Tod des Drusus, die guten Jahre, in denen Tiberius sich nur verstellte, aber zumindest zu guter Politik gezwungen war. Zvi Yavetz hat Tacitus' Periodisierung in seiner eindringlichen Biographie des zweiten Kaisers zurückgewiesen und statt dessen die entscheidende Zäsur ins Jahr 26 n. Chr. verlegt, als Tiberius sich auf die Insel Capri zurückzog und seinem Prätorianerpräfekten Seian das Feld überließ.[9] Ich hoffe zeigen zu können, daß beides miteinander und vor allem mit der Person Livias verbunden war, deren Einfluß sich der Kaiser widersetzte.

Tiberius war ein schwieriger Kaiser, der nicht wie Augustus um die öffentliche Meinung warb. So blieb er meist den Circus- und Theaterspielen fern, weil er diese Art der Unterhaltung vor allem wegen der darin zur Schau gestellten Gewalt verachtete. Die *plebs* hatte wenig Verständnis und erinnerte sich gern an Augustus, der ihre Liebe zu den Spielen geteilt und dadurch große Popularität gewonnen hatte. Sein Rückzug nach Capri wurde Tiberius als Demonstration seiner Verachtung für das Volk ausgelegt. Ein depressiver, vielleicht melancholischer Zug war Tiberius eigen. Als *tristissimus hominum* (traurigster des Menschengeschlechts) wird er beschrieben.[10] Aber Traurigkeit gewinnt in der antiken Kultur keine Freunde. Wir haben das bei der Trauerbewältigung Livias nach dem Tod des Drusus gesehen. Nur wer sich dem Leben zuwenden konnte, wurde geschätzt und geachtet. Dennoch ist gerade Tiberius der Kaiser, der am stärksten Pflichtgefühl und Loyalität bewies. Seine Erfahrungen in vielen Kriegen, die ohne Loyalität und Zusammenhalt nicht zu führen waren, schlagen sich hier nieder. Er war auch ein emsiger, arbeitsamer Kaiser, der sich ununterbrochen um die Angelegenheiten des Reichs kümmerte. Aber nicht nur die langen im Krieg verbrachten Jahre haben ihn geprägt, auch die höfische und gefährliche Umgebung des Augustus, die ihn von klein auf dazu zwang, jedem zu mißtrauen, nur um zu überleben. Als er endlich Kaiser wurde, war er innerlich vergiftet. Denn nicht seine Verdienste – mußte er sich sagen – hatten ihn an die Macht geführt, sondern der Tod der Konkurrenten und die Beharrlichkeit seiner Mutter.

Dabei waren seine militärischen Fähigkeiten und seine persönlichen Kenntnisse der Grenzräume des Imperiums ebenso wie das Vertrauen der Legionen alles Elemente, die ihn hervorragend für die Aufgaben eines Princeps qualifizierten. Aber sein fortgeschrittenes Alter verhinderte ebenso wie seine ganze Person, daß man im Beginn seines Principats einen neuen Anfang sah oder gar zu einer gefühlsmäßigen Identifikation mit diesem Kaiser kommen konnte.

Bei Regierungsantritt kam es zu der berühmten *recusatio*, Zurückweisung der Macht, durch Tiberius, der erst nach langem Zögern überzeugt werden konnte, die Herrschaft zu übernehmen. Die Umstände der zweiten Senatssitzung vom 17. September sind in der Forschung heftig umstritten, Tatsache ist hingegen, daß Tiberius den Senat als Princeps verließ, denn jetzt wurden ihm *tribunicia potestas* und *imperium proconsulare maius* auf Lebenszeit bestätigt.

Die Herrschaft wurde schon durch ihren Beginn, den Mord am letzten Augustusenkel, ins Zwielicht gerückt.[11] Zudem brachen sogleich Meutereien am Rhein und in Pannonien aus. Auch wenn Tacitus den Eindruck zu erwecken versuchte, es ginge um eine Abwahl des Tiberius, scheint dies nicht der Fall zu sein. Vielmehr wurden die beim Machtwechsel zu erwartenden Turbulenzen benutzt, um eigene Forderungen der Legionen durchzusetzen. Möglicherweise erwartete man auch von Tiberius Sympathie. Die materiellen Forderungen waren durchaus berechtigt. Im Jahr 13 v. Chr. hatte Augustus ein Dekret erlassen, wonach die Dienstzeit der Soldaten bei den Prätorianern, der Leibgarde des Herrschers, auf 12 Jahre und bei den Soldaten der übrigen Legionen auf 16 Jahre festgelegt wurde. Im Jahr 5 v. Chr. wurde der Dienst in der Armee dann nochmals verlängert: Soldaten der Prätorianer mußten fortan 16 Jahre dienen, die Legionäre 20 Jahre.

Den Legionären mußte während ihrer gesamten Dienstzeit Sold gezahlt werden, ebenso war auch für die Alterssicherung zu sorgen. Zu diesem Zweck wurde noch zu Augustus' Zeiten eine besondere Kasse *(aerarium militare)* eingerichtet, aus der die Pensionsgelder kommen sollten. Doch aus Geldmangel oder wegen bürokratischer Schlamperei kam der Staat seinen Verpflichtungen gegenüber den Veteranen der Armee nicht immer nach, was zu Verbitterung und schließlich Aufruhr in verschiedenen Heerlagern führte. Zudem hatten die harten Dienstbedingungen, die systematischen Erniedrigungen der Legionäre durch ihre direkten Vorgesetzten, die Centurionen, und das Nachlassen der äußeren Bedrohung dazu geführt, daß zu wenige geeignete Kandidaten bereit waren, freiwillig im Militär zu dienen. Die Forderungen der aufständischen Legionäre in Pannonien und am Rhein unterschieden sich trotz der großen räumlichen Entfernung kaum. In beiden Fällen forderten sie, der Grausamkeit der Centurionen Einhalt zu gebieten, die sie zu Sklaven herabwürdigten und mißhandelten, ferner die Dienstzeit von 20 auf 16 Jahre zu verkürzen, den Legionären einen erhöhten Sold von einem Denar pro Tag zu zahlen und dafür zu sorgen, daß sie ihr Entlassungsgeld rechtzeitig und in dem Lager erhielten, wo sie gedient hatten. Die Ereignisse nahmen jedoch in Pannonien einen anderen Verlauf als in Germanien. Der leibliche Sohn des Tiberius, Drusus der Jüngere, wurde nach Pannonien geschickt, wo der Statthalter Quintus Iunius

Blaesus zu schwach war, die Revolte niederzuschlagen. In einem öffentlichen Appell wandte sich Drusus an die Aufständischen und verlas einen Brief des Herrschers, indem dieser versprach, er werde *ihre Anliegen dem Senat vorlegen*.[12] Die Legionäre wurden zornig, wie dies bei streikenden Arbeitern der Fall ist, die immer nur leere Versprechungen hören. Aber eine als göttliches Zeichen gedeutete Mondfinsternis kam Drusus in der Nacht vor der Entscheidung zu Hilfe, so daß er die Krise beenden konnte.

Im Westen wurde Germanicus nur leidlich mit der Situation fertig. Tacitus stilisiert den Adoptivsohn des Tiberius von Anfang an zum potentiellen Rivalen des Kaisers. Gerade für die Schilderung der Ereignisse am Rhein bemüht Tacitus eine politische Komponente, indem er behauptet, die Truppen hätten gehofft, der von ihnen verehrte Germanicus würde sich an die Spitze des Aufstands stellen und Tiberius stürzen. Dennoch bestreitet Tacitus nicht, daß die Grenzen der Autorität des Germanicus eng gezogen waren. Es gelang ihm nur dadurch den Aufstand zu beenden, daß er den Forderungen der Legionäre nachgab und kurz darauf blutige Gemetzel unter den sich gerade friedlich verhaltenden Germanen anzettelte, um so die Emotionen zu kanalisieren. Zähneknirschend legitimierte Tiberius das Verhalten des Adoptivsohnes:

Diese Nachrichten bereiteten Tiberius Freude und Sorge zugleich. Er freute sich, daß der Aufstand unterdrückt war; daß aber Germanicus durch Geldspenden und beschleunigte Dienstentlassung um der Soldaten Gunst gebuhlt und sich auch Kriegsruhm erworben hatte, beunruhigte ihn. Er berichtete jedoch vor dem Senat von dessen Taten und führte manches über seine Tüchtigkeit aus; dies geschah allerdings mehr zum Schein und mit schönen Worten, als daß man ihm seine innere Empfindung dabei abgenommen hätte. Kürzer spach er über Drusus ..., aber mit mehr Wärme und mit durchaus glaubwürdigen Worten; und alles, was man Germanicus zugebilligt hatte, bestätigte er auch bei den pannonischen Heeren.[13]

In den Jahren 15 und 16 n. Chr. kämpfte Germanicus mit bescheidenem Erfolg gegen die Germanen, bis Tiberius sich entschloß, der sinnlosen Kriegführung im Norden ein Ende zu machen, und den Feldherrn mit einem bombastischen Triumph nach Hause lobte. Am 26. Mai 17 n. Chr. fand der große Triumph des Germanicus in Rom statt. Mochte Tiberius noch so recht haben mit seiner Abberufung des Germanicus, sie wurde ihm angesichts der von Augustus prekär gelösten Nachfolgefrage als Intrige gegen den potentiellen nächsten Princeps ausgelegt.

Ein weiterer Grund für die negative Beurteilung des Tiberius durch die vor allem senatorisch orientierte Historiographie liegt im Verhalten der Senatoren selbst. Tiberius konnte sich mit seinen Regierungsvorstellungen, einer Art Partnerschaft zwischen Senat und seiner Person, wie sie in den Regelungen des Jahres 27 v. Chr. ja durchaus angelegt war, nicht durchsetzen. Die Motive des Princeps sind nicht ganz eindeutig. Vermutlich wollte er eine stärkere Mitbeteiligung des Senats, aber vielleicht war dies nur sein Ziel, um in diesem Gremium wiederum ein eigenes Gegengewicht zum Kaiserhaus, das durch die Nachfolgefrage intrigenbelastet war, schaffen. Vielleicht wollte er durch eine Stärkung des Senats bereits Livias Ambitionen ein Stück weit entgegentreten.

Tiberius löste die von Augustus gebildete Senatskommission auf, die in einer Art Ausschuß einzelne Themen vorberaten hatte, und schuf dagegen ein rein beratendes Gremium von Freunden, das *consilium principis*. Ziel war es, wichtige Entscheidungen wieder ins Plenum des Senats zu verlegen. Der Senat mißtraute dem Kaiser und hielt ihn für einen *impudentissimus mimus*,[14] einen unverschämten Schauspieler. Die Senatoren waren trotz aller verbalen Zurückhaltung des Herrschers nicht geneigt, ihre Rechte wahrzunehmen. Eine Äußerung des Cnaeus Calpurnius Piso, der 7 v. Chr. mit Tiberius Konsul gewesen war, enthüllt dieses Verhalten in schonungsloser Weise: *An welcher Stelle wirst Du abstimmen, Cäsar? Wenn als erster, dann weiß ich, wonach ich mich zu richten habe. Nach allen? Dann fürchte ich, ohne es zu wollen, von Dir abzuweichen.*[15] Die Kommunikation war also schon ein Jahr nach dem Regierungsantritt nachhaltig gestört. Ludwig XI., König von Frankreich, sagte, wer sich nicht verstellen könne, verstehe nicht zu regieren. Augustus hatte auf dem Sterbebett seine Freunde gefragt, *ob er denn wohl die Komödie des Lebens anständig gespielt habe.*[16] Bevor er sie jedoch rief, hatte er einen Spiegel verlangt, sich das Haar kämmen und die *herabgesunkenen Kinnladen zurechtrücken* lassen. Nicht einmal in der letzten Stunde wollte er ohne Maske auf die Bühne. Tiberius, der lange Jahre seines Lebens unter Soldaten verbracht hatte, verstand diese Kunst des Regierens zu wenig. Er nahm nicht genug Rücksicht auf die Befindlichkeiten der Senatoren, die ihre politische Macht faktisch eingebüßt hatten, den Schein aber wahren mußten. Das Unvermögen der Senatoren, sich der politischen Verantwortung zu stellen, und die darüber empfundene Scham schlugen sich natürlicherweise in Vorwürfen gegen den Mann nieder, dem man das eigene Verhalten anlastete – Tiberius. Der Kaiser selbst begann zu resignieren.

Andererseits ist das Verhalten der Senatoren auch verständlich, wurde die Regierungszeit des Tiberius doch durch zahlreiche Majestätsprozesse belastet, ohne daß der Kaiser dies freilich, wie häufig unterstellt, forciert hätte.[17] *Maie-*

stas war eine Straftat, die sich nach Cicero durch die Schmälerung der Würde oder der Gewalt des Volks und des oder derjenigen, denen das Volk Gewalt verliehen hat, definiert.[18] Der Principat als Institution war ganz auf die Person des Augustus zugeschnitten. Nach dem Herrscherwechsel mußte nun stärker ein Amtsverständnis an seine Stelle rücken. Dazu aber war es unerläßlich, daß die Person des Princeps unbestritten war. Ein Viertel des Vermögens eines wegen *maiestas* Verurteilten fiel an den Ankläger, was eine lukrative Kopfjagd begünstigte, aber natürlich nicht dazu beitrug, daß Senatoren gewillt waren, ihre Person zu exponieren. Gleichzeitig schaffte Tiberius die Wahlen zu den Magistraturen ab und befreite die Senatoren von der Last des Wahlkampfes, der Unsummen verschlungen und zu mancher persönlichen Kränkung und Selbsterniedrigung geführt hatte. Die Kehrseite der Medaille war jedoch der Verlust einer weiteren republikanischen Institution.

Etwa 17 oder 18 Hinrichtungen wegen *maiestas* sind aus der Regierungszeit des Tiberius bekannt, 16 Anklagen wurden nach 26 n. Chr. geführt, 22 Beklagte nahmen sich schon vor Anklageerhebung das Leben; dennoch spricht einiges dafür, daß Tiberius nur die Gesetze des Augustus in Geltung ließ, auf deren Anwendung bestand und dabei in arge Bedrängnis geriet. Augustus hatte die Verfasser von Schmähschriften vor Gericht gestellt. Dennoch ist der Fall der Appuleia Varilla, einer Enkeltochter von Augustus' Halbschwester Octavia maior, die im Jahr 17 n. Chr. wegen Majestätsbeleidigung aufgrund von Schmähreden gegen Augustus, Tiberius und Livia sowie wegen Ehebruchs angeklagt wurde, aufschlußreich.[19] Tiberius ordnete unverzüglich die Abtrennung des Majestätsverfahrens von dem zweiten wegen Ehebruchs an. Kennzeichen römischer Strafverfahren war, daß nur die Schuld festgestellt und dann ein Strafmaß festgelegt wurde. Die Trennung mit dem gleichzeitigen Hinweis, er wolle *Äußerungen gegen seine eigene Person ... nicht zur Untersuchung herangezogen wissen*,[20] zeigt einmal mehr, wie sehr es ihm darum ging, seine Mutter oder jede potentielle Ehefrau von der Institution des Principats fernzuhalten, denn ein Schuldspruch war ein Präzedenzfall für alle von ihm betroffenen Aspekte. War die Entwicklung im Bereich des Kultes auch nicht mehr aufzuhalten, außer in einem einzigen Punkt, der Apotheose nach dem Tod, auf die ich noch zurückkomme, so konnte doch im rechtlichen Bereich einiges hierzu getan werden. Doch die Haltung des Senats war in dieser Frage offenbar eine andere. Der untersuchende Konsul ließ nicht locker und fragte nach, was Tiberius von den üblen Reden über seine Mutter halte. Nun wagte es der Princeps nicht, Beleidigungen der Augusta vom Straftatbestand der *maiestas* auszunehmen. Sein Schweigen und die Antwort in der nächsten Senatssitzung, in der er in

Livias Namen bat, *es sollten niemandem Worte gegen sie, gleich welcher Art, als Vergehen angerechnet werden*, zeigen,[21] daß hier ein heikler Punkt in der Stellung der Livia berührt war und daß es offenbar unter Augustus nicht zu Anklagen wegen Schmähreden gegen Livia gekommen war, sie jetzt aber tatsächlich als Herrscherin – *femina princeps*,[22] wie es in der Trostschrift für Livia heißt – verstanden wurde.

Tiberius' größte Erfolge sind auf dem Gebiet der Reichsverwaltung zu suchen, denn er kannte das Imperium besser als jeder andere, aber das Los der Provinzialen kümmerte die aristokratischen Geschichtsschreiber wenig. Bedeutende Bauten, Straßen, Aquädukte stammen aus dieser Zeit und verschafften vielen Leuten Arbeit und Brot. Tiberius ging gegen korrupte Statthalter – alles Angehörige der Aristokratie – vor; nicht weniger als neun Prozesse gegen Provinzstatthalter sind dokumentiert. Die Sorge um die dem Senat unterstellte Provinz Asia, die 17 n. Chr. von einem furchtbaren Erdbeben heimgesucht wurde (vgl. S. 211), veranlaßte den knausrigen Princeps beispielsweise, der Stadt Sardes in Lydien fünf Jahre Steuerbefreiung zu gewähren. Ansonsten wurden die Provinzbewohner rücksichtslos zur Kasse gebeten, um einen ausgeglichenen Staatshaushalt, sein Hauptziel, zu erreichen.

Zwei personelle Probleme belasteten den Principat des Tiberius: erstens die Ambitionen seines eigenen Hauses, sei es durch Livia oder auch durch die ungeklärte Nachfolgefrage zwischen den beiden Söhnen, dem adoptierten Germanicus und dem leiblichen Sohn Drusus; zweitens das Vertrauen des Tiberius in Seian, seinen Prätorianerpräfekten, dem er zwischen 26 und 31 n. Chr. die Stadt Rom vollständig überließ.

Germanicus. Nebenbuhler oder loyaler Sohn

Die Rückberufung des Germanicus als Oberbefehlshaber in Germanien bildete den Ausgangspunkt für einen rasch eskalierenden Konflikt zwischen Tiberius und seinem Adoptivsohn. Gegenüber allen Bitten, ihn sein Werk vollenden zu lassen, blieb Tiberius taub. Die neue Direktive lautete: Da der Rache Roms Genüge getan war, wolle man die Stämme Germaniens ihrer eigenen Zwietracht überlassen.[23] Dennoch bemühte sich der Kaiser, mit der Ausrichtung des Triumphes dem Abschluß der Kämpfe durch Ehren und Feiern eine große Form zu geben, um den Abbruch der Offensive als definitiven Erfolg erscheinen zu lassen.

Noch im Jahr des Triumphs, 17 n. Chr., reiste Germanicus mit einem Sonderauftrag in den Osten des Imperiums, ausgestattet mit einem umfassenden, allen Statthaltern übergeordneten Sonderkommando. Es ging darum, die Verhältnisse in Kappadokien und Armenien neu zu ordnen. Dort wurde Germanicus begeistert empfangen. Seine strahlende äußere Erscheinung, seine Liebenswürdigkeit und der Glanz seiner Stellung machten ihn schnell zum Liebling der Bevölkerung. Als Enkel des Antonius genoß er hier ebenfalls Respekt. Für griechisches Empfinden verhielt er sich stets richtig, auf römischer Seite beäugte man sein Verhalten oft mit Argwohn und Mißtrauen. Karl Christ hat zutreffend bemerkt: »Wenn es darüber zum Konflikt kam, so war dies nicht nur in der Natur des Germanicus begründet, sondern ebensosehr in der Verfassung des Principats.«[24] Germanicus reiste über Dalmatien, Nikopolis nach Lesbos, wo Iulia Livilla, sein neuntes Kind, geboren wurde, anschließend über Byzanz nach Osten. Hier ergaben sich sogleich Rivalitäten mit Cnaeus Calpurnius Piso, einem Aristokraten vom alten Schlag, der die Statthalterschaft von Syrien übernommen hatte. Der Konflikt der Männer wurde durch den der Ehefrauen, Agrippina und Munatia Plancina, noch verschärft. Germanicus setzte Zenon, den Sohn des Königs von Pontus, als neuen König von Armenien ein. Seine zweite Aufgabe, die Verwaltungsneuordnung in Kommagene und Kappadokien, die beide in Provinzen überführt werden sollten, überließ er seinen Legaten. Im Herbst 18 n. Chr. zog Germanicus nach Syrien. Die persönliche Begegnung mit Piso ließ die Spannungen weiter steigen.

Den Winter über empfing Germanicus zahlreiche Gesandtschaften. Die wichtigste, die des Partherkönigs Artabanos III., der eine persönliche Begegnung vorschlug, vermied er zwar, faktisch hielt er jedoch Hof in Antiochia. Im Frühjahr 19 n. Chr. brach Germanicus schließlich zu einer Reise nach Ägypten auf, angeblich um *dessen Altertümer kennenzulernen,*[25] ohne jedoch die Erlaubnis des Princeps einzuholen. Das aber kam Hochverrat gleich. Tacitus bemerkt ausdrücklich, zu Augustus' Herrschaftsgeheimnissen habe gehört, Ägypten unter seiner persönlichen Regierungsgewalt zu halten; deshalb habe er Senatoren und römischen Rittern untersagt, diese Provinz ohne seine Erlaubnis zu betreten. Er traf diese Maßnahme vorgeblich *für den Fall, daß in Italien eine Hungersnot ausbreche und jemand ... sich der (kornreichen) Provinz bemächtigen wolle.*[26] Seine Motive lagen auf der Hand. Antonius hatte sich in Ägypten eine gefährliche Machtbasis sichern können, und einen ähnlichen Fall galt es unter allen Umständen zu verhindern. Germanicus' Reise wurde von Tiberius gerügt. Aber damit war die Sache noch nicht ausgestanden. Das Verhalten des Adoptivsohns erregte bei Tiberius äußerstes Mißtrauen. Germanicus hatte sich beim Volk von Alexandria beliebt gemacht, weil er *ohne Begleitung von Soldaten barfuß und wie ein Grieche gekleidet in den Straßen ging.*[27] Darüber hinaus hatte er, nachdem er erkannt hatte, daß in Ägypten eine Hungersnot herrschte, die öffentlichen Getreidespeicher öffnen lassen, dadurch den Getreidepreis gesenkt und auch Getreide an Bedürftige verteilt, was erkennen läßt, daß sein Interesse an den Altertümern wohl kaum der Hauptreisegrund war. Aus einem der Erlasse des Germanicus geht hervor, daß er der Provinzverwaltung verbot, die lokale Bevölkerung zu schikanieren. Insbesondere untersagte er die Beschlagnahmung von Tieren und privaten Booten sowie die Einschüchterung der Bevölkerung durch Einquartierung von Soldaten in Privathäusern. Ferner verpflichtete er sich, Bürger zu entschädigen, die durch ungesetzliche Handlungen der Obrigkeit Schaden erlitten hatten.[28] Das Hineinregieren in die Belange des Tiberius konnte dieser schwer ertragen, besonders übel nahm er aber die Öffnung der Getreidekammern, in denen auch Getreide gelagert wurde, das für Rom und Italien bestimmt war. Tatsächlich stiegen die Getreidepreise in Rom noch im selben Jahr, und Tiberius sah sich gezwungen einzugreifen, um die Lage zu retten.[29] Ein Zusammenhang zwischen Germanicus' Verhalten und dem Anstieg der Preise in Rom ist nicht nachzuweisen; aber er ist nicht ausgeschlossen, weil er in seiner Großzügigkeit auf die Reserven für Rom zurückgriff.[30] Germanicus versuchte zwar, sich per Dekret (vgl. S. 208) vor göttlichen Ehrungen zu schützen, um nicht als Herrscher anstelle des Tiberius zu erscheinen, aber das konnte kaum genügen.

Zurück in Syrien wuchsen die Spannungen, weil Piso, durch und durch der alte Aristokrat, die Orientalen verachtete und Germanicus vorwarf, diese Barbaren wie Römer zu behandeln. Piso hatte die Abwesenheit des Germanicus benutzt, um dessen Maßnahmen zum Teil zu widerrufen und seine Gefolgsleute ihrer Posten zu entheben. Bei einem festlichen Empfang, den der Nabatäerkönig Aretas zu Ehren seiner römischen Gäste gab, kam es zum Eklat. Der König ließ Germanicus, Agrippina und Piso goldene Kränze überreichen. Piso, dessen Kranz kleiner als jener der beiden anderen war, schleuderte seinen zu Boden und schäumte, solche Geschenke könne man dem Partherkönig machen, nicht aber dem Sohn des römischen Princeps. Germanicus schien entschlossen, Piso aus Syrien zu entfernen. Bevor er diesen Plan ausführen konnte, erkrankte er jedoch schwer. Der taciteische Krankenbericht[31] zeichnet alle Einzelheiten der in Wellen verlaufenden Krankheit nach. Von Zauber und Magie war schnell die Rede. Germanicus fieberte und beschuldigte Piso, ihn vergiftet zu haben. Kurz vor seinem Tod schrieb er einen Brief, in dem er seinem Widersacher die Freundschaft aufkündigte, was faktisch dessen Absetzung zur Folge haben mußte. Piso verließ daraufhin Syrien in Richtung Kos. Am 10. Oktober 19 n. Chr. starb Germanicus mit nur 33 Jahren in Antiochia.

Nun beging Piso einen entscheidenden Fehler. Gegen Ende des Jahres kehrte er nach Syrien zurück, um die Herrschaft über die Provinz wieder in seine Hände zu nehmen. Wahrscheinlich war er überzeugt, daß Tiberius ihn stützen und das Heer sich seinem Befehl unterstellen würde. Das Gegenteil war jedoch der Fall. Die Gefolgsleute des Germanicus hatten einen neuen Statthalter ernannt, der gegen Piso zog. Piso kehrte nach Rom zurück. Für Germanicus wurden großartige Trauerfeierlichkeiten beschlossen.[32] Sentius Saturninus, der neue Statthalter in Syrien, hatte inzwischen Martina, eine Vertraute der Plancina, des Giftmordes beschuldigt. Da Martina plötzlich selbst durch Gift starb, verbreitete sich das Mordgerücht unaufhaltsam. Man glaubte nun an ein Komplott zwischen Tiberius, Livia und Piso zur Vernichtung des Germanicus, um den Weg für Drusus freizumachen. Die Öffentlichkeit – von Trauer wie paralysiert – verlangte einen Prozeß. Tiberius mußte schließlich nachgeben und Piso vor ein Senatsgericht stellen. Anklage wurde auch gegen Plancina und Pisos Sohn Marcus erhoben. Tiberius hielt persönlich die Eröffnungsrede und steckte dabei die Befugnisse der Senatoren in dieser Angelegenheit genau ab, indem er sie aufforderte, sich auf zwei Fragen zu beschränken – erstens, ob Piso Schuld am Tod von Germanicus treffe, und zweitens, ob sich am Verhalten Pisos gegenüber den Legionen in Syrien irgendeine Absicht erkennen lasse, die Soldaten zu einer Revolte zu drängen und ein Komplott gegen den Staat zu schmieden.

Nachdem die Öffentlichkeit Piso bereits verurteilt hatte, wollte auch der Senat nicht zurückstehen. Piso stand völlig allein. Noch vor Prozeßende wurde er mit durchschnittener Kehle am Morgen des 9. Dezember 20 n. Chr. neben einem Abschiedsbrief aufgefunden. Der Prozeß gegen den Toten nahm dennoch seinen Lauf. Die Quellenlage ist allerdings undurchsichtig. Vor etwa 20 Jahren ist das Urteil des Senatsgerichts eingraviert auf einer Bronzetafel in der Baetica (Andalusien) gefunden worden.[33] Der Anklagepunkt des Giftmordes spielt darin jedoch keinerlei Rolle. Es wird nur auf eine Selbstaussage des Germanicus verwiesen. Der entscheidende Punkt im Prozeß war demnach, daß Piso versucht hatte, eigenmächtig ein Heer aufzustellen, um seine Herrschaft über Syrien zurückzugewinnen, nachdem er sich bereits nach Kos zurückgezogen hatte. Aufgrund dieses Sachverhalts konnte Tiberius sich nicht länger vor Piso stellen. Die Senatoren beharrten auf der Fortführung des Prozesses nach dessen Selbstmord und der Verkündung eines Urteils. Er wurde Opfer einer Erinnerungsächtung *(damnatio memoriae)*: Öffentliche Trauerbekundungen wurden untersagt, sämtliche Bildnisse des Piso waren zu beseitigen. Der Familie der Calpurnier wurde es unmöglich gemacht, das Wachsbild des Toten (der immerhin ein erfolgreicher Politiker gewesen war) wie sonst üblich bei einem Trauerfall in der Familie mitzuführen. Das gesamte Vermögen Pisos wurde von der Staatskasse eingezogen. Im Prozeß fällt ferner auf, daß Piso nach seinem Verhalten gegenüber Tiberius, dem Princeps, beurteilt wird, sein Verhalten gegenüber Germanicus dagegen beinahe zweitrangig scheint.

Tiberius griff allerdings in den Prozeß zugunsten von Plancina und Marcus ein. Bewogen wurde er hierzu durch Livia, die sich schützend vor ihre Freundin stellte. Der inschriftlich überlieferte Senatsbeschluß ist daher eine außergewöhnlich wertvolle Quelle, weil er ohne die Verzerrungen und Unterstellungen der Historiker zweifelsfrei klarlegt, welches Ansehen und welchen Einfluß die Augusta im Jahr 20 n. Chr., also noch vor ihrer Krankheit, genoß. Das belegt auch ein Fragment der Arvalpriesterakten vom 11. Januar des Jahres 21 n. Chr., was als Hinweis auf ihre Einbeziehung in die *vota*, die Segenswünsche zu Jahresbeginn für die *domus Augusta*, gedeutet werden kann.[34]

Auf Bitten seiner Mutter erreichte Tiberius vom Senat die Begnadigung der Ehefrau des Piso. Tacitus (ann. 3,17,1)[35] akzentuierte den Vorfall als heuchlerischen Akt des Tiberius: *Für Plancina setzte er sich voller Verlegenheit über sein schändliches Verhalten ein, indem er die Bitten seiner Mutter vorschützte.* Tatsächlich begründete der Senat in einem eigenständigen Passus seines Beschlusses die Begnadigung der keineswegs schuldlosen Plancina:[36]

Ferner sei der Senat der Ansicht, daß der Iulia Augusta, die um den Staat größte Verdienste erworben habe, nicht allein durch die Geburt unseres Princeps, sondern auch durch viele große Wohltaten gegenüber Leuten jeglichen Standes – eine Frau, die nach Recht und Verdienst darin größten Einfluß habe, was sie vom Senat erbitten dürfe, von diesem Privileg aber nur sehr sparsam Gebrauch mache – wie auch der überaus großen Loyalität unseres Princeps gegenüber seiner Mutter beizupflichten sei und daß man ihnen zu Willen sein müsse, und so beschließe der Senat, Plancina die Strafe zu erlassen.[37]

Der Senat respektierte, daß Livia gemäß der patronalen Praxis aufgrund ihrer Verdienste *(merita)* und der von ihr erwiesenen Wohltaten *(beneficia)* gegen Angehörige aller Stände *(ordines)* ein Anrecht erworben hatte, den Senat um ein solches Vorgehen zu bitten. An erster Stelle ihrer *merita* um die *res publica* rangierte die Geburt des Princeps.[38] Diese Auffassung deckt sich mit Livias öffentlicher Rolle als Mutter zur Zeit des Augustus und den ihr 9 v. Chr. erwiesenen Ehrungen.[39] Die Formulierung *optume de r(e) p(ublica) meritae* (größte

Verdienste um den Staat) war bis dahin allein auf Männer und insbesondere Amtsträger angewendet worden, ist also ein absolutes Novum.[40] Als weiteres Motiv für seine Handlungsweise nennt der Senat die *summa pietas* (die höchste Loyalität oder Kindesliebe), die der Princeps seiner Mutter schuldete, deren Einlösung als dominierende moralische Verpflichtung erscheint. Mit *merita*, *beneficia* und *pietas* wurden gleich drei wichtige Verbindlichkeiten bemüht, um diese spektakuläre politische Intervention der Livia zu legitimieren. Die öffentliche Zurschaustellung ihrer Einflußnahme – das Senatsurteil wurde im ganzen Reich publiziert – erscheint ebenso bemerkenswert wie die deutliche Überschreitung ihres matronalen Wirkungskreises, auch wenn die äußere Form gewahrt blieb und sie nicht selbst vor dem Senat auftrat. Cassius Dios Einschätzung Livias als Selbstherrscherin läßt vermuten, daß der Fall Piso nicht singulär unter den dokumentarischen Belegen stand.[41]

Dennoch blieb Livias Rolle determiniert durch die von der augusteischen Propaganda zur Förderung der Familie lancierten Werte. In seinem Abschiedsbrief soll Piso – laut Tacitus (ann. 3,16,3) – von seiner *fides* (Treue) zu Tiberius und *pietas* (Loyalität) gegenüber Livia gesprochen haben. In dieser nuancierten Formulierung kommen die Rangunterschiede noch einmal sehr deutlich zum Ausdruck. Sie stammen aus dem Arsenal zur Beschreibung von Patronatsverhältnissen. *Fides* ist die ältere Form der Treue, die in der Kaiserzeit häufig durch *pietas*, etwa im Verhältnis der Freigelassenen zu ihrem Herrn, abgelöst wurde. *Pietas* hingegen schloß auch die familiäre Treue und die Hingabe an die Götter ein. Dennoch unterscheidet sich der differenzierte Begriffsgebrauch durch Piso im Maß der Treue gegen Tiberius und Livia, und deshalb kann man wohl nicht von echter Mitherrschaft Livias ausgehen. Andererseits muß man sich natürlich fragen, warum die Augusta überhaupt an dieser Stelle erwähnt ist. Sie gehörte für die Angehörigen des Imperiums bis hinein in die Senatskreise eben doch unauflösbar zum Princeps. Tacitus' Interesse, die Treuebekundungen des Piso aufzunehmen, weist aber noch in eine andere Richtung, nämlich der Schuld von Tiberius und Livia am Tod des Germanicus, die er zu suggerieren sucht. Noch in seiner letzten Stunde hält Piso an seiner Treue fest, schämt sich dessen nicht, was er – nach dieser Lesart – für den Princeps und seine Mutter getan hat. Er erscheint als Bauernopfer!

Andererseits dokumentiert der Senatsbeschluß gegen Piso zweifelsfrei, genau wie auch Velleius (2,130,5) herausstellt, daß Livia nur zögerlich öffentlich sichtbar von ihrer *potentia* Gebrauch machte: *die herausragendste Frau, die in allen Dingen den Göttern ähnlicher war als den Menschen, deren Macht (potentia) niemand zu spüren bekam, es sei denn zur Verminderung von Gefahr oder zur Vermehrung der Würde.* Bei Tacitus liest sich das freilich anders.[42] Er behauptet, die Augusta habe Tiberius im Privaten die Herrschaft als *beneficium* vorgehalten und dafür Dank eingefordert (Abb. 17).

Daß sich aber nach wie vor gerade in der höchsten Aristokratie über Livias *potentia* – wie Tacitus und Velleius es nennen – die Geister schieden, zeigt auch ein anderes Ereignis, das mit dem gerade beschriebenen mittelbar zusammenhängt. Wenige Jahre nach dem Prozeß wagte es im Jahr 24 n. Chr. der jüngere Bruder des verurteilten Cnaeus Piso, Lucius Calpurnius Piso, der ihn auch im Prozeß vertreten hatte, Urgulania, die sich unter den Schutz der Augusta in deren Haus auf dem Palatin begeben hatte, vor Gericht zu zitieren. Zwar gelang es Livia unter Hinweis auf ihre Position den Kopf der Freundin zu retten, aber es zeigte sich doch auch deutlich, wie sehr sie letztlich als Frau vom Wohlwollen des Princeps abhing.

Angesichts des Senatsbeschlusses über Piso erscheint Livias erfolgreiche Bemühung, ihre Freundin Urgulania vor einem strafrechtlichen Zugriff gegen gültiges Recht zu schützen, in neuem Licht.[43] Mißbilligend werden diese Frauenfreundschaften *(amicitiae muliebres)* gegeißelt,[44] die im Fall Urgulanias als formale Freundschaftsbeziehung *(amicitia)*, durch die Ehe von Enkelkindern befestigt, gesehen werden muß.[45] Tacitus hat wohl ganz bewußt die beiden Fälle Plancina und Urgulania herausgegriffen, in denen Livia sich gegen das Recht zugunsten von Matronen exponierte und Frauen Sozialbeziehungen unter Männern nachahmen.

Seian. Der ungekrönte Herrscher

Die zweite Personalproblematik betraf Aelius Seianus, den Sohn eines Ritters aus Volsinii in Etrurien. Er hatte Caius Caesar auf seiner letzten Orientexpedition als Stabsoffizier begleitet. Daß sich unmittelbar darauf ein Freundschaftsverhältnis zu Tiberius ergab, läßt vermuten, daß Seian mit Caius nicht sehr gut zurechtkam. Dennoch muß man große Hoffnungen in ihn gesetzt haben, denn das Gefolge des Caius war handverlesen und bestand ausnahmslos aus fähigen Leuten, die ihn militärisch beraten sollten. Nach der Übernahme des Principats durch Tiberius stieg Seian zusammen mit seinem Vater Seius Strabo zum Kommandanten der Prätorianergarde, der Schutztruppe des Kaisers, auf. Er begleitete den jüngeren Drusus 14 n. Chr. bei seiner erfolgreichen Mission zur Niederwerfung der Meutereien in Pannonien. Etwa 20 n. Chr. führte Seian alle bisher außerhalb Roms stationierten Prätorianerkohorten in einem einzigen Lager auf dem Viminal in der Stadt selbst zusammen. Tiberius vertraute ihm rückhaltlos. Nicht nur, daß er seine eigenen Offiziere auswählen durfte, Tiberius erlaubte gar, daß für Seian Statuen im Theater, auf Stadtplätzen und in Militärlagern aufgestellt wurden;[46] das aber bedeutet, er wurde neben dem Princeps göttlich verehrt. Eine Ehe seiner Tochter Aelia Paetina mit Claudius, dem Neffen des Tiberius und späteren Kaiser, brachte Seian nun auch mittelbar in die kaiserliche Familie.

Die Rolle Seians ist in der Forschung heftig umstritten,[47] und es ist schwierig, eindeutige Aussagen zu treffen. So ist es beispielsweise nicht klar, ob Seian tatsächlich die Herrschaft für seine Person angestrebt hat. Sein Verhältnis zu Drusus war nicht das beste. Aber erst im Jahr seines eigenen Untergangs wurde Seian von seiner geschiedenen Frau Apicia beschuldigt, acht Jahre zuvor, 23 n. Chr., den Tod des Drusus zusammen mit dessen Frau Livilla, um derentwillen Seian sich von Apicia hatte scheiden lassen, bewirkt zu haben. 25 n. Chr., zwei Jahre nach Drusus' Tod, bat Seian Tiberius schriftlich darum, Livilla, die Witwe des Drusus, heiraten zu dürfen, vermutlich um die Vormundschaft über die Enkel des Princeps zu erhalten. Tiberius lehnte aus Standesgründen ab.[48] Die Frauen des Kaiserhauses waren ein kostbares Gut. Seian wird das als kränkend empfunden haben und möglicherweise in seiner Loyalität gegenüber Tiberius ins Wanken geraten sein. Ohnehin bestanden Konflikte zwischen den beiden Witwen der Kaisersöhne. Auch Agrippina, Germanicus' Witwe, wurde die Ehe verweigert, denn ihr neuer Ehemann war eine potentielle Bedrohung für den Herrscher. Ihre Klagen schob Tiberius mit einem griechischen Sprichwort beiseite: *Glaubst Du, Dir geschehe Unrecht, weil Du nicht herrschst, Töchterchen?* So zumindest lautet die Version von Agrippinas Tochter, die sie in ihre Erinnerungen aufgenommen hat.[49] Die Familie setzte Tiberius hart zu, und die verschiedenen Fraktionen haben ihn wohl arg bedrängt. Auf dem Palatin lebten vier Witwen: die ältere Generation Livia und Antonia sowie die jüngere Livilla und Agrippina mit ihren Kindern. Insbesondere der Konflikt mit Agrippina war sehr tiefgreifend und kaum reparabel. Tiberius konnte Agrippina möglicherweise nie ausstehen, vielleicht erinnerte sie ihn an ihre Mutter, seine verbannte Frau. In jedem Fall war sie eine standesbewußte Dame, die in ihrem Mann Germanicus den rechtmäßigen nächsten Princeps wähnte. Zu Spannungen kam es jedoch erst nach dem Tod des Germanicus, als Agrippina die Chancen ihrer Söhne auf die Nachfolge zu Recht drastisch geschmälert sah.

Sofort ergriff die Witwe die Initiative und inszenierte die eigene Rolle zugunsten ihrer Kinder, so daß schon, als sie mit der Urne ihres Mannes im Arm aus dem Orient nach Rom zurückkehrte und schwere Vorwürfe gegen Tiberius erhob, die Situation hoffnungslos verfahren war. Spitze, bissige Bemerkungen, man wüte gegen die Blutsverwandten des Augustus, und die Agrippina-freundlichen Demonstrationen anläßlich der Leichenfeier für Germanicus in Rom mußten die junge Frau als Sicherheitsrisiko erscheinen lassen. Agrippinas und Livias Verhältnis war ebenfalls spannungsgeladen. Agrippina fühlte sich als rechtmäßige Erbin des Augustus und betrachtete alle anderen Familienglieder als Thronräuber, was sie auch äußerte. Sie verachtete die Claudier wie Livia und ihren Sohn Tiberius und ließ durchblicken, sie sei die wahre Nachfahrin des Augustus.[50] Tacitus, der eigentlich Agrippina freundlich beurteilt, gibt ihr die Hauptschuld an den Spannungen zwischen den Frauen. Schon zu Lebzeiten des Germanicus gab es gegenseitige Beleidigungen und Auseinandersetzungen.

Die Lage sollte sich erneut ändern, nachdem der zweite Nachfolgekandidat des Tiberius, sein Sohn Drusus, 23 n. Chr. ebenfalls starb. Tiberius empfahl nun die beiden ältesten Söhne des Germanicus, Nero und Drusus, dem Senat und veranlaßte die Feier des jeweiligen Tages ihrer Mündigkeitserklärung durch eine Spende an das Volk.[51] Diese Geste war treffend als Designation zur Herrschaft dieser ältesten (Adoptiv-)Enkel verstanden worden. Als sie aber zu Beginn des folgenden Jahres in die jährlichen *vota* aufgenommen wurden, reagierte der Princeps äußerst gereizt und erklärte, sie seien noch zu jung für diese Ehrung. Wieder einmal zeigte sich, wie schwierig der Umgang mit Tiberius war.

Im Jahr 26 n. Chr. zog sich Tiberius nach Capri zurück. Resignation war sicher einer der Gründe. Vor allem aber setzte ihm die Streiterei im Kaiserhaus wohl gewaltig zu. Er hatte wenig Freude an seinen Enkeln, konnte oder wollte sich nicht wirklich in der Nachfolge entscheiden, sah aber, wie die Söhne des Germanicus von der Öffentlichkeit hofiert wurden, was ihn vermutlich an seine Stiefsöhne erinnerte. Sueton wie Tacitus meinen, daß Tiberius seiner Mutter Livia überdrüssig geworden sei, daß es ihm aber unmöglich war, sich ihrer zu entledigen.[52]

Schon bevor Tiberius aufbrach, hatte er Seian weitgehend die Tagesgeschäfte überlassen. Nun aber änderte sich der Charakter der Regierung grundlegend. Seian kontrollierte den Zugang zum Princeps. Niemand konnte ohne seine Zustimmung von Tiberius empfangen werden. Tiberius, der bereits während seiner Anwesenheit in Rom das Briefeschreiben dem Gespräch vorgezogen hatte, unterhielt fortan mit dem Senat nur noch schriftlichen Kontakt. Da die Zustellung dieser Briefe den Prätorianern übertragen wurde, blieb Seian kaum etwas verborgen.

Seians Loyalität zu Tiberius steht außer Frage. Aber seine eigenen Ambitionen waren nicht zu unterschätzen. Schließlich stand er in der Pflicht, die Lage in Rom unter Kontrolle zu halten. Das schien ihm aber nur möglich, wenn er die gefährliche Konkurrenz in der *domus Augusta* eindämmte. Vor allem ging er jetzt daran, die Fraktion Agrippinas auszuschalten, die das System des Tiberius am stärksten zu bedrohen schien. Er stiftete Tiberius im Jahr 27 n. Chr. zur Liquidierung des Titius Sabinus, Freund des Germanicus, an, weil dieser der Witwe des Germanicus und dessen Söhnen weiterhin mit Respekt begegnete. Bereits 24 n. Chr. war Caius Silius, Kommandeur des obergermanischen Heeres und ebenfalls ein Vertrauter des verstorbenen Germanicus, wegen *maiestas* vor Gericht gestellt worden. Trotz seiner militärischen Verdienste in Germanien und seines Sieges über Sacrovir, den Anführer eines Aufstandes in Gallien wenige Jahre zuvor, wurde er beschuldigt, Sacrovir zu lange ignoriert und sich bei seinem Aufenthalt in der Provinz unrechtmäßig bereichert zu haben. Silius nahm sich noch vor Prozeßeröffnung das Leben, was nicht verhinderte, daß sein Vermögen eingezogen wurde. Silius' Frau, Galla Sosia, war eine gute Freundin Agrippinas; sie wurde wegen Ehebruchs belangt und verbannt.[53] Silius war schuldig,[54] aber es ist nicht auszuschließen, daß seine Nähe zu Agrippina den Ausschlag gab, ihn zu vernichten. Diese hatte nach dem Tod des Drusus offenbar mit Erleichterung festgestellt, daß die Chancen ihrer Söhne wieder im Steigen begriffen waren: *das Benehmen der Mutter Agrippina, die ihre Hoffnung schlecht verbarg.*[55]

Im Jahr 26 n. Chr., noch bevor Tiberius nach Capri übersiedelte, wurde Claudia Pulchra, eine Großnichte des Augustus und Frau des Varus, der in Germanien die katastrophale Niederlage erlitten hatte, wegen Ehebruchs, aber auch Verwünschung und Giftmischerei gegen den Kaiser angeklagt.[56] Wutentbrannt suchte Agrippina Tiberius auf, der gerade beim Opfer für Augustus war, und erinnerte ihn daran, daß er die Nachkommen des Augustus drangsaliere und insbesondere sie, denn *nicht in stumme Bildsäulen sei sein göttlicher Geist übergegangen: sie sei sein [Augustus'] wahres Ebenbild, göttlichem Blut entsprossen, sie erkenne die Gefahr und lege Trauerkleidung an.*[57] In einer Mischung aus Vorwürfen und Bitten bedrängte sie ihn. Das Mißtrauen auf ihrer Seite wurde offenbar von Seian weiter geschürt, so daß Agrippina überzeugt war, ihr Untergang sei beschlossene Sache. Der Princeps reagierte darauf mit Wut und fühlte sich seinerseits kompromittiert.

Nachdem der Kaiser nach Capri abgereist war, begannen – möglicherweise von außen gesteuert – Rivalitäten unter den Söhnen des Germanicus auszubrechen. Seian förderte bewußt den schwächeren Drusus, Agrippina ihren ältesten Sohn Nero. Sueton und Tacitus sind sich einig, daß die Augustusenkel provoziert wurden, sich staatsfeindlich zu verhalten. Während nach Suetons Ansicht die Initiative allein von Tiberius ausging, war nach Tacitus' Darstellung Seian die treibende Kraft, der offenbar mit Livilla, der Witwe des Drusus, ein Verhältnis eingegangen war und daran dachte, selbst für ihren Sohn, den erst sechsjährigen Enkel des Kaisers, Gemellus, die Herrschaft auszuüben. Das Ganze stellt sich als ein Komplott der Frauen dar, wobei die Ehefrau des Nero, Livillas Tochter Iulia, dazu benutzt wurde, Beweismaterial gegen den eigenen Mann zu liefern.

Die Verbannung Agrippinas erfolgte in zwei Etappen. Möglicherweise kam es im Jahr 27 n. Chr. zu einer Verschwörung aus dem Umkreis Agrippinas, in deren Folge Titius Sabinus im Januar 28 n. Chr. wegen *maiestas* hingerichtet wurde, nachdem er zuvor aus ungeklärter Ursache verhaftet worden war. Agrippina wurde, mit der Begründung, ihre Flucht zur Rheinarmee zu verhindern, in einer Villa in Herculaneum unter Hausarrest gestellt.[58] Der Kaiser schonte seine Schwiegertochter. War sie unschuldig?

Der eigentliche Schlag gegen Agrippina erfolgte erst nach dem Tod Livias. Versuche, Livia gegen Agrippina zum Äußersten aufzuhetzen, scheiterten, obwohl das Verhältnis der beiden nicht das beste war. Mutilia Prisca, eine von Livias Freundinnen, wirkte zuungunsten der Germanicuswitwe.[59] Noch im Todesjahr der Augusta, 29 n. Chr., wurde Agrippina dann auf die Insel Pandateria verbannt,[60] ihr ältester Sohn und Liebling Nero auf die Insel Pontia. Erstes Alarmzeichen war ein Brief des Tiberius mit Vorwürfen gegen beide, der den Senat in arge Verlegenheit brachte. Als jedoch die Menge mit Bildern der Beschuldigten spontane Demonstrationen organisierte, verlief die Sache zunächst im Sande. Tacitus (ann. 5,3,1) läßt durchblicken, daß Livia nach wie vor ein Gegengewicht zu ihrem Sohn bilden konnte:

Denn zu Lebzeiten der Augusta gab es immer noch eine Zuflucht, weil Tiberius gegenüber seiner Mutter den altgewohnten Gehorsam leistete und auch Seian nicht wagte, dem elterlichen Einfluß *(auctoritas parentis)* vorzugreifen: jetzt, wie vom Zaum befreit, brachen beide los, und es ging ein gegen Agrippina und Nero gerichteter Brief ein, der, wie man allgemein glaubte, schon vor langer Zeit eingetroffen, aber von der Augusta zurückgehalten worden war.

Zvi Yavetz hält dies für eine leere Behauptung des Tacitus.[61] Mir will das nicht recht einleuchten, weil Tacitus Livia gewöhnlich nicht schont. Für Agrippina begann ein grausames Martyrium, dem sie am 18. Oktober 33 durch Hungertod entkam. Infolge der Mißhandlungen durch ihre Bewacher verlor sie sogar ein Auge.[62] Tiberius brüstete sich damit, Agrippina nicht – wie sie es eigentlich verdient hatte – erwürgt und ihren Leichnam auf die gemonische Treppe geworfen zu haben[63], einen Felsabhang am Kapitol, für die Toten aus dem Mamertinischen Kerker.

Die späte Abrechnung mit Agrippina zeigt, daß Livia keineswegs ihren Enkel von Tiberius gegen ihre Urenkel von Germanicus in Stellung brachte. Tiberius' aufgeregte Reaktion auf die Aufnahme in die *vota* deutet vielmehr darauf hin, daß sie empfohlen hatte, die Germanicussöhne dem Volk anzuvertrauen, nachdem der Nachfolger Drusus gestorben war. Daß Tiberius selbst seinen Enkel Gemellus später nicht über Gebühr förderte, wird darin deutlich, daß er diesem, als er selbst im Jahr 37 n. Chr. starb, noch nicht die *toga virilis* verliehen hatte, eine Zeremonie, die immer wieder als Anlaß genommen worden war, potentielle Nachfolger der Öffentlichkeit vorzustellen. Das ist um so erstaunlicher, als Gemellus beim Tod des Großvaters bereits 17 oder 18 Jahre alt war, also unbedingt reif genug für das Anlegen des Männergewandes (alle früheren Nachfolgekandidaten waren bei der Zeremonie 14 oder 15 Jahre alt gewesen). Caligula, der letzte Sohn des Germanicus, hatte allerdings nach dem Tod seines Bruders Nero und der Einkerkerung seines Bruders Drusus im Jahr 31 n. Chr. auch erst mit 19 Jahren die *toga virilis* auf Capri erhalten. Tiberius wollte sich auf keinen Nachfolger festlegen und leistete damit seinem Principat einen Bärendienst.

Ebenfalls in Livias Todesjahr wurde Asinius Gallus, der zweite Ehemann Vipsanias, dem sie fünf Söhne geboren hatte, eingekerkert. Am Fall des Asinius kann man aber festmachen, daß Seian nicht allein verantwortlich war für die Ausschreitungen. Tiberius haßte Asinius. Obwohl Asinius sich für seinen Günstling Seian im Senat stark machte, ließ ihn der Princeps in Abwesenheit, während er nämlich an seiner eigenen Tafel in Capri speiste, zum Tode wegen Hochverrats verurteilen. Nach dem Tod Vipsanias brauchte er keine Rücksichten mehr zu nehmen, und nachdem ihm zu Ohren gekommen war, jener hätte Vipsania ausgerechnet mit Agrippina betrogen, was vermutlich reine Erfindung war, wütete er gegen ihn. Drei Jahre brachte Asinius zunächst in Einzelhaft zu, bis er 33 n. Chr. starb.[64]

Im Jahr 31 n. Chr. wurde schließlich Agrippinas zweiter Sohn Drusus zum Staatsfeind erklärt und auf dem Palatin eingesperrt, wo er 33 n. Chr., im gleichen Jahr wie seine Mutter, jämmerlich verhungerte, nachdem er sogar die Füllung seiner Matratze gegessen haben soll.[65] Seian war auf dem Höhepunkt seiner Macht. Von den noch übriggebliebenen Erben des Tiberius konnte weder der 18jährige Caligula noch der zehnjährige Gemellus die Stellung Seians gefährden, dessen Geburtstag öffentlich gefeiert wurde und dessen Statuen man öffentlich huldigte. Im selben Jahr hob Tiberius schließlich sogar das Verbot einer Eheschließung zwischen Seian und Livilla auf und machte den Prätorianerpräfekten zu seinem Kollegen im Konsulat. Seian wartete nur noch auf die Übernahme der *tribunicia potestas*, die ihm auch die rechtliche Mitherrschaft bringen würde, und Tiberius verbreitete sogar das Gerücht, daß Seian diese Gewalt demnächst besitzen werde.

Erste Anzeichen eines Bruches waren dann im Mai 31 n. Chr. zu spüren, als Tiberius von seinem Konsulat zurücktrat und Seian damit zum gleichen Schritt zwang. Statt dessen kam es zu einer Annäherung zwischen dem alten Kaiser und seinem Großneffen und Adoptivenkel Caligula, der nach Capri gerufen wurde, wo er die *toga virilis* erhielt und ihm ein Priesteramt zuerkannt wurde. Offenbar war es Antonia, die Schwägerin des Kaisers, die Tiberius vor einer potentiellen Verschwörung seines Vertrauten warnte, indem sie ihm einen Brief schrieb, den Pallas, einer ihrer Sklaven, persönlich in Capri ablieferte.[66] Vielleicht lag darin der verzweifelte Versuch einer Großmutter, die Chancen des letzten Enkels zu wahren. Am 17. Oktober 31 schickte der Kaiser Suforius Macro, den bisherigen Kommandanten der *vigiles*,[67] nach Rom mit dem Befehl, Seian zu liquidieren. In seinen Memoiren behauptete Tiberius später, Seian vernichtet zu haben, weil dieser der Familie des Germanicus nachgestellt habe.[68] Macro erhielt zum Lohn die Gardepräfektur. Die Rache an Seian war fürchterlich.[69] Er wurde im römischen Sinn vollständig vernichtet. Seine Kinder wurden hingerichtet, wobei man die halbwüchsige Tochter zuvor vergewaltigte. Ihre Körper wurden wie die von Verbrechern auf die gemonische Treppe geworfen. Seians Leichnam wurde ebenfalls geschändet, seine Bildnisse heruntergerissen und eingeschmolzen. Die letzten sechs Regierungsjahre des Herrschers waren dann von ausgesprochener Lähmung gekennzeichnet. Fällige Entscheidungen wurden verschleppt, es herrschte Unsicherheit in allen Personalfragen, und große Initiativen fehlten gänzlich.

Der Fall Seian verdeutlicht, wie entscheidend die Nähe zum Kaiser war, um eine eigene Machtstellung innerhalb des Imperiums aufzubauen. Die informelle Position Seians, dessen rechtliche Macht nur beschränkt war, zeigt auch, wie die Frauen des Hofes zu erheblichem Einfluß gelangen konnten. Seian wurde aufgrund seiner außerordentlichen Macht wie der Herrscher selbst göttlich verehrt und von zahllosen Leuten hofiert, die von ihm Vorteile erwarteten, welche er aufgrund seines exklusiven Zugangs zum Kaiser vermitteln konnte. Marcus Terentius, der nach Seians Sturz 31 n. Chr. der Freundschaft mit Seian angeklagt wurde, gibt unumwunden zu, warum er diese Beziehung angestrebt hatte:

Aber wie die Sache auch immer ausgehen mag, ich will gestehen, daß ich mit Seian befreundet war, daß ich danach gestrebt habe, es zu sein, und daß ich, als ich es geworden war, mich gefreut habe. ... Seine Verwandten und Angehörigen wurden mit Ehrenstellen überhäuft; je vertrauter einer mit Seian war, desto stärker war seine Verbindung zum Kaiser; mit wem er dagegen verfeindet war, der hatte mit Furcht und Elend zu kämpfen.[70]

Livia und Tiberius. Mitherrscherin oder Matrone?

Es besteht kein Zweifel, daß Livia unter dem Principat des Tiberius eine überragende Stellung einnahm und hohes Ansehen genoß. Gemeinden weihten ihr Inschriften im kultischen oder politischen Kontext – allein oder zusammen mit ihrem Sohn.[71] Seit Iulia 2 v. Chr. in die Verbannung geschickt worden war, stand dem Haushalt des Tiberius keine *mater familias* mehr vor, so daß Livia nach dem Tod des Augustus ganz automatisch in ihrer Rolle als erste Matrone der *domus Augusta* weiter agierte.

Niemand schien zu zweifeln, daß Tiberius seine Stellung im Staat dem Einfluß seiner Mutter verdankte. Die zahlreichen Gerüchte, daß Livia bei der Beseitigung der Erben aus der Familie des Augustus (vgl. S. 279) und schließlich für einen reibungslosen Machtwechsel nach dem Tode ihres Mannes die Fäden gezogen hatte, werden teilweise von Tacitus und vor allem von Cassius Dio tradiert. Die Unterstützung des eigenen Sohnes auf jedermanns Kosten galt nicht als verwerflich. Im Gegenteil, Livia hatte sich so verhalten, wie man es von einer guten Mutter erwartete. Antonius schickte nach der Schlacht von Philippi der überaus engagierten Servilia die Urne mit der Asche ihres Sohnes Brutus. Der für den Sohn gehegte Ehrgeiz wurde als *pietas* betrachtet, dem der siegreiche Feldherr einen weiteren Akt der *pietas* entgegenstellte. Servilia hatte nicht nur für Brutus alles Erdenkliche getan, sie kümmerte sich auch um ihre Enkel, die Kinder ihrer Tochter Iunia, als deren Ehemann Lepidus zum Staatsfeind erklärt wurde.

Der Ausgangspunkt für Livias außerordentliche Stellung unter Tiberius war die intime Gemeinschaft mit dem zum Gott aufgestiegenen Augustus. Dessen letzter Wille schien es zu sein, daß die Witwe Anteil am Regiment des Tiberius erhielt, so daß das Testament eine Vielzahl von Ehrenvorschlägen auslöste (vgl. S. 197), die ihrer künftigen Rolle einen gewissen äußeren Rahmen verleihen sollten. Am wichtigsten dürfte der Antrag gewesen sein, ihr den Titel *mater patriae* zu verleihen. Auch der Gedanke, der Filiation des Tiberius die mütterliche Abstammung hinzuzufügen und ihn nicht länger nur als Sohn des vergöttlichten Augustus, sondern offiziell auch als Sohn der Livia zu bezeichnen, dürfte in eine ähnliche Richtung gezielt haben. Beide Ehren paßten sich ein in die allgemeine Überzeugung, daß Tiberius den Principat seiner Mutter verdankte, und sei es nur durch die schlichte Tatsache, daß sie ihn geboren hatte. Die avisierte Umbenennung des Oktober in Livia wie des September in Tiberius ist dagegen eher im Rahmen des hellenistischen Herrscherkultes zu sehen, wo dies eine übliche Ehrung darstellte. Livia wurde hier nahezu gleichrangig mit ihrem Sohn angesehen. Erste Schriftstücke verließen die Kanzlei im Namen von Mutter und Sohn. Cassius Dio (56,47,1) formuliert später: *Ich habe den Namen Livia beigefügt, weil auch sie gleich einer Selbstherrscherin* (vgl. S. 213) *bei den Maßnahmen* [nach dem Tode des Augustus] *mitwirkte.* In der claudischen *consolatio Liviae* figuriert sie als *romana princeps*, ebenfalls als weiblicher Princeps. Pontius Pilatus, der Präfekt von Palästina, ließ noch im Todesjahr Livias Münzen prägen, auf deren Vorderseite die Umschrift Tiberius Caesar (mit Jahresangabe) zu lesen war und auf der Rückseite analog für Livia: *Iolia Kaisaros*, Iulia Caesar.[72] Die Formulierung zeigt, wie der hier fehlende Augusta-Titel gedeutet wurde: Kaiser Tiberius versus Kaiserin Livia. Das ist bemerkenswert, weil Livia im Osten des Reiches schon zu Lebzeiten des Augustus als *Sebaste* (Augusta) bezeichnet worden war.

Seit der Regierungsübernahme durch Tiberius wurde Livia in den Kaiserkult sowohl im Westen als auch im Osten des Imperiums einbezogen, auch wenn ihre Rolle wechselt. Gesandtschaften wollten Tiberius und ihr einen gleichberechtigten Kult einrichten. Im Protokoll der Gemeinde Forum Clodii in Etrurien über die kultische Verehrung des Kaiserhauses aus dem Jahr 18 n. Chr. steht sie nur wenig hinter Augustus und Tiberius, aber wieder in einer besonderen Beziehung zu den Frauen, weil am Frauentempel der Bona dea an Livias Geburtstag für die Matronen Honigwein und süßes Backwerk verteilt werden sollte.[73] Im übrigen wurde ihre Statue hier zusammen mit den Statuen des Augustus und des Tiberius alljährlich am Jahrestag der Wahl des Tiberius zum *pontifex maximus* geehrt. Ein fragmentarisches Ehrendekret aus Cumae in Italien weist Opfer aus öffentlichen Geldern bei der Einweihung der Statuen des Tiberius und der Livia aus.[74] Die Kaiserin ist an der Seite des Herrschers klar in den herrscherlichen Kontext eingerückt. In Gaulum (Gozzo) hat sie bereits zu Lebzeiten ihren eigenen Kult mit einem eigenen Priester und einer Priesterin.[75] Als Augustuspriesterin überragte Livia ohnehin alle Frauen des Imperiums. Äußerlich war sie 22/23 n. Chr. auf dem Höhepunkt ihrer Macht (vgl. S. 208 ff.). Die Dupondien mit ihrem Porträt und der Umschrift *Salus Augusta* sprechen nicht von der Salus des Kaisers oder der Kaiserin, also *Salus Augusti* oder *Augustae,* sondern von der *Salus*-Kaiserin.[76] Die Augusta Livia wird hier als Heilsgottheit aufgefaßt.[77] Ein Altar aus Interamna in Umbrien aus dem Jahr 32 n. Chr., drei Jahre nach Livias Tod, wurde *saluti perpetuae Augustae,* der ewigen Salus Augusta geweiht, dem Genius des Munizipiums und der *providentia* des Tiberius.[78] Salus wurde damit zu einer von Livia losgelösten Gottheit. Sie wirkte über ihren Tod hinaus. Im Verlauf der Kaiserzeit geht Salus ikonographisch eine Verbindung mit Bona dea, aber auch Vesta ein, deren Kulte ebenfalls mit Livia verknüpft waren.

Bei Livia wurde die äußere Form des Handlungsrahmens einer Matrone in der Öffentlichkeit weitgehend gewahrt, erst Agrippina minor hat vergeblich versucht, ihn zu durchbrechen. Livia trat weder vor der Kurie noch vor den Legionen oder den Volksversammlungen in Erscheinung, aber es gab untrügliche Signale für ihre Stellung und Macht *(potentia).* Sie hielt täglich wie ein *pater familias* die *salutationes* (Morgenempfänge) ab, die in den *acta diurna,* den Staatsakten, wie für den Kaiser selbst protokolliert wurden. Diese *salutationes* waren nicht mit den Besuchen bei vornehmen Damen zu vergleichen, sondern eine ritualsierte Form des Empfangs (vgl. S. 251). Sie zeigten durch Zahl und Bedeutung der Besucher die Stellung eines Hausvaters an. Bisher hatte die Ehefrau als Stellvertreterin, etwa in Abwesenheit des Mannes, seine Klienten empfangen. Augustus war oft monatelang nicht in Rom gewesen und verkehrte brieflich mit seiner Frau.

Beim Prozeß des Piso 20 n. Chr. wurde Livias Einfluß im anschließenden Senatsbeschluß auch öffentlich dokumentiert. Dieser Einfluß wurde nicht in informeller Weise ausgeübt, sondern in einem Dokument des Senats für alle Welt sichtbar dargelegt. Die frühe Korrespondenz des Tiberius (vermutlich in den Osten) trägt auch ihren Namen; sie wird als Adressatin genannt. Höhepunkt scheint auch hier das Jahr 22 n. Chr. zu sein, als sie beim Marcellustheater ein Standbild ihres Mannes weihte und ihren Namen vor den des Kaisers stellte (vgl. S. 213). Nicht zufällig wird der 23. April für den Weiheakt gewählt worden sein, der die Brücke zu verschiedenen Festtagen bot. Der Festakt lag einen Tag vor der jährlichen Gedenkfeier des Erwachsenwerdens des Tiberius, an den Vinilia, einem Iuppiterfesttag,[79] und einen Tag nach den Parilia, dem offiziellen Geburtstag der Stadt Rom.

Vermutlich war die Weihung der Auslöser für einen handfesten Krach in der *domus Augusta.* Cassius Dio spricht von einer nachfolgenden zweistufigen Entmachtung der Livia. Zunächst nahm der Kaiser seiner Mutter *jeden Einfluß auf die öffentlichen Angelegenheiten, überließ ihr jedoch die Leitung der häuslichen Geschäfte.*[80] Wie das vonstatten ging, entzieht sich unserer Kenntnis. Interessant wäre es zu erfahren, in welcher Weise der Einfluß auf die öffentlichen Angelegenheiten ausgeübt wurde. Als Vorsteherin des kaiserlichen Haushalts verfügte sie jedoch weiterhin über erhebliche Ressourcen und Möglichkeiten der Patronage. Möglicherweise schränkte der Kaiser Livias *salutationes* jetzt ein, kontrollierte den Zugang zu ihrer Person oder ließ durchblicken, daß er Besuche als Affront betrachtete – etwa wie Nero mit seiner Mutter Agrippina später verfuhr (vgl. S. 260). Allerdings war Livia seit über 30 Jahren die erste Frau des Staates gewesen. Da war es schwierig, sie einfach kaltzustellen. Die alexandrinische Prägung (vgl. S. 119f.) deutet sogar daraufhin, daß die Konflikte schon 20/21 n. Chr. so eklatant waren, daß man von einer offenen Konfrontation zwischen Tiberius und seiner Mutter sprechen muß. Mit seinem Rückzug nach Campanien im Januar 21 n. Chr. überließ er ihr weitgehend das Feld in der Hauptstadt. Möglicherweise war der Druck jedoch so groß, daß Livia schwer erkrankte. Die Ehrungen anläßlich der Krankheit (vgl. S. 208 ff.) haben dann die Konflikte vorübergehend überdeckt, aber das Verhältnis zwischen Livia und ihrem Sohn war grundlegend erschüttert.

Einen anderen Hinweis auf das Ringen um Macht zwischen Livia und Tiberius liefert die Auseinandersetzung um die Protektion eines Mannes, der gerade das Bürgerrecht erhalten hatte und für den Livia das Richteramt erwirken wollte. Der Kaiser drohte, im Protokoll zu vermerken, *dies sei ihm von seiner Mutter abgerungen worden.*[81] Livia reagierte höchst erbost auf diese Drohung, so daß man annehmen kann, daß ein solches Verfahren durchaus praktikabel gewesen wäre, ihren bisher offen gezeigten Einfluß in *dominatio*, (Allein)herrschaft umzudeuten. Es zeigt aber auch, daß es Tiberius Mühe bereitete, sich den Wünschen der Kaiserin zu entziehen. Wütend über seine Haltung, *holte sie erregt einige alte Briefe des Augustus an sie über die Härte und Unduldsamkeit seines [Tiberius'] Charakters aus dem geheiligten Raum und verlas sie.*[82] Nun ist es für uns schwierig zu entscheiden, ob die Auseinandersetzungen tatsächlich so heftig geführt wurden, daß Einzelheiten aus dem Haus drangen oder ob Sueton einen ihm vorliegenden Brief des Augustus in ein dramatisches Geschehen einbaute. Aber soviel ist sicher, die Zeitgenossen waren sich darin einig, daß Tiberius dem Engagement seiner Mutter die Stellung verdankte, die jahrzehntelang dieses Projekt verfolgt hatte und nun auch die Früchte ernten wollte. Livia wiederum verdankte – nach antiker Lesart – ihre Stellung und den damit einhergehenden Einfluß dem, was sie für Tiberius getan hatte, und damit war allein die Übernahme der Herrschaft gemeint, die sie durch Mord, Intrige und Beeinflussung des Kaisers zu sichern verstand. Aber diese Interpretation, die uns die antike Historiographie anbietet, greift zu kurz, denn sie beruht allein auf der Konstruktion eines Geschlechterverhältnissses, in dem eine Frau keinen eigenen politischen Handlungsrahmen hat, sondern nur komplementär zum Mann agieren kann. Das patronale System jedoch, die gesellschaftliche Wirklichkeit, hatte einen solchen Rahmen schon lange vor der Etablierung der Monarchie entstehen lassen, auch wenn er der gesellschaftlichen Norm nach nur zum Nutzen der *domus* wirksam wurde. Livias Einfluß beruhte ganz wesentlich auf dem Netz von Klienten, das sie sich aufgrund ihrer Position wie ihrer spezifischen Ressourcen alternativ aufbauen konnte (vgl. S. 246 ff.). Ein Gutteil dieser Ressourcen war vom Zugang zum Kaiser abhängig, aber eben nicht ausschließlich. Die letzte Frage, wessen Interessen sie am Ende diente oder was ihre Interessen waren, läßt sich nur spekulativ beantworten. Es spricht jedoch einiges dafür, daß zunächst Machterhalt für die Familie eine gewichtige Rolle gespielt hat, zweitens die Interessen ihrer leiblichen Söhne in diesem Familiengeflecht und drittens der Aufbau einer eigenen sicheren Machtstellung. Hier war sie davon abhängig, daß die Ehe mit Augustus Bestand hatte, mußte also immer auch seine Interessen wahren, wollte sie eigene durchsetzen. Nach dem Tod des Augustus und der Nachfolge ihres Sohnes hoffte sie, die Regierung offen mitgestalten zu können. Tiberius war ihr Sohn, konnte aus dieser Position nicht entfliehen. Sie stieß jedoch auf seinen erheblichen Widerstand, denn er hatte selbst lange genug darauf gewartet, Princeps zu werden.

Spätestens seit 26 n. Chr., als Tiberius sich auf Dauer nach Capri zurückzog und Seian mit der Verwaltung des Imperiums betraute, war die zweite Etappe zur Entmachtung der greisen Augusta erreicht, denn sie blieb im politischen Geschäft an den Princeps gebunden und war darauf angewiesen, Anliegen durch persönliches Gespräch bei ihm durchzusetzen, so daß Tiberius' Strategie, sich ihr zu entziehen, auch ihre Machtgrundlage erheblich erschüttern mußte. Sueton schreibt: *Weil er sich durch seine Mutter Livia eingeengt fühlte, da sie seiner Ansicht nach einen gleich großen Anteil an der Machtausübung (potentia) beanspruchte, vermied er ein häufiges Zusammentreffen mit ihr und längere Gespräche unter vier Augen, damit es nicht so aussehe, als werde er durch ihre Ratschläge regiert.*[83] An gleicher Stelle gibt Sueton jedoch auch zu, daß Tiberius durchaus den Rat Livias einholte und auch befolgte. Das bedeutet aber, daß Livia in einem Punkt absolut vertrauenswürdig war: Sie arbeitete für den Erhalt des Principats in der iulisch-claudischen Familie. Tacitus (ann. 4,57,3) liefert eine ähnliche Erklärung wie Sueton für den Rückzug des Tiberius nach Capri: *Es wird auch überliefert, durch seiner Mutter maßlose Herrschsucht (inpotentia) sei er verdrängt worden. Ihre Teilhabe an der Herrschaft lehnte er ab und konnte sie doch nicht ganz ausschließen, weil er eben die Herrschaft als Geschenk* (donum) *von ihr erhalten hatte.*

Als Livia drei Jahre später im Alter von 86 Jahren in Rom starb, weigerte sich Tiberius, Capri zu verlassen und der Bestattung beizuwohnen. Er versagte ihr diesen an sich üblichen Akt der Kindesliebe und überließ es dem jungen Caligula, für die Urgroßmutter die Leichenrede zu halten.[84] Das Fernbleiben von der öffentlichen Bestattung zeigt, wie tief der Bruch zwischen Mutter und Sohn war. Niemand hatte das erwartet. Suetons Schilderung (Suet. Tib. 51,2) läßt es an Drastik nicht fehlen:

Jedenfalls hat er seine Mutter während der ganzen drei Jahre, die sie nach seinem Weggang noch lebte, nur einmal an einem Tage und auch da nur für sehr wenige Stunden gesehen. Als sie bald darauf erkrankte, machte er sich nicht die Mühe, sie zu besuchen. Und als sie dann gestorben war, nährte er die Hoffnung, er werde kommen, verbot dann aber, als ihr Leichnam, durch die mehrtägige Verzögerung entstellt und in Verwesung übergegangen, schließlich beigesetzt worden war, ihre Erhebung zur Gottheit.

In den Augen der antiken Gesellschaft hatte Tiberius einen groben Fehler begangen, wenn er Respekt für die Mutter vermissen ließ.

Ein öffentliches Begräbnis und Statuen waren alles, was Tiberius Livia zugestand. Ein Staatsbegräbnis für eine Frau aus dem Kaiserhaus war längst nichts Ungewöhnliches mehr, nachdem Augustus diese Ehre sogar seiner Mutter und Schwester erwiesen hatte. Im Gegenteil kann man den bescheidenen Charakter von Livias Bestattung herausstreichen, wenn man bedenkt, daß mit der Übernahme der Leichenrede durch den jungen und noch in keiner Weise ausgezeichneten Caligula lediglich ein naher Verwandter die Lobrede auf die Verstorbene hielt; die Bestattung also bewußt an öffentlichem Charakter verlor. Das wäre grundsätzlich anders gewesen, wenn Tiberius in seiner Eigenschaft als Princeps die Aufgabe wahrgenommen hätte. Als Octavia 11 v. Chr. starb, gab es eine Leichenrede auf dem Forum durch ihren Schwiegersohn Drusus, immerhin im Amt eines Stadtprätors und erfolgreicher Feldherr, und eine zweite im Tempel des Divus Iulius, dem Ort der Aufbahrung der Toten, durch den Kaiser selbst.[85]

Tiberius weigerte sich sogar, der vom Senat angeregten Erhebung zur Gottheit für Livia zuzustimmen. Immerhin quälte er sich die Erklärung ab, daß er auf diese Weise Livias eigenem Wunsch entspreche.[86] Cassius Dio (58,2,1–3) führt jedoch aus:

Ihre Versetzung unter die Götter verbot er ausdrücklich. Der Senat begnügte sich indessen nicht damit, alle die Maßnahmen zu beschließen, die Tiberius angeordnet hatte, sondern verfügte Livia zu Ehren ein ganzes Trauerjahr für die Frauen, billigte jedoch insoweit die Einstellung des Tiberius, daß er selbst in diesem Zeitraum die Erledigung öffentlicher Angelegenheiten nicht unterbrach. Außerdem beschloß der Senat für sie die Errichtung eines Bogens, eine Auszeichnung, wie sie Frauen bisher nicht zuteil geworden war; hatte doch Livia nicht wenige aus dem Kreis der Senatoren gerettet, die Kinder von vielen aufgezogen und einer großen Zahl Beihilfe zur Aussteuer ihrer Töchter geleistet. Darum nannten sie manche auch Landesmutter.

Die Begründung dürfte dem Senatsbeschluß entnommen sein, denn im Wortlaut ähnelt sie auffällig der bei Velleius gegebenen Charakterisierung Livias (vgl. S. 157).

Livias Macht konstituierte sich im Rahmen einer römischen *domus* (vgl. S. 60 f.). Ihr Einfluß speiste sich schon aus ihrer von der augusteischen Selbstdarstellung übersteigerten Rolle als *mater familias* und Matrone, die ihr den alltäglichen Umgang mit den politisch berechtigten Angehörigen des Haushalts ermöglichte. Zum anderen war die besondere Stellung der *domus Caesarum* dazu angetan, daß sich in ihrer eigenen *domus* Machtzentren bildeten, die auch von Frauen geführt werden konnten. Für Tiberius war dieser Zustand nur schwer zu ertragen, und er hat alles darangesetzt, ihn politisch zu entschärfen. Es fiel ihm schwer, jene Distanz zu Livia zu bewahren, die Augustus einst weit über Livia gesetzt und ihr zunehmend Freiräume eröffnet hatte. Tiberius jedoch reagierte äußerst sensibel, gerade weil Livia mit ihm direkt zu konkurrieren schien. Schließlich war er immer wieder auf die Kooperation mit seiner Mutter angewiesen, etwa im diplomatischen Verkehr mit den Klientelfürsten. Darüber hinaus band ihn sein traditionelles Frauenbild an die *pietas* gegenüber seiner Mutter, die er auf eine Rolle festzulegen suchte, die bereits die augusteische Selbstdarstellung, wenn auch mit gegenteiliger Intention, zerstört hatte. Für den Sohn war diese Verflechtung eine Tragödie, dem Princeps hingegen ist es gelungen, den Principat vom hellenistischen Herrschertum zu distanzieren, obwohl er sich gegen die hochverdiente und allseits geschätzte Iulia Augusta wandte.

KAPITEL 11

MACHT ODER EINFLUSS.
BEZIEHUNGSNETZ UND GELDQUELLEN

Die römische Gesellschaft wies vergleichsweise wenig institutionalisierte Macht auf. Sie funktionierte vielmehr nach den Regeln der Patronage, also aufgrund persönlicher Beziehungen. Dreh- und Angelpunkt ist die Vorstellung vom Gabentausch – *do ut des* (ich gebe, damit du gibst). Alle mächtigen und einflußreichen Männer fungierten als Patrone einer Anhängerschaft, deren Größe wiederum den Einfluß der Patrone selbst dokumentierte. Voraussetzungen für Patronage war die Vermittlung sowie der Austausch von Diensten und Gütern.[1] Ein reziprokes aber asymmetrisches Verhältnis gliederte entsprechend die Gesellschaft zu einem Geflecht derartiger Patronagebeziehungen. Davon waren Frauen nie ganz ausgeschlossen gewesen. Caecilia Metella, eine Tochter des Balearicus und Patronin des von Cicero verteidigten Sextus Roscius, bot ihrem Klienten Zuflucht und Hilfe;[2] Servilia, die durch ihren Einfluß einen Senatsbeschluß abzuändern vermochte (vgl. S. 61 f.), oder Cornelia, die ihren Sohn Caius Gracchus zur Neuformulierung eines Gesetzesvorschlags bewegte und damit den Volkstribun Octavius rettete,[3] sind Beispiele aus der Geschichte. Fulvia, Antonius' Frau, hatte – wenn auch vergeblich – mit allen ihr zu Gebote stehenden Mitteln versucht zu verhindern, daß ihr Mann zum Staatsfeind erklärt wurde (vgl. S. 70). Mucia, Sextus Pompeius' Mutter, rettete ihrem Sohn aus zweiter Ehe, Aemilius Scaurus, der bei der Schlacht von Actium als Anhänger des Antonius in Gefangenschaft geraten war, aufgrund ihrer guten Beziehungen zu Octavian das Leben.[4]

Immer wieder fällt im Zusammenhang mit Livia der Begriff *potentia*, Macht. Velleius verweist auf den wohlüberlegten und immer positiven Einsatz von Livias *potentia*: zur Errettung einer Person aus Gefahr oder zur Rangerhöhung (vgl. S. 157).[5] Tacitus kritisiert ihre »Umgänglichkeit«, Kameradschaft *(comitas)* und Unkompliziertheit *(facilitas)*, also jene Indikatoren für die ihm suspekte Patronage einer Frau, obgleich dies auch für Frauen eingeführte und positiv belegte Begriffe sind (vgl. S. 111).[6] Aber auch Tacitus spricht von der *potentia* der Augusta, und Sueton betont, daß Tiberius es nicht ertragen

konnte, daß seine Mutter einen gleich großen Anteil an der *potentia* beanspruchte.[7]

Materielle Voraussetzungen besaß Livia in großer Fülle. Ideelle waren in
erster Linie ihr Zugang zum Princeps und ihre persönliche Bekanntschaft mit
den Klientelfürsten, aus der sich Freundschaften entwickelten. Privatpersonen
wie Gemeinden gehörten somit zum Kreis der von ihr Protegierten. Beide Gruppen wurden 29 n. Chr. in ihrem Testament bedacht. Es ist interessant zu beobachten, wie Livias Patronage geradezu »Matronage« zu nennen ist, nicht nur
weil sie als Frau – als Matrona – handelte, sondern auch, weil sie Frauen und
Frauenbelange förderte. Schon Aristoteles (1315a,25) hatte in seiner *Politeia*
über den Erhalt der Tyrannenherrschaften gesagt, der Tyrann dürfe nicht *über-
mütig* gegen seine Untertanen handeln: *In gleicher Weise müssen sich auch die
eigenen Frauen gegenüber den anderen Frauen verhalten, weil durch den Über-
mut der Frauen viele Tyrannenherrschaften zugrunde gegangen sind.* Livia war
äußerst gebildet; überzeugte sie ihren Mann, daß man auch die Ehefrauen bedeutender Männer hofieren und ehren mußte, um durch sie Loyalität zu sichern?
Livias Handlungsfeld betraf die bedeutenden Frauen Roms (vgl. S. 232).

Vielleicht war es nur ein Nebeneffekt, aber es gelang ihr, ein Frauennetzwerk
aufzubauen, indem sie Frauen Gunstbeweise zukommen ließ, die darin bestanden, daß sie deren Ehemänner oder Kinder förderte. Dadurch wurden diese
Frauen selbst quasi zu Vermittlerinnen der *beneficia* (Wohltaten) und stabili-
sierten somit wiederum Livias Einfluß. Tiberius nennt dies abfällig *Weiber-
freundschaften.*[8] Die Tatsache, daß Agrippa Postumus nicht aus dem Exil geholt wurde, verdankte Livia der Information einer Frau. Fabius Maximus,
den der greise Augustus in seinen Plan eingeweiht hatte, erzählte seiner Frau
Marcia davon, die es umgehend Livia mitteilte.[9] Marcia war die Cousine des
Augustus;[10] man hätte wohl erwarten können, daß sie ihm mehr Loyalität ent-
gegenbrachte.

Livias Matronage umfaßte Aufgaben, wie sie eine *mater familias* im Rah-
men der *domus* ihres Mannes zukamen. Dazu gehörte die Auszahlung einer
Mitgift oder die Erziehung von jungen Männern in ihrem Haus, die nicht der
Familie angehörten (vgl. S. 158). Aber sie scheint auch schon zu Lebzeiten des
Augustus ihre angestammte Familie gefördert zu haben, etwa ihren Adoptiv-
bruder und dessen Sohn sowie die mit diesen verwandten Sentii. Dazu kam ein
Engagement für Frauen im allgemeinen, Stiftungen und Restaurierungen von
Tempeln für Kulte, die mit Frauenbelangen verbunden waren; ihr baupoliti-
sches Programm unter den Stichworten »Erholung« *(porticus Liviae)* und
»Einkauf« *(macellum Liviae).* Bereits die öffentlichen Stiftungen kann man

daher als Vorwegnahme einer Rolle als *mater patriae* sehen (vgl. S. 162 ff.). Obwohl Livia bei den Themen der *mater familias* blieb, weist der Radius ihres Engagements darauf hin, daß die Herrscherdynastie die Angelegenheiten des Staates wie die ihrer eigenen *domus* wahrnahm.

Andere Aufwendungen Livias – und die scheinen verstärkt unter dem Principat des Tiberius aufgetreten zu sein – waren in der Republik mit einem Amt verbunden gewesen (vgl. S. 256 ff.). Auch das war Ausdruck ihrer gewachsenen Rolle unter Tiberius, über die Cassius Dio (57,12,2) sagt: *Sie nahm eine ganz gewaltige, alle Frauen vor ihr weit überragende Stellung ein.*

Das Funktionieren dieser Patronage der Livia wurde am deutlichsten unter dem Principat des Tiberius sichtbar, als Livia vorübergehend eine eigene *domus* als Machtbasis ausbildete.[11] Die materiellen Grundlagen dieser Patronage/Matronagetätigkeit werden im folgenden Kapitel erörtert. Livia war also zwar keine formale Mitherrscherin ihres Sohnes, aber sie hatte herrschaftsähnlichen Einfluß, den man punktuell als Macht bezeichnen muß.

Matronage. Livias Netzwerk

In den antiken Texten findet sich keinerlei Hinweis, den man als Versuch werten könnte, der Frau des Princeps einen institutionell abgesicherten Status für die Ausübung ihrer Macht zu verschaffen.[12] Tatsächlich hing die römische Gesellschaft aber von einem komplexen Netz sozialer Beziehungen ab, das durch wechselseitige persönliche Verpflichtungen und Abhängigkeiten strukturiert wurde, deren Intensität wiederum ausschlaggebend für die Verteilung der politischen Macht war. Die Frauen der Oberschicht hatten an diesem patronalen System mittelbar immer Anteil. Cicero charakterisiert es folgendermaßen: *Die Menschen unterwerfen sich dem Befehl und der Macht eines anderen aus mehreren Gründen. Sie lassen sich nämlich entweder von Wohlwollen oder Größe der Wohltaten leiten oder von Überlegenheit der Persönlichkeit oder der Hoffnung, er werde ihnen nützlich sein, oder der Furcht, sie könnten gewaltsam zu gehorchen gezwungen werden, oder durch die Hoffnung auf Schenkungen und Versprechungen.*[13]

Der Verfasser eines kleinen Leitfadens über eine erfolgreiche Wahlkandidatur – üblicherweise mit Ciceros Bruder Quintus identifiziert – nennt als Motive, einem anderen bei den Wahlen die Stimme zu geben, ebenfalls *Wohltaten, Erwartungen und unwillkürliche Sympathie* (beneficium, spes, adiunctio animi).[14]

Die *domus* als sozial, politisch und sakral definierter Raum war das Instrument zur Konstituierung, Darstellung und Ausübung sozialer Macht und politischer Potenz. Sie bot in jeder Hinsicht Projektionsfläche für die eigene Stellung in der Öffentlichkeit. Livias Stellung nach dem Tode des Augustus muß man im Kontext der Entwicklung einer unabhängigen *domus* sehen, die für einen *pater familias* die übliche Basis seiner politischen Rolle darstellte.[15]

Das Wort *domus* meint nicht nur das sichtbare Haus, sondern wurde synonym für Familie (wie wir es auf dynastische Häuser im Deutschen anwenden) und deren ererbtes Vermögen *(patrimonium)* gebraucht, und schließlich umfaßte *domus* auch das Hauswesen in seiner ethisch-moralischen wie auch ökonomischen Ausprägung. Aufgrund einer inneren Hierarchie bezeichnete die *domus* ganz konkret den Herrschaftsbereich eines einzelnen *pater familias*, der beispielsweise weitreichende Straffunktionen umfaßte. Zum erweiterten Haus zählten neben den Hausbewohnern auch die Personen, die mit dem Haus verbunden waren – wie die Freigelassenen –, von ihm abhingen oder sich ihm zugehörig fühlten. In dieser Funktion galt die *domus* als eine institutionelle Kleinsteinheit des römischen Staates,[16] als Miniatur der *res publica*.

Ciceros (off. 1,138–139) Beschreibung, wie *das Haus eines achtbaren und führenden Mannes* (princeps) *beschaffen sein muß*, faßt die wesentlichen Aufgaben zusammen. Insbesondere die sichtbare *domus* und ihre Verfassung in ethischer, ökonomischer und sozialer Hinsicht war Indikator für Würde und Sozialprestige ihres Besitzers, also für seine Position im öffentlichen Leben. Sie war Ausdruck seiner individuellen Identität und Denkmal seines Erfolgs.[17] Dagegen bedeutete Zweckentfremdung eines Hauses eine politische Demütigung; Hauszerstörung eine ehrabschneidende Strafe. Cicero (off. I 138–139) formuliert:

Seine *[des Hauses]* Bestimmung ist der Gebrauch. Auf ihn ist der Bauplan abzustellen. Doch muß man auch Sorgfalt auf Bequemlichkeit und Würde legen. Dem Cnaeus Octavius, der als erster aus jener Familie Konsul wurde, wurde es, wie wir vernommen haben, zur Ehre angerechnet, daß er sich auf dem Palatin ein prächtiges und würdevolles Haus gebaut hatte, das nach allgemeiner Ansicht, da es von allen gesehen wurde, seinem Herrn, einem ›homo novus‹, zum Konsulat geholfen haben soll. Das riß Scaurus ab und fügte noch einen Anbau an das Haus. Und so brachte jener als erster den Konsulat in sein Haus, dieser, der Sohn eines großen und hochberühmten Mannes, brachte in sein vergrößertes nicht nur eine Zurückweisung heim, sondern auch Schande und Unglück. Die Würde nämlich ist mit einem Haus zu schmücken, nicht ganz durch ein Haus zu erwerben, nicht der Herr aber ist durch das Haus zu adeln, sondern das Haus durch den Herrn, und wie man sonst nicht nur auf sich, sondern auch auf andere Rücksicht zu nehmen hat, so ist beim Haus eines berühmten Mannes, in das viele Gäste aufgenommen und eine Menge Menschen jeder Art hereingelassen werden müssen, für Weiträumigkeit Sorge zu tragen. Sonst ist ein weites Haus oft für den Herrn eine Schande, wenn in ihm Öde herrscht, und besonders, wenn es einmal zur Zeit eines anderen Herrn häufig besucht zu werden pflegte. Ist es doch kränkend, wenn von den Vorübergehenden gesagt wird: Ehrwürdig Haus! Doch ist der Herr jetzt anders, der Dich hat, was man in der heutigen Zeit bei vielen zu sagen berechtigt ist.

Status wurde auf vielfältige Weise sichtbar gemacht. Erstens zählte es zu den Idealen eines gut geführten Hauswesens, daß es möglichst autark funktionierte – daß jedes Produkt auf den eigenen Gütern oder im Haus erzeugt oder hergestellt wurde. Das blieb freilich eine Fiktion. So dokumentierte eine weit ausdifferenzierte Arbeitsteilung, die für die kleinste Tätigkeit im Haus einen Spezialisten vorsah, besonderen Wohlstand. Prachtentfaltung und Aufwand kommunizierten die Würde eines Hauses, sollten aber unbedingt dem wahren Prestige des Hauses entsprechen. Dieses spiegelte sich ferner auch in der Untadeligkeit der Haushaltsführung, repräsentiert durch eine zufriedene und gesittete *familia* (Sklavenschaft), die als Abbild der charakterlichen Eigenschaften ihres Herrn galt. Negativbeispiel war für Cicero das Haus des Calpurnius Piso Caesonianus, dem er vorwirft, keinen Haushalt zu führen:

Kein getriebenes Edelmetall, nur riesige Tonschüsseln, und zwar, damit es nicht so aussieht, als verachtete er seine Landsleute, aus Placentia, sein Tisch nicht mit Austern oder Fisch ausgestattet, sondern mit Unmengen von leicht vergammeltem Fleisch. Sklaven in schmutziger Kleidung warten auf, auch ein paar alte Kerle darunter; Koch und Hausmeister sind eine Person; kein Bäcker im Hause, keine Vorratskammer, Brot und Wein vom Krämer und aus der Kufe; immer fünf Griechen auf einem Sofa zusammengepfercht, oft noch mehr; er selbst sitzt allein; man trinkt so lange, bis das Faß zur Neige geht.[18]

Zweitens wurde erwartet, daß eine *domus* in der Lage war, die von ihr Abhängigen nachhaltig zu schützen und für sie zu sorgen sowie ausreichende *beneficia* zu vermitteln.

Wichtiges Vergemeinschaftungsinstrument innerhalb des Hauses war wie auf staatlicher Ebene der Kult. Ein spezifischer Hauskult stiftete Identität und Stabilität für die verschiedenen sozialen Lebenswelten des Hauses. Die Hauptrolle fiel dem *pater familias* zu, der für die Familie und Sklavenschaft nicht nur Ernährer und Richter war, sondern auch ihr Priester. Der Kult der *familia* konzentrierte sich auf die Verehrung seines Genius und die Laren der Familie.

Bereits die architektonische Typisierung der *domus* zeigt deutlich die räumliche Umsetzung der verschiedenen gesellschaftlich definierten Rituale, die sich in einer kanonischen Raumfolge niederschlug.[19] Da das Haus nicht vorrangig als privates Refugium diente, sondern eher den Charakter einer Bühne zur Erfüllung der sozialen, politischen wie ökonomischen Obliegenheiten des Hausherrn aufwies, war es in vielfacher Hinsicht öffentlich. *Wozu brauche ich noch eine domus, wo ich auf dem Forum nichts mehr zu suchen habe,* äußert Cicero (Att. 12,23,1) nach seinem politischen Absturz verbittert. Einige Bereiche des Hauses standen jedem offen, andere hingegen öffneten sich als Zeichen besonderer Auszeichnung für Personen, die über gehobenes Sozialprestige verfügten.

Das galt besonders für eines der wichtigsten Rituale, den Morgenempfang *(salutatio)*, der persönlichen Status und Einfluß deutlich sichtbar werden ließ. Eine gut besuchte *salutatio* spiegelte die Teilnahme am öffentlichen Leben. Wer viele Besucher in seinem Haus empfangen konnte, hatte auch viele *beneficia* zu vergeben. Dies graduelle Vorlassen der Besucher entfaltete gerade angesichts einer Vielzahl von Einlaßsuchenden Sinn und positionierte Besucher und Besuchte in einer für alle sichtbaren Hierarchie. Dabei verstand es sich von selbst, daß Freunde einander besuchten. Der formale Abbruch einer *amicitia*-Beziehung schloß ein, dem ehemaligen Freund das Haus zu verweigern.

Eingebettet wurde diese Öffentlichkeit des Hauses und seine Repräsentation in die Darstellung des familiären Erfolgs, der sich vornehmlich in der Aufstellung der Ahnenbilder *(imagines)* im Atrium artikulierte, und des persönlichen Erfolgs, symbolisiert durch militärische Beutestücke *(spolia)* im Vestibulum.

Da sich Sozialprestige in politischer Partizipation auszahlte, erfüllten die Häuser auch ganz konkrete öffentliche Funktionen als Orte politischer Beratung oder Ansprechbarkeit eines Magistrats und zur Ausübung patronaler Pflichten. Der diskursive Aspekt des häuslichen Lebens fand entsprechenden Niederschlag in seiner Architektur:

Für hochstehende Personen aber, die, weil sie Ehrenstellen und Staatsämter bekleiden, den Bürgern gegenüber Verpflichtungen erfüllen müssen, müssen fürstliche, hohe Vorhallen *(vestibula)*, sehr weiträumige Atrien und Peristyle gebaut werden, Parkanlagen und geräumige Spazierwege, die der Würde angemessen angelegt sind; außerdem Bibliotheken, Räume für Gemäldesammlungen und basilikaähnliche Hallen, die in ähnlicher Weise prunkvoll ausgestattet sind wie die staatlichen Gebäude, weil in den Häusern dieser Männer öfter politische Beratungen abgehalten und Urteile und Entscheidungen in privaten Angelegenheiten gefällt werden.[20]

Trotz der Herausbildung der alles beherrschenden *domus Augusta* blieben die *domus* der Aristokraten unentbehrlich für die Beherrschung des Imperiums.[21] Ihre Macht beruhte darauf, zwischen dem Machtzentrum, wo Privilegien vergeben werden konnten, und der Peripherie, der es an direkten Zugangsmöglichkeiten mangelte, zu vermitteln. Im Austausch bot man Kontrolle über die Peripherie und mächtige Klientelen, für deren Ausübung dem Zentrum ein entsprechendes Instrumentarium fehlte. Eine ausreichende Zahl an Klienten brachte Prestige und damit Einfluß im Zentrum der Macht, was den Patron seinerseits in die Lage versetzte, seine Klienten durch die von ihm erwarteten Gunstbeweise an sich zu binden. Hatte sich Ansehen in der Republik vorrangig bei Wahlen niedergeschlagen, so avancierte im Principat der potentielle Nutzen für das Kaiserhaus zum politischen Kapital. Wie es bei Seian zu sehen war, füllte sich das Haus derer, die mit dem Kaiser verbunden waren, weil von ihnen entsprechende Gunstbeweise erwartet wurden.

Eine Machtkonzentration, wie sie sich in der *domus Caesarum* seit der Übernahme der Alleinherrschaft durch Augustus vollzog, hatte zwangsläufig auch eine Aufwertung der weiblichen Angehörigen dieser *domus* zur Folge.[22] Freigelassene und Sklaven des Hauses sprachen dezidiert vor 14 n. Chr. von der *domus Caesarum et Liviae*.[23] Die in ihrem Kern restaurativ ausgerichtete Ideologie der *res publica restituta* geriet an diesem Punkt nachdrücklich in Konflikt mit der Machtrealität. Nachfolgefrage und Frauenmacht erwiesen sich als Schwachstellen der ideologischen Verbrämung des augusteischen Systems. Das war den Zeitgenossen durchaus bewußt. Tacitus hat seine Kritik am Principat vorrangig mittels einer Kritik des Frauenregiments formuliert.[24] Mit der Übernahme der *res publica* durch eine einzige *domus*[25] drangen häusliche Verhältnisse an die Öffentlichkeit und erhielten staatspolitische Relevanz.[26] Nero konnte zu Beginn seiner Regierung damit punkten, daß er versprach, Haus und Staat stärker zu trennen.[27]

Livias öffentliche Rolle unter Augustus – akzentuiert durch die Ehrungen im Jahr 9 v. Chr. – entwickelte sich in engem Zusammenhang mit der Position ihrer Söhne als Nachfolger im Principat. Dabei wurde sie ganz auf die Werte der altrömischen *matrona* verpflichtet. Allerdings waren die vornehmen Matronen in den Jahren der Republik aus ihrem häuslichen Wirkungskreis verstärkt herausgetreten (vgl. S. 60 ff.). Im Principat gab es hingegen gerade unter Augustus die Tendenz, diese Entwicklung zu negieren, was natürlich gleichzeitig durch die Frauen des eigenen Hauses konterkariert wurde.

Nicht ohne Grund legt der augusteische Historiker Livius dem Konsul Cato während der Senatsaussprache über die Abschaffung der *lex Oppia*[28] 195 v. Chr., die Worte in den Mund: *Was ist das für eine Sitte, aus dem Haus zu laufen, die Straßen zu belagern und fremde Männer anzusprechen! Konntet Ihr nicht jede zu Hause die eigenen Männer genau um dasselbe bitten? Oder könnt Ihr auf der Straße besser schmeicheln als im Haus und mit fremden Männern besser als mit den eigenen?*[29] Der als sittenstreng geltende Cato fährt in dieser Liviusrede fort, den Frauen vorzuhalten, daß selbst diese Einflußnahme die Grenzen der Scham überschreite, und entwirft damit ein Bild der angeblichen guten alten Sitte.

Allerdings ist auch zu überlegen, inwieweit hier nicht eine Vernetzungsstrategie der alt-aristokratischen Elite der Republik in die Kritik geriet, der ein Tugendideal mit Anspruch auf Ancennität entgegengestellt wurde. Tatsächlich läßt sich aber gar nicht sagen, ob es je wirksam war! Die zunächst etruskisch dominierte Oberschicht hatte den Frauen sehr dezidiert eine gleichrangige Stellung eingeräumt. Selbst ein Mann wie Calpurnius Piso, angeblich von altem aristokratischen Schlag, gestattete seiner Frau einen erheblichen Aktionsraum.

Augustus hat sich selbst – unter dem Eindruck seiner eigenen Kampagne gegen den vermeintlichen Pantoffelhelden Antonius – sehr bedeckt gehalten, seiner Frau öffentlich Einfluß auf seine Entscheidungen zuzugestehen. Im Gegenteil wurde die Sichtweise verbreitet, er lasse sich gerade nicht von Livia bestimmen. Dennoch sind einige deutliche Hinweise auf Einfluß von ihrer Seite auch in politischen Fragen erkennbar. Die Patronage für die Bewohner von Samos muß hier an erster Stelle genannt werden. So verweigert Augustus ihre Bitte um Bürgerrecht offiziell mit dem ausdrücklichen Hinweis: *Ich würde meiner Frau gerne einen Gefallen erweisen, die sich für Euch* [Samier] *bemüht* (vgl. S. 76 f.). Die Datierung der Inschrift ist umstritten. Sie stammt wahrscheinlich aus dem Jahr 38 v. Chr., möglicherweise aber auch erst aus der Zeit kurz nach Actium. Jedenfalls schenkte er Samos, nachdem er dort im Winter 21/20 v. Chr. Quartier bezogen hatte, im folgenden Winter (20–19 v. Chr.) zum Dank doch das Bürgerrecht.[30] Der Fall Samos ist insofern interessant, als Livia am Ende mit ihren Bemühungen erfolgreich war und Octavian, zumindest in der Triumviratszeit, auch öffentlich erklärte, daß er ihr gern einen Gefallen tue. Während des Principats wird dieser Einfluß ganz im Haus eingeschlossen. Im Gegenteil, wir haben gesehen, daß die öffentlichen Ehrungen für sie während der Alleinherrschaft ihres Mannes erst 20 Jahre nach Etablierung des Principats einsetzten. Dennoch drangen gelegentlich Gerüchte nach außen. So war sie es nach einhelliger Meinung unserer Quellen, die dem Verschwörer Cinna das Leben rettete (vgl. S. 118). Daß Augustus nach wie vor bereit war, den Bitten seiner Frau Gehör zu schenken, belegt auch der Fall eines Galliers, für den sie das römische Bürgerrecht von ihrem Mann erbat. Zwar wollte er offenbar gerade die Bürgerrechtsfrage nicht von seiner Frau dominiert sehen und verweigerte die Bitte, ließ sich aber auf einen Kompromiß ein und schenkte dem Mann Steuerfreiheit, ein wesentlicher Bestandteil des Bürgerrechts.[31] In jedem Fall wurde nach außen das Bild gefördert, daß sie, wie sich im Fall des Cinna manifestierte, mäßigenden Einfluß auf Augustus hatte.[32]

In tiberischer Zeit schwelte der Konflikt über weibliche Einflußnahme (vgl. S. 123 f.) weiter, so daß Valerius Maximus, der die Werte der neuen Reichselite propagierte,[33] diejenigen Matronen als warnendes Beispiel in seine Sammlung der Denkwürdigkeiten einbezog, die sich öffentlich geäußert hatten: *die sich weder durch ihre natürliche Bestimmung noch aus Rücksicht auf ihren vornehmen Stand dazu bringen ließen, auf dem Forum und in den Gerichten zu schweigen.*[34]

In der Beurteilung Livias sind die antiken Autoren einhellig der Ansicht, sie habe gänzlich den Vorstellungen von einer altrömischen Matrone entsprochen. Insbesondere *pudicitia*, die Keuschheit in der Öffentlichkeit,[35] wird ihr von Valerius Maximus bescheinigt.[36] Ovid[37] streicht Livias Lebenswandel *(mores)* heraus (vgl. S. 106); und Velleius betont, daß sie in Herkunft, Sittsamkeit und Gestalt die glänzendste der Römerinnen war.[38] Tacitus, der in seinem Werk schwere Vorwürfe gegen die Augusta erhob, würdigte zwar die Untadeligkeit ihres Betragens, monierte aber zugleich, daß sie den Wirkungskreis einer altrömischen Matrone entscheidend überschritt, indem sie sich als zu gefällig *(comis)* erwies: *durch die Makellosigkeit des Haushalts nach alter Art in Bezug auf die Sitten, gefällig jenseits dessen, was den alterwürdigen Frauen angemessen erschien.*[39] Diese tadelnswerte Zugänglichkeit Livias kann im Kontext einer eigenen *domus* gedeutet werden, die sich in der Leutseligkeit ihres Oberhauptes konstituierte. Als Cicero sich nach dem Tod seiner Tochter wochenlang aus Rom zurückzog und sein Stadthaus geschlossen hielt, mußte er sich schwere Kritik gefallen lassen.[40]

An ethischen Voraussetzungen fehlte es nicht, und die Würde *(sanctitas)* ihres Hauses wird von keiner Seite in Zweifel gezogen. Im Gegenteil beschreibt Seneca eine Frau, die ihren Ruf aufs sorgfältigste hütete.[41]

Obwohl keinerlei Prachtentfaltung für Livias Haushalt belegt ist – ein eher einfacher Speisezettel und unprätentiöse Garderobe dagegen betont werden[42] –, läßt sich ein Streben nach ökonomischer Unabhängigkeit erkennen. Im Kolumbarium, dem Totenhaus für Livias Sklaven und Freigelassene der *familia urbana*, das über 1000 Urnen enthält, wurden mindestens 90 Personen identifiziert, die zweifelsfrei zu Livias Personal gehörten und mit etwa 50 verschiedenen Tätigkeiten betraut waren.[43] Ihr städtischer Haushalt bestand aus einer Dienerschaft von etwa 150 Bediensteten.[44] Beachtenswert erscheint ein Bautrupp, wie er auch in anderen großen Haushalten – etwa dem der Statilii – unterhalten wurde, der aber für keine andere Kaiserin nachweisbar ist, obgleich auch andere Kaiserfrauen als Gönnerinnen von Künstlern und Architekten wirkten. Auffällig sind auch die Hersteller von Luxuswaren in Livias Diensten, Gold- und Silberschmiede, Perlenaufzieher, Parfumeure, für deren Verwendung zwei Möglichkeiten in Betracht kommen: Entweder waren sie mit der Anfertigung von Geschenken befaßt,[45] oder sie dienten aufgrund ihrer spezialisierten Tätigkeit, wie es für eine große *domus* üblich war, als Wirtschaftsquelle des Hauses und trugen zum Einkommen bei. Ebenso könnte der Bautrupp Livias Beteiligung im lukrativen stadtrömischen Baugeschäft indizieren. Ein *insularius*, ein Mietshausaufseher, in ihrem Besitz weist jedenfalls auf stadtrömische Mietobjekte hin. Darüber hinaus gehörte es zu den *officia*, den Pflichten eines Hausherrn, Freunden mit Spezialisten wie Architekten und Ärzten auszuhelfen. Livia besaß beispielsweise zahlreiches medizinisches Personal, das kaum allein für ihre Sklaven tätig gewesen sein kann. Daß man Livia selbst auch medizinische Kenntnisse zutraute, belegt ein medizinisches Rezeptbuch aus dem frühen 5. Jahrhundert n. Chr., in dem zwei Rezepte von Livia gegen Erkrankungen der oberen Luftwege überliefert sind.[46] Die medizinische Expertise spiegelt natürlich einmal mehr die Rolle der guten Ehefrau, die auch für die Verabreichung von Heiltränken zuständig war (vgl. S. 32).

Die finanzielle Potenz ermöglichte es Livia durch ihre Freigebigkeit – ganz wie Augustus –, Dankbarkeit und Anhänglichkeit zu erlangen. Ihre *liberalitas* läßt drei Ebenen erkennen. Erstens zeigte sie sich großzügig bei der Karriereförderung ihrer Söhne (vgl. S. 146), was in der Tradition republikanischer Karrierefinanzierung steht. Ebenfalls in diese Rolle einer *mater familias* fällt ihre finanzielle Unterstützung für die verbannte jüngere Iulia und die Aufnahme ihrer verwitweten Schwiegertochter Antonia in ihren Haushalt sowie ihr Engagement bei der Erziehung ihrer Enkel und Urenkel (vgl. S. 149 ff.; 159).

Zweitens leistete Livia finanzielle *beneficia* an Einzelpersonen, die ein Patron oder Freund offerierte.[47] Zu den verschiedenen *beneficia* gehörte nach Senecas Definition neben Geld *(res)*, Wohlwollen *(gratia)*, Rat *(consilium)* und heilsame Lehren *(praecepta)*.[48] Livia unterstützte einige Senatoren bei der Entscheidung, ihre Kinder aufzuziehen, indem sie finanzielle Beihilfen zur Karriere ihrer Söhne und zur Aussteuer ihrer Töchter gewährte,[49] was auch als Beitrag zur Förderung der augusteischen Ehegesetzgebung zu sehen ist. Tiberius zeigte sich offenbar erheblich zurückhaltender und mürrischer, obwohl er ebenfalls zum Vermögen einiger Senatoren beisteuerte.[50]

Drittens machte sie finanzielle Aufwendungen, die noch in der Republik im Zusammenhang mit einem Amt gestanden hatten[51] und von den Kaisern in einem politischen Konzept persönlicher Freigebigkeit *(liberalitas)* des Herrschers verdichtet wurde, deren Betätigungsfelder sich auf eine Verbesserung der Infrastruktur Italiens, Katastrophenhilfe sowie stadtrömische Projekte erstreckte, die vorrangig einen stabilisierenden Effekt auf die *plebs urbana* ausüben sollten. Livias Freigebigkeit läßt dieses Muster bereits erkennen. Zu den Infrastrukturmaßnahmen zählt der Bau einer Wasserleitung für Forum Cassii in Etrurien.[52] In Rom leistete sie unabhängig von ihrem Sohn Hilfe für die Opfer verschiedener Brände 16 n. Chr.[53] Daß es sich dabei um einen hochsensiblen Bereich handelte, zeigt Tiberius' pikierte Reaktion auf ihr persönliches Erscheinen an einer Brandstelle beim Vestatempel,[54] um – wie zu Lebzeiten ihres Mannes – die Helfer anzuspornen. Ob Tiberius' Ablehnung aus der Tatsache resultiert, daß sie dabei auch Soldaten zur Arbeit antrieb, läßt sich schwer sagen. Wichtiger erscheint es jedoch, Hilfsbereitschaft allein als Domäne des Princeps zu reklamieren.[55] Zu den außerordentlichen Zuwendungen *(congiaria)* Livias an die *plebs* gehörten auch die durch mehrere Bleitessare – eine Art Gutscheinsystem – dokumentierten Aufwendungen für Spiele.[56] Ferner stiftete sie großzügige Weihgeschenke an einzelne Gemeinden und ihre Tempel. Sie stattete den Tempel von Jerusalem aus und übergab dem Kapitolstempel 150 Pfund schweres Kristall.[57] Die Dupondien aus dem Jahr 22/23 n. Chr. subsumierten diese Aktivitäten als *salus Augusta* (vgl. S. 209; 240 f.).

Zu den *beneficia* zählte es ferner, seinen Einfluß *(gratia)* bei der Förderung von Laufbahnen geltend zu machen. Livia[58] verschaffte aufgrund ihrer unmittelbaren Nähe zum Princeps dem Sohn der Marcia, mit der sie freundschaftlich verkehrte, ein Priesteramt.[59] Zu ihren Protegés zählten der spätere Kaiser Galba[60] und der Großvater des Kaisers Otho, Marcus Salvius Otho. Dieser wuchs in ihrem Haushalt auf und wurde *per gratiam Liviae Augustae* (durch das Wohlwollen der Livia Augusta) Senator.[61] Offenbar hat er sich auch gut verheiraten können, obwohl er nicht über die Prätur hinauskam, denn Othos Vater stammte mütterlicherseits aus einem hochberühmten Geschlecht mit zahlreicher und bedeutender Verwandtschaft. Livia sorgte zudem für die

Kinder aus dieser Ehe. Die Tochter, die mit dem Germanicussohn Drusus verlobt wurde, sollte immerhin ins Kaiserhaus einheiraten. Der Konsul 29 n. Chr.,
Caius Fufius Geminus, wurde ebenfalls von ihr gefördert.[62] Wahrscheinlich
verdankte er diese Protektion seiner Ehefrau, Mutilia Prisca, einer Intimfreun-
din der Livia. Der Sohn von Livias Freundin Urgulania gelangte sogar zusammen mit Augustus 2 v. Chr. zum Konsulat; seine Tochter wurde mit Livias Enkel
Claudius verlobt. Den Volusii, die wie die Salvii aus Ferentium stammten,
gelang durch Livias Patronage der Aufstieg unter die konsularischen Geschlechter.[63] Ähnliches scheint für die Sentii Saturnini zu gelten, von denen Caius Sentius Saturninus als erster im Jahr 19 v. Chr. den Konsulat erreichte, seine beiden
Söhne 4 n. Chr. Sein Vater, Caius Sentius Saturninus Vetulo, hatte Livias Familie 40 v. Chr. nach Griechenland begleitet. Die Schwester des Vetulo war wiederum die Mutter von Livias Adoptivbruder Marcus Livius Drusus Libo. Caius
Sentius Saturninus (Konsul 19 v. Chr.) fungierte in den Jahren 4–6 n. Chr. als
einer der Legaten des Tiberius. Das Vertrauen in die Familie scheint beträchtlich gewesen zu sein. Einer der Söhne, Cnaeus Sentius Saturninus, gehörte zum
Stab des Germanicus im Orient. Er übernahm nach dem Tod des Germanicus
und dem Rückzug des Calpurnius Piso (vgl. S. 228 f.) Syrien und verhinderte,
daß dieser die Provinz zurückeroberte. Die Tatsache, daß Sentius im Amt bestätigt wurde,[64] spricht für seine unzweifelhafte Loyalität gegenüber Tiberius und
mag vielleicht auch den Vorwurf abmildern, Livia oder Tiberius hätten die
Beseitigung des Germanicus im Sinn gehabt.

Besonderes Interesse brachte Livia der Förderung von Rittern entgegen.
Trotz unserer spärlichen Informationen, die auf Zufallsfunden beruhen, läßt
sich gerade die Protektion solcher Karrieren, wie der des älteren Otho, zeigen.
Wahrscheinlich gehörte auch Quintus Ostorius Scapula, Prätorianerpräfekt im
Krisenjahr 2 v. Chr., dazu[65] sowie Sulpicius Quirinius. Ritter wurden von ihr in
die Bestattung des Augustus einbezogen; sie sind es, die eine besondere Weihung für die Fortuna ihres Standes in Antium anläßlich der schweren Erkrankung der Kaiserin im Jahr 22 n. Chr. vollzogen. Diese Bindung an die Ritter
spricht für politisches Geschick und Feingefühl, denn mit ihrer Bevorzugung
ließ sich trefflich ein alternatives Kraftfeld zu den immer noch sehr standesbe-
zogenen Senatoren aufbauen.

Sextus Afranius Burrus, der spätere Prätorianerpräfekt (51–62 n. Chr.) des
Claudius, begann seine Laufbahn als Aufseher *(praefectus)* in ihrem Haushalt.[66] Claudius hatte selbst einen Gutteil seines Lebens in diesem Haus verbracht und muß Burrus als vertrauenswürdig eingestuft haben.[67] Ihre Inter-
ventionen erstreckten sich zudem auf die Verleihung des Bürgerrechts für ihre

Klienten oder eine Statuserhöhung.[68] Unter ihren weiblichen Freigelassenen ist Livia Culicina zu nennen, die Mutter eines Militärkommandanten, die zweimal hintereinander mit hochrangigen kaiserlichen Freigelassenen, Beamten *(apparitores)* der kaiserlichen Verwaltung, verheiratet war.[69]

Die Ausübung persönlicher Macht hing unter anderem von der Fähigkeit ab, den Angehörigen der *domus* und den sich ihr Anschließenden Schutz zu bieten.[70] Damit war in erster Linie der juristische Beistand gemeint. Mehrere Senatoren verdankten Livia ihre Rettung,[71] sei es, daß sie durch ungeschicktes Verhalten den Zorn des Princeps erregt hatten, wie der Senator und Konsular Quintus Haterius[72] im Jahr 14 n. Chr., oder in eine Verschwörung verstrickt waren wie Cnaeus Cornelius Cinna (zwischen 16 und 13 v. Chr.), der im Jahr 5 n. Chr. sogar noch den Konsulat erreichte. In allen Fällen war die persönliche Fürsprache beim Princeps ausschlaggebend. Ovid hoffte vergeblich, daß seine Frau Fabia ihn mit Livias Hilfe aus der Verbannung befreien könnte, weil sie mit Marcia, einer Cousine des Augustus und Vertrauten Livias, befreundet war (vgl. S. 181 f.).[73] In seinen *Fasti* bedachte Ovid deshalb Marcia mit einigen panegyrischen Zeilen.[74] Auch Kleopatra hatte angeblich auf Livias Fürsprache gehofft.[75] Von der Rettung der Plancina und der Urgulania vor Gericht war schon die Rede.[76]

Nach Livias Tod wurde unter ihren Freunden erheblich gewütet: [Tiberius] *stürzte alle ihre Freunde und Vertrauten, selbst diejenigen, denen sie im Sterben die Sorge für ihre Bestattung aufgetragen hatte, in kurzer Zeit in tiefstes Elend, wobei er einen von ihnen, einen Mann aus dem Ritterstand, zum Sklavendienst am Wassertretrad verurteilte.*[77] Fufius Geminus nahm sich das Leben, als ihm ein Prozeß drohte, seine Gattin Mutilia Prisca wurde des Ehebruchs angeklagt und begab sich in einer spektakulären Aktion in den Senat (31 n. Chr.), um sich dort das Leben zu nehmen.[78] Mucia, eine weitere Freundin Livias, wurde zusammen mit ihren zwei Töchtern wegen ihrer Freundschaft mit der Augusta umgebracht.[79] Auch Plancina überlebte sie nicht lange. Im Jahr 33 n. Chr. wurde ihr der Prozeß gemacht, dem sie sich durch Selbstmord entzog.[80]

Zu den Gunstbeweisen, die durch die Nähe zum Kaiser vermittelt wurden und aus denen sich Verpflichtungen ergaben, traten die persönlichen Beziehungen, die Livia im Laufe ihrer langen Ehe mit Augustus zu fremden Mächten oder Bürgerschaften im Imperium aufgebaut hatte. Zumindest in den frühen Regierungsjahren war es für Tiberius nicht unwichtig, sich ihrer zu bedienen. Im Jahr 17 n. Chr. bat Livia auf Tiberius' Veranlassung in einem Brief den Klientelkönig Archelaos von Kappadokien[81] nach Rom, um seinen Streit mit dem Princeps beizulegen. Derartige politische Schriftstücke gehörten durchaus nicht zu den Aufgaben der hellenistischen Königinnen, waren also ein Novum. Da Tiberius sich mit dem König überworfen hatte, der noch unter Augustus sein Klient gewesen war, ihn aber während der Verbannung auf Rhodos zugunsten des Caius Caesar fallengelassen hatte,[82] war es für ihn schwierig, mit dem Monarchen zu verhandeln, ohne die Fiktion eines unabhängigen Klientelkönigtums preiszugeben. Es liegt nahe, daß Tiberius, der noch über wenig institutionalisierte Macht verfügte, intensiv auf persönliche Beziehungen angewiesen war, zumal seine private Machtbasis[83] in Form von Landbesitz und einem weiten Netz von Freigelassenen im Vergleich mit späteren Kaisern gering war. Auch der Klientelkönig Amyntas von Galatien unterhielt persönliche Beziehungen zu Livia. Er vermachte ihr einen Teil seines Erbes (vgl. S. 266 f.).

In Palästina beispielsweise hatte Livias Einfluß verschiedene Wurzeln. Durch die Vermittlung einer Ehe zwischen Salome und Alexes, einem einflußreichen Freund des Herodes, war es ihr gelungen, einen Bruch zwischen den Geschwistern zu verhindern.[84] Als der König den Hafen von Caesarea zu Ehren des Augustus 10 n. Chr. einweihte, sandte Livia Geschenke im Wert von 500 Talenten.[85] Anläßlich der Restaurierung des Tempels in Jerusalem schickte sie goldene Opfergefäße.[86] Das persönliche Klientelverhältnis scheint sich auch auf die Söhne des Herodes übertragen zu haben: Herodes Antipas (4 v. Chr.– 39 n. Chr.) ehrte Livia durch die Umbenennung der Stadt Betharamphtha in Livias[87] sowie durch die Gründung von Parea 13 n. Chr.[88]; und Herodes Philippus (4 v. Chr.–33/34 n. Chr.) nannte seine Wiederbegründung von Bethsida Iulias.[89] Er war es auch, der im Jahr 30 n. Chr. Livia als erste Frau auf einer jüdischen Münze abbildete.[90] Livias Kontakte nach Palästina scheinen ausgezeichnet gewesen zu sein. Vermutlich war der Freigelassene Celadus, den Augustus als Sachverständigen in Fragen zur Dynastie Herodes konsultierte, einer ihrer Freigelassenen.[91]

Auf ähnliche Gegebenheiten weisen die Verhältnisse am Bosporus. Die Königin Dynamis setzte Livia wahrscheinlich aus Dankbarkeit für die Bestätigung ihres zweiten Ehemanns als König durch Augustus eine Weihinschrift als Wohltäterin. Die Nachfolgerin, Königin Pythodoris, eine Enkeltochter des Antonius und spätere Frau des Archelaos von Kappadokien, regierte nach dem Tode ihres ersten Mannes, des Klientelkönigs Polemon I. (um 8/7 v. Chr.), selbständig das Königreich Pontos.[92] Auch sie ehrte Livia als Wohltäterin (Euergetis) mit einer einzelnen Statue am Kimmerischen Bosporus.[93] Archelaos von Kappadokien benannte seinerseits eine Festung in seinem Herrschaftsgebiet in Liviopolis um, weil er seine Verbundenheit zum Ausdruck bringen wollte.[94]

Sparta, das traditionell in der Klientel der Claudier stand, förderte Livia angeblich, weil es ihr und ihrer Familie im Bürgerkrieg Zuflucht gewährt hatte. Auf ihr Betreiben überließ Augustus den Spartanern im Jahr 22 oder 21 v. Chr. die Insel Kythera.[95] Auch Samos erhielt 19 v. Chr. seinen Status einer *civitas libera* (freie Gemeinde)[96] sehr wahrscheinlich auf Livias Bitten, da sie sich für die Gemeinde schon in der Zeit des Triumvirats verwendet hatte (vgl. S. 76 f.). Ihre Statuen auf Samos stammen bereits aus der Zeit zwischen 31 und 27 v. Chr.[97]

Wichtiges sozio-politisches Ritual und Merkmal einer individuellen Machtstellung waren die *salutationes* (vgl. S. 241; 251). Für Seian, den allmächtigen Prätorianerpräfekten des Tiberius, der seine *potentia* nicht verringern wollte, wurden seine eifrig besuchten *salutationes* zur Peinlichkeit, weil sie seine exzeptionelle Machtstellung belegten: *Und um nicht dadurch, daß er die ständig in sein Haus strömenden Besucher abwies, seinen Einfluß zu schwächen oder aber, wenn er sie empfing, die Möglichkeit für weitere Verleumdungen zu bieten, verfiel er darauf, Tiberius zu veranlassen, sein Leben fern von Rom ... zu verbringen.*[98] Welche politische Brisanz der *salutatio* im frühen Principat weiterhin zukam, zeigt sich darin, daß Claudius den Soldaten per Senatsbeschluß die Teilnahme an der *salutatio* in senatorischen Häusern untersagte.[99] Von den Ehefrauen der Principes haben nur Livia, die jüngere Agrippina[100] und Iulia Domna[101] ausdrücklich formelle *salutationes* abgehalten, auch wenn andere weibliche Mitglieder der Herrscherfamilie zweifellos Besuch empfingen, wie etwa Antonia minor.[102] Livias *salutationes* wurden in den *acta diurna*, den Staatsakten, protokolliert.[103] Seneca (epist. 21,6) bemerkt in einem Brief, daß die Nähe zur Macht im Principat genügte, die Häuser zu füllen: *Alle, die in die Öffentlichkeit das Glück geführt hat, alle, die Glieder und Teilhaber fremder Macht gewesen waren, deren Einfluß war mächtig, deren Haus war besucht.* Im Fall der jüngeren Agrippina läßt sich die mit den *salutationes* verbundene Selbständigkeit ganz deutlich zeigen. Nachdem ihr Konflikt mit Nero eskaliert war, zwang dieser seine Mutter, ihren Haushalt *(domus)* in das ehemalige Haus der Antonia zu verlegen, um zu unterbinden, daß sie von der Menge, die zur Begrüßung des Princeps kam, besucht wurde.[104]

Die Organisation[105] von Livias Empfängen läßt sich kaum rekonstruieren, aber einige Aussagen sind möglich. Die allgemeinen Empfangsräume ihres Hauses[106] nehmen mit etwa 200 m² Fläche das halbe Untergeschoß ein. Nach einem Umbau, der mit dem Bezug des Hauses durch Livia in Verbindung gebracht werden kann, weil die Wasserleitungen aus Blei mit ihrem Namen aus der Zeit nach 14 n. Chr. stammen, wurde die Nutzfläche entscheidend erweitert. Im Obergeschoß befanden sich offenbar großzügige Räumlichkeiten, von denen nur ein vorderer Teil erhalten ist. Im Untergeschoß gab es neben den

Repräsentationsräumen einen langen Wirtschaftstrakt sowie eine neu entstandene Gruppe kleinerer Räume auf zwei Ebenen, die möglicherweise als Sklavenunterkünfte dienten. Ein abgestuftes Empfangswesen wird durch diese räumliche Zweiteilung nahegelegt. Verbunden waren beide Teile durch einen schmalen Gang. Dessen Besonderheit liegt darin, daß er entgegen allgemeiner Praxis nicht durch eine Hauptachse in den Atrium-Peristylbereich eingegliedert war, sondern nur durch einen schmalen Zutritt erreichbar war, das heißt, daß der Eingang rigide kontrolliert wurde. Scheintüren hielten jedoch die Illusion aufrecht, es bestehe eine allgemeine Zugänglichkeit für den intimeren Teil.[107] Inzwischen sind sechs der *cubicularii*[108] bekannt, deren Aufgabe in der Beaufsichtigung und/oder Zulassung zu den *cubicula* bestand, sowie wenigstens einer ihrer Aufseher *(supra cubicularios).*[109] Ein Nomenclator, also jemand, der ihr die Namen der Gäste nannte, damit die Hausherrin sie ansprechen konnte, ist ebenfalls nachweisbar,[110] zudem mehrere *rogatores*, die die Einladungen verteilten und die Gäste nach ihren Anliegen fragten oder sie hineinriefen.[111] Ein weiterer Freigelassener mit der Tätigkeitsbezeichnung *a sede Augustae* war für ihren Sitz verantwortlich, ob das auf ein thronartiges Gebilde hinweist oder nur bedeutet, daß er hinter ihr stand, ist allerdings unklar.[112] Der Ausdruck *sedes* umfaßt alle Arten von Sitzmöbeln, allerdings auch den »Thron« des Kaisers. Frauen werden häufig mit der *cathedra,* einem Stuhl mit Rücken- und ohne Armlehne (ausgestattet mit einer Fußbank) – häufig aus Korb –, in Verbindung gebracht, der fast synonym für die *matrona* steht.

Zu Augustus' Lebzeiten gab es kaum Empfänge dieser Art seitens der Frauen des Hauses, da es übel vermerkt wurde, daß Lucius Vinicius zu Iulia nach Baiae kam,[113] um sie dort zu begrüßen. Tiberius untersagte seiner Frau in der Verbannung jede Form von Empfang, als er ihr befahl, das Haus geschlossen zu halten, nicht hinauszugehen oder Umgang mit anderen Menschen zu pflegen.[114] Die Augustustochter hatte viele Anhänger, die auf diese Weise auf Distanz gehalten wurden. Als das Verhältnis zwischen Tiberius und seiner Mutter schwer gestört war, bemühte er sich konsequent, Begegnungen mit ihr zu vermeiden, um ihr so die wichtigste Einflußnahme zu nehmen. Offensichtlich wäre es angesichts ihrer Autorität problematischer gewesen, sich ihren Bitten zu verschließen. In ihren letzten drei Lebensjahren stattete er ihr nur einmal einen Kurzbesuch ab.[115] Der Rückzug nach Capri ließ ihr nur den brieflichen Kontakt. Dennoch muß ihre eigene Kanzlei weiterhin erhebliche Bedeutung gehabt haben, so daß es glaubhaft erschien, daß sie einen Brief gegen Agrippina maior und deren Sohn Nero zurückhalten konnte (vgl. S. 236). Nach wie vor floß also ein Strom von Korrespondenz für den Princeps in Rom durch Livias Hände.

KAPITEL 12

EINE DER REICHSTEN FRAUEN ROMS

D ie ökonomische Basis von Livias Stellung war ein gewaltiges Vermögen.[1] Am Ende ihres Lebens besaß sie ein vielgestaltiges Wirtschaftsimperium mit sehr gemischten Aktivitäten, die von Landwirtschaft und Immobiliengeschäften über Rohstoffgewinnung bis hin zu handwerklichen Produktionsstätten reichten. Obwohl sie eine wohlhabende Frau war, als sie Octavian heiratete, konnte sie ihren Wohlstand in der Ehe mit ihm entscheidend vergrößern. Dabei profitierte sie vornehmlich in den Provinzen von der Stellung als Frau des mächtigsten Mannes.

Den Frauen der Gesellschaft standen im wesentlichen nur zwei Einnahmequellen offen: Erbschaften und Renditen aus Landbesitz. Männer konnten dagegen noch Einkommen aus Kriegsbeute, Provinzialverwaltung, Rechtstätigkeit und Bestechung ziehen. Der Großteil von Livias Vermögen, über das wir detailliertere Kenntnisse haben, stammt aus der Zeit der Ehe mit Augustus sowie aus der Zeit nach seinem Tod. Ein beträchtlicher Vermögenszufluß erfolgte aus dem Testament ihres Gatten, das ihr eine Erbschaft von 50 Millionen Sesterzen eintrug (vgl. S. 191).[2] Daneben setzten ihr Privatleute testamentarische Legate aus. Die römische Oberschicht unterlag üblicherweise dem Zwang, ihr Vermögen bis zu einem gewissen Grad sozial zu streuen, also Personen zu bedenken, die einem nahe standen oder besonders geschätzt wurden.[3] Darin lag freilich zugleich die Chance, selbst größere Vermögenswerte durch Erbschaften zu erlangen.[4] Cicero beispielsweise verwies auf 20 Millionen Sesterzen, die er in Legaten geerbt hatte.[5] Zum größten Nutznießer dieses Systems wurde seit Beginn des Principats der Princeps selbst,[6] der aus unterschiedlichsten Gründen in einer erheblichen Zahl von Testamenten der Elite bedacht wurde. Wie wichtig die Zuwendungen als soziales Reagenz waren, vermittelt Plinius d. J., der in den ihm vermachten Legaten seine Gleichrangigkeit mit seinem Freund Tacitus bezeugt sah: *Aber wir gehören zusammen, gleichviel, wie hoch man uns stellt… Ja, selbst in Testamenten mußt Du es bemerkt haben: wenn der Erblasser nicht gerade einem von uns besonders nahesteht, erhalten wir dieselben Legate, und zwar an gleicher Stelle.*[7] Die Praxis, den Kaiser im Testament zu bedenken und dadurch die persönliche Wertschätzung des Herrschers auszudrücken sowie dessen Vertrautheit mit dem Verstorbenen zu suggerieren, war bereits im frühen Principat verbreitet. Augustus, der Sueton zufolge sehr zurückhaltend in der Annahme von Erbschaften gewesen sein soll, konnte immerhin 1,4 Milliarden Sesterzen auf diesem Wege einstreichen.[8]

Es spricht einiges dafür, daß diese Praxis auch auf die Kaiserin ausgedehnt wurde, allerdings wachte man hier eifrig darüber, daß der Frau eines Augustus ein Vermächtnis immer nur persönlich, nicht als Augusta zukam. Die Institutionalisierung des Principats in Hinblick auf den Herrscher, nicht aber seine Frau ist an diesem Punkt deutlich abzulesen. So beanspruchte im 2. Jahrhundert etwa Antoninus Pius einen seinem Vorgänger Hadrian testamentarisch zugedachten Nachlaß im Sinne einer Zweikörperlehre, die zwischen Amtsträger und Privatperson schied, für sich als Princeps.[9] Für die Frau des Kaisers, so entschieden sowohl Hadrian als auch Antoninus Pius, konnte ein derartiges Vermächtnis nur persönlich sein, keineswegs aber auf die »Nachfolgerin« übergehen.[10]

Die reiche Erbin. Besitz vor der Ehe mit Octavian

Zu Livias frühesten Besitztümern gehört eine stadtnahe Villa *(ad gallinas albas)* 14 km von Rom in Prima Porta (Rubra Saxa) an der via Flaminia/via Tiberina nicht weit vom etruskischen Veii.[11] Dieses Anwesen gehörte ihr wohl schon zur Zeit der Ehe mit Claudius Nero, denn es ist der Schauplatz eines Prodigiums, eines Götterzeichens, unmittelbar nach der Verlobung mit dem ersten Ehemann. Im Etruskerland erbte sie vermutlich um Ferentium ebenfalls Land, denn sie unterhielt intensive Klientelbeziehungen in dieser Gegend, und häufig war Patronage mit lokalem Landbesitz verbunden.[12] Die spätere Kaiservilla in Antium, in der Caligula, Nero und Neros Tochter Claudia zur Welt kamen, stammt ebenfalls aus claudischem Besitz.[13] Besondere Bindungen an Livia belegen die Weihungen für die Fortuna equestris in Antium im Jahr 22 n. Chr.[14] Interessant ist die enge Verbindung weiblicher Angehöriger des Kaiserhauses mit dieser Villa.[15] Anderer Besitz lag in Marruvium, vielleicht aus der Mitgift von Livias Mutter. Merkwürdigerweise findet sich kein Nachweis für Landbesitz in Pisaurum oder der Magna Graecia, wohin die Livii Drusi traditionell intensive Beziehungen pflegten. Grund hierfür kann sein, daß der Großteil des Besitzes von Livias Vater den Proskriptionen zum Opfer fiel und sie nur ihre – sicher substantielle – Mitgift an Claudius Nero retten konnte. Möglich ist auch, daß die Ländereien per Testament an Livias Adoptivbruder gingen. Landbesitz in Etrurien, Latium und Campanien stammt dagegen aus späterer Zeit. Livias Vorliebe für einen bestimmten Wein aus Pucinum deutet ferner auf Gutsbesitz nordwestlich von Triest an der Adria.

Über beweglichen Hausrat sind wir in diesem Zeitraum fast gar nicht informiert. Nur eine Grabinschrift für eine Freigelassene Livias weist auf eigenen Sklavenbesitz vor der Ehe mit Octavian.[16] Diese Inschrift dokumentiert auch, wie Livias Besitz mit den Interessen der Livier und ihrer *amici* verbunden blieb. So lebte die Sklavin mit einem Freigelassenen des Lucius Aurelius Cotta (Konsul 65 v. Chr.), jüngster Bruder des Caius und Marcus, der eine enge Beziehung zu dem gebürtigen Livier Mamercus Aemilius Lepidus Livianus (Konsul 77 v. Chr.), dem leiblichem Bruder von Livias Adoptivgroßvater Marcus Livius Drusus, pflegte.

Besitz nach der Eheschließung mit Augustus

Während der Herrschaft des Augustus nutzte Livia offenbar geschickt ihre finanzielle Unabhängigkeit und die ihr zur Verfügung stehenden Verbindungen, um ihren persönlichen Besitz in großem Stil zu vermehren. Wir erinnern uns, sie war seit 35 v. Chr. in der Lage, ohne einen Vormund ihre finanziellen Angelegenheiten selbst zu regeln (vgl. S. 77 f.). Nach der *lex Cincia* (204 v. Chr.) war die Schenkung zwischen Ehegatten untersagt, so daß das Anwachsen ihrer Besitzungen kaum auf die Großzügigkeit des Augustus zurückgeführt werden darf. Dennoch war natürlich die Verbindung zu ihm nützlich, um etwa in den Besitz von Erbschaften in Form von Legaten zu gelangen und vor allem um in den Provinzen Güter zu kaufen. Die meisten Quellen hierfür sind epigraphische oder literarische Zeugnisse, die nur sehr bruchstückhaft überliefert sind, so daß der eigentliche Besitzumfang weit höher angesetzt werden muß.

Grundbesitz

Am besten dokumentiert ist aufgrund der Quellenlage Livias Grundbesitz in Ägypten. Sie besaß neun oder zehn Güter in der Oase Fayum.[17] Die fruchtbare Oase war bestens geeignet, um außer Getreide auch andere landwirtschaftliche Erzeugnisse hervorzubringen. Der am frühesten belegte Besitz in der Gegend umfaßt Ackerland zum Getreideanbau, Weingärten, Gemüsezucht, Getreidespeicher sowie Öl- und Weinpressen.[18] In Bakkhias hatte sie zumindest 14 n. Chr. zusammen mit ihrem Enkel Germanicus Eigentum. In Thedelphia verfügten beide zusammen über Marschland, das für den Anbau der Papyrus-pflanze günstig war. Nach Germanicus' Tod 19 n.Chr. fiel sein Anteil an seine Kinder. Die Papyruserzeugung muß recht lukrativ gewesen sein, zumal Livia hier ein Monopol hatte.[19] Der qualitativ zweitbeste Papyrus des Imperiums trug möglicherweise deshalb ihren Namen.[20]

Außerhalb Ägyptens ist Landbesitz im kleinasiatischen Thyatira nachweis-bar. Noch in der Zeit Caracallas hieß dieser Landstrich Livianische Herrschaft. Auch dieser Besitz steht im Zusammenhang mit Klientelbindungen. Irgend-wann zwischen 27 und 24 v.Chr. vertrat Tiberius die Bürger von Thyatira vor dem Senat.[21] Damit ist zwar nicht sicher gesagt, wann Livia diesen Besitz tat-sächlich erwarb, aber daß sie ihn definitiv nicht von Augustus geerbt hat.

In Gallien war sie westlich von Lugdunum (Lyon), nahe den modernen Orten Chessy und Saint Bel an der Rhône, Eigentümerin des drittgrößten Kup-fervorkommens des Imperiums. Möglicherweise kaufte sie diese Gruben wäh-rend der Gallienreise des Augustus 16–13 v.Chr. durch Vertraute in seinem Stab. Bergbau war ein sehr gewinnbringendes Unternehmen in der Antike. Schon zur Zeit Plinius' d.Ä. war die Mine allerdings erschöpft.[22] Ebenfalls in Gallien in der Narbonensis in Vasio (Vaison) bezeugt eine Inschrift größeren Grundbesitz. Sextus Afranius Burrus verwaltete diesen Besitz erst für Livia, dann Tiberius, Caligula und Claudius, bis er in der Zeit von Claudius und Nero in den Rang eines Prätorianerpräfekten aufstieg.[23] Eine andere Verwal-terinschrift stammt aus Antipolis an der Küste zwischen Ligurien und den Meeralpen.[24]

Im Jahr 10 n.Chr. erbte Livia in Judaea beträchtlichen Grundbesitz von Herodes' einziger Schwester Salome.[25] Diese hatte das Gebiet am Mittelmeer auf der Ebene Schefela als Ortsherrschaft von ihrem Bruder erhalten.[26] Mög-licherweise waren die Städte Teil der seit 6 n.Chr. existierenden Provinz Ju-daea, obwohl ein Verwalter Livias weiterhin die umliegenden Güter kontrol-lierte. Einer von ihnen, der Procurator Caius Herrenius Capito, verwaltete dabei unter anderem Palmen- und Balsamhaine, die ein Jahreseinkommen von 60 Talenten abwarfen.[27]

Livias Besitz in Italien scheint sich ebenfalls vergrößert zu haben. Dafür spre-chen Sklaven, Freigelassene und Klienten in Campanien, Lukanien und Pice-num.[28]

Stadtrömischer Besitz ist schwierig zu lokalisieren. Das Haus auf dem Pala-tin,[29] das als *domus Liviae* bezeichnet wurde, war vielleicht erst nach dem Tod des Augustus ihr Eigentum, weil die dort verlaufenden Wasserleitungen Iulia Augusta als Besitzernamen tragen (vgl. S.260). Sie besaß insgesamt genügend

Besitz in Rom, um zwei Mietshausverwalter zu beschäftigen. Der knappe städtische Boden machte das Vermietungsgeschäft äußerst lohnend. Durch indirekte Vermarktung wurden horrende Renditen erzielt. Ein Drittel Gewinn wird von den römischen Juristen als üblich für denjenigen veranschlagt, der die Wohnungen selbst einzeln untervermietete. Immerhin noch 20 Prozent Gewinn konnte man bei Vermietung an einen Gesamtuntermieter erzielen. Darüber hinaus wurden gerade wegen der hohen Mieten auch Teile der Wohnungen erneut untervermietet, so daß die erbärmlichsten Löcher die ansehnlichsten Beträge kosteten und Immobilienbesitz in der Hauptstadt trotz zahlreicher Risiken, wie Brand oder Einsturz, ein hoch attraktives Geschäft darstellte.[30] Dagegen war jeder Besitz, der zur Selbstnutzung behalten wurde, äußerst unterhaltungsaufwendig. Das wird der Grund sein, warum es kaum reine Privatwohnhäuser gab. In den ländlichen Regionen wurde selbst den Luxusvillen ein Nutzteil angefügt, der nicht nur der Eigenversorgung diente. Eine beliebte Alternative war der Betrieb hochspezialisierter Arten von Geflügel-, Fisch- und Vogelzucht.

Legate. An Livia gelangte Vermächtnisse

Livia erhielt umfangreiche Legate. Ob das ihr 9 v. Chr. verliehene ›Recht der drei Kinder‹ (*ius trium liberorum*)[31] in ihrem Fall erlaubte, daß sie Legate über 100 000 Sesterzen erhalten konnte, scheint mir nicht recht eindeutig.[32]

Unstrittig ist, daß sie als Frau des Princeps von der allgemeinen Testierpraxis erheblich profitierte. Das gilt auch für die ausländischen Beziehungen. 6 n. Chr., beim Tod des Herodes, vererbte der jüdische König dem Augustus 1000 Talente und Livia und anderen römischen Freunden jeweils 500 Talente.[33] Von Salome erbte Livia im Jahr 10 n. Chr. ein beträchtliches Legat. Livia war von Salome als Freundin bedacht worden, auch wenn man das Verhältnis der beiden Frauen vielleicht sogar als Klientelbeziehung deuten kann. Zur Erbschaft von Herodes an Livia gehörten neben Geld auch Sklaven, denn Tiberius erbte später von seiner Mutter einen Sklaven, der ursprünglich Herodes, vielleicht auch Salome gehörte.[34]

Wieder sind es die Namen von Freigelassenen und Sklaven, die Hinweise auf deren Herkunft geben und auf damit wahrscheinlich verbundene Erbschaften. So vererbte Amyntas, der König von Galatien, bei seinem Tod im Jahr 25 n. Chr. dem Augustus einen Großteil seines persönlichen Eigentums. Dazugehörende Sklaven mit dem Namen Amyntianus kamen später an Tiberius und Livia, aber zumindest einer der Sklaven, Anteros, gehörte schon vorher der Livia,[35] so daß von einem Legat des Amyntas an Livia auszugehen sein wird.

Anteros übte in Livias Haushalt die Tätigkeit *ab supellectile* aus, fungierte also als Verwalter von Mobiliar oder Hausrat. Es ist nicht auszuschließen, daß er als »Dreingabe« zusammen mit wertvollen Einrichtungsgegenständen, die Livia von Amyntas erbte, dorthin gelangte.

Weitere Freigelassenennamen lassen darauf schließen, daß Maecenas, der reiche und extravagante Freund des Augustus, Livia ein Legat anweisen ließ, als er 8 v. Chr. starb und Augustus zum Erben seines märchenhaften Vermögens eingesetzt hatte. Drei ihrer Freigelassenen, die das Agnomen Maecenatianus oder Maecenatiana tragen, wurden vor 14 n. Chr. freigelassen.[36] Einer von ihnen, Parmeno, war ein *a purpuris* oder ein *a purpuraria*, also entweder ein Aufseher über Purpurkleider oder ein Purpurfärber, könnte also auch zu einer Erbschaft von Purpurstoff oder -farbe gehört haben. Purpur war in jedem Fall ein kostspieliges und knappes Gut.

Zwei Drusiani deuten darauf, daß Drusus 9 v. Chr. seiner Mutter ein Legat aussetzte.[37] Aber auch Weggefährten des Augustus oder deren Verwandte scheinen Livia in ihren Testamenten bedacht zu haben.[38] Zu ihnen gehörten Marcus Valerius Messalla Potitius,[39] Suffektkonsul 29 v. Chr. und Stiefbruder des Marcus Valerius Messalla, selbst einer der wichtigsten Vertrauten des Augustus. Ferner sind Aulus Cascellius[40] zu nennen, Stadtprätor unter den Triumvirn, der einen von Augustus angebotenen Konsulat ausschlug, und – wie nicht anders zu erwarten – Cornelius Cinna[41] (vgl. S. 118).

Vipsania Polla, Agrippas Schwester, hinterließ Livia wohl einige Spezialisten, die sie selbst zur Errichtung der *porticus Vipsania* eingesetzt hatte.[42] Vorbesitzer einer Antonia oder eines Antonius und eines Licinius sind nicht eindeutig identifizierbar.

Livia erhielt natürlich auch Zuwendungen von Freigelassenen, wobei nicht sicher ist, ob es sich ausschließlich um Legate ihrer eigenen Freigelassenen handelte oder auch fremder, die zu einem gewissen Sozialprestige gekommen waren. Die ehemaligen Sklaven waren in jedem Fall verpflichtet, ihre einstigen Herren im Testament zu bedenken, und stellten mit ihrer enormen ökonomischen Dynamik eine wichtige Einnahmequelle vornehmer römischer Familien dar. Wiederum ist auffällig, daß Livia aus dem Kreis ihrer eigenen Freigelassenen hochspezialisierte Sklaven erbte oder anderweitig übernahm. Ein Arzt und einer ihrer Oberkammerdiener etwa wurden ihr von Sponsa, einem von ihr vor 14 n. Chr. freigelassenen Sklaven, vererbt.[43] Hausklaven, die zur persönlichen Bedienung eingesetzt waren, genossen unter Umständen eine so große Vertrauensstellung, daß sie auch für auswärtige Mächte von Interesse waren. Acme, eine von Livias Zofen, wurde von Antipater, dem ältesten Sohn des Herodes, in Zusammenhang mit dem Thronwechsel 4 v. Chr. bestochen, Salome gefälschte Briefe der Livia unterzuschieben. Augustus ließ diese Frau deswegen hinrichten.[44]

Vermögenslage nach Augustus' Tod

Die Probleme aus dem Testament des Augustus habe ich oben erörtert (vgl. S. 190 ff.). Hier soll nun von den ökonomischen Möglichkeiten die Rede sein. Die Einsetzung Livias in ein Drittel der Erbschaft bedeutete langfristig einen beträchtlichen Vermögenszuwachs. 150 Millionen Sesterzen an Bargeld kamen an die Erben. Das war kein übermäßiges Vermögen, wenn man die von Augustus angegebenen Aufwendungen für die Staatskasse betrachtet[45] oder was er selbst im Laufe seiner Herrschaft geerbt hatte (vgl. S. 263). Zudem waren zunächst 90 Millionen Sesterzen von den Erben in Form von Legaten an die römische *plebs* und die Soldaten auszuzahlen, so daß das Barvermögen sich am Ende auf nur 60 Millionen Sesterzen belief. Aus dieser Summe waren zudem die Legate an Einzelpersonen zu zahlen, die vermutlich diesen Betrag noch überstiegen, so daß Tiberius und Livia ohne flüssige Mittel dastanden oder sogar gezwungen waren, Bargeld aus ihrem eigenen Vermögen beizusteuern, um den Verbindlichkeiten des Augustus nachzukommen. Diese Praxis ihres Mannes hat Livia wahrscheinlich im eigenen Testament kopiert, was ein Grund für Tiberius gewesen sein dürfte, es zu kassieren und die vollen Beträge seiner Kasse einzuverleiben.

Die verbleibende Erbschaft war dennoch riesig; sie bestand in erster Linie aus Grundbesitz in Italien und im ganzen Imperium. Einen Teil des Landbesitzes scheinen Livia und Tiberius gemeinsam verwaltet zu haben, um es nicht zu Geld machen zu müssen, eine andere Teilung zwischen Erben war kaum möglich. Dazu gehören etwa Besitzungen auf den Liparischen Inseln vor Sizilien sowie eine Gutsvilla in Tusculum.[46] Die tatsächlich vererbten Stücke lassen sich nicht nachweisen. Aber es ist anzunehmen, daß ihr weiteres Land in Ägypten zufiel. Wann sie dagegen Ländereien und Ziegeleien in Campanien erwarb,[47] ist unsicher. Belegt ist ihr Besitz auf Capri, in Stabiae, Neapel und Puteoli.[48] Anderer Landbesitz in Italien läßt sich genauso wenig einer bestimmten Herkunft zuordnen, sondern nur in die Zeit nach 14 n. Chr. datieren. Ebenso unklar ist, wann ihr der Besitz in Nordafrika zufiel.

Livias Haupterwerb bestand somit aus einem Drittel der Einkünfte, die Augustus' Privatvermögen abwarfen. Zwölf mit Tiberius gemeinsame Sklaven sowie zwölf Freigelassene, die Mutter und Sohn zusammen gehörten, verweisen auf das von Augustus weitergegebene Personal, das ein wertvolles Humankapital darstellte. Manche vererbte Sklaven stammten wiederum aus Erbschaften, die Augustus zuvor zugefallen waren.

Freigelassene von Freunden der Augusta bedachten sie ebenfalls gelegentlich, wenn der Patron bereits verstorben war. Darin kann man jeweils eine sehr enge Beziehung zwischen Livia und dem jeweiligen Freigelassenen erkennen. So vererbte ein Freigelassener des Cnaeus Cornelius Lentulus, den Tiberius 25 n. Chr. zum Selbstmord gezwungen hatte, Livia als Gönnerin seines Patrons ein Legat.[49] Schwierig ist, ob ihr bestimmter Besitz tatsächlich nach 14 n. Chr. zufiel oder ob er erst in dieser Zeit bezeugt ist.

Livias weit verstreuter Besitz mußte mit vielen Verwaltern bewirtschaftet werden, die sich teilweise – wie im Fall des Burrus – als so tüchtig erwiesen, daß sie mehreren Kaisern in Folge in dieser Position dienten oder einen erheblichen Aufstieg nach ihrer Tätigkeit für Livia und durch deren Protektion nahmen. Das spricht für ein geschicktes Personalmanagement der Augusta.

KAPITEL 13

DIE TOTE AUGUSTA UND DER BEGINN DER UNSTERBLICHKEIT

Caligula und das Testament der Livia

B eim Tod des Tiberius ging der Principat für kurze Zeit von 37 bis 41 n. Chr.
auf Caligula über. Der Großneffe und Adoptivenkel des Tiberius war sicher
eine der schillernsten Figuren der römischen Kaiserzeit. Sein Verhältnis zu seiner Großmutter Livia war entsprechend ambivalent. Als letzter überlebender
Sohn der älteren Agrippina und des Germanicus war er etappenweise in ihrem
Hause aufgewachsen. Als Säugling lebte er bei ihr, zeitweise nach dem Tod des
Germanicus 19 n. Chr. sowie in Livias letzten zwei Lebensjahren, als man
Agrippina und ihren ältesten Sohn Nero unter Hausarrest gestellt hatte. Caligula stand Livia zumindest verwandtschaftlich nach dem Tod ihres Sohns Drusus, ihrer Enkel Germanicus und Drusus der Jüngere sowie fast aller Urenkel
so nah, daß er ihr 29 n. Chr. die Leichenrede hielt. Scherzhaft nannte er sie *Uli-
xes stolata*, Odysseus in Frauenkleidern. Das zeugt von einer recht guten Ein-
sicht in das Wesen der Augusta, wandelbar, verstandesbetont und vor allem
listig, aber auch hartnäckig und gegebenenfalls brutal. Bei dieser Beurteilung
darf man jedoch nicht verkennen, daß Odysseus aus antiker Sicht seine List
stets zum Wohl seiner Gemeinschaft eingesetzt hat.

Nach der Übernahme des Principats ließ Caligula ihr acht Jahre zuvor von
Tiberius unterdrücktes Testament vollstrecken[1] und erwies ihr so seinen Respekt. Das kann man als Ausdruck eines engen Verhältnisses deuten, aber vor
allem seiner plakativen Herausstellung der eigenen Familie, insbesondere als
Abkömmling des Augustus, zuschreiben. Für Caligula war die Auszahlung der
gewaltigen Legate – Galba etwa sollte 50 Millionen Sesterzen erhalten – auch
eine Gelegenheit, die eigene Leutseligkeit unter Beweis zu stellen. Leider erfahren wir keine weiteren Details über das Testament, nur daß sowohl öffentliche
Institutionen und Gremien als auch Privatleute bedacht wurden. Die Erfüllung
des Testaments bedeutete eine Distanzierung von Tiberius, dessen Erbe anzu-
treten auch gefährlich war. Denn nicht wenige Stimmen verlangten eine Erin-

nerungsächtung *(damnatio memoriae)* des zweiten Kaisers.[2] Caligula hätte aber mit Sicherheit nicht so gehandelt, wenn Livia nicht noch immer große Popularität genossen hätte und als im Einklang mit ihrem Sohn stehend betrachtet worden wäre. Gleichzeitig macht Caligula Livia schlecht, indem er ihre Abkunft herabsetzte (vgl. S. 23). Für Caligula ging es bei seinem Herrschaftsantritt vor allem darum, die eigene Familie zu rehabilitieren und Tiberius als Thronräuber erscheinen zu lassen. Somit zielte eine Herabsetzung der Herkunft Livias ebenfalls auf Tiberius. Wir können die Vollstreckung des Testaments also als klares Indiz dafür nehmen, daß Livia von den Zeitgenossen – zumindest in der Rückschau der Ereignisse – stärker mit ihrem Mann als ihrem Sohn identifiziert wurde, für den sie den Weg freigemordet haben soll.

Obwohl Caligula keine Anstalten traf, seine Urgroßmutter zu vergöttlichen, war Livia schon während seiner Herrschaft faktisch eine Göttin. So wurde ein kolossales Kultbild von ihr als Ceres Augusta in einem eigenen kleinen Tempel in Leptis Magna beim Theater vom Statthalter der Provinz, Caius Rubellius Blandus (35–36 n. Chr.), offiziell geweiht und von einer bedeutenden Patronin der Stadt, Sophunibal, finanziert.[3] Nach wie vor vollzogen die Arvalpriester das Opfer eines Ochsen für Iuppiter an ihrem Geburtstag.[4] Aber auch bescheidene Weihungen von Privatleuten ehrten sie als Diva Augusta.

Als Caligula seine Familie auf vielfältige Weise in den Vordergrund stellte und dabei besonders seine Mutter ehrte, wählte er für die herausgegebenen Münzen anläßlich der Überführung ihrer Urne nach Rom die Senatsprägungen aus dem Jahr 22 n. Chr. für Livia (vgl. S. 208 f.) als Vorbild mit dem von Mauleseln gezogenen zweirädrigen Wagen *(carpentum)*, die ebenfalls in einen kultischen Kontext gehören.[5]

Caligula schuf zudem auch die erste vergöttlichte Kaiserfrau. Als seine Schwester Drusilla am 10. Juni 38 starb, erhob er sie zur Göttin. Eine allgemeine öffentliche Trauerzeit wurde in Rom ausgerufen, in der Lachen ebenso wie Baden oder der Besuch von Gesellschaften ein todeswürdiges Verbrechen waren. Panthea (allumfassende Gottheit) wurde zum Götternamen der Drusilla. Ein Tempel wurde geplant und Spiele, um ihren Geburtstag zu feiern, installiert. Die Arvalbrüder vollzogen das Opfer für die neue Göttin vor dem Tempel für den vergöttlichten Augustus. Caligula schwor fortan beim *numen*, der göttlichen Wirkkraft, Drusillas. Frauen im ganzen Imperium wurden auf diesen Eid verpflichtet.

Der Herrschaftsantritt des 24jährigen Caligula war von großen Hoffnungen begleitet. Besonders die Abstammung von Germanicus, der unvergessen war und dessen Bild sich immer mehr zum »Gutmenschen« verklärte, kam ihm sehr zugute. Die Popularität des Germanicus reicht bis ins 3. Jahrhundert n. Chr., als noch immer römische Soldaten den Geburtstag des jung verstorbenen Feldherrn feierten.[6] Schon als Kind hatte Caligula seinen Vater erst in Germanien und dann im Osten des Imperiums begleitet. Diese Präsenz bei den Truppen sorgte wiederum für seine Popularität in den Legionen. Die Soldaten, unter denen er seine ersten sieben Lebensjahre verbrachte, hatten ihn wie ein Maskottchen gehätschelt. Eine der rheinischen Meutereien war angeblich dadurch beendet worden, daß Germanicus Frau und Kinder zu den Treverern schicken wollte und die Legionen über das größere Vertrauen des Feldherrn in die Treue der Barbaren erschüttert und beschämt waren. Die Soldaten hatten Caligula liebevoll den Spitznamen »Soldatenstiefelchen« *(caligula)* gegeben, als er mit einer Miniuniform unter ihnen herumstolzierte.[7] Aber nicht nur den Soldaten, auch den Provinzialen war der junge Kaiser ein Begriff, und so bejubelten sie seinen Herrschaftsbeginn ebenfalls enthusiastisch. Eine Inschrift aus Assos aus dem Jahr 37 n. Chr. belegt diese Haltung sehr eindrucksvoll. Da heißt es: *Da der Herrschaftsantritt des Caius Caesar Augustus, der von allen Menschen mit Gebet erwartet wird, gemeldet wird und da die ganze Welt in keiner Weise eine Grenze für die Freude findet, und da jede Stadt und jedes Volk sich eilt, das Antlitz des Gottes zu schauen, da gleichsam die seligste Zeit für die Menschheit bevorsteht.*[8]

Im Januar 41 n. Chr. fiel Caligula einer Verschwörung von Gardeoffizieren zum Opfer, die ihn während der palatinischen Spiele für Augustus umbrachten. Die Fäden zog sein Freigelassener Callistus, der auch unter dem folgenden Kaiser Claudius als Leiter der Bittschriftenabteilung eine wichtige Position bekleidete, so daß man sich wohl ernsthaft fragen muß, ob Claudius nicht sehr wohl von der Verschwörung wußte, aber das Gerücht verbreiten ließ, die Prätorianer hätten ihn zur Übernahme des Principats gezwungen.

Livias langer Weg zur Staatsgottheit

Als Livia gestorben war, fiel die Bestattung recht bescheiden aus. Tagelang hatte man auf die Rückkehr des Princeps aus Capri gehofft, schließlich mußte der bereits verwesende Leichnam in Tiberius' Abwesenheit im Mausoleum des Augustus beigesetzt werden. Aus der Ferne gab der Herrscher Anweisung, die Tote nicht öffentlich aufzubahren. Ein *funus publicum*, ein Staatsbegräbnis, konnte Tiberius ihr dagegen schlecht verweigern. *Standbilder und sonstiges belangloses Zeug*[9] erlaubte er dem Senat zu beschließen (vgl. S. 244). Das ehrende Standbild für die Frauen des Kaiserhauses war offenbar bereits so weit entwertet, daß der Senat vorhatte, Livia eine außergewöhnliche Ehrung zu erweisen, die ihrer herausgehobenen Stellung gerecht werden sollte. Die Senatsmehrheit befürwortete ihre Erhebung zur Gottheit, was Tiberius entschieden zurückwies.[10] Dennoch war man in senatorischen Kreisen nicht so leicht auf die Linie des Princeps zu verpflichten. Auch im Reich schien man die Vergöttlichung durchaus zu erwarten. Der Zeitgenosse Ovid antizipierte bereits zu Lebzeiten Livias weit weg von Rom ein *novum numen* – eine neue göttliche Wirkkraft.[11] Aus der Rückschau glaubte der Historiker Florus (um 120 n. Chr.),[12] Livia hätte mit der Übertragung des Namens Augusta bereits Anteil an der Heiligkeit des Augustus erhalten: *durch Name und Titel konsekriert*. Schließlich beschloß der Senat den Bau eines Ehrenbogens, eine für eine Frau völlig neue Ehre. Bisher waren derartige Bögen nur siegreichen Feldherrn zugekommen sowie den kaiserlichen Söhnen nach ihrem Tod. Tiberius entledigte sich dieses Projekts, indem er anbot, es aus eigenen Mitteln zu errichten, und diese Aufgabe dann im Sande verlaufen ließ.[13] Zudem wurde ein ganzes Trauerjahr für die römischen Matronen verfügt wie auch beim Tod des Augustus. In gewisser Weise wurde der Bedeutung Livias damit Rechnung getragen. Allerdings erfuhren die öffentlichen Angelegenheiten keine Unterbrechung.

Tiberius ging noch ein Stück weiter, die Bedeutung der Mutter zu schmälern: Er ließ ihr Testament nicht vollstrecken, und nahm ihr so die Möglichkeit, ihre postmortale Persönlichkeit selbst zu gestalten. Damit immer noch nicht genug, begann er einen Kehraus unter ihren Günstlingen zu veranstalten und scheute sich nicht, Leute ins Unglück zu stürzen, weil sie Livia nahegestanden hatten (vgl. S. 258). Die Motive für das Verhalten des Tiberius sind nur sehr schwer greifbar. Vieles deutet auf einen tief verletzten Menschen, der nun Rache an seinem Peiniger nimmt. Dieser Mangel an *pietas* kommt in all unseren Quellen zur Sprache, und es scheint zu kurz gegriffen, darin nur ein Tyrannenmotiv zu vermuten.

Erste Voraussetzungen für eine tatsächliche Erhebung zur Gottheit schuf Caligula (vgl. S. 271). Aber erst Claudius, Livias Enkel, war es, der unmittelbar nach seiner Machtübernahme die Konsekration der Großmutter betrieb.[14] Claudius war bei den verschiedenen Säuberungsaktionen im iulisch-claudischen Haus schlicht übersehen worden, weil er nicht als ernstzunehmender Thronprätendent galt. Caligula hatte ihn gedemütigt, ihm aber nichts zuleide getan. Der 51jährige Claudius litt unter den verschiedensten Krankheiten (vgl. S. 150). Im Jahr 41 n. Chr. hatten ihn die Prätorianer angeblich wimmernd hinter einem Vorhang hervorgezerrt und aus dem schlichten Grund mit dem Purpur bekleidet, weil er der letzte erwachsene Nachkomme aus iulisch-claudischem Haus war.

Der Mangel an persönlicher Ausstrahlungskraft infolge körperlicher Gebrechen und fehlender persönlicher Erfolge stellte den neuen Herrscher unter extremen Legitimationsdruck, der weit größer war als bei seinem Vorgänger. Nur über seine Großmutter Livia war Claudius mit Augustus verbunden, anders als sein Bruder Germanicus, der offiziell in die iulische Familie adoptiert worden war. Folgerichtig stellte Claudius, der den iulischen Beinamen Caesar annahm, nun seine Großmutter heraus und ließ für sie knapp ein Jahr nach seinem Herrschaftsantritt am 17. Januar 42 n. Chr. göttliche Ehren beschließen,[15] so daß er, der als erster Princeps nicht Sohn oder Enkel eines vergöttlichten Herrschers war, auch an der sakralen Weihe der Familie teilhaben konnte. Der offizielle Hochzeitstag von Livia und Augustus gab den Hintergrund ab.

Vermutlich wurde nun auch ein besonderes *prodigium* in Umlauf gebracht, das die familiäre Einbindung Livias in das Haus Octavians tradierte: kurz nach der Eheschließung mit Octavian ließ ihr demnach ein Adler auf ihrem Landgut in Prima Porta ein weißes Küken in den Schoß fallen, das einen Lorbeerzweig im Schnabel trug. Livia pflanzte das Zweiglein ein und zog das Küken auf. Das Huhn produzierte eine große Schar weißer Hühner, die eigentlich nach antikem Verständnis als steril galten. Der Lorbeer wurde so kräftig, daß kommende Triumphatoren an diesem Busch ihren Lorbeer für den Triumphzug schnitten.[16] Damit waren zwei Bereiche angesprochen, die römische Familien umtrieben: ausreichende Fruchtbarkeit und Erfolg. Livias besondere Rolle in der *domus* des Augustus wurde also noch einmal dadurch akzentuiert, daß sie es war, der die Götter ihren Willen durch das *prodigium* offenbart hatten, und sie war auch diejenige, die durch ihr Tun für das Gedeihen beider Elemente sorgte. Vermutlich hat man diese Geschichte erst zur Zeit des Claudius erfunden – als ein Stück antiker Prophetie, denn die frühen Aktivitäten Livias waren, wie oben beschrieben, in erstaunlichem Maß auf ihre Herkunftsfamilie wie ihre Klientel gerichtet. Ihr Landhaus war als Ort von Prodigien auf der anderen Seite wohl etabliert. Die Niederlage des Lollius in Germanien 17 v. Chr. war hier durch ein solches angekündigt worden.[17] Am Ende der Dynastie beim Tode Neros soll der Lorbeerbaum, das Symbol für den Ruhm des iulisch-claudischen Hauses, schließlich eingegangen sein.[18]

Die Ehrung Livias ging Hand in Hand mit einer kultischen Verehrung der Eltern des Claudius, des älteren Drusus und der jüngeren Antonia. Claudius legte also Wert darauf, sich als ein Mitglied der herrschenden Dynastie zu präsentieren, ohne seinen Neffen Caligula zu bemühen, dessen Erinnerung implizit geächtet wurde. Unmittelbar nach dessen Tod diskutierte der Senat sogar die Wiedereinführung der Senatsherrschaft und die Abschaffung der Monarchie in Form einer Erinnerungsächtung aller Kaiser.[19] Das Volk forderte dagegen eine Bestrafung der Mörder.[20] Der inzwischen von den Prätorianern erhobene Claudius entschloß sich angesichts der prekären Situation zu einer Doppelstrategie. Er verhinderte den Beschluß über eine Bestrafung durch den Senat, amnestierte gleichzeitig das Verhalten der Senatoren und ließ über Nacht die Bildnisse seines Vorgängers entfernen; zusätzlich schränkte er die Verehrung seiner eigenen Person ein.[21] Caligula erhielt kein Staatsbegräbnis, aber die Verschwörer wurden bestraft und der Tag der Ermordung ausdrücklich nicht unter die Festtage aufgenommen.[22] Zwei Jahre nach Caligulas Tod gestattete Claudius dem Senat, nachdem er sich inzwischen eigene militärische Erfolge verschaffen konnte (vgl. S. 277), Bronzemünzen mit dem Bild des Vorgängers einschmelzen zu lassen.[23]

Für Livia wurden nach der Erhebung unter die Götter Pferderennen zu ihren Ehren gestiftet. Von Anfang an war ihre Konsekration eng auf die des Augustus bezogen. So wurde ihr Bildnis wie das des Gatten auf einem von Elefanten gezogenen Wagen in den Circus gebracht. Sueton stellt die Ähnlichkeit der Gefährte besonders heraus.[24] Claudius ließ aus Anlaß der Vergöttlichung einen Dupondius prägen mit der Umschrift: *divus Augustus – diva Augusta*.[25] Das stellte Livia dezidiert an die Seite des ersten Kaisers (Abb. 12). Ihr Kultbild wurde anfangs sogar im Augustustempel aufgestellt und die Vestalinnen mit dem Opferdienst betraut.[26] Möglicherweise orientierte man sich bei der Erschaffung des Kultbildes an den Münzdarstellungen der unbekannten Göttin (vgl. S. 185). Der offizielle Name des Tempels lautete fortan *templum Divi Augusti et Divae Augustae* (Tempel des vergöttlichten Augustus und der vergöttlichten Augusta). Damit wurde der Liviakult auf subtile Weise mit dem Staatskult verwoben. Ein Protokoll der Arvalpriesterschaft für die Zeit zwischen 43 und 48 n. Chr. belegt Opfer für Diva Augusta und Divus Augustus im Augustustempel auf dem Palatin am Jahresanfang sowie am Jahrestag der Konsekration oder anders ausgedrückt: am gemeinsamen Hochzeitstag.

Erneut wurde Livias Rolle als erste Matrone bemüht und den Frauen befohlen, Eidesleistungen in ihrem Namen zu bekräftigen.[27] Vorbild hierfür war der Eid, den Caligula von den Frauen nach der Vergöttlichung seiner Schwester Drusilla verlangt hatte. Claudius selbst schwor am liebsten bei Augustus. Liviadarstellungen wurden im Rahmen dynastischer Darstellungen zu einem beliebten Sujet der claudischen Zeit (vgl. S. 105 f.).

Auch die Kultorganisation knüpfte an die des Augustus an. In späterer Zeit scheint die *flaminica*, die Livias Kult übernahm, häufig die Ehefrau des *flamen Augusti*, des Augustuspriesters, gewesen zu sein.[28] Aber der Kult der Livia wurde offenbar zunächst in den Provinzen auch einfach dem *flamen* des Augustus selbst übertragen. Aus dem Jahr 48 n. Chr. stammt jedenfalls eine Ehrung aus Scallabis (Santarem) in Lusitanien *für einen flamen der colonia Augusta Emerita, flamen der Provinz Lusitania, des Staatsgottes Augustus* [und] *der Staatsgöttin Augusta* [Livia].[29] Immer häufiger begannen auch Frauen das Amt zu übernehmen.[30] Später wurden dann zumeist mehrere Staatsgöttinnen zusammengefaßt oder eine Priesterin war auch für andere Kulte zuständig.[31]

Claudius beschwor das Bild von Livia als Gefährtin des Augustus, wobei er sich selbst als Enkel dieses göttlichen Stifterpaares stilisierte. Die gute Ehe der beiden mußte daher besonders betont werden. Betrachtet man allerdings die Rolle der Livia in einem Hauptmedium kaiserlicher Selbstdarstellung, der Münzprägung, so muß man von einer eher untergeordneten Funktion im Kreise der Frauen des Kaiserhauses unter Claudius ausgehen.[32] Für seine Ehefrau Messalina ließ er – außer in Alexandria – zwar keine Münzen prägen, obwohl sie schon vor ihrer Ehe Mitglied der kaiserlichen Familie war, jedoch nimmt seine Mutter Antonia eine weitaus prominentere Rolle in seinen Münzen ein als seine Großmutter Livia. Für die verstorbene Antonia gab es qualitätvolle Abbildungen in allen Nominalen und allen Materialien von Gold über Silber bis Bronze. Sie wurde als Augusta, aber auch als Priesterin des Augustus geehrt sowie mit der Standhaftigkeit des Kaisers *(constantia Augusti)* in Verbindung gebracht. Diese Ehrung einer Mutter hatte natürlich mit Caligula eingesetzt, bekam allerdings bei Claudius auch eine weitere politische Komponente, indem Antonia wirklich als Repräsentantin des augusteischen wie des tiberischen Principats gelten konnte und damit noch stärker als vielleicht Livia die von Claudius suggerierte Kontinuität verkörperte.

Der Kult der Livia wurde offenbar gut angenommen: Lucius Mammius Maximus, ein wohlhabender Bürger aus Herculaneum, setzte der *diva Augusta* ebenso wie der Augusta Antonia ein Kultbild.[33] Zahlreiche Weihungen aus den Provinzen von Privatpersonen wie Priesterinnen der Kaiserin liegen vor. Dennoch wurde eine eher bescheidene Göttin etabliert, wenn man sie mit Diva Drusilla, der Schwester des Caligula, vergleicht, die einen allumfassenden Wirkungskreis zugesprochen bekommen hatte. Andererseits blieb Livias Kult die ganze Kaiserzeit über bestehen. In der Herrschaft Neros wie auch unter Galba, Otho und Vitellius wurden gar analoge Opfer von den Arvalbrüder für die Göttin Livia, den Gott Augustus und den Gott Claudius geleistet.[34] Als Göttin erlangte Livia nun endlich einen eigenen Status. Sie war nicht mehr nur Tochter, Ehefrau oder Mutter.

Dennoch war auch der Principat des Caligula trotz seines Scheiterns für die künftige Rolle der Kaiserfrauen durch zwei Aspekte bedeutsam gewesen. Offiziell kam von nun an der Stellung Livias eine Vorbildwirkung für die Rolle der Frauen des Kaiserhauses zu. Caligula ehrte seine Großmutter Antonia mit den Ehren, die Livia genossen hatte, und gab seinen Schwestern Privilegien Livias. Zweitens war auch Caligulas Vorstellung von der *domus divina* (dem göttlichen Haus) so weit etabliert, daß Claudius das Konzept erfolgreich nutzen konnte, um sich in diese Familie einzureihen. Aber schon die erfolglosen Bemühungen des Senats zwölf Jahre zuvor, bei Livias Tod, verwiesen darauf, daß die göttliche Verehrung der Herrscher sich langfristig zwangsläufig auf ihre Frauen ausdehnen würde, zumal dies die Legitimation potentieller Erben stärken mußte. Während es zunächst genügte, ein Abkömmling des Augustus durch Geburt oder Adoption zu sein, sollte diese sakrale Komponente der göttlichen Natur der kaiserlichen Familie von entscheidender Bedeutung für das Selbstverständnis der Kaiser werden.

Im Imperium wurde Claudius' Bindung an Livia sehr wohl verstanden. In Rusellae gab es zu Claudius' Lebzeiten in einem Gebäude am Forum, in dem der Sitz des Kaiserpriesterkollegiums vermutet wird, eine Kolossalstatue der Livia als Iuno sowie eine des Claudius als Iuppiter. Während diese Bildnisgruppe nicht im frei zugänglichen Raum aufgestellt war, verhielten sich die Dinge in Leptis Magna in Libyen anders. Am Roma- und Augustatempel waren beide in derselben Rolle dargestellt.[35]

Neben der Konsekration Livias war Claudius' zweites Bemühen um eine Legitimierung als Princeps darauf gerichtet, sich militärisch zu profilieren. Mit einem sorgfältig vorbereiteten Invasionskorps ließ er ab 43 n. Chr. den Süden Britanniens erobern. Nach dem Erreichen der Themse stellte der Oberbefehlshaber Aulus Plautius zunächst die Offensive ein und wartete dort auf die Ankunft des Claudius, der nun für einen Zeitraum von 16 Tagen persönlich den Oberbefehl übernahm und so die reifen Früchte ernten konnte. Damit knüpfte Claudius zwar wieder an das alte Konzept des Augustus an, der seine besondere Stellung durch die Verdienste um die *res publica* gerechtfertigt hatte, aber der dynastische Gedanke hatte sich bereits als so stark erwiesen, daß selbst eine Mutter oder Großmutter, wenn sie der Dynastie angehörte, einem römischen Kaiser Legitimation verschaffen konnte. Das sollte sich in der Person Agrippinas der Jüngeren deutlich zeigen.

SCHLUSS

Livia ist bis heute keine Figur, die Sympathien weckt. Warum? Es gibt dafür nur eine Antwort. Livias Geschichte macht unserer Zeit keine Angebote, sich mit ihr zu identifizieren – zu perfekt, zu unnahbar. Ganz anders für uns dagegen ihre Schwieger- und Stieftochter Iulia, deren Schicksal zu rühren vermag.

Lange Zeit lösten die Kaiserfrauen der iulisch-claudischen Dynastie Empörung aus, galten sie doch als lüsterne, skrupellose, egomane Intrigantinnen. Unsere Zeit sieht sie in einem milderen Licht, denn weder wird weibliche Sexualität länger tabuisiert, noch gelten Egoismus und Selbstverwirklichung als verachtenswert. Diese Frauen scheinen uns verständlich und menschlich. Aber diese Einschätzung ist lediglich das Produkt eines veränderten Frauenbildes, dem die Kaiserfrauen zu entsprechen scheinen. In den Augen des 19. Jahrhunderts, das unser Geschichtsbild wie kein anderes zuvor geprägt hat, waren diese Frauen das blanke Grauen. Das vermeintliche Frauenregiment war auch einer der Gründe, weshalb die Kaiserzeit in den Schulbüchern wenig Bedeutung haben sollte.[1] Dagegen schien Livia den schreibenden Männern wie geschaffen, das Idealbild der bürgerlichen Ehe zu vertreten, und so haben sie sich auch redlich bemüht, sie von jedem Verdacht der Selbstsüchtigkeit freizusprechen. Neben Theodor Mommsens positivem Liviabild ist das Joseph Aschbachs zu nennen, der schrieb: *Livia wußte sich allmählich mit dem ganzen Geiste seiner [Augustus'] Politik und Regierung so innig vertraut zu machen, daß er in ihr den lebendigen Ausdruck von dem was er selbst wollte und erstrebte, erkannte, und der geistige Verkehr mit ihr ihm unentbehrlich ward.*[2]

Versuchen wir die Augusta aus der Einschätzung ihrer eigenen Zeit zu beurteilen, sehen wir sie als eine Frau, die die Interessen ihrer Familie bis zum äußersten verteidigt hat. Das galt der Antike als positiv. Allerdings – und darin liegt ein wesentliches Problem ihrer Position – scheinen diese Interessen nicht immer deckungsgleich mit denen ihres Mannes gewesen zu sein. Die Darstellung Livias in der antiken Historiographie rührt an die archetypischen Ängste der Antike, die sich aus der stets ambivalenten Rolle der Gattin im Hause des Mannes ergibt. Sie ist Teil des Hauses, sie sorgt für sein Fortleben ebenso wie seine Repräsentation, und doch bleiben ihre Loyalitäten immer geteilt. Sie schenkt ihm die Kinder, aber sie kann diese auch dem Vater untergeschoben haben. Sie mag seine leiblichen Kinder zugunsten ihrer eigenen unter dem Mantel der Fürsorge vernichten. Sie bereitet die Nahrung, verwahrt und verabreicht die Heilkräuter, die gesundheitsfördernd oder tödlich wirken.

Alle Ehefrauen der Herrscher und Nachfolger werden in dieser oder ähnlicher Weise beschrieben. Wenn sie nicht als promiskuitive Schlampen hingestellt werden, dann tragen sie anders zum Untergang ihrer Männer bei. Livilla, die sich mit Seian einläßt, und ihren Ehemann, der den potentiellen Princeps Drusus ermordet; Iulia, ihre Tochter und Ehefrau des Germanicussohns Nero, dessen Pläne sie aushorcht und der Mutter hinterbringt. Die meisten dieser von den antiken Historikern dokumentierten Intrigen sind nicht einmal rational nachzuvollziehen. Fragt man sich ganz gelassen: Warum sollten einzelne Frauen gerade ihren Ehemann vernichten wollen?, findet man keine befriedigende Antwort. Warum etwa hätte Messalina, Claudius' Frau, so töricht gewesen sein sollen, Caius Silius zu heiraten, obwohl sie selbst bereits Kaiserin war und ihr Sohn sicherer Anwärter auf den Purpur? Wollte sie gar die drohende iulische Renaissance – mit Agrippina der Jüngeren an der Spitze – verhindern, indem sie neue Verbündete gewann? Der Vater des Silius, Caius Silius Aulus Caecina Largus (Konsul 13 n. Chr.), war einer der prominenten Freunde und Anhänger des Germanicus gewesen, die unter Tiberius den Tod fanden; seine Frau war eine Freundin der älteren Agrippina (vgl. S. 235). Die Tradition unterstellt Messalina allerdings nur libidinöse Motive, was nicht recht verfangen will, denn im Untergang handelt sie mit klarem, politischem Kopf, als sie sich an die Obervestalin wendet.

Livia war definitiv über den Verdacht der sexuellen Untreue erhaben. Nicht einmal die antiken Autoren bezweifeln ernsthaft die Vaterschaft des Drusus. Aber Livia wird immer wieder als Giftmischerin gegen die Leibeserben des Kaisers beschrieben. Auf der Verdachtsliste ihrer Opfer stehen Marcellus,[3] Lucius und Caius Caesar,[4] Agrippa Postumus, Germanicus und schließlich Augustus[5] selbst. Nur Agrippa Postumus scheint dagegen wirklich ihr Opfer gewesen zu sein. Andererseits wird niemand bezweifeln, daß sie für ihren Sohn Nutzen aus den zahlreichen Todesfällen zog. Sie wird ferner als Stiefmutter – eine Negativrolle nach römischer Ansicht – und herrschsüchtige Mutter diffamiert. Aber, und das muß Verdacht erregen, als Schwiegermutter bleibt sie völlig ungeschoren, obwohl gerade hier erhebliches Konfliktpotential lag. Die Probleme zwischen Ehefrauen und Schwiegermüttern sind möglicherweise einfach kein Thema männlicher römischer Reflexion.

In den Augen ihrer Zeitgenossen überschreitet schon der durch das politische System des Principats gegebene Handlungsrahmen der Frauen den ihnen traditionell gegebenen um ein Vielfaches. Und so ist die stereotype Kritik an ihnen, die sie in männliche Sphären eindringen und die Grenzen angemessenen weiblichen Verhaltens überschreiten, im Grunde nur ein Vehikel zur Kritik am Kaisertum selbst. Das monarchische System des Augustus hatte nach einer langen Zeit innerer Zerrissenheit und blutiger Bürgerkriege die alte Ordnung der Oligarchie endgültig beseitigt. Mochte die Monarchie auch ideologisch als ein komplexes Akzeptanzsystem verbrämt worden sein, um sie für die alten Eliten annehmbarer zu machen, war doch dezidiert eine neue Wertordnung installiert worden, in der das Herrschaftssystem einer Vielzahl von Familien durch den Primat einer einzigen ersetzt worden war. Aber es gab einen gewaltigen Unterschied. Das untergegangene republikanische System hatte seine nach außen gerichtete Selbstvergewisserung gerade nicht in der Herrschaft von Familien gefunden, sondern die politische Elite der Republik verstand sich als Meritokratie und gründete ihren Herrschaftsanspruch auf ihre Verdienste um den Staat, die sie permanent in Erinnerung rief.[6] Medien der personalisierten Geschichtsauffassung waren neben literarischen *exempla*-Sammlungen Rituale wie Triumph und Leichenzug sowie seit Ende des 4. Jahrhunderts v. Chr. Bildnisse, die verdienstvollen Mitgliedern der Gemeinschaft im öffentlichen Raum aufgestellt wurden. Diese Verdienste waren aber stets an ein Amt gebunden; und über die Memorialpraxis konnten die männlichen Mitglieder bestimmter Familien das Vertrauen der Wähler für sich gewinnen, weil sich ihre Vorfahren schon seit Generationen als leistungsfähig erwiesen hatten. Herrschaftslegitimation war somit dezidiert männlich definiert und auf den öffentlichen Raum bezogen. Die Historiker des 19. Jahrhunderts haben daraus den Gegensatz zwischen öffentlich und privat formuliert, der die Lebenswirklichkeit der eigenen Zeit so prächtig zu bestätigen schien.

Aber das war nur die eine Seite der Medaille. Die Amtsträger kontrollierten zwar die Volksversammlungen, denen sie Entscheidungen allein zur Abstimmung, nicht zur Beratung vorlegten. Beraten wurde dagegen im Senat, in dem alle ehemaligen Amtsträger versammelt waren. Hier befand schließlich nur eine verschwindend kleine Gruppe über die Geschicke des Staates. 15 bis 30 Männer waren meinungsbildend, indem sie Entscheidungen empfahlen, Bündnisse schmiedeten oder Kompromisse unter sich verhandelten. Wesentliche Absprachen wurden vorab in den Häusern der Aristokraten bei den Zeremonien des Tages wie der *salutatio* und dem *convivium* getroffen, Vorentscheidungen gefällt. An diesen hatten die Frauen der Familien, die als Unterpfand die Bündnisse und Allianzen der Männer zusammenhielten, ihren Anteil, weil sie im Hause präsent waren und selbst als Vermittlerinnen fungieren konnten.

Wenn die Gesellschaft in die Krise geriet – so sah es zumindest die augusteische Geschichtsschreibung –, dann lag das an der Infragestellung des Herrschaftschaftsanspruchs der Männer. Wenn Männer nicht zur Herrschaft taugten, dann deshalb, weil sie sich von Frauen über Gebühr hineinreden ließen oder selbst, wie es angeblich die Frauen taten, den Körper über den Verstand stellten, also verweichlichten. Augustus propagierte folglich, daß das neue System auch mit einer Moralreform einherginge, die den Frauen den ihnen gemäßen Platz erneut zuweise.

Bereits seit Beginn der Alleinherrschaft arbeitete er an seinen Ehegesetzen,[7] die dann im Jahr 18 v. Chr. verabschiedet und 9 n. Chr. noch einmal ergänzt und präzisiert wurden, und somit schon durch ihr erstes Publikationsdatum vor den großen Saecularspielen im Mai 17 v. Chr. den intendierten Zusammenhang einer Zeitenwende verdeutlichen. Um 28 v. Chr. waren demonstrativ die Schreine der Pudicitia plebeia und Pudicitia patricia wiederhergestellt worden.[8] Livia *(plebeia)* und Octavia *(patricia)* traten hier als Schirmherrinnen in Erscheinung. Aus dem Anspruch der moralischen Erneuerung heraus schuf Augustus ein Propagandabild seiner Familie in der Öffentlichkeit, das jedoch in scharfem Kontrast zur Realität stand. Denn allein schon die patronale Praxis bedingte, daß die Kaiserfrauen sichtbar wurden, daß man sich ihnen näherte, um etwas beim Herrscher zu erreichen. Hinzu kamen die dynastischen Ansprüche des Systems, in dem Frauen als Mütter künftiger Thronanwärter zum integralen Bestandteil wurden. Als dritte Komponente ist zu nennen, daß man über die Kritik der Frauen die Kritik an Männern lanciert hat. Das war bereits am Ende der Republik eine übliche Praxis, hat aber ältere Wurzeln wie die unterschiedlichen Traditionen über Cornelia, die Mutter der Gracchen, zeigen.

Es fällt also schwer, zwischen diesen konstruierten Bildern die historische Wahrheit zu erkennen. In der Ehe kam dem Gespräch der Partner ein hoher Stellenwert zu, aber dies fand im Verborgenen statt. Es war also in der Geschichtsschreibung beliebig instrumentalisierbar. Philo etwa legt bezogen auf Ennia und Macro dar, daß Frauen durch ihr ständiges Beschwätzen die Wahrnehmung ihrer Männer völlig manipulieren könnten und die größten Feinde als liebe Freunde schön redeten.[9]

Auch Livia sah man im Gespräch mit Augustus. Anthony A. Barrett hat zu Recht den topischen Charakter der Argumente Livias zur Rettung des Cinna betont.[10] Es war also eine Selbstverständlichkeit, sich vorzustellen, daß die Kaiserin den Kaiser auch mit ihren Ratschlägen versorgte. Man wußte, daß sie ihn um einen Gefallen bitten konnte. Tiberius ließ sogar einen Senatsbeschluß reichsweit publizieren, der in einem Punkt offen einer Bitte Livias entsprach. Hatte sie Augustus in den Ohren gelegen, Tiberius zu adoptieren, seinen Enkel Agrippa in der Verbannung zu belassen, Iulia nicht zu begnadigen? Hatte sie Tiberius ermuntert, Germanicus' Ostmission zu hintertreiben, hatte sie ihn gegen Agrippina eingenommen?

Livia wird zwischen zwei Polen der Überlieferung zerrieben. Zum einen wird sie in geradezu penetranter Weise als ideale Matrone stilisiert, und zum anderen wird ihre Macht als Beweis für die Ohnmacht und Unfähigkeit des jeweiligen Kaisers angeführt. Letzteres gilt allerdings vor allem für Tiberius, weniger für Augustus, der als Kaiser besser beurteilt wird und nach dieser Auffassung kaum Zielscheibe von Einflußnahme gewesen sein konnte. Es ist mehr als bemerkenswert, daß die Zeitgenossen das positive, das augusteische, Liviabild vermitteln, während die späteren, besonders Tacitus und Cassius Dio, ein negatives Bild zeichnen.

Ausgangspunkt für die negative Überlieferung waren zunächst die dubiosen Umstände des Endes von Agrippa Postumus beim Tod des Augustus. Plinius der Ältere, der noch zu Lebzeiten Livias geboren wurde, also noch Zeitzeugen kannte, meldete bereits erhebliche Zweifel an ihrer Integrität in diesem Punkt an.[11] Seine Gesamteinschätzung Livias ist jedoch im Gegensatz zu seiner Beurteilung der jüngeren Agrippina grundsätzlich positiv. Die Negativbewertung Livias verdichtet sich in dem Vorwurf, die Nachkommen der Iulia vernichtet zu haben, um Tiberius zur Herrschaft zu verhelfen. Interna über den Fall des Agrippa Postumus, die schon Plinius zum Nachdenken gebracht haben, können aus den Erinnerungen von Iulias Enkelin,[12] Agrippina der Jüngeren, stammen, die sie im frühen Principat des Claudius über *ihr Leben und die Unglücksfälle der ihrigen der Nachwelt mitgeteilt hat.*[13]

Tacitus hat diese Memoiren *(commentarii)* mit dem Hinweis auf die bis dahin mangelnde Rezeption in der zeitgenössischen Historiographie benutzt. Dennoch scheint es gerade die Propaganda der Anhänger der Familie des Germanicus zu sein, die auch bei Sueton, der zwei verschiedene Überlieferungsstränge kennt, diskutiert wird. Gefahrlos war eine solche Opposition gegen die Kaiserin vor der Zeit des Caligula nicht. Sie wird aber gerade hier Nahrung gefunden haben, hatte doch Caligula selbst Livia als Odysseus in Frauenkleidern, also als listenreich, charakterisiert. Vor der Machtübernahme des Claudius und der Agitation der jüngeren Agrippina, die ihren Sohn Nero als letzten rechtmäßigen Erben des Augustus als Princeps installieren wollte, wozu sie Prodigien und dergleichen verbreiten ließ, bestand jedoch wenig Anlaß, die

Verdrängung der rechtmäßigen Erben durch die Claudier herauszustreichen. Intensiviert wurde der Konflikt auch durch die Ansprüche Messalinas, die selbst von Marcella, einer Nichte des Augustus, abstammte und damit Claudius' Sohn Britannicus weitere Blutsverwandtschaft zu Augustus verschaffte. Wie sehr die Erinnerung an Germanicus, den Adoptivenkel des Augustus, noch lebendig war und die Propaganda verfing, zeigte der Auftritt des jungen Nero 47 n. Chr. beim Troiaspiel, als die Menge ihn mehr bejubelte als den Sohn des Kaisers.[14] Die negative Liviatradition muß daher aus dieser Zeit stammen, und für Claudius, den Enkel Livias, gab es am Ende keine andere Möglichkeit, diese starke Opposition – die auch am Hof Anhänger wie den mächtigen Freigelassenen Pallas hatte – einzubinden als durch die Ehe mit Agrippina und die Adoption ihres Sohnes. Das würde auch erklären, warum die Göttin Livia, die Claudius schließlich Legitimation verschaffen sollte, letztlich doch in einem sehr bescheidenen Maße propagiert wurde. So wurden nur kleine Nominale ausgegeben, die nicht einmal das Porträt der Diva zeigen, sondern lediglich eine Sitzstatue, während die verstorbene Mutter des Princeps in der Reichsprägung ungleich umfangreicher repräsentiert wird. Nachdem Claudius eine Ehe mit seiner Nichte, der jüngeren Agrippina, eingegangen war, wurden sogar Münzen mit dem Bild ihrer Mutter, der älteren Agrippina, erneut geprägt.

Livias Geschichte hat sich aus ihrer Nähe zu Augustus entwickelt. Es ist zunächst keine erkennbar eigene Geschichte. Sie hat eine Rolle ausgefüllt, die wesentlich von Augustus vorgegeben wurde, aber dann so sehr an eigener Dynamik gewann, daß Tiberius sich genötigt sah, sie drastisch zu beschneiden. Allein in dieser deutlich sichtbaren Konstellation ist aber zu erkennen, daß der frühe Principat auch ein weibliches Gesicht hatte.

ANMERKUNGEN

Die kalte Schönheit und die Schwierigkeit einer Biographie

1 Im Gegensatz zum inoffiziellen Dreibund zwischen Caesar, Pompeius und Crassus aus dem Jahr 60 v.Chr., der später als erstes Triumvirat bezeichnet wurde, basierte dieses Bündnis auf gesetzlicher Grundlage. Triumvirat meint im folgenden immer das zweite.

2 Octavian gab am 13.1.27 zunächst alle triumviralen Sondergewalten an Senat und Volk zurück, so daß die Republik formal wiederhergestellt war und der Auftrag der Triumvirn *(rei publicae constituendae)* damit erfüllt. Im Gegenzug bat der Senat den Sieger über Antonius, weiterhin die Verantwortung für die Provinzen zu übernehmen, in denen sein Heer stand. Die erforderliche Rechtsgrundlage wurde durch die Übertragung eines zunächst befristeten *imperium proconsulare* (zivile und militärische Gewalt eines Konsuls) auf Augustus geschaffen. Faktisch sicherte die Rückübertragung der Befehlsgewalt über das Heer seine persönliche Herrschaft. In einer der Folgesitzungen dankte der Senat ihm offiziell für seine Bereitschaft, dem Staat weiterhin zu dienen, und verlieh ihm den Beinamen Augustus (der Erhabene). In seiner Funktion als Herrscher nannte Augustus sich *princeps* (der erste Bürger), was die angebliche Rückkehr zum oligarchisch-republikanischen System unterstrich.

3 Syme, R., Roman Revolution, Oxford 1939, 340 zitiert in der Übersetzung von Friedrich Wilhelm Eschweiler und Hans Georg Degen, Stuttgart 2003, 354.

4 Hochhuth, R., Livia und Julia. Demontage der Geschichtsschreibung, München 2005, 218.

5 Mann, G., Versuch über Tacitus (1976), in: Zeiten und Figuren. Schriften aus vier Jahrzehnten, Frankfurt/Main 1979 (Ndr. 1989), 359–392, 383.

6 Zu den Akzeptanzmechanismen vgl. Flaig, E., Den Kaiser herausfordern. Die Usurpation im Römischen Reich, Frankfurt 1992 (Historische Studien 7).

7 Hochhuth, R. (wie Anm.4), 233.

8 Christ, K., Geschichte der römischen Kaiserzeit, München [3]1995; Kienast, D. (wie Anm.52, S.290); Bleicken, J. (wie Anm.10, S.288).

Kapitel 1: Erziehung der Livia

1 Philo leg. ad Cai. 40.

2 Flaig, E., Bildung als Feindin der Philosophie. Wie Habitusformen in der hohen Kaiserzeit kollidierten, in: Goltz, A., Luther, A., Schlange-Schöningen, H. (Hg.), Gelehrte in der Antike. Alexander Demandt zum 65.Geburtstag. Köln/Weimar/Wien, 121–136.

3 Stahlmann I. (wie Anm.29, S.286), 41 ff.

4 Sen. Const. Sap. 14,1.

5 Colum. 12,3,6. 8.

6 Hier. epist. 107,4; 128,4. Auch mit Edelsteinen ließ man sie spielen Hier. epist. 128,1.

7 Diehl, E., Anth. lyr. Graeca I fasc. 4, 207–213.

8 Vössing, K., Koedukation und öffentliche Kommunikation – warum Mädchen von höherem Schulunterricht ausgeschlossen waren, Klio 86, 2004, 126–140.

9 Plut. (quaest. conv. VIII) mor. 737B; Cic. Brut. 210; Sall. Cat. 25; Plut. Pomp. 55,1–2.

10 Zum mütterlichen Beitrag vgl. auch Quint. inst. 1,1,6.

11 Tac. dial. 28,4–5.

12 Kunst, C., Die lesende Frau in Rom, in: Signori, G. (Hg.), Die lesende Frau. Traditionen, Projektionen, Metaphern im fächer- und epochenübergreifenden Vergleich, Wolfenbüttel im Druck.

13 Plut. Ant. 1,1.

14 CIL VI 15346 (Claudia); CIL VI 18324; Ov. amor. 2,4,25; 11,31; ars arm. 3,315–340 (Gesang); 349–352 (Tanz); Prop. 2,3,17–20; Stat. silv. 3,5,63ff.; Plin. epist. 4,19,4.

15 Calpurnia: Plin. epist. 4,19,4.

16 Plut. Pomp. 55,1–2.

17 Ov. ars am. 3,299. Zu den von den Frauen verlangten Tugenden vgl. Hesberg-Tonn, B. v., *Coniunx carissima*. Untersuchungen zum Normcharakter im Erscheinungsbild der römischen Frau, Diss. Stuttgart 1983.

18 CIL I 1007 = CIL VI 15346 = ILS 8403.

19 CIL X 2483 = CLE 1307 = Geist Nr. 40. Vgl. auch Plinius (epist. 7,19,7) über Fannia, die als fröhlich *(iucunda)* bezeichnet wird.

20 Cic. off. 1,130.

21 Vgl. die Leichenrede für Matidia, die Nichte Traians, CIL XIV 3579.

22 Plin. epist. 5,16,2.

23 Cic. off. 1,130.

24 Sallust beschreibt auf diese Weise Catilina: Sall. Cat. 15,4–5.

25 Hier. epist. 107,4; 128,2; Gregor v. Nazianz, or. 8,10.

26 Kunst, C., Eheallianzen und Ehealltag in Rom, in: Wagner-Hasel, B., Späth, T. (Hg.), Frauenwelten in der Antike. Geschlechterordnung und weibliche Lebenspraxis, Stuttgart 2000, 32–45, 38.

27 CIL XIV 3579.

28 Sen. epist. 104,2 (Paulina); Plin. epist. 4,19 (Calpurnia).

Kapitel 2: Im Schatten Caesars. Livias Abstammung

1 Barrett, A. A., The Year of Livia's Birth, CQ 49, 1999, 630–632.

2 Suet. Cal. 23,2.

3 Zu Lurco vgl. Barrett, A. A., Livia. First Lady of Imperial Rome, London 2003, 305 f. Problematisch ist, daß Sueton der Karriere eines Aufidius nachgegangen sein muß, während Alfidia entsprechend der Logik des römischen Namensystems die Tochter eines Alfidius gewesen sein muß. Nur Asconius, ein antiker Kommentator, erwähnt einen Marcus Alfidius, der 51 v. Chr. Sextus Cloelius vor Gericht anklagte, weil dieser Clodius' Leiche in die Kurie des Senats gebracht und damit die tumultuarischen Zustände zu verantworten hatte, bei denen eine aufgebrachte Menge das Senatsgebäude hatte in Flammen aufgehen lassen (Cic. Mil. 13; App. civ. 2,21.77–78). Junge Männer wirkten häufig am Anfang ihrer Karriere als Ankläger, so daß es sich allenfalls um einen Bruder Alfidias handeln könnte. Dennoch bewiese seine Tätigkeit in Rom, das Sueton mit seiner Einschätzung tendenziell richtig liegt und die Alfidii eine bereits in den Senat aufgestiegene ritterständige Familie waren.

4 Hor. s. 1,5,34.

5 Wiseman, T. P., The Mother of Livia Augusta, Historia 14, 1965, 333–334.

6 CIL X 6248.

7 Suet. Aug. 2,2.

8 Suet. Aug. 4,1; Cic. Att. 2,12,1.

9 Suet. Tib. 2,4.

10 Suet. Tib. 3,1: *insertus est* [Tiberius] *et Liviorum familiae adoptato in eam materno avo.*

11 Der Name findet sich auch auf einer Inschrift CIL IX 3660 (= ILS 124/5) aus San Benedetto (Marruvium), die ihn mit seiner Frau Alfidia zeigt. Suet. Tib. 3,1. Tac. ann. 5,1,1; 6,51,1.

12 Tac. ann. 5,1,1.

13 Kunst, C., Römische Adoption. Zur Strategie einer Familienorganisation, Hennef 2005 (FAB 10), 13 f.

14 Mommsen, T., Römische Geschichte Bd. 2. Von der Schlacht von Pydna bis auf Sullas Tod, 9. Auflage, Berlin 1903, 217.

15 Dieser hatte während seiner Censur 312 v. Chr. den Bau der ersten Druckwasserleitung nach Rom veranlaßt sowie den Bau der ersten römischen Militärstraße, der via Appia.

16 Vgl. zu dieser Grundhaltung auch Suet. Tib. 2,4; Tac. ann. 1,4,3.

17 Cic. Brut. 166.

18 Suet. Tib. 3,1–2.

19 Vell. 2,75,3.

20 Vell. 2,13–15.

21 Cic. fam. 8,14,4.

22 Cic. Att. 2,7,3.

23 Cic. Att. 4,16,5; Tac. dial. 21,2.

24 Cic. Att. 4,15,9; 4,17,5; ad Q. fr. 2,16,3.

25 Cic. Att. 12,21,2; 22,3; 23,3; 37,2; 41,3.

26 Cic. fam. 11,19,1.

27 Cass. Dio 48,44,1.

28 Catull. 61, 151 ff; 62,20 ff.

29 Der Name des Hochzeitsgottes hatte noch keine Verbindung mit dem weiblichen Hymen, von dessen Existenz man vor der christlichen Antike nichts wußte oder zumindest noch keine Notiz als Keuschheitsprobe nahm. Vgl. Stahlmann, I., Der gefesselte Sexus. Weibliche Keuschheit und Askese im Westen des römischen Reiches, Berlin 1997, 104 ff.

30 Suet. Nero 29.

31 Catull. 61,85 f.; 63,59; 62,23.

32 Ov. fast. 4, 133–162. Scheid, J., Die Rolle der Frauen in der römischen Religion in: Duby, G., Perrot, M. (Hg.), Geschichte der Frauen (frz. 1990), Bd. 1 hg. von P. Schmitt-Pantel, dt. Frankfurt 1993, 417–449.

33 Ov. ars 1,115 ff.

34 Fest. 289,8–9 (Lindsay).

35 Hölscher, T., Die Augustusstatue von Prima Porta, in: Kaiser Augustus und die verlorene Republik. Eine Ausstellung im Martin-Gropius-Bau, Berlin 7. Juni–14. August, 1988, Berlin 1988, 386 f.

36 La Follette, L., The Costume of the Roman Bride, in: Sebesta, J. L., Bonfante, L. (Hg.), The World of Roman Costume, Madison 1994, 54–64, 60.

37 Athen. 15,685.

38 Cat. 61,6.

39 Plin. nat. 21,37.
40 Verg. Aen. 1,693.
41 Plin. nat. 21,163.
42 Boels, N., Le statut religieux de la Flaminica Dialis, REL 51, 1973, 77–100.
43 Sebesta, J. L., Symbolism in the Costume of the Roman Woman, in: Sebesta, J. L., Bonfante, L. (Hg.), The World of Roman Costume, Madison, 1994, 46–53.
44 Haynes, S., Etruscan Civilization. A Cultural History, London 2000, 248.
45 Bell. Alex. 25,3; Suet. Tib. 4,1; Cass. Dio 42,40,6.
46 Suet. Tib. 4.
47 Suet. Tib. 4,1.
48 Cic. fam. 13,64,2; Att. 6,6,1.
49 Treggiari, Roman Marriage: *iusti coniuges* from the Time of Cicero to the Time of Ulpian, Oxford 1991, 129 A. 24.
50 Vell. 2,71,3.
51 Plut. (quaest. Rom. 102) mor. 288C.
52 Dierichs, A., Von der Götter Geburt und der Frauen Niederkunft, Mainz 2002, 87 ff.
53 Eur. Med. 230–51.
54 Pomeroy, S. B., Goddesses, Whores, Wives and Slaves. Women in Classical Antiquity, New York 1975 (dt.: Frauenleben im klassischen Altertum, Stuttgart 1985), 259.
55 Dierichs, A. (wie Anm. 52) 71 ff.
56 Köves-Zulauf, T. (wie Anm. 10, S. 338), 217–219.
57 P. Oxy. 4,744 (1 v. Chr.).
58 Bradley, K., Wet-nursing at Rome. A Study in Social Relations, in: Rawson, B. (Hg.), The Family in Ancient Rome. New Perspectives, London 1986, 201–229; Schulze, H., Ammen und Pädagogen. Sklavinnen und Sklaven als Erzieher in der antiken Kunst und Gesellschaft, Mainz 1998.
59 Soran. 2,8; Dig. 33,2,34 (Scaevola).
60 Sen. contr. 4,6; Dig. 32,99,3 (Paulus); 50,16,210 (Marcian). Außer Haus wurden zumeist Sklavenkinder gegeben.
61 Quint. inst. 1,1,16.
62 C. Th. 9,24,1,1.5 vgl. dazu Barnes, T. D., Constantine and Eusebius, Cambridge/Ma. 1981, 219–20; Grodzynski, D., Ravies et coupables. Un essai d'interprétation de la loi IX, 24,1 du Code théodosien, Mélanges de l'Ecole Française de Rome, Antiquité 96 (MEFRA), 1984, 697–726.
63 Tac. dial. 29,1; Soran. 2,12,19f; Quint. inst. 1,1,4 f.
64 Quint. inst. 6 pr. 8; Sen. epist. 99,14.
65 Tac. dial. 28,4.
66 Soran. 2,37.
67 Tac. dial. 29,1.
68 BGU IV 1106. Soranus (2,21,47 f.), dessen Patientinnen zumeist der Oberschicht angehörten, empfiehlt, wenigstens 6 Monate zu stillen, besser sei es aber noch, das Kind erst nach 18–24 Monaten zu entwöhnen. Beispiele für Ammenverträge: SB 5, 7619; PSI 9, 1065.
69 Soran. 1,34,93.
70 Cass. Dio 67,18,2; Suet. Dom. 17,3.
71 Plin. nat. 10,154.
72 Soran. 10,37.
73 Soran. 12,44.

74 Suet. Tib. 4,2.
75 Suet. Tib. 4,2; Vell. 2,75,1.
76 Suet. Tib. 6,1.
77 Vell. 2,74,3. Die natürliche Festung mit unterirdischen Gängen hatte eine lange Geschichte als Hauptquartier in Zeiten des Bürgerkriegs.
78 Suet. Tib. 6,3.
79 Suet. Tib. ibid.
80 Vell. 2,76,1.
81 Suet. Tib. 6,2.
82 Eine Episode, nach der Livia beim nächtlichen Aufbruch aus Sparta in Lebensgefahr geraten war, als aus dem Wald ringsum von allen Seiten Feuer hervorbrach und das gesamte Gefolge so bedrängte, daß Livias Haare und Kleidung versengt wurden, scheint vor diesem Hintergrund nicht mehr als eine romantische Ausschmückung oder eine zufällige Begebenheit zu sein vgl. Suet. Tib. 6,2; Cass. Dio 54,7,2.
83 Vell. 2,77,1–3; Tac. ann. 5,1,1.
84 Suet. Tib. 6,3.
85 Cass. Dio 48,34,3.
86 Suet. Aug. 23,2.

Kapitel 3: Der Duft des Majorans. Die Hochzeit mit Octavian

1 Zum Hochzeitstermin vgl. S. 336 ff.
2 Cass. Dio 48,31.
3 App. civ. 5,77.328.
4 Suet. Claud. 1,1.
5 Vell. 2,79,2; vgl. 2,94,1; Cass. Dio 48,44,3.
6 Scheid, J., Scribonia Caesaris et les Julio-Claudien. Problèmes de vocabulaire de Parenté, MEFRA 87, 1975, 349–375.
7 Suet. Aug, 62,2; Cass. Dio 48,34,3.
8 Suet. Aug. 69,2.
9 Suet. Aug. 69,2 ; vgl. Vict. epit. 1,26: *amore alienae coniugis obsessus.*
10 Auch in der modernen Literatur ist die Liebesheirat immer wieder Thema gewesen. Zuletzt Dierichs, A., 30. Januar 58 v. Chr., AW 29, 1998, 71–74; dies., 17. Januar 38 v. Chr., AW 34, 2003, 85–86; zuvor vertraten die Ansicht: Bleicken, J., Augustus. Eine Biographie, Berlin 2000, 208: *kaum daß Octavian in Rom Livia begegnet war, entbrannte er in leidenschaftlicher Liebe zu ihr; er begann sofort ein Verhältnis* ...; Barini, C. C., La tradizione superstite ed alcuni giudizi dei moderni su Livia, Rend. Accad. dei Lincei V, 31, 1922, 25–33; Ollendorff, L., Livius (Livia) 37, RE 13,1 (1926), 900–924; Kornemann, E. Livia, in: ders., Große Frauen des Altertums, Leipzig 1942 (Ndr. Birsfelden/Basel o. A.), 172–221; Carcopino, J., Passion et Politique chez les Césars, Paris 1958, 56 ff.; Gross, W. H., Iulia Augusta. Untersuchungen zur Grundlegung einer Livia-Ikonographie, Göttingen 1962 (Abh. der Akad. der Wiss. in Göttingen, Phil.-hist. K., 3. Folge, 52); Purcell, N., Livia and the Womanhood of Rome, PCPhS 212 (N.S. 32), 1986, 78–105. Wenig einleuchtend ist, warum Augustus nicht dieses Kind, seinen demnach einzigen Sohn, adoptiert haben sollte, nachdem Livia die Menopause erreicht hatte.
11 Insbesondere Velleius, der Offizier des Tiberius, vertrat diese Auffassung, gefolgt von Plinius dem Älteren, Sueton, der beide Versionen anbietet, sowie Cassius Dio.

12 Perkounig, C. M., Livia Drusilla – Iulia Augusta. Das politische Porträt der ersten Kaiserin Roms, Wien/Köln/Weimar, 1995.

13 Flory, M. B., *Abducta Neroni uxor*. The Historiographical Tradition on the Marriage of Octavian and Livia, TAPhA 118, 1988, 343–359, 343.

14 Suet. Aug. 62,2; Flory, M. B. (wie Anm. 13), 350 ff.

15 Tac. ann. 1,10,5; 5,1,2.

16 Plut. (de defect.) mor. 421A; (virt. doc.) mor. 439E.

17 Cic. off. 1,123–131; Apul. apol. 55; Gell. 4,20,8–9; Anonymus de physiognomonica 11.

18 Die aristokratische Selbstdistanzierung wurde jedoch auf der politischen Ebene durch Gesten der Jovialität aufgehoben vgl. dazu Flaig, E., Ritualisierte Politik, Zeichen, Gesten und Herrschaft im Alten Rom, Göttingen ²2004, 13 ff.

19 Gemeint ist die Abwendung Iulians vom Christentum.

20 Rouselle, A., Porneia, Paris 1983 (dt. Der Ursprung der Keuschheit, Stuttgart 1989), Kap. 1.

21 Brown, P., Die Keuschheit der Engel, Sexuelle Entsagung, Askese und Körperlichkeit im frühen Christentum, München 1991 (engl.: The Body and Society. Men, Woman and Sexual Renunciation in Early Christianity, New York 1988), 23 ff.

22 Nik. Dam. 15,34.

23 Aret. med. 2,5.

24 Val. Max. 8,7,1.

25 Cic. Tusc. 2,43: *appellata est enim ex viro virtus.*

26 Kunst, C., Wenn Frauen Bärte haben. Geschlechtertransgressionen in Rom, in: Hartmann, E., Hartmann, U., Pietzner, K. (Hg.), Geschlechterdefinitionen und Geschlechtergrenzen in der Antike, Stuttgart, 2007, 247–261.

27 Suet. Aug. 69,1.

28 Suet. Aug. 69,1.

29 Nik. Dam. 5,12.

30 Nik. Dam. 14,36.

31 Cic. Tusc. 5,58; Val. Max. 9,13,4.

32 Christ, K., Die Frauen der Triumvirn, in: Gara, A., Foraboschi, D. (Hg.), Il Triumvirato costituente alla fine della repubblica romana, Scritti in onore di Mario Attilio Levi (Biblioteca di Athenaeum 20), Como 1993, 135–153 (Ndr. in: Christ, K., Von Caesar zu Konstantin. Beiträge zur Römischen Geschichte und ihrer Rezeption, München 1996, 85–102, 99).

33 Tac. ann. 5,1,1.

34 App. civ. 5,74.314.

35 App. civ. 5,66.277; 68.286.

36 Cic. Phil. 2,68.

37 Lucan. 2,370 f. Üblicherweise werden jedoch weitere Symbole mit einer Hochzeit assoziiert. Tac. ann. 11,27 nennt: Zeugen des Vertrags; *auspices, flammeum, sacrificium, convivium* und *nox*. Vgl. ders. 15,37,4 *(flammeum, auspices, dos, genialis torus, faces).*

38 Vell. 2,79,2.

39 Cato agr. 143, 1: *scito dominum pro tota familia rem divinam facere.*

40 Cass. Dio 48,44,2; Tac. ann. 1,10,5.

41 Für Nero vgl. Suet. Tib. 4,1.

42 Suet. Aug. 70,1; Cass. Dio 48,44,3; Suet. Aug. 69,1. Zur Interpretation und Zusammenziehung verschiedener Textstellen vgl. Flory, M. B. (wie Anm. 13), 343–359.

43 App. civ. 5,77.328. Zu den Volksaufläufen dieser Art vgl. die Ereignisse unmittelbar vor dem Vertrag von Misenum App. civ. 5,67–68.280–289; zu Beschwerden: Suet. Aug. 70,2.

44 Cass. Dio 48,44,3.

45 Kunst, C. (wie Anm. 26, S. 285), 33 f.

46 Plut. Pomp. 9,2; Sulla 33,3.

47 Suet. Tib. 7,2.

48 Suet. Aug. 62,1; Cass. Dio 46,56,3.

49 Gegen frühere Konstruktionen hat John Scheid P. Cornelius Lentulus Marcellinus, Suffektkonsul im Jahr 35 v. Chr., als zweiten Ehemann Scribonias ermittelt, von dem sie zwei Kinder hatte. Der erste Ehemann, ein Konsular, bleibt hingegen im Dunkel. Vgl. Scheid, J., Scribonia Caesaris et les Cornelii Lentuli, BCH 100, 1976, 485–491.

50 Cass. Dio 48,16,2–3.

51 Ältere Literatur geht auf der Grundlage von Appian und Cassius Dio davon aus, daß Lucius ihr Bruder war. Vgl. Fluß, RE II A (1921) 891 f.; dagegen Scheid, J. (wie Anm. 6, S. 288). Tatsächlich ist Dio nicht sehr zuverlässig. Er spricht von Brüdern der Kleopatra im Exil in Ephesos, obwohl sich dort nur ihre Schwester Arsinoë aufhielt (48, 24,2). Suet. gram. 19 nennt Scribonia jedoch die Tochter des Libo. Schwierigkeiten bereitet die doppelte Wortbedeutung bei *nepos* (= Enkel und Neffe).

52 App. civ. 5,52.217. Cassius Dio (48,27,4; 48,29,1) geht vom Zustandekommen eines gegen Octavian gerichteten Bündnisses zwischen Antonius und Sextus Pompeius aus. Allerdings ist seine Darstellung so verkürzt, daß sie wenig Beweiskraft hat. Vgl. Kienast, D. Augustus. Prinzeps und Monarch, Darmstadt 1982, 40 f.

53 Plut. Ant. 31,2–3.

54 Der Adoptivname ist Marcus Livius Drusus Libo.

55 Vor Caesar hatte es keine Erhebungen in den Patriciat, den ältesten Adel der Stadt. Nur durch Geburt konnte man dazugehören.

Kapitel 4: Die Ehefrau eines Triumvirn (38 v. Chr.–27 v. Chr.)

1 Zum Begriff *domus* vgl. S. 249 ff.

2 Wiseman, T. P., *Conspicui postes tectaque digna deo*. The Public Image of Aristocratic and Imperial Houses in the Late Republic and Early Empire (1987), Ndr. in: Historiography and Imagination, Eight Essays on Roman Culture, Exeter 1989 (Exeter Studies in History), 98–161.

3 Kunst, C., Frauenzimmer in der römischen *domus*, in: Harich-Schwarzbauer, H., Späth, T. (Hg.), Räume und Geschlechter in der Antike (IPHIS. Beiträge zur altertumswissenschaftlichen Genderforschung Bd. 3), Trier 2005, 111–131. Vgl. auch Cic. Cael. 34.

4 Lepidina vgl. Bowman, A. K., Thomas, J. D., The Vindolanda Writing – Tablets (Tabulae Vindolandenses II), London 1994, taf. 257; Melite vgl. Eunap. v. Chrysanthios 7,4,5 f.

5 Isid. eccl. off. 2,20,9 = PL 83, 812.

6 Cic. Att. 15,11,2.

7 Cic. Att. 15,11–12.

8 Plut. C. Gracch. 4,2; Nep. frgm. 58 (Brief an Caius Gracchus).

9 Sen. epist. 70,10; Tac. ann. 2,29,1.

10 Cic. fam. 2,15,2.

11 Ermete, K., Terentia und Tullia. Frauen der senatorischen Oberschicht, Bern/Frankfurt 2003 (Europäische Hochschulschriften Reihe 3, Geschichte und ihre Hilfswissenschaften 951), 143 ff, 71.

12 Die sogenannte *manus*-Ehe (vgl. S. 338) wurde allmählich durch eine *manus*-freie Ehe ersetzt, bei der die Frau nicht länger unter die Gewalt *(manus)* des Ehemanns fiel, sondern in der Gewalt *(potestas)* des Vaters verblieb. Starb ihr Vater, erbte sie vom Mann unabhängiges Vermögen, während ihr Besitz in einer *manus*-Ehe Teil des Vermögens ihres Mannes geworden wäre. Vgl. Kunst, C. (wie Anm. 26, 285), 32 ff.

13 Pol. 10,4–5.

14 Gell. 1,23; Macr. Sat. 1,6,19–25.

15 Plaut. Cist. 22–41.

16 Plut. Sulla 6,10–12; 13,1; 22,1; App. civ. 1,73.77.

17 Kajava, M., Roman Senatorial Women and the Greek East. Epigraphic Evidence from the Republican and Augustan Period, in: Solin, H., Kajava, M. (Hg.), Roman Eastern Policy and Other Studies in Roman History. Proceedings of a Colloquium at Tvärminne, Helsinki 1990 (Commentationes Humanarum Litterarum 91), 57–124.

18 I. Pergamon 412.

19 Frg. Cato = Plin. nat. 34,31.

20 Plut. Tib. Gracch. 1,4; Cai. Gracch. 19,2.

21 Carney, E. D., Women and Monarchy in Macedonia, University of Oklahoma Press 2000; Macurdy, G. H., Hellenistic Queens. A Study in Woman-Power in Macedonia, Seleucid Syria and Ptolemaic Egypt, Baltimore 1932; Ashton, S.-A., The Last Queens of Egypt, London 2003; Pomeroy, S. B., Women in Hellenistic Egypt. From Alexander to Cleopatra, New York 1984, 3–40.

22 Bestattung der Mutter des M. Flavius: Liv. 8,22,2–4; Bestattung der Popilia, Mutter des Q. Lutatius Catulus: Cic. de orat. 2,44; Bestattung der Iulia, der Gattin des Marius: Suet. Caes. 6,1; Plut. Caes. 5,1. Caesar hatte als erster einer *jungen* Frau die Ehre einer Leichenrede erwiesen (Plut. Caes. 5,2); ob er als erster *munera*, Leichenspiele, für eine Frau – seine Tochter Iulia – ausrichtete, bleibt unklar.

23 Gell. 10,3,3.

24 Pol. 31,26,1–7.

25 Bereits Tacitus (hist. 1,16,1) spricht von einer einzigen *domus*, die aus diesen zwei Familien bestand.

26 Etwa Sulpicia die Schwiegermutter des Konsuls Postumius 186 v. Chr.: Liv. 39,13,3.

27 App. civ. 4,32.136.

28 App. civ. 5,69.291.

29 App. civ. 5,72.303. Appian spricht von der Gemahlin namens Iulia, möglicherweise meint er Antonius' Mutter Iulia, wahrscheinlicher ist jedoch, daß er die Namen der involvierten Frauen verwechselt.

30 Cass. Dio 48,15,2; 48,16,2; App. civ. 5,51.217.

31 Plut. Ant. 20,3; App. civ 5,63.267.

32 App. civ. 5,63.268 ff.

33 Singer, M. W., Octavia's Mediation at Tarentum, CJ 43, 1947/48, 173–177.

34 Cass. Dio 48,28,3.

35 App. civ. 5,54.225.

36 Oder Beginn seines 40. Lebensjahres, was in der Antike wichtiger zu sein scheint, als das Lebensalter zu vollenden.

37 Publius Clodius, Caius Scribonius Curio.

38 Welch, K. E., Antony, Fulvia, and the ghost of Clodius in 47 B.C., G&R 42 (2), 1995, 182–201.

39 Cass. Dio 48,13,1–2; Cic. Phil. 3,4; 13,18.

40 Es herrscht erhebliche Uneinigkeit in der Forschung, ob es sich tatsächlich um Bildnisse der Fulvia handelt, gerade aber die Prägung Vaalas mit einer Belagerung auf der Rückseite ist meines Erachtens gut geeignet, um zu belegen, dass Fulvia in der Krise von Perusia (vgl. S. 40) dargestellt ist. Zu den Münzprägungen vgl. Fischer, R. A., Fulvia und Octavia. Die beiden Ehefrauen des Marcus Antonius in den politischen Kämpfen der Umbruchzeit zwischen Republik und Principat, Berlin 1999, 141–170.

41 App. civ. 4,32.137.

42 Cic. Phil. 5,11.

43 App. civ. 3,51.211f.

44 Es blieb ihr auch Rückhalt – etwa durch Atticus, Ciceros Freund, der es immer verstand, sein Risiko durch Unterstützung beider Parteien zu minimieren vgl. Nep. Att. 9.

45 Als Drahtzieher werden Antonius' Bruder Lucius, Fulvia und Manius, einer der Sonderbeauftragten des Antonius genannt.

46 Delia, D., Fulvia Reconsidered, in: Pomeroy, S. B. (Hg.), Women's History and Ancient History, Chapel Hill 1991, 197–217.

47 App. civ. 5,33.130.

48 Cass. Dio 48,10,3–4; Val. Max. 3,5,3.

49 Cass. Dio 48,22,3.

50 Vell. 2,74.

51 Plut. Ant. 10,3.

52 App. civ. 5,19.75.

53 Der Sonderbeauftragte des Antonius in Italien.

54 Frag. in: Martial 11,20,3–8 (Übersetzung: P. Barié und W. Schindler).

55 App. civ. 5,59.249 cf. 62.266.

56 Dixon, S., Family Finances: Tullia and Terentia (1984), Ndr. in: Rawson, B. (Hg.), The Family in Ancient Rome, London 1985, 93–120; Carp, T., Two Matrons of the Late Republic (1981), Ndr. in: Foley, H. (Hg.) Reflections of Women in Antiquity, New York 1981, 343–354.

57 Plut. Ant. 53,1–2.

58 Plut. Ant. 54,1–2.

59 Kajava, M. (wie Anm. 17, S. 291), 71.

60 Fischer, R. A. (wie Anm. 40), 171–215.

61 Zanker, P., Augustus und die Macht der Bilder, München³ 1997, 69.

62 Christ, K. (wie Anm. 32, S. 289).

63 Cass. Dio 47,7,4; 47,8,2–4.

64 Plut. Ant. 83,4.

65 IG 12,2,58b, Z. 21–27 = OGIS 456.

66 IGRR 4,39b. vgl. Bartman, E., Portraits of Livia. Imaging the Imperial Woman in Augustan Rome, Cambridge 1999, 67.

67 Cass. Dio, 49,15,1; 49,18,6.

68 Reynolds, J., Aphrodisias and Rome, London 1982, Nr. 13, Kommentar 104–106.

69 Hahn, U., Die Frauen des römischen Kaiserhauses und ihre Ehrungen im griechischen Osten anhand epigraphischer und numismatischer Zeugnisse von Livia bis Sabina, Saarbrücken 1994 (Saarbrücker Studien zur Archäologie und Alten Geschichte 8), 40.

70 MDAI(A) 75, 1960, 105 Nr. 12.

71 IGR 4,983.

72 RPC I 1427; Hahn (wie Anm. 49, S. 292), 42.

73 Cass. Dio 49,38,1.

74 Ein Tutor regelte nicht die Geschäfte allein, sondern stimmte lediglich zu.

75 Clauss, M., Kleopatra, München 1995, 62.

76 Dig. 24,2,1 (Paulus); Plut. Ant. 57,3.

77 Die von Ernst Kornemann aufgebrachte These hat Perkounig, C. M. (wie Anm. 12, S. 289), 56 wieder aufgenommen.

78 Cass. Dio 49,15,5–6.

79 Scardigli, B., La sacrosanctitas tribunicia di Ottavia e Livia, AFLS 3, 1982, 61–64.

80 Zuletzt Sehlmeyer, M., Stadtrömische Ehrenstatuen der republikanischen Zeit. Historizität und Kontext von Symbolen nobilitären Standesbewußtseins, Stuttgart 1999 (Historische Einzelschriften 130) zu Cloelia: 98–101; Claudia Quinta: 126–128 und Cornelia: 187–189.

81 Macr. Sat. 2,5,4.

82 Bremmer, J., The Legend of Cybele's Arrival in Rome, in: Vermaseren, M. J. (Hg.), Studies in Hellenistic Religions, Leiden 1979, 9–22.

83 Zu dieser Prärogative Plin. nat. 34,30.

84 Hypothesen hierzu bei Bartman, E. (wie Anm. 66, S. 292), 62–68.

85 Flory, M. B., Livia and the History of Honorific Statues for Women in Rome, TAPhA 123, 1993, 287–308.

86 Andreae, B., Kleopatra und die sogenannte Venus vom Esquilin, in: Andreae, B., Rhein, K. (Hg.), Kleopatra und die Caesaren. Ausstellung des Bucerius Kunst Forums (Hamburg) 28. Okt. 2006 bis 4. Feb. 2007, München 2006, 14–47; grundsätzlich negativ beurteilt diese Zuweisung im gleichen Katalog Weill Goudchaux, G., 138–141.

87 Plut. Ant. 26,1–3.

88 RG 24.

89 Suet. Tib. 7,1.

90 Zur *pietas*-Vorstellung vgl. S. 90.

Kapitel 5: Die wiederhergestellte Republik. Der Principat des Augustus (27–19 v. Chr.)

1 Suet. Aug. 101, 4.

2 Nach Sueton (Aug. 100) wurde der Bau 28 v. Chr. fertiggestellt. Auch wenn man ihn als Bekenntnis zu Rom im Gegensatz zu Antonius' Grab in Alexandria verstehen kann, so weist doch die schiere Größe auf die hellenistischen Gräber der Könige – selbst wenn die Formen etruskischer Provenienz sein mögen. Vgl. Toynbee, J. M. C., Death and Burial in the Roman World, London ²1996, 144 ff.; Zanker, P. (wie Anm. 61, S. 292), 81.

3 Vgl. Anm. 2, S. 284.

4 Durch die *lex Titia* vgl. App. civ. 4,7.27.

5 Christ, K., Die Dialektik des augusteischen Principats, in: ders., Römische Geschichte und Wissenschaftsgeschichte 1. Römische Republik und Augusteischer Principat, Darmstadt 1982, 253–263.

6 Abgebildet auf den Denaren RIC² 254 b; 255.

7 Bleicken, J. (wie Anm. 10, S. 288), 302.

8 RG 24.

9 18 v. Chr. und 13 v. Chr. wurde es jeweils für fünf Jahre verlängert; 8 v. Chr., 3 n. Chr und 13 n. Chr wiederum für jeweils zehn Jahre.

10 Cass. Dio 53,16,8.

11 Ennius fr. 505V = Varro rust. 3,1,2 = Suet. Aug. 7,2.

12 Plut. Rom. 9,5; Liv. 1,7,1.

13 Suet. Aug. 95.

14 Prop. 4,6,38 ff.

15 Clauss, M., Kaiser und Gott. Herrscherkult im Westen des römischen Reiches, Leipzig 1999, Einleitung.

16 Verstorbene Angehörige, die als Schutzgötter der Vorratskammer eines Hauses fungierten. Im Staatskult wurden aber die trojanischen Hausgötter verehrt, die von Aeneas aus dem brennenden Troja geführt worden waren.

17 Sen. clem. 3,24,5.

18 RIC² 419 (Aureus), 33 b, 50 a, 36 a, 36 b.

19 Kunst, C., Wohnen mit den Göttern. Zur Einbeziehung des Göttlichen in den kaiserlichen Wohnraum, in: Batsch, C., Egelhaaf, U., Stepper, R. (Hg.), Religion zwischen Krise und Alltag, Stuttgart 1999 (Potsdamer Altertumswissenschaftliche Beiträge 1), 221–241.

20 Christ, K., Geschichte der römischen Kaiserzeit, München 1988, 166.

21 Sen. cons. Polyb. 16,5.

22 Arles: AE 1952,165 = AE 1954,39 = AE 1955,82 = 1994,227; Frgm. Rom: CIL VI 40365 = AE 1994,227; Frgm. Potentia: CIL IX 5811 = ILS 82.

23 Verg. Aen. 6,403.

24 Suet. Aug. 52.

25 Pol. 6,56; Cic. har. 19.

26 Cic. Marc. 18.

27 Hor. c. 3,6,1–8 (Übersetzung: M. Simon).

28 Vgl. auch Suet. Aug. 58,2. Wie beim Augustusnamen spielten auch beim *pater patriae* Titel Reminiszenzen an den Stadtgründer Romulus mit, der bei Ennius *patriae custos*, Wächter des Vaterlandes, und *pater* heißt (Cic. rep. 1,64). Livius (5,49,7) pries in seiner römischen Geschichte den altrömischen Staatsmann Camillus – nicht ohne gebührend auf Parallelen zu Augustus hinzuweisen – als *Romulus ac parens patriae conditor alter urbis (Romulus, Vater des Vaterlandes und ein zweiter Gründer der Stadt)*. Noch Seneca (clem. 1,10,3) bekennt 50 Jahre später: *Daß er [Augustus] ein Gott ist, glauben wir, ohne daß es uns jemand zu sagen braucht; daß Augustus ein guter princeps war, daß er den Namen eines Vaters wohl verdiente, sagen wir ganz offen.*

Kapitel 6: Frau des Princeps und »ganz vortreffliche Gemahlin«

1 Cic. Phil. 13,8.

2 Plin. nat. 7,57.

3 Suet. Aug. 63,1.

4 Cass. Dio 48,54,4; 51,15,5.

5 Suet. Aug. 63,2.

6 Cass. Dio 53,27,5.

7 Plin. nat. 7,12.

8 Suet. Tib. 26,4.

9 Cass. Dio 53,28,3.
10 Plin. nat. 19,24.
11 Vell. 2,93,2.
12 Tac. ann. 6,51,3.
13 Tac. ann. 2,41,3.
14 Pompei: CIL X 832; Depli und Tanagra: Sylloge[3] 774 A.
15 Cass. Dio 54,3,4.
16 Bleicken, J. (wie Anm. 10, S. 288), 347.
17 Plin. nat. 7,45; Vell. 2,93,2.
18 Suet. Aug. 66,3; Tib. 10,1; Cass. Dio 53,32,1; Ios. ant. Iud. 15,10,2.
19 Cass. Dio 53,33,4.
20 Serv. Aen. 6,859; vgl. Stahr, A., Römische Kaiserfrauen, Berlin [2]1880, 150.
21 Prop. 3,18,13; Plin. nat. 19,2; Cass. Dio 53,31,2–3.
22 Übersetzung: D. Ebener.
23 Plin. nat. 7,6.
24 Sen. epist. 94,46.
25 Plut. Ant. 87,2.
26 Suet. Aug. 63,1.
27 Suet. Cal. 23,1.
28 RIC[2] Cai. 58.
29 Ios. ant. Iud. 16,2,1.
30 Nic. Damas de vita sua p. 6–8 = FGrH 2A. 421 Frgm. 134 (3).
31 Cass. Dio 54,28,2–3.
32 Plin. nat. 35,4,9; Cass. Dio 54,29,6.
33 Vogt, J., Die alexandrinischen Münzen. Grundlegung einer alexandrinischen Kaisergeschichte, 2 Bde., Stuttgart 1924, 14.
34 Die Datierung folgt RPC, S. 691.
35 RPC 5027.
36 RPC 5006. Möglicherweise werden diese Münzen schon nach 19 v. Chr. geprägt vgl. RPC, S. 691.
37 RPC 5008.
38 Gross, W. H. (wie Anm. 10, S. 288), Tafel 3, 1–7 = RPC 5055, 5065, 5072. Mit Athene auch auf einer kilikischen Münze vgl. RPC 4011. Kleopatra und Athene vgl. RPC 4773.
39 RPC 5053, 5063.
40 RPC 5043, 5047.
41 RPC 5042, 5046, 5054, 5058, 5064, 5068.
42 Gross, W. H. (wie Anm. 10, S. 288), Taf. 3,8–10. RPC 2591.
43 Gross, W. H. (wie Anm. 10, S. 288), Taf. 4,1–2. RPC 2464.
44 Gross, W. H. (wie Anm. 10, S. 288), Taf. RPC I 2449.
45 Gross, W. H. (wie Anm. 10, S. 288), Taf. 4,3–5.
46 RPC 2467.
47 RPC 2359.
48 RPC 1563.
49 RPC 2338.
50 RPC 2496.
51 Hahn, U. (wie Anm. 69, S. 292), 39 mit Anm. 150.
52 RPC I 3143.
53 Hahn, U. (wie Anm. 69, S. 292), Katalog Nr. 57.

54 Siehe Katalog bei Hahn, U. (wie Anm. 69, S. 292), 322 ff.

55 RPC 2648. Parallel dazu erscheint eine weitere Demetermünze für Livia in Tralleis RPC 2647.

56 RPC 2097.

57 Den Hinweis verdanke ich A. Schulz.

58 RPC 5415.

59 Bahrfeldt, M. v., Die Münzen der Flottenpräfekten des Marcus Antonius, Numismatische Zeitschrift 37, 1905, 9–57.

60 Kleiner, D. E. E., Politics and Gender in the Pictorial Propaganda of Antony and Octavian, CV 36, 1992, 357–367, 365.

61 Peckáry, T., Das Römische Kaiserbildnis in Staat, Kult und Gesellschaft, dargestellt anhand der Schriftquellen, Berlin 1985, 42 ff.; Alexandridis, A., Die Frauen des römischen Kaiserhauses. Eine Untersuchung ihrer bildlichen Darstellung von Livia bis Iulia Domna, Mainz 2004, 31 ff.

62 Dierichs, A., Das Idealbild der römischen Kaiserin. Livia Augusta, in: Späth, T., Wagner-Hasel, B. (Hg.), Frauenwelten in der Antike. Geschlechterordnung und weibliche Lebenspraxis, Stuttgart 2000, 241–262,249.

63 Zu Velleia: Wood, S., Imperial Women. A Study in Public Images, 40 BC – AD 68, Leiden/Boston 1998 (Mnemosyne Supp. 194), 125 ff.; Alexandridis, A. (wie Anm. 61), 107; Bartman, E. (wie Anm. 66, S. 292), 123 ff.

64 Alexandridis, A. (wie Anm. 61), 72.

65 Alexandridis, A. (wie Anm. 61).

66 CIL XI 1165 (vgl. Anm. 28, S. 307).

67 Tac. ann. 5,1,2; Vell. 2,75,3.

68 Gell. 5,11.

69 Ov. Pont. 3,1,117.

70 Plut. Ant. 27,2–3.

71 Dierichs, A. (wie Anm. 10, S. 288), 72.

72 Giuliani, L., Bildnis und Botschaft. Hermeneutische Untersuchungen zur Bildniskunst der römischen Republik, Frankfurt 1986, bes. 51 ff.

73 Mannsperger, M., Frisurenkunst und Kunstfrisur. Die Haarmode der römischen Kaiserinnen von Livia bis Sabina, Bonn 1998, 32 f.

74 Ov. ars 3,163–5.

75 Winkes, R., Livia, Octavia, Iulia. Porträts und Darstellungen. Louvain-La-Neuve 1995 (Archaeologica Transatlantica 13), 55.

76 Weill Goudchaux, G., Was Cleopatra Beautiful? The Conflicting Answers of Numismatics, in: Walker, S. E., Higgs, P. (Hg.), Cleopatra of Egypt. From History to Myth, London 2001, 210–216, 210–211.

77 Crawford RRC 542–3.

78 Sebesta, J. L. (wie Anm. 43, S. 287).

79 Scholz, B. I., Untersuchungen zur Tracht der römischen matrona, Köln/Weimar/Wien 1992, bes. 30.

80 Hor. s. 1,2,94–100.

81 Dig. 47,10,15,15 (Ulpian).

82 Tert. Cult. Fem. 2,9,4; Kunst, C., Ornamenta uxoria. Badges of Rank or Jewellery of Roman Wives?, The Medieval History Journal 8, 1, 2005, 127–142.

83 Winkes, R. (wie Anm. 75).

84 Ov. ars 3,139–140.

85 Dierichs, A. (wie Anm. 10, S. 288), 72 hat hingegen Zweifel angemeldet, ob man bei Livia wirklich von einem langen Hals sprechen kann.

86 Bartman, E. (wie Anm. 66, S. 292), 40.

87 Dierichs, A. (wie Anm. 62, S. 296), 241–262.

88 Wood, S. (wie Anm. 63, S. 296), 97: *This is a style that suggests control of nature and emotion while still representing its subject as an attractive and eternally youthful woman: the embodiment of the good wife, who is desirable but chaste.*

89 Schade, K., *Anus ebria, avia educans* und *pulcherrima femina.* Altersdiskurse im römischen Frauenporträt, JDAI 116, 2001, 259–276.

90 Wagner-Hasel, B., Alter, Wissen und Geschlecht. Überlegungen zum Altersdiskurs in der Antike, L'Homme 17, 2006 (1), 13–36.

91 Cass. Dio 58,2,5.

92 Der Name Turia ist historisch nicht gesichert. Eine bei Valerius Maximus (6,7,2) erwähnte Geschichte aus der Triumviratszeit hat lediglich zu dieser Identifikation geführt. Der Praktikabilität wegen wird aber im folgenden auch hier von Turia gesprochen.

93 Laud. Turiae 30–31.

94 Fannia: Plin. epist. 7,19,7; Matidia: CIL XIV 3579.

95 CIL VI 29 580 (Rom) = ILS 8450.

96 CIL VI 11 602 (Rom) = ILS 8402.

97 CIL VI 37 965.

98 Nicht sonnenverbrannt wie eine Sklavin.

99 Ibid.

100 Val. Max. 6,7.1–3.

101 Val. Max. 2,1,6.

102 Aug. conf. 9,19.

103 Cass. Dio 58,2,4 vgl. auch Tac. ann. 5,1,3.

104 Val. Max. 4,3,3.

105 Plin. nat. 7,57.

106 Vgl. Anm. 91.

107 Suet. Aug. 69,2.

108 Cass. Dio 54,19,3.

109 Dig. 24,1,64 (Iavolen).

110 Giebel, M., Reisen in der Antike, Düsseldorf/Zürich 1999, 188; Halfmann, H., Itinera principum. Geschichte und Typologie der Kaiserreisen im Römischen Reich, Wiesbaden – Stuttgart 1986 (HABEAS 2), 157 ff.

111 Cass. Dio 54,6–9.

112 Gallien: Cass. Dio 55,2,4; 55,8,2; Osten: Ios. ant. Iud. 16,5,1; bell. Iud. 5,13,6.

113 Tac. ann. 3,5,1; Sen. cons. Marc. 3,2.

114 Laud. Turiae 4–10.

115 Tac. ann. 12,5,3.

116 CIL VI 1779 = CLE 111 = ILS 1259.

117 Frgm. Areus = Sen. cons. Marc. 4,3.

118 Colum. 1,8,5.

119 Plut. Ant. 2,2.

120 Iulia, Antonius' Mutter, rettete ihren Bruder vor den Proskriptionen. Plut. Ant. 20,3; App. civ. 4,37.156–158; Cass. Dio 47,8,5; zur Schwiegermutter vgl. Anm. 25, S. 291.

121 Liv. 2,40,1–12.

122 Plut. Coriolan. 37; Val. Max. 1,8,4; 5,2,1.

123 CIL VI 883.

124 Bigalke, V., Der gelbe Fries der Casa di Livia auf dem Palatin in Rom, Münster 1991.

125 Simon, E., Die Götter der Römer, München 1990, 60.

126 Vgl. Champeaux, J. J., Fortuna. Recherches sur le culte de la Fortune à Rome et dans le monde romain. Des origines à la mort de César, II Les transformations de Fortuna sous la République, Paris 1987 (Collection de l'École française de Rome 64,2), 247 ff. 296 ff.

127 *Impotens* meint in der Grundbedeutung jemand, der unfähig ist, seine Leidenschaften (z. B. Ehrgeiz) zu beherrschen.

128 Tac. ann. 5,1,3.

129 Val. Max. 6,7; App. civ. 4,39–40.163–170.

130 Porcia: Val. Max. 4,6,5; Paulina: Tac. ann. 15,63; Arria: Plin. epist. 3,16.

131 Dettenhofer, M., Frauen in politischen Krisen. Zwischen Republik und Prinzipat, in: dies. (Hg.), Reine Männersache? Frauen in Männerdomänen der antiken Welt, Köln 1994, 133–157.

132 Sen. clem. 3,7. Speyer, W., Zur Verschwörung des Cn. Cornelius Cinna, RhM 99, 1956, 277–284.

133 Sen. clem. 3,7,2. So auch Cass. Dio 55,14,1–2. Vgl. Sen. benef. 4,30,2.

134 Cass. Dio 55,14,1 ordnet das Ereignis ins Jahr 4 n. Chr. Ihm folgt Kienast, D. (wie Anm. 52, S. 290), 116, Anm. 200); er kommt aber möglicherweise nur deshalb zu dieser Einschätzung, da Cinna 5 n. Chr. den Konsulat bekleidete. Sen. clem. 1,9,2 führt in die Jahre 16–13 v. Chr. vgl. hierzu Barrett, A. A., (wie Anm. 3, S. 285), 318 f.

135 Frgm. Aug. = Gell. 15,7,3.

136 Stahlmann, I. (wie Anm. 29, S. 286), 58.

137 Frg. Varro = Gell. 17,18; Hor. s. 1,2, 48. 64.

138 Meise, E., Untersuchungen zur Geschichte der Julisch-Claudischen Dynastie, München 1969 (Vestigia 10).

139 Suet. Aug. 65,1.

140 Gell. 10,23,1.

141 Val. Max. 6,3,9; 6,3,12.

142 Suet. Aug. 73.

143 Liv. 1,57,9.

144 Barrett, A. A. (wie Anm. 3, S. 285), 106, 364 Anm. 7.

145 Plin. nat. 14,60; 19,92.

146 Plin. paneg. 83.

147 Macr. Sat. 2,5,6.

148 Plin. nat. 7,75.

149 Cass. Dio 58,2,4.

150 Marshall, A. J., Roman Women and the Provinces, AncSoc 6, 1975, 109–207; ders., Tacitus and the Governor's Lady. A Note on Annals 3,33–34, G&R 22, 1975, 11–18.

151 Suet. Aug. 24,1.

152 Cass. Dio 56,25,6.

153 Hahn, U. (wie Anm. 69, S. 292), 34 f.

154 Dazu Hahn, U. (wie Anm. 69, S. 292), 38 ff.

155 Winter, E., Das Kalabsha-Tor in Berlin, JbPrK 14, 1977, 59–71, 68; ders., Untersuchungen zu den ägyptischen Tempelreliefs der griechichisch-römischen Zeit, Wien 1868 (Österreichische Akademie der Wiss. Denkschrift 98).

156 IG 3,316.
157 Bernhardt, R., Athen, Augustus und die Eleusinischen Mysterien, MDAI(A) 90, 1975, 233–237.
158 Grant, M., Kleopatra. Eine Biographie, Bergisch Gladbach 1977 (Ndr. 1988), 275.
159 Ihre Priesterinnen wurden bei Verletzung des Keuschheitsgebots lebendig begraben.
160 Clauss, M. (wie Anm. 15, S. 294), 242.
161 Nachweise bei Hahn, U. (wie Anm. 69, S. 292), Katalog Nr. 2, 20, 22.
162 Hahn, U. (wie Anm. 69, S. 292), 34 ff.
163 Kunst, C., Frauen im hellenistischen Herrscherkult, Klio 89 (1), 2007, 24–38.
164 Eine *supplicatio*, ein Bitt- und Dankopfer wird abgehalten, zu dem die Frauen eine *vitta*, eine Binde, um den Kopf trugen, die sich aus dem gegebenen Anlaß von der sonst üblichen der Matronen unterschied.
165 Simon, E. (wie Anm. 125, S. 298), 152 ff.
166 Cass. Dio 47,17,6; Suet. Aug. 61,2.
167 Vgl. Anm. 85, S. 313.
168 Vitr. 1, prooem. 2. Vgl. S. 73 ff.

Kapitel 7: Mater familias – zwischen Mutterliebe und Vaterland

1 Suet. Aug. 64,1.
2 Gell. 5,19,9.
3 Suet. Aug. 64,1.
4 Sen. contr. 2,4,12.
5 Suet. Aug. 64,1.
6 Zu Tiberius vgl. S. 174 ff.
7 IG 1, 1109 dazu jetzt Herklotz, F., Prinzeps und Pharao. Der Kult des Augustus in Ägypten, Frankfurt 2007 (Oikumene 4), 339.
8 Suet. Aug. 56,2.
9 Zanker, P. (wie Anm. 61, S. 292), 218 ff.
10 RIC² Aug. 404.
11 RIC² Aug. 403.
12 Cat. 34,13 ff.
13 Suet. Tib. 7,1–3.
14 Es bietet sich an, hier an Claudia Quinta zu denken, für die die Einholung des Schiffs mit dem Kultbild der Magna Mater 204 v. Chr. zur Keuschheitsprobe wurde. Es ist unmöglich, diese Verwandtschaft nachzuweisen. Allerdings würde allein der Anspruch erklären, warum das Sujet so außerordentlich beliebt ist und gerade in augusteischer Zeit eine weitere Aus- und Umdeutung erfährt (vgl. S. 80).
15 Tac. ann. 4,39,3; 40,6; Suet. Aug. 63,2.
16 Suet. Tib. 7,2.
17 RIC² 198 (Aureus), 199 (Denar).
18 Zanker, P. (wie Anm. 61, S. 292), 221.
19 Kienast, D. (wie Anm. 52, S. 290), 108.
20 Suet. Tib. 9,3; Cass. Dio 55,9,4 f.
21 Buxton, B., Hannah, R., OGIS 458, the Augustan Calendar and the Succession, Studies in Latin Literature and Roman History 12, 2005, 290–306.
22 Dig. 49,14,32 (Marcian).
23 IGRR IV 1756. Zum deutlich gewachsenen numismatischen wie epigraphischen Befund

für die Caesaren vgl. Wolters, R., Gaius und Lucius als designierte Konsuln und principes iuventutis. Die lex Valeria Cornelia und RIC I² 205 ff., Chiron 32, 2002, 297–323.

24 OGIS 532, Vgl. Herrmann, P., Der römische Kaisereid, Göttingen 1968, 96 f.

25 Tac. ann. 3,22,1.

26 RIC² 205–211.

27 Syme, R., The Crisis of 2 B. C., München 1974 (SBAW 1974, 7), 3–34; Levick, B., The Fall of Julia the Younger, Latomus 35, 1976, 301–339.

28 Linderski, J., Julia in Regium, ZPE 72, 1988, 181–200, 185. Zur manus-Ehe vgl. Anm. 12, S. 291.

29 Plin. nat. 7,8,6.

30 Zum Verfahren vgl. Meise, E. (wie Anm. 138, S. 298), 14–17.

31 Meise, E. (wie Anm. 138, S. 298), 27.

32 Sen. benef. 6,32,1; brev. vit. 4,6.

33 Plin. nat. 7,149.

34 Suet. Aug. 65,2. Zitate in: Sen. benef. 6,32,1; Plin. nat. 21,9.

35 Tac. ann. 1,10,4; 4,44,3; Cass. Dio 55,10,15. Velleius (2,100,4 f.) spricht von Selbstmord.

36 Tac. ann. 4,13,3. Tacitus behauptet Sempronius habe mit Iulia bereits während ihrer Ehe mit Agrippa eine Liebesbeziehung gehabt.

37 Vell. 2,100,3. Zu möglichen Identitäten vgl. Meise, E. (wie Anm. 138, S. 298), 21 ff.

38 Vell. 2,100,5; Dio 55,10,14.

39 Suet. Aug. 64,3.

40 Vgl. Zanker, P. (wie Anm. 61, S. 292), 222.

41 Plut. (Reg. et imp. apoph. Caes. Aug. 10) mor. 207E.

42 CIL XI 1421.

43 Plin. epist. 5,16.

44 P. Oxy 4,744 (1 v. Chr.).

45 Dig. 25,4,1,10 (Ulpian).

46 Dixon, S., The Roman Mother, London 1988, 132.

47 Schade, K. (wie Anm. 89, S. 297).

48 Nik. Dam. 3,5.

49 Tac. ann. 3,3. Anders interpretiert von Kokkinos, N., Antonia Augusta. Portrait of a Great Roman Lady, London 1992 (Ndr. 2002), 23 f.

50 Cic. Cluent. 12.

51 Zum Ideal vgl. Dixon, S. (wie Anm. 46), 109.

52 Hor. c. 3,6,41.

53 Tac. Agr. 4,4.

54 Suet. Nero 52.

55 Cic. Brut. 210; Quint. inst. 1,1,6.

56 Pudentilla und Potianus, vgl. Apul. apol. 84 f., bes. 85,7; Attia berät Octavian Suet. Aug. 5.

57 Ascon. Scaur. 23.

58 Cic. Att. 15,10.

59 Cic. Phil. 2,58.

60 Kokkinos, N. (wie Anm. 49), 17; 43 ff.

61 Cass. Dio 48,44,4.

62 Cass. Dio 48,44,5.

63 Suet. Tib. 6,4.

64 Wiseman, T. P., Corinth and Rome I: 228 B.C. – A.D. 267, ANRW I.7.1, 497ff. cf. Huntsman, E. D., The Family and Property of Livia Drusilla, Diss. Univ. Pennsylvania 1997, 121ff.

65 Suet. Tib. 7,3.

66 Val. Max. 4,3,3.

67 Suet. Tib. 7,1.

68 Suet. Tib. 6,4; Cass. Dio 51,22,4.

69 Suet. Tib. 7,1. Der Hinweis auf das Amphitheater datiert die Spiele in die Zeit nach 29 v. Chr., als das Theater errichtet wurde.

70 Hor. c. 4,4.

71 Hor. c. 4,14.

72 Plin. nat. 3,136f.; CIL V 7817. Münze: RIC² 164a–165b (Lugdunum 15 v. Chr.).

73 Zanker, P. (wie Anm. 61, S. 292), 228f.

74 Dixon, S. (wie Anm. 46, S. 300), 173f.; Lefkowitz, M. R., Influential Women, in: Cameron, A., Kuhrt, A. (Hg.), Images of Women in Antiquity, London (1983) ²1993, 49–64, 56–62; Bremen, R. van, Women and Wealth, ibid. 223–42; dies., The Limits of Participation. Women and Civic Life in the Greek East in the Hellenistic and Roman Periods, Amsterdam 1996 (Dutch Monographs on Ancient History and Archaeology 15), 83ff.

75 Cass. Dio 55,8,2.

76 Simpson, C. J., Livia and the Constitution of the Aedes Concordiae, Historia 40, 1991, 449–455; anders Flory, M. B., Sic exempla parantur. Livia's shrine to Concordia and the Porticus Liviae, Historia 33, 1984, 309–30, 324.

77 Zanker, P., Forum Romanum. Die Neugestaltung durch Augustus, Tübingen 1972, 18ff.

78 Plin. nat. 7,20; Val. Max. 5,4,5.

79 Zu Octavias Trauer vgl. Sen. cons. Marc. 2,2–5.

80 Sen. cons. Marc. 3,2.

81 Hier. epist. 39,6.

82 Prescendi, F., Klagende Frauen. Zur weiblichen Trauerhaltung in Rom, in: Wagner-Hasel, B., Späth, T. (Hg.), Frauenwelten in der Antike. Geschlechterordnung und weibliche Lebenspraxis, Stuttgart 2000 (Ndr. 2006), 102–110.

83 CIL VI 33787 = ILS 1828: M. Livius Augustae lib(ertus). Prytanis, Liviae Drusi paedag(ogus).

84 Wagner-Hasel, B. (wie Anm. 90, S. 297).

85 Suet. Claud. 7,3.

86 Suet. Claud. 2,2.

87 Zum Krankheitsbild vgl. Levick, B., Claudius, London 1990, 13ff.

88 Suet. Claud. 4,1–4.

89 Suet. Cal. 8,4–5.

90 Suet. Cal. 10.

91 Suet. Cal. 24,1.

92 CIL VI 3998 = AE 1992, 92.

93 CIL VI 4352.

94 Cass. Dio 53,27,5.

95 Levick, B., Tiberius the Politician (1976), London ²1999, 50.

96 Suet. Claud. 26,1–2.

97 Suet. Tib. 7,1.

98 Sen. cons. Marc. 4,3.

99 Sen. cons. Marc. 4,3–5,1.
100 Oppermann, M., Römische Kaiserreliefs, Leipzig 1985, 22.
101 Den augusteischen Frieden.
102 Cons. ad Liv. 95ff; Sen. cons. Marc. 2,3–5.
103 Cass. Dio 55,2,5 (ius trium liberorum, Statuen).
104 RG 12; FPraen XIII 2, 17 p. 116.
105 Herz, P., Kaiserfeste der Prinzipatszeit, ANRW II 16,2 (1978), 1135–1200, 1147–1155, 1154.
106 Cass. Dio 54,18,2.
107 Flory, M. B. (wie Anm. 85, S. 293), 297.
108 Cass. Dio 54,36,2.
109 Cass. Dio 54,35,2; vgl. das jährliche Opfer zusammen mit Ianus am 30. März Ov. fast. 3,881 f.
110 Cass. Dio 55,2,4.
111 Levick, B. (wie Anm. 95, S. 301), 783, Anm. 5. Zu Drusus: Cass. Dio 55,2,5; zu 7 v. Chr. Cass. Dio 55,6,4–5; 55,8,2.
112 Cass. Dio 55,8,2.
113 Cons. ad Liv. 303.
114 CIL IX 3304 (Superaequum); CIL II 3102 (Segobriga/Tarraconensis).
115 Egger, R., Inschriften, Carinthia 156, 1966, 454–484, 467 Nr. 72 (Magdalensberg/ Noricum) = AE 1954, 241: Liv[i]ae C[aesaris] / Augu[sti ux(ori)] / Norici A[m]bilini / Ambidr(avi) Uperaci / Saev[ates] Laia[n]ci / [A]m[bisont(es) E]lv[eti] // [Iuli]ae Ca[esaris] / Au[g]usti f(iliae) Neron(is) / [N]oric[i Am]bilinei / [A]mbidr(avi) Up[eraci] Saev(ates) / [L]aianc(i) Amb[is]ont(es) / Elveti // Iuliae C[aesaris] / August[i nepti] / [No]rici Am[bilini] / [A]mbidr(avi) U[peraci Saev(ates)] / [Lai]anci [Ambisont(es)] / [Elveti]; Thasos: IG 12,8,381.
116 Laud. Turiae Z. 42–51.
117 Vell. 2,130,4.
118 Bereits Tacitus (hist. 1,16,1) spricht von einer einzigen domus, die aus diesen zwei Familien bestand.
119 Obseq. 71 (Erdbeben) = Liv. perioch. 136.
120 Winterling, A., Aula Caesaris. Studien zur Institutionalisierung des römischen Kaiserhofes in der Zeit von Augustus bis Commodus (31 v. Chr.–192 n. Chr.), München 1999, 83 ff.
121 Tac. ann. 14,43,4.
122 Philo leg. ad Cai. 40; bezeugt sind zudem der thrakische Prinz Sitalkes und seine Schwester Iulia Phyllis (CIL VI 26608).
123 Suet. Aug. 21,3.
124 RG 32; Ios. ant. Iud. 18,42.46 f.; Strab. 16,1,28; CIL VI 1799 = ILS 842.
125 CIL VI 21 415.
126 Vell. 2,100,5; Cass. Dio 55,10,14.
127 Tac. ann. 1,3,3.
128 Watson, P. A., Ancient Stepmothers. Myth, Misogyny and Reality, Leiden/New York 1995 (Mnemosyne, Supplementum 143), zu Livia, 176–192.
129 Cass. Dio 55,2,4.8,2.
130 Cass. Dio 53,33,4.
131 Linderski, J. (wie Anm. 28, S. 300); Gardner, J., Julia's Freedmen. Questions of Law and Status, BICS 35, 1988, 94–100.

132 Cass. Dio 55,10,14.

133 Cass. Dio 55,32,1–2.

134 Cass. Dio 56,30,1–2; Tac. ann. 1,5,1.

135 Cass. Dio 57,3,3. Sie sei es gewesen, die nach dem Tod des Augustus Agrippa Postumus habe ermorden lassen (Cass. Dio 57,3,6; Tac. ann. 1,6,2: jener aus Furcht, diese aus stiefmütterlicher Abneigung).

136 Philipps, J. E., Roman Mothers and their Adult Daughters, Helios N. S. 6, 1978, 69–80.

137 Cass. Dio 54,23,6; Beschreibung: Plin. nat. 14,11; Zur Kunstsammlung: Ov. ars. 1,71– 2. Zu Pollio: Strab. 5,236. Vgl. Zanker, P. (wie Anm. 61, S. 292), 141 ff.

138 Cass. Dio 55,8,2.

139 Grimal, Les Jardins Romain, Paris 1943, 155; 188–91.

140 Cass. Dio 55,8,4.

141 Liv. perioch. 140.

142 Ov. fast. 6,637–639.

143 Prudentius, contra Symmachum 1,251–70.295.

144 CIL VIII 16456 = ILS 120. Die Iuno der Hausherrin wird analog zum Genius des Hausherrn im häuslichen Kult verehrt und umfaßt ihre segenspendende Kraft als Gebärende.

145 Zur manus-Ehe vgl. Anm. 12, S. 291.

146 Ov. fast. 6,637 ff.

147 Vgl. Levick, B., Concordia at Rome, Scripta nummaria Romana. Essays Presented to Humphrey Sutherland, London 1978, 217 f.; 227 f.; Flory, M. B. (wie Anm. 76, S. 301), 309–30; Simpson, C. J. (wie Anm. 76, S. 301), 449–455.

148 Coarelli, F., Guida archeologica di Roma, Verona 1974, 206.

149 Cass. Dio 55,8,2.

150 Bettini, M., Familie und Verwandtschaft im antiken Rom (ital. 1986), Frankfurt 1992 (Historische Studien 8), 80 ff.

151 Pers. 2,31 ff.

152 CIL X 810. Zur Bedeutung von pietas vgl. S. 90.

153 CIL VI 562 = ILS 202. Das pompeianische Gebäude muß um dieselbe Zeit entstanden sein. Der Concordia-Livia waren zwei kleinere Nischen zugeordnet, vielleicht standen hier ihre Söhne Drusus und Tiberius. So Coarelli, F. Pompeji, Archäologischer Führer. Bergisch Gladbach 1990, 156. Angesichts des Weihedatums würde ich jedoch an das Kaiserpaar denken oder sogar an Eumachia und ihren Sohn, da die Nischen deutlich kleiner sind als die der Livia zugedachte.

154 Das Bildprogramm – so Coarelli – war im Außenbereich an das des Augustusforums in Rom angelehnt, seine Gesamtkonzeption scheint jedoch auch Anleihen bei der porticus Liviae gemacht zu haben und ist damit klar auf den dort formulierten Concordia-Gedanken bezogen. Anders als Livias porticus war Eumachias Ensemble nicht als Erholungsrefugium gedacht, sondern diente kommerziellen Zwecken. Doch auch Livias Stiftung lag in unmittelbarer Nähe zu ihrer kommerziell genutzten Stiftung, dem macellum Liviae (vgl. S. 162).

155 Scheid, J. (wie Anm. 32, S. 286) sieht die Rolle der Frauen in der Religion in einer Zuschauerfunktion, da ihnen die für die Ausübung von Priestertätigkeiten zentralen Bereiche wie Weingenuß, Getreidemahlen oder Zerteilen von Fleisch von Alters her verboten waren.

156 Fortuna muliebris: CIL VI 883; Quilici Gigli, S., Il tempio della Fortuna Muliebris, MEFRA 93, 1981, 2, 547–563; Bona dea: Ov. fast. 5,157–8.

157 Scheid, J. (wie Anm. 32, S. 286).
158 Colum. 12,2.
159 Simon, S. (wie Anm. 125, S. 298).
160 Sen. cons. Marc. 4,2.
161 Suet. Tib. 10,2.
162 Cass. Dio 55,9,5.
163 Vell. 2,99; Suet. Tib. 10,1–2.
164 Jakob-Sonnabend, W., Tiberius auf Rhodos. Rückzug oder Kalkül, in: Schubert, C., Brodersen, K. (Hg.), Rom und der griechische Osten. Festschrift für Hatto Schmitt zum 65. Geburtstag, Stuttgart 1995, 113–116.
165 Von Verweigerungshaltung spricht Dettenhofer, M. H., Herrschaft und Widerstand im augusteischen Principat. Die Konkurrenz zwischen *res publica* und *domus Augusta*, Stuttgart 2000 (Historia Einzelschriften 140), 170.
166 Zum Aufenthalt vgl. Kornemann, E., Tiberius, Stuttgart 1960, erweiterte Neuausgabe Frankfurt 1980, 34 f.; Levick, B., Tiberius' Retirement to Rhodes in 6 BC, Latomus 31, 1972, 779–813.
167 Plin. nat. 7,46.
168 Suet. Tib. 8.
169 Zu von Claudius Nero übernommenen Klientelverbindungen vgl. Levick, B. (wie Anm. 95, S. 301), 20.
170 Tac. ann. 1,53,3.
171 Bleicken, J. (wie Anm. 10, S. 288), 634.
172 Buxton, B., Hannah, R. (wie Anm. 21, S. 299).
173 Suet. Tib. 11,5.
174 SIG³ 781 = Sherk, R. K., Roman Documents from the Greek East, Baltimore 1969, 69 = Ehrenberg, V., Jones, A. H. M. (Hg.), Documents Illustrating the Reigns of Augustus and Tiberius, Oxford ²1955, 316.
175 Suet. Tib. 13,1.
176 CIL XII 3155.
177 Suet. Tib. 12,1;13,1.
178 26. Juni 2 v. Chr. – 25. Juni 1 v. Chr.
179 CIL IX 2443 = ILS 147 = AE 1959, 275 = AE 1976, 194.
180 Tib. 13,2–14,1; Cass. Dio 55,11,3.
181 Ov. fast. 6,637–39.
182 Zinserling, G., Der Augustus von Primaporta als offiziöses Denkmal, Acta Antiqua Academiae Scientiarum Hungaricae 15, 1967, 327–339.
183 CIL VI 4032 vgl. Peckáry, T. (wie Anm. 61, S. 296), 14.
184 Suet. Tib. 13,2.
185 Tac. ann. 3,48,1. Eck, W., Die Familie der Volusii Saturnini in neuen Inschriften aus Lucus Feroniae, Hermes 100, 1972, 461–484, 468.
186 Suet. Tib. 49,1; Tac. ann. 3,22 f.
187 Tac. ann. 2,29,1.
188 Levick, B. (wie Anm. 95, S. 301), 48.
189 Vell. 2,103,3.

Kapitel 8: Mater patriae. Livia nach der Adoption des Tiberius

1 Suet. Aug. 65,1.

2 Vell. 2,103.

3 So Bleicken, J. (wie Anm. 10, S. 288), 645.

4 Suet. Tib. 21,3. Zu Adoptionen vgl. Kunst, C. (wie Anm. 13, S. 286).

5 Vell. 2,104,1.

6 Zur Bedeutung von Agrippas Adoption vgl. Birch, R. A., The Settlement of 26 June A. D. 4 and its Aftermath, CQ 31, 1981, 443–456, 446–8.

7 Fasti Amiterni = Inscr. Ital. XIII 2, p. 187 vgl. Instinsky, H. U., Augustus und die Adoption des Tiberius, Hermes 94, 1966, 324–343, 334 f.

8 Das Sorgenkind Claudius wurde dagegen in Nachfolgeüberlegungen gar nicht einbezogen.

9 Levick, B. (wie Anm. 95, S. 301), 50 f.

10 Cass. Dio 55,32,2; Tac. ann. 1,4,3: *ignominia accensum.*

11 Ihm wurde der Status als Sohn und damit einhergehende Erbrechte formell aberkannt.

12 Der Kampf gegen Marbod, der in Böhmen begonnen hatte, ein germanisches Reich zu errichten, mußte abgebrochen werden, um sich dem im Jahr 6 n. Chr. ausgebrochenen Aufstand in Pannonien und Illyrien zuwenden zu können. Unter außerordentlichen Anstrengungen und der Aufbietung von 15 Legionen (ca. 75 000 Mann), einem Aufgebot, das mehr als die Hälfte des römischen Militärpotentials (insgesamt 28 Legionen) band, konnte der Aufstand erst im Jahr 9 n. Chr. niedergeworfen werden.

13 Levick, B. (wie Anm. 95, S. 301), 56 ff.

14 Suet. Aug. 19,1; Cass. Dio 55,27,1–5. Die Datierung ergibt sich aus dem Geburtstag des Drusus und der späteren Weihung des Concordiatempels am 16. Jan. 10 n. Chr. (FPraen 13,2,117).

15 Scheid, J. (wie Anm. 6, S. 288).

16 Suet. Aug. 19,2; Schol. Iuv. 6,158.

17 Meise, E. (wie Anm. 138, S. 298), 44.

18 Suet. Aug. 65.

19 Suet. Aug. 72,3.

20 Zimmermann, R. C., Die Ursachen von Ovids Verbannung, RhM 81, 1932, 263–274; Levick, B. (wie Anm. 27, S. 300).

21 Tac. ann. 1,3,5.

22 Vgl. S. 185 f.; 214 ff.

23 Falerii: CIL XI 3076 = ILS 116: *Genio Augusti et Ti(beri) Caesaris Iunoni Liviae*; El-Lehs/Africa proconsularis: CIL VIII 16456 = ILS 120 vgl. Anm. 31, S. 306.

24 Himera: CIL X 7340: *ara Imp(eratori) Cae[sari] et [L]iv[iae] matri [Ti(beri) Caes(aris) Imp(eratoris) Cae[s(aris coniugi)].*

25 Fasti Praenestini. Kienast, D., Römische Kaisertabelle. Grundzüge einer römischen Kaiserchronologie, Darmstadt 1990, 65 datiert die Weihung auf 6 n. Chr.

26 Daß es sich um eine gelehrte Konstruktion handelt, zeigt Rose, C. B., The Supposed Augustan Arch at Pavia (Ticinum) and the Einsiedeln 326 Manuscript, JRA 3, 1990, 163–69.

27 CIL XIV 3537 (Tibur) = ILS 118.

28 CIL IX 3304 = AE 1991, 557: *Liviae Drusi f(iliae) Augusti matri Ti(beri) Caesaris et Drusi Germanici Superaequani publice* (4–14 n. Chr.).

29 CIL X 7464 = ILS 119: *Liviae Augusti (coniugi) deae municipium.*

30 Zur Iuno vgl. Anm. 144, S. 303.
31 CIL VIII 16456 = ILS 120: *Iunoni Liviae Augusti sacrum, L. Passieno Rufo imperatore Africam obtinente, Cn. Cornelius Cn. f. Cor. Rufus et Maria C. f. Galla Cn. conservati vota l(ibens) m(erito) solvont (!).*
32 Ov. trist. 2,159–168 (Übersetzung: W. Willige).
33 Ov. Pont. 2,8,1–8. 25–29. 44–50 (Übersetzung: W. Willige).
34 Ov. Pont. 2,2,55. 61 et passim; 2,3,92; 3,3,75.
35 Ov. Pont. 3,5,21 (musa); 3,3,38; 2,2,104 (ars).
36 Hochhuth, R. (wie Anm. 4, S. 284), 128 ff.
37 Thibault, J. C., The Mystery of Ovid's Exile, Berkeley/Los Angeles 1964 faßt ältere Theorien zusammen; zuletzt eine Diskussion älterer Thesen bei Korten, C., Ovid, Augustus und der Kult der Vestalinnen. Eine religionspolitische These zur Verbannung Ovids (Studien zur klassischen Philologie 72), Bern 1992, 11 ff. Die nachvollziehbarste Deutung der Vorgänge bei Meise, E. (wie Anm. 138, S. 298), 223 ff.
38 Levick, B. (wie Anm. 95, S. 301), 61.
39 Suet. Aug. 58,2.
40 Suet. Aug. 31,5.
41 Vgl. die Ostmission des Caius (vgl. S. 139, S. 170).
42 Levick, B. (wie Anm. 95, S. 301), 63.
43 Huntsman, E. D. (wie Anm. 64, S. 301), 145 ff.
44 Ov. ep. ex Ponto 2,2, 74 vgl. Millar, F., Ovid and the *Domus Augusta*. Rome seen from Tomoi, JRS 83, 1993,1–17, 12.
45 CIL XII 4333 = ILS 112.
46 Etwa aus der *tabula Siarensis* oder dem Senatsbeschluß gegen Cnaeus Calpurnius Piso.
47 Cass. Dio 56,27,5.
48 Ackroyd, B. G., *Porticus Julia* or *Porticus Liviae*? The Reading of Dio 56,27,5, Athenaeum N.S. 80, 1992, 196–199.
49 RG 20,4.
50 Die Datierung wird im RIC vorgenommen: RIC² 219 (Aureus); RIC² 220 (Denar).
51 Tiberius: RIC² 25; 27; 29 (Aureus) 26; 28 (Denar) in den Jahren 14–37 n. Chr.; RIC² 33–7, 71 (As); Claudius: RIC² 101 (Dupondius) in den Jahren 41–50 n. Chr. Möglicherweise bezieht sich die claudische Prägung auf die für Livia als Göttin geschaffene Kultstatue (so Gross, W. H. [wie Anm. 10, S. 288], 13.), die damit bewußt nach dem augusteischen Münztyp gestaltet worden wäre.
52 Den augusteischen Frieden.
53 Sardis: RPC 2991; Pergamon: RPC 2368.
54 Gross, W. H. (wie Anm. 10, S. 288), 13.
55 RIC² 219 f.
56 Levick, B. (wie Anm. 95, S. 301), 118.
57 Name der Artemis.
58 Anth. Graeca 6,274 (Perses).
59 Hahn, U. (wie Anm. 69, S. 292), 49; aus Rom stammt eine Weihung für Diana Augusta, die sich ebenfalls auf Livia beziehen kann, vgl. CIL XI 3859.
60 Tab. Siarensis AE 1984,508,Z. 10.
61 Tab. Siarensis AE 1984,508,Z. 2 (19 n. Chr.); Eck, W., Caballos, A., Fernández, F. (Hg.), Das *senatus consultum de Cn. Pisone patre*. München 1996 (Vestigia 48); CIL XI 3303 = ILS 154 (*Forum Clodii*; 18 n. Chr.); Gytheios SEG XI 922,3 = AE 1929,99–100; IRT 252.

62 IGR 4,249 f. Zu anderen Euergetisehrungen aus der Zeit des Augustus vgl. Hahn, U. (wie Anm. 69, S. 292), Katalog Nr. 4, 7, 91–94.

63 Hahn, U. (wie Anm. 69, S. 292), 44.

Kapitel 9: Iulia Augusta – Priesterin des toten Herrschers

1 Tac. ann. 1,6,1–2; 1,53,3–6.

2 Tac. ann. 1,5,1; Cass. Dio 56,30,1; Plut. (de garr.) mor. 508.

3 Suet. Aug. 65,4.

4 Cass. Dio 56,30,1–2.

5 Tac. ann. 1,5,4; Cass. Dio 56,31,1.

6 Suet. Aug. 99,1.

7 Suet. Aug. 99,1.

8 Tac. ann. 1,6,3; 3,30,3 vgl. Dio 57,3,5.

9 Tac. ann. 1,53,1; neben Hausarrest strich er ihr die Versorgungsrente, die Augustus der Tochter ausgesetzt hatte, vgl. Suet. Tib. 50,1; Cass. Dio 56,32,4.

10 Meise, E. (wie Anm. 138, S. 298), 30.

11 Tac. ann. 2,39; Suet. Tib. 22. Im Jahr 16 n. Chr. trat sogar einer der Sklaven Agrippas mit einigem Erfolg als sein Herr auf Cass. Dio 57,16,3.

12 Suet. Tib. 23.

13 Suet. Aug. 101,2–4.

14 Tac. ann. 1,8,1–2.

15 Cass. Dio 56,32,1.

16 Cass. Dio 56,32,1.

17 Vgl. Anm. 12, S. 291.

18 Kunst, C., Identität und Unsterblichkeit. Zur Bedeutung des römischen Personennamens, Klio 81 (1), 1999, 156–179.

19 CIL I² 1615.

20 Eck, W. (Hg.), Sklaven und Freigelassene in der Gesellschaft der römischen Kaiserzeit, Darmstadt 1993 (Texte zur Forschung 61), Nr. 183.

21 CIL VIII Suppl. 11 549 (Ammaedara/Haïdra).

22 Suet. Tib. 101,2.

23 Tac. ann. 1,8,1.

24 Kunst, C. (wie Anm. 13, S. 286), 126 ff.

25 Vgl. dazu Kunst, C., Zur sozialen Funktion der domus. Der Haushalt der Kaiserin Livia nach dem Tod des Augustus, in: Kneissl, P., Losemann, V. (Hg.), Imperium Romanum. Studien zu Geschichte und Rezeption. Festschrift für Karl Christ zum 75. Geburtstag, Stuttgart 1998, 450–471.

26 Kaser, RPR I, 270.

27 Vgl. Anm. 24.

28 CIL XI 1165: *Iuliae Divi Augusti filiae Augustae matri Ti(beri) Caesaris Divi Augusti filii Augusti et Neronis Claudi Drusi.*

29 Tac. ann. 1,14,3.

30 Das frühe Rom war von den Etruskern beherrscht worden.

31 Clauss, M. (wie Anm. 15, S. 294), 237.

32 Tac. ann. 1,14,2.

33 Tac. ann. 12,69,3.

34 Cass. Dio 56,42,4.

35 Vell. 2,75,3; Cass. Dio 56,46,1; Ov. Pont. 4,9,105 ff.
36 Nach Ausweis der Fasti Amiterni vgl. Inscr. Ital. XIII 2, 25: *q(uod) e(o) d(ie) / divo Augusto honores caeles/tes a senatu decreti.*
37 Plut. (quaest. Rom. 85) mor. 284F.
38 Scheid, J. (wie Anm. 32, S. 286).
39 Plaut. Aul. prolog. 23–25; Cato agr. 143.
40 Cass. Dio 56,46,2. Liktoren schritten den mit Imperium ausgestatteten Amtsträgern als Zeichen ihrer Macht voraus. Je nach Rang standen ihnen sechs (Prätor), zwölf (Konsul) oder 24 (Dictator) Liktoren zu. Ansonsten hatte nur der Iuppiterpriester (flamen dialis) und Vestalinnen auf jeweils einen Liktor Anspruch.
41 Tac. ann. 1,14,3.
42 Zur Deutung Beard, M., The Sexual Status of Vestal Virgins, JRS 70, 1980, 12–27; zur Kritik an den eigenen theoretischen Konzepten vgl. dies., Re-reading (Vestal) Virginity, in: Hawley, R., Levick, B. M. (Hg.), Women in Antiquity. New Assessments, London 1995, 166–177; Cancik-Lindemaier, H., Kultische Privilegierung und gesellschaftliche Realität. Ein Beitrag zur Kulturgeschichte der »virgines Vestae«, Saeculum 41,1, 1990, 1–16; dies., Priestly and Female Roles in Roman Religion. The »virgines Vestae«, Hyperboreus 2, 1996, 138–150; dies., Die vestalischen Jungfrauen, in: Späth, T., Wagner-Hasel, B. (Hg.), Frauenwelten in der Antike. Geschlechterordnung und weibliche Lebenspraxis, Stuttgart 2000, 111–123.
43 Staples, A., From Good Goddess to Vestal Virgins. Sex and Category in Roman Religion, London/New York 1998, 129 ff.
44 Beard, M. (wie Anm. 42), 17 f.
45 Macr. Sat. 1,15,19. Zu anderen *sacrificia* der *regina sacrorum* Serv. Aen. 4,137.
46 Macr. Sat. 1,16,30. Zu den kultisch bedingten Auflagen hinsichtlich ihres Erscheinungsbildes, vgl. Gell. 10,15,28; Serv. Aen. 4,137 und Gell. 10,15,30.
47 Amann, P., Die Etruskerin. Geschlechterverhältnis und Stellung der Frau im frühen Etrurien (9.–5. Jh. v. Chr.), Wien 2000 (Österreichische Akademie der Wissenschaften philosoph-hist. Kl. Denkschriften 289; Archäologische Forschungen 5).
48 Üblich war die Methode des Lebendigbegrabens. Liv. 2,42; 4,44; 8,15; 22,57 und dazu Münzer, F., Die Römischen Vestalinnen bis zur Kaiserzeit, Philologus 92, 1937, 216 ff.; Suet. Dom. 8; Plin. epist. 4,11,5–13. Vermutlich handelt es sich jedoch zunächst nicht um eine Strafe, sondern um eine Form der Außerdienststellung, wenn die potentielle Fruchtbarkeit nach 30 Jahren verbraucht war. Vgl. Stahlmann I. (wie Anm. 29, S. 286), 129 ff.
49 Boels, N. (wie Anm. 42, S. 287).
50 Caesar (Crawford RRC 466/1), Cassius (Crawford RRC 413/1; 500/2), Lepidus (Crawford RRC 419/3b).
51 Simon, E. (wie Anm. 125, S. 298), 234 f.
52 Cass. Dio 49,38,1.
53 Dazu Frei-Stolba, R., Flavia Publicia, virgo Vestalis maxima. Zu den Inschriften des Atrium Vestae, in: Kneissl, P., Losemann, V. (Hg.), Imperium Romanum. Studien zu Geschichte und Rezeption. Festschrift für Karl Christ zum 75. Geburtstag, Stuttgart 1998, 233–251, 241 ff.
54 Stepper, R., Zur Rolle der römischen Kaiserin im Kultleben, in: Kunst, C., Riemer, U. (Hg.), Grenzen der Macht. Zur Rolle der römischen Kaiserfrauen, Stuttgart 2000 (Potsdamer Altertumswissenschaftliche Beiträge 3), 61–72, 66.
55 Tac. ann. 4,16,4; Suet. Aug 44,3.
56 RIC² 74–76. Dazu Overbeck, B., et al., Bauten Roms auf Münzen und Medaillen, Aus-

stellung der Staatlichen Münzsammlung München vom 16. Okt. bis 2. Dezember 1973, München 1973, 58.

57 Ich halte es daher gerade nicht für eine stringente Entwicklung, seit augusteischer Zeit auf die Vestalinnen zurückzugreifen, sondern für eine teleologische Perspektive der Forschung.

58 Tac. ann. 2,86.

59 Tac. ann. 4,16,4; Suet. Aug. 31,3.

60 Barrett, A. A. (wie Anm. 3, S. 295), Appendix 12. Zur Vesta auf dem Palatin vgl. Kienast, D. (wie Anm. 52, S. 290), 196 f.

61 Liv. 10,23,3–10.

62 Varro rust. 2,11,5.

63 Dazu Hesberg-Tonn, B. v. (wie Anm. 17, S. 285).

64 Liv. 21,62,8; 22,1,17 f. (218 und 217 v. Chr.); 29,14,10–14 (204 v. Chr.) vgl. Ov. fast. 4,179–372; Val. Max. 8,15,12.

65 Liv. 6,4,2.

66 Liv. 8,18,4–3.

67 Fraschetti, A., La sepoltura delle Vestali e la città, in: Gernet, L. (Hg.), Du châtiment dans la cité. Supplices corporels et peine de mort dans le monde antique, Rom 1984 (Collection de l'École française de Rome 48), 97–129.

68 Liv. 22,57,6.

69 Liv. 22,57,2.

70 Kunst, C. (wie Anm. 26, S. 289).

71 Liv. 27,36,6–15.

72 Liv. 29,14,10–14.

73 Sulpica 11 = Tib. 3,11.

74 Liviana in der Nähe von Timgad und Liviana in der Gallia Narbonensis, lassen sich nicht weiter verifizieren.

75 Das gilt mit Sicherheit für Palästina (vgl. S. 259). Ferner ist Augusta in Kilikien um 20/21 n. Chr. zu nennen vgl. RPC 4010; Plin. nat. 5,93; Karbach, F.-B., Die Münzprägungen der Stadt Augusta in Kilikien, JNG 40, 1990, 35–68. Mögliche Umbenennungen sind Augusta Taurinorum in der Gallia Cisalpina. Hier gab es auch einen Kult für Livia (CIL V 6954); mögliche andere Stadtnamen, die sich auf Livia beziehen, sind Iulia in Phrygien, Iuliopolis in Bithynien sowie Iulis auf Kos.

76 Hahn, U. (wie Anm. 69, S. 292), 42 ff.

77 Azaila, Spanien. Vgl. Curtius, L., Zum Bronzekopf von Azaila und zu den Porträts des jugendlichen Augustus, MDAI(R) 55, 1940, 36–64.

78 CIL XIII 1366: Der Livia des Augustus hat Atespatus, des Crixus Sohn, sein Gelübde für die erwiesene Wohltat gern erfüllt (bei Moulins/Aquitania).

79 Clauss, M. (wie Anm. 15, S. 294), 76 f. zu AE 1962, 248.

80 P. Germ. 29–38 = Sel. Pap. 2, Nr. 211 vgl. Weingärtner, D. G., Die Ägyptenreise des Germanicus, Bonn 1969, 108 f.

81 Arvalakten: CIL VI 32340,17.

82 Tac. ann. 3,64,3. Möglicherweise werden sie am 5. August begangen vgl. Torelli, M., La *valetudo atrox* di Livia des 22 d.C., l'*ara pietatis Augustae* e i calendari, AFLPER 15, 1977/78, 179–183.

83 RG 9; Tac. ann. 3,71,1.

84 RIC² Tib. 51.

85 Sutherland, C. H. V., Roman History and Coinage, Oxford 1987, 52.

86 Cass. Dio 60,22,2.
87 Tac. ann. 4,15,3; 4,55f. Vgl. Kienast, D., Senatskult und »kaiserlicher Senat«, Chiron 15, 1985, 253–283.
88 Pergamon verfügte bereits über einen Kaiserkulttempel und Ephesos hatte den bedeutenden Artemistempel.
89 RPC I 2469.
90 Vgl. Anm. 56, S. 308.
91 Rawson, E., Discrimina ordinum. The *lex Iulia theatralis*, PBSR 55, 1987, 83–114, 89 f.
92 RIC² 47.
93 RIC² 46.
94 RIC² 43.
95 Tac. ann. 3,56.
96 Tac. ann. 3,59,2.
97 Torelli, M., La *valetudo atrox* di Livia des 22 d.C., l'*ara pietatis Augustae* e i calendari, AFLPER 15, 1977/78, 179–183.
98 CIL VI 562 = ILS 202.
99 Macedonien: RPC 1571; RPC 1634; RPC 1543/6; Korinth: RPC 1155.
100 RPC 1542.
101 Winkler, L., Salus. Vom Staatskult zur politischen Idee. Eine archäologische Untersuchung, Heidelberg 1995 (Archäologie und Geschichte 4), 46ff.
102 Sutherland (wie Anm. 132, S. 309), 48 = RIC² 48.
103 Tac. ann. 4,37,3.
104 SEG XI 923 = AE 1929, 100.
105 Livia wurde am dritten Tag der Feierlichkeiten im Theater noch einmal besonders geehrt, nachdem die Tage zuvor Augustus und Tiberius gehuldigt worden war. Dennoch trat sie vor die beiden Nachfolger Germanicus und Drusus. Gemalte Kultbilder wurden zudem nur von Augustus, Livia und Tiberius aufgestellt. SEG XI 922 = AE 1929, 99.
106 Crawford, M. H., Greek Intellectuals and the Roman Aristocracy in the First Century B. C., in: Garnsey, P. D. A., Whittaker, C. R. (Hg.), Imperialism in the Ancient World, Cambridge 1978, 193–207; 330–338, 196.
107 Vgl. Anm. 132, S. 311.
108 CIL VI 2024f.3; 18 n. Chr. in Forum Clodii (ILS 154 = CIL XI 3303) und 23 n. Chr. in Trebula Suffenate (CIL VI 29681); vgl. Herz, P. (wie Anm. 105, S. 302), 1152–1154.
109 Zu einem Festmahl der *sacerdotes* anläßlich des Geburtstags 32 n. Chr. vgl. Tac. ann. 6,5,1.
110 Tac. ann. 1,73,3; Cass. Dio 56,46,5. Herz, P. (wie Anm. 105, S. 302), 1153.
111 Vgl. S. 180.
112 Plin. nat. 12,94.
113 Cass. Dio 56,46,3.
114 Cass. Dio 56,47,1.
115 In der Republik der einem erfolgreichen Feldherrn nach der Schlacht von den Soldaten verliehene Titel.
116 Cass. Dio 57,12,5.
117 Suet. Tib. 51,1.
118 CIL VI 4027.
119 AFA 9 c 24–26.

120 Tac. ann. 1,73,2.
121 Winkes, R., Livia, Octavia, Iulia. Porträts und Darstellungen. Louvain-La-Neuve 1995 (Archaeologica Transatlantica 13), 56.
122 Wood, S. (wie Anm. 63, S. 296), 119.
123 Vgl. Dierichs, A. (wie Anm. 62, S. 296), Anm. 135.
124 Jucker, H., Der Große Pariser Kameo, JDAI 91, 1976, 211–250.
125 RIC² Tib. 71.
126 RIC² Tib. 33.
127 Gross, W. H. (wie Anm. 10, S. 288), 50.
128 RPC I 769.
129 RPC 5079 (17/18 n. Chr.); 5086 (18/19 n. Chr.).
130 RPC I 73.
131 RPC I 849, 850.
132 CIL II 2038 (Antequera/Anticaria).
133 CIL XIII 1769 a = 3208.
134 CIL XI 3196 = ILS 3335.

Kapitel 10: Odysseus in Frauenkleidern. Livia und Tiberius (14 n. Chr. – 29 [37] n. Chr.)

1 Temporini, H., Die Frauen am Hofe Trajans. Ein Beitrag zur Stellung der Augustae im Principat, Berlin/New York 1978, 36 f.
2 Tac. ann. 1,7,5.
3 RPC 5079; 5080.
4 RPC 5088.
5 Anders Becher, I., Augustus und Ägypten. Studien zu Religionspolitik und Propaganda in augusteischer Zeit, Leipzig 1969, 233, die den Kalathos auf tiberische Zeit datiert, was freilich ein Hinweis auf die Priesterinnenrolle Livias sein könnte, zumal Claudius für Antonia (RIC² Claud. 68) eine ähnliche Münze mit der Umschrift *sacerdos Augusti* im Reich prägen ließ. Vgl. zu Liva auch Vogt, J. (wie Anm. 33, S. 295), 14 ff.
6 Baar, M., Das Bild des Kaisers Tiberius bei Tacitus, Sueton und Cassius Dio, Stuttgart 1990 (Beiträge zur Altertumskunde 7).
7 Cass. Dio 57,1,1.
8 Tac. ann. 6,51,3.
9 Yavetz, Z., Tiberius. Der traurige Kaiser, München 1999, 26 f.; 175 f.
10 Plin. nat. 28,23.
11 Vgl. S. 188 ff.
12 Tac. ann. 1,25,3.
13 Tac. ann. 1,52,3.
14 Suet. Tib. 24,1.
15 Tac. ann. 1,74,6.
16 Suet. Aug. 99,1.
17 Zäck, C., Die Majestätsprozesse unter Tiberius in der Darstellung des Tacitus, Winterthur 1971.
18 Cic. de partitione 104.
19 Tac. ann. 2,50,1.
20 Tac. ann. 2,50,2.
21 Tac. ann. 2,50,2.

22 Cons. ad Liv. 303.
23 Tac. ann. 2,26,3.
24 Christ, K., Geschichte der römischen Kaiserzeit, München ³1995, 195.
25 Tac. ann. 2,59,1.
26 Tac. ann. 2,59,3.
27 Tac. ann. 2,59,1.
28 Weingärtner, D. G. (wie Anm. 80, S. 309), 122 ff. (Ostrakon Louvre 9004).
29 Tac. ann. 2,87.
30 Weingärtner, D. G. (wie Anm. 80, S. 309), 91 ff.
31 Tac. ann. 2,69 ff.
32 Inschriftlich festgehalten auf der *tabula Hebana* Crawford, M. H. et al., Roman Statutes I, London 1996, 519–521, Nr. 37.
33 Eck, W. (wie Anm. 61, S. 306).
34 CIL VI 32 340,17.
35 Tac. ann. 3,15,1. 17. Zum angeblichen Einfluß Livias auf den Prozeß vgl. ibid. 3,10,2.
36 Zu ihren Verwicklungen vgl. Tac. ann. 2,55 ff.
37 SC Z. 115–120, Eck, W. (wie Anm. 61, S. 306), 46 und Kommentar 224 ff.
38 Cons. ad Liv. 81-82: *nec genetrice tua fecundior ulla parentum/ tot bona per partus quae dedit una duos.*
39 Cass. Dio 55,2,5 (vgl. S. 154 f.).
40 Eck, W. (wie Anm. 61, S. 306), 228.
41 Cass. Dio 56,47,1; vgl. S. 213.
42 Tac. ann. 4,57,3.
43 Tac. ann. 2,34,2. vgl. 4,21,1.
44 Tac. ann. 5,2,2.
45 Tac. ann. 4,22,2: *ob amicitiam Augustae cum Urgulania.*
46 Cass. Dio 57,21,3–4; Tac. ann. 3,72,3; 4,7,2; 4,74,2.
47 Hennig, D., L. Aelius Sejanus, München 1974.
48 Tac. ann. 4,40,5.
49 Tac. ann. 4,52,3; Suet. Tib. 53,1.
50 Tac. ann. 4,52,2; 1,33,3.
51 Nero: 7.6.20 n. Chr. Fasti Ost.; Drusus: 23 n. Chr.; vgl. Suet. Tib. 54,1.
52 Tac. ann. 4,57,3; Suet. Tib. 50,2.
53 Tac. ann. 4,19 f.; 4,52,2.
54 Tac. ann. 3,40,3.
55 Tac. ann. 4,12,1.
56 Tac. ann. 4,52; 4,66,1.
57 Vgl. Anm. 50.
58 Plin. nat. 8,145; Sen. de ira 3,21,5; Suet. Cal. 10,1; Tib. 53,2 vgl. Charlesworth, M. P., The Banishment of the Elder Agrippina, CPh 17,1922, 260–6; Rogers, R. S., The Conspiracy of Agrippina, TAPhA 62, 1931, 141–168.
59 Tac. ann. 4,12,4.
60 Tac. ann. 5,3,1.
61 Yavetz, Z. (wie Anm. 9, S. 311), 138.
62 Suet. Tib. 53,2.
63 Tac. ann. 6,25,3.
64 Cass. Dio 58,3,1–6; Tac. ann. 6,23,1.
65 Suet. Tib. 54,2; Tac. ann. 6,23,2.

66 Ios. ant. Iud. 18,181.
67 Aufgestellt zur Brandbekämpfung nahmen die *vigiles* auch Polizeiaufgaben in der Stadt Rom wahr.
68 Suet. Tib. 61,1.
69 Tac. ann. 5,9; Cass. Dio 58,11.
70 Tac. ann. 6,8,1–3.
71 Pompeii ILS 122 = CIL X 799 ähnl. Falerio (Falerone) in Picenum: CIL VI 882a; Ager Amiternus (Barete) CIL IX 4514; Buxentum (Policastro) in Lukanien CIL X 459.
72 Jaroš, K., In Sachen Pontius Pilatus, Mainz 2002, 69, Abb. 14. Münzen mit Livias Namen als Iulia waren von den Procuratoren auch in den Jahren 15–26 n. Chr. geprägt worden; vgl. Strickert, F., The First Woman to be Portrayed on a Jewish Coin. Iulia Sebaste, JSJ 33, 2002, 65–91, 70.
73 CIL XI 3303 = ILS 154.
74 AE 1927, 158.
75 Vgl. Anm. 16, S. 340; zu weiteren PriesterInnen vgl. S. 340f.
76 Winkler, L. (wie Anm. 101, S. 310).
77 Clauss, M. (wie Anm. 15, S. 294), 87.
78 CIL XI 4170 = ILS 157.
79 Ov. fast. 4,863 ff.
80 Cass. Dio 57,12,6.
81 Suet. Tib. 51,1.
82 Suet. Tib. 51,1.
83 Suet. Tib. 50,2.
84 Tac. ann. 5,1,3.
85 Cass. Dio 54,35,4–5.
86 Tac. ann 5,2,1 und Suet. Tib. 51,2.

Kapitel 11: Macht oder Einfluß. Beziehungsnetz und Geldquellen

1 Saller, R., Personal Patronage under the Early Empire, Cambridge 1982.
2 Cic. Sex. Rosc. 27;147.
3 Plut. C. Gracch. 4,2.
4 Cass. Dio 51,2,5; 56,38,2.
5 Vell. 2,130,4.
6 Tac. ann. 5,1,3.
7 Tac. ann. 4,21,1; Suet. Tib. 50,2.
8 Tac. ann. 5,2,2.
9 Plut. (de garr.) mor. 508A-B; Tac. ann. 1,5,2.
10 Marcias Mutter, Attia, war die jüngere Schwester von Augustus' gleichnamiger Mutter. Sie hatte Lucius Marcius Philippus, den Sohn von Augustus' Stiefvater, geheiratet.
11 Kunst, C (wie Anm. 25, S. 307).
12 Späth, T., »Frauenmacht« in der frühen Kaiserzeit? – Ein kritischer Blick auf die historische Konstruktion der »Kaiserfrauen«, in: Dettenhofer, M. H. (Hg.), Reine Männersache? Frauen in Männerdomänen der antiken Welt, Köln 1994, 159–205, 186.
13 Cic. off. 2,22.
14 Comm. pet. 20.
15 Im folgenden stütze ich mich auf meinen Aufsatz: Kunst, C. (wie Anm. 25, S. 307).

16 Cic. off. 1,54.
17 Plin. nat. 35,6–8; Cic. off. 2,76 über Paullus und Mamercus; Cic. Verr. 2,1,55; Cic. off. 2,76.
18 Cic. Pis. 67.
19 Clarke, J. R., The Houses of Roman Italy, 100 BC–AD 250. Ritual, Space and Decoration, Berkeley/Los Angeles 1991, 1–29.
20 Vitr. 6,5,2.
21 Wallace-Hadrill, A., Patronage in Roman Society. From Republic to Empire, in: ders. (Hg.), Patronage in Ancient Society, London 1989, 63–87; Flaig, E., Loyalität ist keine Gefälligkeit. Zum Maiestätsprozeß gegen Silius 24 n. Chr., Klio 75, 1993, 289–305, 299 ff.
22 Schrömbges, P., Tiberius und die *res publica romana*. Untersuchungen zur Institutionalisierung des frühen römischen Principats, Bonn 1986 (Habelts Dissertationsdrucke. Alte Geschichte 22), 191 ff.
23 CIL VI 21 415.
24 Christ, K., Tacitus und der Principat, Historia 27, 1978, 449–482 (Ndr. in: ders., Römische Geschichte und Wissenschaftsgeschichte. 2. Geschichte und Geschichtsschreibung der römischen Kaiserzeit, Darmstadt 1983, 101–139, 122 ff.).
25 Tac. hist. 1,14,2; 1,16,1.
26 Suet. Aug. 72–74. Zur Transparenz des kaiserlichen Hauses: Plin. paneg. 81,1.
27 Tac. ann. 13,4,2 *(discretam domum et rem publicam)*.
28 215 v. Chr. während des zweiten Punischen Krieges verabschiedetes Gesetz, das den von Frauen getriebenen Aufwand bei Schmuck und Kleidung beschränkte, um die Lasten des Krieges besser zu verteilen.
29 Liv. 34,2,10.
30 Cass. Dio 54,9,7.
31 Suet. Aug. 40,3.
32 Vgl. Velleius (wie Anm. 117, S. 302), der wahrscheinlich den Senatsbeschluß aus dem Jahr 29 n. Chr. hier referiert (vgl. S. 245).
33 Bloomer, W. M., Valerius Maximus and the Rhetoric of the New Nobility, Chapel Hill 1992, 4.
34 Val. Max. 8,3 pr.
35 Im Gegensatz zu der auf das Haus bezogenen *castitas* vgl. Deißmann, M. L., Aufgaben, Rollen und Räume von Mann und Frau im antiken Rom, in: Martin, J., Zoepffel, R. (Hg.), Aufgaben, Rollen und Räume von Frau und Mann 2, Freiburg/München 1989 (Veröffentlichungen des Instituts für Historische Anthropologie), 501–564, 513.
36 Val. Max. 6,1 pr.
37 Ov. Pont. 3,1,117.
38 Vell. 2,75,3: *genere, probitate, forma Romanorum eminentissima*.
39 Tac. ann. 5,1,3.
40 Cic. Att. 12,40,2–3.
41 Sen. cons. Marc. 4,3. Vgl. auch Cass. Dio 54,16,5; 58,2,4–6; Macr. Sat. 2,5,6.
42 Vgl. S. 121. Zur Bescheidenheit des augusteischen Hauses: Suet. Aug. 72,1.
43 Treggiari, S., Jobs in the Household of Livia, PBSR 43, 1975, 48–77; Kammerer-Grothaus, H., Camere sepolcrali dei liberti e liberte di Livia Augusta ed altri Caesari, MEFR 91, 1979, 315–342; Chantraine, H., Freigelassene und Sklaven kaiserlicher Frauen, in: Eck, W., Galsterer, H., Wolff, H. (Hg.), Studien zur antiken Sozialgeschichte. Festschrift Friedrich Vittinghoff, Köln 1980 (Kölner historische Abhandlungen 28), 389–416;

Korpela, J., Die Grabinschriften des Kolumbariums *Libertorum Liviae Augustae*. Eine quellenkritische Untersuchung, Arctos 15, 1981, 53–66.

44 Treggiari, S., Domestic Staff at Rome in the Julio-Claudian Period, Histoire Sociale/ Social History 6, 1973, 241–255, 247.

45 Treggiari, S. (wie Anm. 43, S. 314), 55.

46 Marcell. med. 15,6 (Halsentzündung); 35,5 (Erkältung).

47 Finanzielle Unterstützung: vgl. Sen. benef. 3,3,2; Statusverbesserung: Plin. epist. 1,19; 6,25,2; 10,4; CIL XIV 2298 = ILS 1949; Mitgiftbeitrag: Plin. epist. 2,4,2; 6,32,2; Brautschau: Plin. epist. 1,14.

48 Sen. benef. 1,2,4.

49 Cass. Dio 58,2,3; zu Augustus' eigener Unterstützung des Senators M. Hortatulus mit 1 Mio. Sesterzen. Tac. ann. 2,37,1.

50 Tac. ann. 2,38; Suet. Tib. 47.

51 Kloft, H., *Liberalitas Principis*, Köln 1970, *munificentia* 46ff., zu Augustus 73 ff. Frauen hatten dem Staat vorrangig in Notzeiten beigestanden: Liv. 5,31,3; 5,50,7; 22,52,7; 39,9,6.

52 CIL XI 3322.

53 Cass. Dio 57,16,2.

54 Suet. Tib. 50,3.

55 Vgl. den Konflikt mit Germanicus über Hilfsleistungen in Alexandria (Suet. Tib. 52,2; Tac. ann. 2,59,3); vgl. S. 228.

56 Sandels, F., Die Stellung der kaiserlichen Frauen aus dem Julisch-Claudischen Haus, Diss. Gießen 1912, 64f., Anm. 3.

57 Plin. nat. 37,27.

58 Saller, R. (wie Anm. 1, S. 313), 66.

59 Sen. cons. Marc. 4,2; 24,3.

60 Suet. Galba 5,2 *gratia plurimum valuit*. Allein die bevorzugte Stellung in ihrem Testament als erster Legatempfänger drückt eine hohe Wertschätzung aus.

61 Suet. Otho 1,1; Tac. hist. 2,50.

62 Tac. ann. 5,2,2 *gratia Augustae floruerat*.

63 Lucius Volusius Saturninus wurde 12 v. Chr. Suffektkonsul und sein gleichnamiger Sohn 3 n. Chr. ordentlicher Konsul.

64 CIL III 6703.

65 Huntsman, E. D. (wie Anm. 64, S. 301), 205; Purcell, N. (wie Anm. 10, S. 288), 87.

66 CIL XII 5842 = ILS 1321.

67 Cass. Dio 60,2,5.

68 Suet. Aug. 40,3; Tib. 51,1.

69 Gardner 140.

70 Cic. Phil. 13,8; Sen. clem. 3,7–10; Tac. ann. 15,48,3.

71 Cass. Dio 58,2,3.

72 Tac. ann. 1,13,6.

73 Ov. Pont. 3,1,114ff.; 2,8,4; 3,3,87; 3,4,96; 4,13,2; trist. 2,161; 4,2,1.

74 Ov. fast. 6,802ff.

75 Cass. Dio 51,13,3.

76 Vgl. S. 230ff.

77 Suet. Tib. 51,2.

78 Cass. Dio 58,4,6.

79 Cass. Dio 58,4,7.

80 Tac. ann. 6,26,3.
81 Tac. ann. 2,42,2–3; Suet. Tib. 8; 37,4.
82 Cass. Dio 57,17,3–4.
83 Tac. ann. 4,6,5.
84 Ios. ant. Iud. 17,1,1; bell. Iud. 1,28,6.
85 Ios. ant. Iud. 16,5,1.
86 Philo leg. ad Cai. 40.
87 Ios. ant. Iud. 18,1,2; 20,8,1; bell. Iud. 3,10,7.
88 Meshorer, Y., Ancient Jewish Coinage Bd. II, New York 1982, 42.
89 Ios ant. Iud. 18,1,2; bell. Iud. 3,10,7. Die Umbenennung von Bethsaida in der Zeit des Tiberius systematisiert die widersprüchlichen Angaben des Iosephus dahingehend, daß nur Livia als Namenspatronin in Frage kommt.
90 Strickert, F. (wie Anm. 72, S. 313).
91 Huntsman, E. D. (wie Anm. 64, S. 301), 174, Anm. 93.
92 App. civ. 5,75.319.
93 Hahn, U. (wie Anm. 69, S. 292), 53.
94 Plin. nat. 6,11.
95 Suet. Tib. 6,2; Cass. Dio 54,7,2.
96 Cass. Dio 54,9,7.
97 Herrmann, P., Die Inschriften römischer Zeit aus dem Heraion von Samos, MDAI(A) 75, 1960, 68–183, 104–105.
98 Tac. ann. 4,41,1.
99 Suet. Claud. 25,1.
100 Tac. ann. 13,18,3; 12,37,4; Cass. Dio 61,33,7.
101 Cass. Dio 78,18,3.
102 CIL VI 33762.
103 Cass. Dio 57,12,2.
104 Tac. ann. 13,18,3.
105 Treggiari, S. (wie Anm. 43, S. 314), 52 f.
106 Iacopi, I., Domus: Livia, in: Steinby, M. (Hg.), Lexicon topographicum urbis Romae 2, Rom 1995, 130–32.
107 Zur Beschreibung vgl. Willrich, H., Livia, Leipzig/Berlin 1911, 75 ff.
108 Sicher: CIL VI 3960, 3959, 4321; wahrscheinlich: CIL VI 3957, 3958, 3961; ostiarii (Portiers): CIL VI 3965, 3995, 8964, 3997. Zur Funktion Petron 29,1; artriensis CIL VI 3942. Zur Funktion Cic. parad. 5,36.37.
109 CIL VI 8766 (ev. CIL VI 3954). Zur Funktion vgl. Cic. Att. 6,2,5; Verr. 2,3,8.
110 CIL VI 5194.
111 CIL VI 4025, 8958, 4026.
112 Treggiari, S. (wie Anm. 43, S. 314), 55.
113 Suet. Aug. 64,2. Ritter, H. W., Livias Erhebung zur Augusta, Chiron 2, 1972, 313–338, 329, Anm. 124. Zur salutatio des Augustus vgl. Suet. Aug. 53,2; Cass. Dio 54,25,4; 56,26,3; 56,41,5.
114 Suet. Tib. 50,1. In der ersten Zeit auf der Insel Pandateria hatte Augustus seiner Tochter jeden Besuch (einschließlich Sklaven) untersagt, den er nicht ausdrücklich erlaubt hatte. Suet. Aug. 65,3.
115 Suet. Tib. 51,2.

Kapitel 12: Eine der reichsten Frauen Roms

1 Willrich, H. (wie Anm. 107, S. 316), 71 ff.; Mratschek-Halfmann, S., *Divites et prae-potentes*. Reichtum und soziale Stellung in der Literatur der Prinzipatszeit, Stuttgart 1993 (Historia Einzelschriften 70), 279 f.

2 Suet. Aug. 101,3.

3 Paulus, C., Die Idee der postmortalen Persönlichkeit im römischen Testamentsrecht. Zur gesellschaftlichen und rechtlichen Bedeutung einzelner Testamentsklauseln, Berlin 1992, (Schriften zur Rechtsgeschichte 55), 53 ff. Vgl. Sen. benef. 4,11,5–6.

4 Zu Erbschaften als gesellschaftliches Phänomen vgl. Corbier, M., Idéologie et pratique de l'héritage (Ier siècle avant J.C. – IIe siècle après J.-C.), Index 13, 1985, 501–28. Von den sechs Fällen, in denen Plinius über seine Begünstigungen in Testamenten spricht, war er viermal *co-heres* (Miterbe), ohne mit dem Erblasser verwandt zu sein (ibid. 516). In den beiden übrigen Fällen war er sogar *solus heres* (Alleinerbe).

5 Cic. Phil. 2,40.

6 Vgl. Rogers, R. S., The Roman Emperors as Heirs and Legatees, TAPhA 78, 1947, 140–158; Gaudemet, J., *Testamenta ingrata et pietas Augusti*. Contribution à l'étude du sentiment impérial, Studi in Onore di Vincenzo Arangio-Ruiz III, Neapel 1953, 115–137 (= Etudes de droit romain II. Institutions et doctrines politiques, Neapel 1979, 199–237).

7 Plin. epist. 7,20,6.

8 Suet. Aug. 101,3; vgl ibid. 66,4.

9 Dig. 31,1,56 (Caius).

10 Dig. 31,1,57 (Iunius Mauricianus).

11 Suet. Galba 1; Plin. nat. 15, 136 ff.

12 Huntsman, E. D. (wie Anm. 64, S. 301), 67.

13 Huntsman, E. D. (wie Anm. 64, S. 301), 68.

14 Tac. ann. 3,71,1.

15 Huntsman, E. D. (wie Anm. 64, S. 301), 69, Anm. 72.

16 CIL IV 13 179 (p 3911) = CIL I 1258 (p 972) = ILLRP 413.

17 Parassoglou, G. M., Imperial Estates in Roman Egypt, Amsterdam 1978 (American Studies in Papyrology 18), 15–19.

18 Huntsman, E. D. (wie Anm. 64, S. 301), 156 f.

19 P. Lond. II 445; P. Med. 6,1–3.

20 Plin. nat. 13,68.

21 Suet. Tib. 8.

22 Plin. nat. 34,3.

23 CIL XII 5842 = ILS 1321.

24 CIL XII 174.

25 Ios. ant. Iud. 18,2,2; bell. Iud. 2,9,1; Plin. nat. 13,4,44.

26 Es umfaßte die Städte Jamnia, Azotos und Phasaelis. Von Augustus waren Askalon und Archelais hinzugefügt worden. Ios. ant. Iud. 17,11,5; 18,2,2.

27 AE 1941, 105. Nach Livias Tod blieb Capito auf seinem Posten, die Einkünfte flossen erst dem Kaiser Tiberius, dann seinem Nachfolger Caligula zu.

28 In Campanien finden sich Sklaven in Herculaneum und Puteoli, die auf Villenbesitz in dieser Gegend deuten. Ähnliches gilt für Scolacium in Lukanien und einen möglichen Klienten in Superaequum. Die letzte Stadt hatte enge Beziehungen zu Livia und setzte ihr und ihren Söhnen zwischen 9 v. und 14 n.Chr. eine Weihinschrift, welche die Abkunft

der Kaiserin von Drusus Claudianus betont, was für ältere familiäre Bindungen in dieser Gegend spricht.

29 Identifiziert durch Bleirohre aus der Zeit nach 14 n.Chr.: CIL XV 7264. Iacopi, I. (wie Anm.106, S.316).

30 Kunst, C., Leben und wohnen in der römischen Stadt, Darmstadt 2006, 109ff.

31 Vgl. S.154f.

32 Cassius Dio (56,10,2) gibt an, daß in einigen Fällen durch dieses Recht die *lex Voconia* außer Kraft gesetzt wurde. Die *lex Voconia* beschränkte aber Frauen keineswegs darin, Legate in dieser Größenordnung zu erhalten, sondern sollte testamentarische Erbeinsetzungen von Frauen unterbinden.

33 Ios. ant. Iud. 17,6,1 bell. Iud. 1, 646.

34 AE 1979, 33: *Idumaeus Tib(eri) Caesaris maternus.*

35 CIL VI 4035.

36 Unter ihren Freigelassenen sind einige Maecenatiani zu finden. Vgl. CIL VI 4016. 4095.

37 CIL VI 41 801; VI 30 692.

38 Huntsman, E. D. (wie Anm.64, S.301), 165f.

39 CIL VI 4012.

40 CIL VI 3952; VI 4116 vgl. Huntsman, E. D. (wie Anm.64, S.301), 165; zu Cascellius vgl. Kunkel, W., Herkunft und soziale Stellung der römischen Juristen, Köln et al ²1967, 25ff.

41 CIL VI 4062.

42 CIL VI 8911; Cass. Dio 55,8,4.

43 CIL VI 8901, 5263.

44 Ios. ant. Iud. 17,5,7f; 7,1; bell. Iud. 1,32,6.

45 RG 17.

46 Sizilien: CIL X 7489; Tusculum: CIL XV 7814.

47 CIL X 8042, 41a. 60.

48 Huntsman, E. D. (wie Anm.64, S.301), 206, Anm. 62.

49 CIL VI 4273 vgl. Huntsman, E. D. (wie Anm.64, S.301), 206; Tac. ann. 4,29,1. 44,1; Suet. Tib. 49,1.

Kapitel 13: Die tote Augusta und der Beginn der Unsterblichkeit

1 Cass. Dio 59,2,4.

2 Suet. Tib. 75,1–3.

3 IRT 269 = AE 1951, 84. Vgl. Wood, S. (wie Anm.63, S.296), 121ff.

4 CIL VI 2028 = CFA 12c, Z. 1–2 (30. Januar 38 n.Chr.).

5 RIC² Cai. 55.

6 Rose, C. B., Dynastic Commemoration and Imperial Portraiture in the Julio-Claudian Period (Cambridge Studies in Classical Art and Iconography), Cambridge 1997, 30–60, 32.

7 Suet. Tib. 9,1.

8 SIG³ 797 = IGRR IV 251.

9 Cass. Dio 58,2,1.

10 Tac. ann. 5,2,1; Cass. Dio 58,2,1. Vgl. Clauss, M. (wie Anm.15, S.294), 361.

11 Ov. fast. 1,536.

12 Flor. 2,34,66.

13 Cass. Dio 58,2,6; Suet. Tib. 51,2.

14 Grether, G., Livia and the Roman Imperial Cult, AJPh 67, 1946, 222–252.
15 Suet. Claud. 11,2.
16 Plin. nat. 15,136–137; Cass. Dio 48, 52,3–4.
17 Obseq. 71 = Liv. perioch. 136.
18 Cass. Dio 63,29,3.
19 Suet. Cal. 60: *abolendam Caesarum memoriam ac diruendam templa* (die Erinnerung an die Kaiser müsse ausgelöscht und ihre Tempel zerstört werden).
20 Ios. ant. Iud. 19,1,20.
21 Cass. Dio 60,4–5.
22 Suet. Claud 11,1–3.
23 Cass. Dio 60,22,3; Stat. 4,22: Ass Gaianum als wertlose Münze; vgl. Jucker, H., Die Bildnisstrafen gegen den toten Caligula, in: Praestant interna. Festschrift für Ulrich Hausmann, Tübingen 1982, 110–118. Die Umarbeitung in eine Plastik des Schauspielers Mnester mag man als zusätzliche Schamkomponente sehen.
24 Suet. Claud. 11,2.
25 RIC² 101.
26 Cass. Dio 60,5,2.
27 Cass. Dio 60,5,2.
28 CIL V 6514 (Novara/Novaria in Transpadanien). Auf Gozzo hatte ein Ehepaar gemeinsam den Kult vor der Konsekration versehen; vgl. CIL X 7501 = ILS 121 = AE 1938, 110.
29 Hispania Epigraphica IV 1084 = AE 1966, 177 = AE 1999, 870; aus Emerita (Merida) selbst ist ebenfalls ein *flamen d[ivi Augusti et]/divae Aug(ustae) provinciae Lusitan[iae* bekannt CIL II 473 = ILS 6892 = Hispania Epigraphica VII 110 f.; IX 101 = AE 1946, 201 = AE 1997, 777 = AE 1999, 870 = AE 2000, 115 = AE 2001, 1132.
30 CIL IX 1155; X 5413; XIV 399; X 6978; V 4458; AE 1999, 870; II 473; II 1571; VIII 19492; AE 1991, 1428.
31 Clauss, M. (wie Anm. 15, S. 294), 413.
32 Trillmich, W., Familienpropaganda der Kaiser Caligula und Claudius. Agrippina Maior und Antonia Augusta auf Münzen, Berlin 1978.
33 CIL X 1413 = ILS 123; CIL X 1417 = ILS 150.
34 CIL VI 2040 = CFA 26a–11; Z. 19; CIL 2041 = CFA 27, Z. 45; CIL 2048 = CFA 33, Z. 4.
35 Alexandridis, A. (wie Anm. 61, S. 296), 33 f.

Schluß

1 Vgl. Demandt, A., Das Privatleben der römischen Kaiser, München ²1997, 12. Zum Konflikt Harnack – Mommsen ibid.
2 Aschbach, J., Livia Gemahlin des Kaisers Augustus. Eine historisch-archäologische Abhandlung, Wien 1864, 10.
3 Cass. Dio 53,33,4.
4 Tac. ann. 1,3,3; Cass. Dio 55,10a,10.
5 Cass. Dio 56,30,1–2.
6 Flaig, E., Die Pompa Funebris. Adlige Konkurrenz und annalistische Erinnerung in der Römischen Republik, in: Oexle, O. G. (Hg.), Memoria als Kultur, Göttingen 1995 (Veröffentlichungen des Max-Planck-Instituts für Geschichte 121), 115–148; Walter, U., Memoria und res publica. Zur Geschichtskultur im republikanischen Rom, Frankfurt 2004 (Studien zur Alten Geschichte 1), cp. 3.

7 Mette-Dittmann, A., Die Ehegesetze des Augustus. Eine Untersuchung im Rahmen der Gesellschaftspolitik des Princeps, Stuttgart 1991 (Historia Einzelschriften 69).
8 Palmer, R. E. A., Roman Shrines of Female Chastity from the Caste Struggle to the Papacy of Innocent I, RSA 4, 1974, 113–159, 137–8.
9 Philo leg. ad Cai. 40.
10 Barrett, A. A. (wie Anm. 3, S. 295), Appendix 10, 318 ff.
11 Plin. nat. 7,150.
12 Augustus' Urenkelin.
13 Tac. ann. 4,53,2.
14 Tac. ann. 11,11,2–3; 12,2,3.

Bildnachweise

akg-images: Abb. 2 (Erich Lessing), Abb. 5, Abb. 9 (Erich Lessing), Abb. 10, Abb. 11 (Erich Lessing), Abb. 13, Abb. 16, Abb. 18 (Erich Lessing), Abb. 20, Abb. 22 (Nimatallah), Abb. 23 (Electa), Abb. 25 (Bildarchiv Steffens), Abb. 32 (Erich Lessing)

Corinth Excavations, American School of Classical Studies, Archive (die Fotos wurden von I. Ioannidou und L. Bartziotou angefertigt): Abb. 30

Nach A. Alexandridis, Die Frauen des Römischen Kaiserhauses, Mainz 2004: Abb. 1 (Giraudon 31651), Abb. 17

Köln, Römisch-Germanisches Museum: Abb. 14 (Inv.Nr. 94,1)

Nach Walter Hatto Gross, Iulia Augusta. Untersuchungen zur Grundlegung einer Livia-Ikonographie, Göttingen 1962: Abb. 28 (EA 3109-3111)

bpk/Münzkabinett, SMB, Abb. 19

Numismatische Bilddatenbank Eichstätt (Jürgen Malitz), Abb. 3

bpk Antikensammlung SMB/ Jürgen Liepe, Abb. 7

Die Münzdarstellungen wurden von der Sammlung von Fotos und Abgüssen antiker Münzen, Institut für archäologische Wissenschaften, Abt. II, Johann Wolfgang Goethe-Universität, Frankfurt am Main, zur Verfügung gestellt. Der Verlag dankt Herrn Dr. Helmut Schubert für seine fachkundige und hilfreiche Unterstützung bei der Auswahl der Münzbilder: Abb. 4, Abb. 6, Abb. 8a, Abb. 8b, Abb. 12, Abb. 15, Abb. 21, Abb. 24, Abb. 26, Abb. 27, Abb. 31

Karte: Peter Scholz

LITERATUR IN AUSWAHL

Allgemeine Einführungen

Balsdon, J. P. V. D., Die Frau in der römischen Antike, dt. München 1979.

Barrett, A. A., Livia. First Lady of Imperial Rome, New Haven/London 2003.

Cameron, A., Kuhrt, A. (Hg.), Images of Women in Antiquity, London (1983) ²1993.

♦ Christ, K., Geschichte der römischen Kaiserzeit, München ³1995.

Deckman, A. A., Livia Augusta, The Classical World (= CW) 19, 1925/26, 21–25.

Dixon, S., Reading Roman Women, London 2001 (Ndr. 2003).

Duby, G., Perrot, M. (Hg.), Geschichte der Frauen (frz. 1990), Bd. 1 hg. von P. Schmitt-Pantel, dt. Frankfurt 1993.

Fantham, E. et al., Women in the Classical World. Image and Text, Oxford 1994.

Fraschetti, A. (Hg.), Roman Women, Chicago 2001.

Gafforini, C., Livia Drusilla tra storia e letteratura, Rendiconti dell'Istituto Lombardo (= RIL) 130, 1996, 121–144.

Gardner, J. F., Frauen im antiken Rom. Familie, Alltag, Recht, dt. München 1995.

Hartmann, E., Frauen in der Antike, München 2007.

Hawley, R. – Levick, B. M. (Hg.), Women in Antiquity. New Assessments, London 1995.

Kleiner, D. E. E., Matheson, S. B. (Hg.), I Claudia. Women in Ancient Rome, 2 Bde., New Haven 1996–2000.

♦ Kornemann, E., Livia, in: ders., Große Frauen des Altertums, Leipzig 1942 (Ndr. Birsfelden/ Basel o. J.), 172–221.

Kunst, C. – Riemer, U., Grenzen der Macht. Zur Rolle der römischen Kaiserfrauen, Stuttgart 2000 (Potsdamer Altertumswissenschaftliche Beiträge 3).

Ollendorff, L., Livius (Livia) 37, RE 13,1 (1926), 900–924.

Perkounig, C. M., Livia Drusilla – Iulia Augusta. Das politische Porträt der ersten Kaiserin Roms. Wien/Köln/Weimar 1995.

Pomeroy, S. B., Goddesses, Whores, Wives and Slaves. Women in Classical Antiquity, New York 1975 (dt.: Frauenleben im klassischen Altertum, Stuttgart 1985).

Pomeroy, S. B. (Hg.), Women's History and Ancient History, Chapel Hill, NC/London 1991.

Rottloff, A., Lebensbilder römischer Frauen, Mainz 2006.

Sandels, F., Die Stellung der kaiserlichen Frauen aus dem julisch-claudischen Haus, Diss. Gießen 1912.

Schuller, W., Frauen in der römischen Geschichte, Konstanz 1987.

Späth, T., Wagner-Hasel, B. (Hg.), Frauenwelten in der Antike. Geschlechterordnung und weibliche Lebenspraxis, Stuttgart 2000.

Temporini, H. (Hg.), Die Kaiserinnen Roms. Von Livia bis Theodora, München 2002.

Willrich, H., Livia, Leipzig/Berlin 1911.

Die römische Familie

Andreau, J., Bruhns, H. (Hg.), Parenté et stratégies familiales dans l'Antiquité romaine, Paris 1990 (Collection de l'École française de Rome 129).

Bettini, M., Familie und Verwandtschaft im antiken Rom (ital. 1986), Frankfurt 1992 (Historische Studien 8).

Bradley, K. R., Discovering the Roman Family. Studies in Roman Social History, New York 1991.

Burguière, A., Klapisch-Zuber, C., Ségalen, M., Zonabend, F. (Hg.), Histoire de la famille I, Paris 1986 (dt.: Geschichte der Familie I, Frankfurt 1996).

Corbier, M., Family Behavior of the Roman Aristocracy, Second Century B. C. – Third Century A. D., in: Pomeroy, S. B. (Hg.), Women's History and Ancient History, Chapel Hill, NC/London 1991, 173–196.

Dixon, S., The Roman Family, Baltimore 1992.

Duby, G., Ariès, P. (Hg.), Geschichte des privaten Lebens, Bd. 1: Vom Römischen Imperium zum Byzantinischen Reich (frz. 1985), hg. von P. Veyne, Frankfurt 1988.

Gardner, J. F., Family and *familia* in Roman Law and Life, Oxford 1998.

George, M. (Hg.), The Roman Family in the Empire. Rome, Italy and Beyond, Oxford/New York 2005.

Kertzer, D. I., Saller, R. (Hg.), The Family in Italy from Antiquity to the Present, London/ New Haven 1991.

Kunst, C., Römische Adoption. Zur Strategie einer Familienorganisation, Hennef 2005 (Frankfurter Althistorische Beiträge).

Rawson, B., Weaver, P. (Hg.), The Roman Family in Italy. Status, Sentiment, Space, Oxford 1997.

Rawson, B. (Hg.), Marriage, Divorce, and Children in Ancient Rome, Oxford 1991.

Rawson, B. (Hg.), The Family in Ancient Rome. New Perspectives, London 1986.

Saller, R. P., Familia, Domus and the Roman Conception of Family, Phoenix 38, 1984, 336–55.

Späth, T., Männlichkeit und Weiblichkeit bei Tacitus. Zur Konstruktion der Geschlechter in der römischen Kaiserzeit, Frankfurt/New York 1994 (Geschichte und Geschlechter).

Zur sozialen Stellung der Frau

Amann, P., Die Etruskerin. Geschlechterverhältnis und Stellung der Frau im frühen Etrurien (9.–5.Jh. v.Chr.), Wien 2000 (Österreichische Akademie der Wissenschaften phil.-hist. Kl. Denkschriften 289; Archäologische Forschungen 5).

Chastagnol, A., Les femmes dans l'ordre sénatorial. Titulature et rang social à Rome, Revue historique (= RH) 103, 1979, 3–28.

Deißmann, M. L., Aufgaben, Rollen und Räume von Mann und Frau im antiken Rom, in: Martin, J., Zoepffel, R. (Hg.), Aufgaben, Rollen und Räume von Frau und Mann 2, Freiburg/München 1989 (Veröffentlichungen des Instituts für Historische Anthropologie), 501–564.

Hallett, J., Fathers and Daughters in Roman Sociey. Women and the Elite Family, Princeton, NJ 1984.

Kunst, C., Frauenzimmer in der römischen *domus*, in: Harich-Schwarzbauer, H., Späth, T. (Hg.), Räume und Geschlechter in der Antike (IPHIS. Beiträge zur altertumswissenschaftlichen Genderforschung Bd. 3), Trier 2005, 111–131.

Kunst, C., Wenn Frauen Bärte haben. Geschlechtertransgressionen in Rom, in: Hartmann, E., Hartmann, U., Pietzner, K. (Hg.), Geschlechterdefinitionen und Geschlechtergrenzen in der Antike, Stuttgart 2007, 247–261.

Rouselle, A., Porneia, Paris 1983 (dt. Der Ursprung der Keuschheit, Stuttgart 1989).

Saller, R. P., *Pater Familias, Mater Familias,* and the Gendered Semantics of the Roman Household, Classical Philology (= CPh) 94, 1999, 182–197.

Saller, R. P., Symbols of Gender and Status Hierarchies in the Roman Household, in: Joshel, S. R., Murnaghan, S. (Hg.), Women and Slaves in Greco-Roman Culture. Differential Equations, London/New York, 1998, 85–91.

Sebesta, J. L., Symbolism in the Costume of the Roman Woman, in: Sebesta, J. L., Bonfante, L. (Hg.), The World of Roman Costume, Madison, AZ 1994, 46–53.

Stahlmann I., Der gefesselte Sexus. Weibliche Keuschheit und Askese im Westen des römischen Reiches, Berlin 1997.

Wagner-Hasel, B., Späth, T. (Hg.), Frauenwelten in der Antike. Geschlechterordnung und weibliche Lebenspraxis, Stuttgart 2000 (Ndr. 2006).

Bildung und Erziehung

Hemelrijk, E. A., *Matrona Docta.* Educated Women in the Roman Elite from Cornelia to Julia Domna, London 1999.

Kunst, C., Die lesende Frau in Rom, in: Signori, G. (Hg.), Die lesende Frau. Traditionen, Projektionen, Metaphern im fächer- und epochenübergreifenden Vergleich, Wolfenbüttel im Druck.

Schulze, H., Ammen und Pädagogen. Sklavinnen und Sklaven als Erzieher in der antiken Kunst und Gesellschaft, Mainz 1998.

Vössing, K., Koedukation und öffentliche Kommunikation – warum Mädchen vom höheren Schulunterricht ausgeschlossen waren, Klio 86, 2004, 126–140.

Hochzeit und Ehe

Bradley, K., Ideals of Marriage in Suetonius' Caesares, Rivista Storica dell' Antichità (= RSA) 15, 1985, 77–95.

Eisenring, G., Die römische Ehe als Rechtsverhältnis, Stuttgart 2002.

Gratwick, A. S., Free or not so Free? Wives and Daughters in the Late Roman Republic, in: Craik, E. M. (Hg.), Marriage and Property, Aberdeen 1984, 30–53.

Hesberg-Tonn, B. v., *Coniunx carissima.* Untersuchungen zum Normcharakter im Erscheinungsbild der römischen Frau, Diss. Stuttgart 1983.

Hopkins, M. K., The Age of Roman Girls at Marriage, Population Studies 19, 1965, 309–327.

Kunst, C., Eheallianzen und Ehealltag in Rom, in: Wagner-Hasel, B., Späth, T. (Hg.), Frauenwelten in der Antike. Geschlechterordnung und weibliche Lebenspraxis, Stuttgart 2000, 32–45.

La Follette, L., The Costume of the Roman Bride, in: Sebesta, J. L., Bonfante, L. (Hg.), The World of Roman Costume, Madison, AZ 1994, 54–64.

Mette-Dittmann, A., Die Ehegesetze des Augustus. Eine Untersuchung im Rahmen der Gesellschaftspolitik des Princeps, Stuttgart 1991 (Historia Einzelschriften 69).

Pomeroy, S. B., The Relationship of Married Women to Their Blood Relatives in Rome, Ancient Society (= AncSoc) 7, 1976, 215–227.

Saller, R., Shaw, B. D., Close-Kin Marriage in Roman Society?, Man N. S. 19, 1984, 432–444.

Saller, R., Men's Age at Marriage and its Consequences in the Roman Family, Classical Philology (= CPh) 82, 1987, 21–34.

Schneider, B., Hochzeitsbräuche in römischer Zeit, in: Völger, G., Welck, K. v. (Hg.), Die Braut: geliebt, verkauft, getauscht, geraubt. Zur Rolle der Frau im Kulturvergleich 1, Köln 1985, 238–245.

Shaw, B., The Age of Roman Girls at Marriage. Some Reconsiderations, The Journal of Roman Studies (= JRS) 77, 1987, 30–46.

Shelton, J.-A., Pliny the Younger, and the Ideal Wife, Classica et Mediaevalia (= C&M) 41, 1990, 163–186.

Syme, R., Marriage Ages of Roman Senators, Historia 36, 1987, 318–332.

Treggiari, S., Roman Marriage: *iusti coniuges* from the Time of Cicero to the Time of Ulpian, Oxford 1991.

Wiemer, H.-U., Die gute Ehefrau im Wandel der Zeiten. Von Xenophon zu Plutarch, Hermes 133, 2005, 424–446.

Williams, G., Some Aspects of Roman Marriage Ceremonies and Ideals, The Journal of Roman Studies (= JRS) 48, 1958, 16–29.

Geburt und Mutterschaft

Bradley, K., Wet-nursing at Rome. A Study in Social Relations, in: Rawson, B. (Hg.), The Family in Ancient Rome. New Perspectives, London 1986, 201–229.

Dasen, V. (Hg.), Naissance et petite enfance dans l'Antiquité. Actes du colloque de Fribourg, 28 novembre–1er décembre 2001, Fribourg/Göttingen 2004 (Orbis Biblicus et Orientalis 203).

Dierichs, A., Von der Götter Geburt und der Frauen Niederkunft, Mainz 2002.

Dixon, S., The Roman Mother, London 1988.

Gourevitch, D., Moirin, A., Rouquet, N. (Hg.), Maternité et petite enfance dans l'antiquité romaine. Exposition présentée au Musée d'histoire naturelle, Ausstellungskatalog, Bourges 2003.

Harris, W. V., Child-Exposure in the Roman Empire, The Journal of Roman Studies (= JRS) 84, 1994, 1–22.

Köves-Zulauf, T., Römische Geburtsriten, München 1990 (Zetemata 87).

Philipps, J. E., Roman Mothers and their Adult Daughters, Helios N.S. 6, 1978, 69–80.

Rawson, B., Children and Childhood in Roman Italy, Oxford 2003.

Watson, P. A., Ancient Stepmothers. Myth, Misogyny and Reality, Leiden/New York 1995 (Mnemosyne, Supplementum 143).

Alter und Tod

Schade, K., *Anus ebria, avia educans* und *pulcherrima femina*. Altersdiskurse im römischen Frauenporträt, Jahrbuch des Deutschen Archäologischen Instituts (= JDAI) 116, 2001, 259–276.

Shaw, B., The Cultural Meaning of Death. Age and Gender in the Roman Family, in: Kertzer, D. I., Saller, R. (Hg.), The Family in Italy from Antiquity to the Present, London/New Haven 1991, 66–90.

Wagner-Hasel, B., Alter, Wissen und Geschlecht. Überlegungen zum Altersdiskurs in der Antike, L'Homme 17, 2006 (1), 13–36.

Frauenmacht

Bauman, R. A., Women and Politics in Ancient Rome, London 1992.

Boatwright, M. T., The Imperial Women of the Early Second Century A. C., American Journal of Philology (= AJPh) 112, 1991, 513–540.

Culham, P., Did Roman Women have an Empire, in: Golden, M., Toohey, P., Inventing Ancient Culture. Historicism, Periodization, and the Ancient World, London 1997, 192–204.

Dettenhofer, M. H. (Hg.), Reine Männersache? Frauen in Männerdomänen der antiken Welt, Köln 1994.

Fau, G., L'émancipation féminine dans la Rome antique, Paris 1978.

Finley, M. I., The Silent Women of Rome, in: ders., Aspects of Antiquity, New York 1969, 129–142.

Fischler, S., Social Stereotypes and Historical Analysis. The Case of the Imperial Women at Rome, in: Archer, L. J., Fischler, S., Wyke, M. (Hg.), Women in Ancient Societies. An Illusion of the Night, New York 1994, 115–133.

Fischler, S., The Public Position of Women of the Imperial Household in the Julio-Claudian Period, Diss. Oxford 1989.

Forbis, E. P., Women's Public Image in Italian Honorary Inscriptions, American Journal of Philology (= AJPh) 111, 1990, 493–512.

Garlick, B., Dixon, S., Allen, P. (Hg.), Stereotypes of Women in Power. Historical Perspectives and Revisionist Views, New York 1992.

Kreck, B., Untersuchungen zur politischen und sozialen Rolle der Frau in der späten römischen Republik, Diss. Marburg 1975.

Lefkowitz, M. R., Influential Women, in: Cameron, A., Kuhrt, A. (Hg.), Images of Women in Antiquity, London (1983) [2] 1993, 49–64.

MacMullen, R., Women in Public in the Roman Empire, Historia 29, 1980, 208–218.

MacMullen, R., Women's Power in the Principate, Klio 68, 1986, 434–443 (Ndr. in: ders., Changes in the Roman Empire. Essays in the Ordinary, Princeton, NJ 1990, 162–168).

Marshall, A. J., Roman Women and the Provinces, Ancient Society (= AncSoc) 6, 1975, 109–207.

Späth, T., ›Frauenmacht‹ in der frühen Kaiserzeit? – Ein kritischer Blick auf die historische Konstruktion der ›Kaiserfrauen‹, in: Dettenhofer, M. H. (Hg.), Reine Männersache? Frauen in Männerdomänen der antiken Welt, Köln 1994, 159–205.

Temporini, H., Die Frauen am Hofe Trajans. Ein Beitrag zur Stellung der Augustae im Principat, Berlin/New York 1978.

Temporini, H., Frauen und Politik im antiken Rom, in: Kneissl, P., Losemann, V. (Hg.), Imperium Romanum. Studien zur Geschichte und Rezeption, Festschrift für Karl Christ zum 75. Geburtstag, Stuttgart 1998, 705–732.

Van Bremen, R., The Limits of Participation. Women and Civic Life in the Greek East in the Hellenistic and Roman Periods, Amsterdam 1996 (Dutch Monographs on Ancient History and Archaeology 15).

Frauen und Kult

Beard, M., Re-reading (Vestal) Virginity, in: Hawley, R., Levick, B. M. (Hg.), Women in Antiquity. New Assessments, London 1995, 166–177.

Beard, M., The Sexual Status of Vestal Virgins, The Journal of Roman Studies (= JRS) 70, 1980, 12–27.

Boels, N., Le statut religieux de la Flaminica Dialis, Revue des études latines (= REL) 51, 1973, 77–100.

Boëls-Janssen, N., La vie religieuse des matrones dans la Rome archaïque, Paris 1993 (Collection de l'École française de Rome 176).

Böhm, S., Gottesdienst im antiken Rom – reine Männersache?, in: Böhm, S., Franz, T., Klinger E. (Hg.), Geschlechterdifferenz, Ritual und Religion, Würzburg 2003, 79–103.

Cancik-Lindemaier, H., Priestly and Female Roles in Roman Religion. The ›virgines Vestae‹, Hyperboreus 2, 1996, 138–150.

Cazanove, O. de, Exesto. L'incapacité sacrificielle des femmes à Rome. A propos de Plutarque Quaest. Rom 85, Phönix 41, 1987, 159–173.

Champeaux, J., Fortuna. Recherches sur le culte de la Fortune à Rome et dans le monde romain. Des origines à la mort de César, I: Fortuna dans la religion archaïque, Paris 1982 (Collection de l'École française de Rome 64,1); II: Les transformations de Fortuna sous la République, Paris 1987 (Collection de l'École française de Rome 64,2).

Clauss, M., Kaiser und Gott, Herrscherkult im Westen des römischen Reiches, Leipzig 1999.

Gagé, J., Matronalia. Essai sur les dévotions et les organisations cultuelles des femmes dans l'ancienne Rome, Brüssel 1963 (Coll. Latomus 60).

Kraemer, R. S., Her Share of the Blessings. Women's Religions Among Pagans, Jews, and Christians in the Greco-Roman World, Oxford/New York 1992.

Ladijmi Sebaï, L., A propos du flaminat féminin dans les provinces africaines, Mélanges École française de Rome. Antiquité (= MEFRA) 102, 1990, 651–686.

Pailler, J.-M., Marginales et exemplaires. Remarques sur quelques aspects du rôle religieux des femmes dans la Rome républicaine, in: Clio. Histoire, Femmes et Sociétés, 1995 (2), 41–60.

Palmer, R. E. A., Roman Shrines of Female Chastity from the Caste Struggle to the Papacy of Innocent I, Rivista storica dell'Antichità (= RSA) 4, 1974, 113–159.

Prescendi, F., Klagende Frauen. Zur weiblichen Trauerhaltung in Rom, in: Wagner-Hasel, B., Späth, T. (Hg.), Frauenwelten in der Antike. Geschlechterordnung und weibliche Lebenspraxis, Stuttgart 2000 (Ndr. 2006), 102–110.

Prescendi, F., Matralia und Matronalia. Feste von Frauen in der römischen Religion, in: Späth, T., Wagner-Hasel, B. (Hg.), Frauenwelten in der Antike. Geschlechterordnung und weibliche Lebenspraxis, Stuttgart 2000, 123–131.

Sawyer, D. F., Women and Religion in the First Christian Centuries, London/New York 1996.

Scheid, J., Die Rolle der Frauen in der römischen Religion, in: Duby, G., Perrot, M. (Hg.), Geschichte der Frauen (frz. 1990), Bd. 1 hg. von P. Schmitt-Pantel, dt. Frankfurt 1993, 417–449.

Simon, E., Die Götter der Römer, München 1990.

Staples, A., From Good Goddess to Vestal Virgins. Sex and Category in Roman Religion, London/New York 1998.

Stepper, R., Zur Rolle der römischen Kaiserin im Kultleben, in: Kunst, C., Riemer, U., Grenzen der Macht. Zur Rolle der römischen Kaiserfrauen, Stuttgart 2000 (Potsdamer Altertumswissenschaftliche Beiträge 3), 61–72.

Hellenistische Königinnen

Ashton, S.-A., The Last Queens of Egypt, London 2003.
Carney, E. D., Women and Monarchy in Macedonia, University of Oklahoma Press 2000.
Clauss, M., Kleopatra, München 1995.
Macurdy, G. H., Hellenistic Queens. A Study in Woman-Power in Macedonia, Seleucid Syria and Ptolemaic Egypt, Baltimore 1932.
Pomeroy, S. B., Women in Hellenistic Egypt. From Alexander to Cleopatra, New York 1984.
Walker, S. E., Higgs, P. (Hg.), Cleopatra of Egypt. From History to Myth, London 2001.

Herkunft Livias

Barrett, A. A., The Year of Livia's Birth, Classical Quarterly (= CQ) 49, 1999, 630–632.
Flory, M. B., Abducta Neroni uxor. The Historiographical Tradition on the Marriage of Octavian and Livia, Transactions and Proceedings of the American Philological Association (= TAPhA) 118, 1988, 343–359.
Gascou, J., Claude et Drusilla d'après une inscription d'Avignon (CIL XII 1026 = ILS 195), Zeitschrift für Papyrologie und Epigraphik (= ZPE) 121, 1998, 291–296.
Linderski, J., The Mother of Livia Augusta and the Aufidii Lurcones of the Republic, Historia 23, 1974, 463–480.
Scheid, J., Scribonia Caesaris et les Julio-Claudiens. Problèmes de vocabulaire de parenté, Mélanges d'Archéologie et d'Histoire de l'École française de Rome, Antiquité (= MEFRA) 87, 1975, 349–375.
Scheid, J., Scribonia Caesaris et les Cornelii Lentuli, Bulletin de correspondance hellénique (= BCH) 100, 1976, 485–491.
Suerbaum, W., Merkwürdige Geburtstage. Der nicht-existente Geburtstag des M. Antonius, der doppelte Geburtstag des Augustus, der neue Geburtstag der Livia und der vorzeitige Geburtstag des älteren Drusus, Chiron 10, 1980, 327–355.
Weinrib, E. J., The Family Connections of M. Livius Drusus Libo, Harvard Studies in Classical Philology (= HSPh) 72, 1967, 247–278.
Wiseman, T. P., The Mother of Livia Augusta, Historia 14, 1965, 333–334.

Die Frau des Triumvirn

Babcock, C. L., The Early Career of Fulvia, American Journal of Philology (= AJPh) 86, 1965, 1–32.
Bauman, R. A., The Tribunician Sacrosanctity in 44, 36 and 35 B. C., Rheinisches Museum (= RhM) 124, 1981, 166–183.
Bengtson, H., Marcus Antonius. Triumvir und Herrscher des Orients, München 1977.
Carcopino, J., Le marriage d'Octave et de Livie et la naissance de Drusus, Revue Historique (= RH) 161, 1929, 225–236.
Carcopino, J., Passion et politique chez les Césars, Paris 1958.
Charlesworth, M. P., Some Fragments of the Propaganda of Mark Antony, Classical Quarterly (= CQ) 27, 1933, 172–177.
Christ, K., Die Frauen der Triumvirn, in: Gara, A., Foraboschi, D. (Hg.), Il Triumvirato costituente alla fine della repubblica romana, Scritti in onore di Mario Attilio Levi (Biblioteca di Athenaeum 20), Como 1993, 135–153 (Ndr. in: Christ, K., Von Caesar zu

Konstantin. Beiträge zur Römischen Geschichte und ihrer Rezeption, München 1996, 85–102).

Christ, K., Krise und Untergang der Römischen Republik. Darmstadt ³1993.

Cluett, R., Roman Women and Triumviral Politics. 43–37 B. C., Classical View (= CV) 42, 1998, 67–84.

Delia, D., Fulvia Reconsidered, in: Pomeroy, S. B. (Hg.), Women's History and Ancient History, Chapel Hill, NC 1991, 197–217.

Dierichs, A., 30. Januar 58 v. Chr., Antike Welt (= AW) 29, 1998, 71–74.

Dierichs, A., 17. Januar 38 v. Chr., Antike Welt (= AW) 34, 2003, 85–86.

Dixon, S., The Marriage Alliance in the Roman Elite, Journal of Family History (= JFH) 10, 1985, 353–378.

Ermete, K., Terentia und Tullia. Frauen der senatorischen Oberschicht, Bern/Frankfurt 2003 (Europäische Hochschulschriften Reihe 3, Geschichte und ihre Hilfswissenschaften 951).

Fischer, R. A., Fulvia und Octavia. Die beiden Ehefrauen des Marcus Antonius in den politischen Kämpfen der Umbruchzeit zwischen Republik und Principat, Berlin 1999.

Flory, M. B., Octavian and the Omen of the *gallina alba*, The Classical Journal (= CJ) 84, 1988–89, 343–356.

Guarino, A., Il ›coup de foudre‹ di Ottaviano, Labeo 27, 1981, 335–337.

Hemelrijk, E. A., Octavian and the Introduction of Public Statues for Women in Rome, Athenaeum 93, 2005, 309–317.

Hillard, T., On the Stage Behind the Curtain. Images of Politically Active Women in the Late Roman Republic, in: Garlick, B., Dixon, S., Allen, P. (Hg.), Stereotypes of Women in Power. Historical Perspectives and Revisionist Views, New York 1992, 37–64.

Hillard, T., Republican Politics, Women, and the Evidence, Helios 16, 1989, 165–182.

Kajava, M., Roman Senatorial Women and the Greek East. Epigraphic Evidence from the Republican and Augustan Period, in: Solin, H., Kajava, M., (Hg.), Roman Eastern Policy and Other Studies in Roman History. Proceedings of a Colloquium at Tvärminne, Helsinki 1990 (Commentationes Humanarum Litterarum 91), 57–124.

Kleiner, D. E. E., Politics and Gender in the Pictorial Propaganda of Antony and Octavian, Échos du monde classique = Classical Views (= CV) 36, 1992, 357–367.

Levi, M. A., Ottaviano capoparte. Storia politica di Roma durante le ultime lotte di supremazia, Florenz 1933.

Radke, G., Der Geburtstag des älteren Drusus, Würzburger Jahrbücher für die Altertumswissenschaft (= WJA) 4, 1978 N. F., 211–213.

Scardigli, B., La sacrosanctitas tribunicia di Ottavia e Livia, Annali della Facoltà di Lettere e Filosofia dell'Università di Siena (= AFLS) 3, 1982, 61–64.

Scheid, J., Scribonia Caesaris et les Cornelii Lentuli, Bulletin de correspondance hellénique (= BCH) 100, 1976, 485–491.

Schubert, C., Homo politicus – femina privata? Fulvia: eine Fallstudie zur späten römischen Republik, in: Feichtinger, B., Wöhrle, G. (Hg.), Gender Studies in den Altertumswissenschaften. Möglichkeiten und Grenzen, Trier 2002 (IPHIS. Beiträge zur altertumswissenschaftlichen Genderforschung 1), 65–79.

Singer, M. W., Octavia's Mediation at Tarentum, The Classical Journal (= CJ) 43, 1947/48, 173–177.

Welch, K. E., Antony, Fulvia, and the Ghost of Clodius in 47 B. C., Greece and Rome (= G&R) 42 (2), 1995, 182–201.

Die Frau des Augustus

Barnes, T. D., Julia's Child, Phoenix 35, 1981, 362–363.

Barrett, A. A., Tacitus, Livia, and the Evil Stepmother, Rheinisches Museum (= RhM) 144, 2001, 171–175.

Blaze de Bury, H., L'Impératrice Livie et la fille d'Auguste, Revue des deux mondes 3rd ser. 44.2, 1874, 591–637.

Bleicken, J., Augustus. Eine Biographie, Berlin 1998.

Buxton, B, Hannah, R., OGIS 458, the Augustan Calendar and the Succession, Studies in Latin Literature and Roman History 12, 2005, 290–306.

Charlesworth, M. P., Livia and Tanaquil, Classical Review (= CR) 41, 1927, 55–57.

Demandt, A., Das Privatleben der römischen Kaiser, München [2]1997.

Ferrill, A., Augustus and his Daughter. A Modern Myth, in: Deroux, C. (Hg.), Studies in Latin Literature and Roman History 2, Brüssel 1980 (Collection Latomus 168), 332–346.

Fraschetti, A., Indice analitico della *Consolatio ad Liviam Augustam de morte Drusi Neronis filii eius qui in Germania de morbo periit*, Mélanges de l'École française de Rome. Antiquité (= MEFRA) 108 (1), 1996, 191–239.

Fraschetti, A., Livia, la politica, in: ders., Roma al femminile (engl. 2001), Bari 1994, 123–151.

Frei-Stolba, R., Recherches sur la position juridique et sociale de Livie, l'épouse d'Auguste, in: Bielmann, A., Frei-Stolba, R. (Hg.), Femmes et vie publique dans l'Antiquité gréco-romaine, Études de Lettres Lausanne 1, 1998, 65–89.

Herz, P., Kaiserfeste der Prinzipatszeit, Aufstieg und Niedergang der Römischen Welt (= ANRW) II 16.2, Berlin/New York 1978, 1135–1200, 1147–1155.

Hillard, T. W., *Materna Auctoritas*. The Political Influence of Roman Matronae, Classicum 9, 1983, 10–13.

Johnson, P. J., Ovid's Livia in Exile, The Classical World (= CW) 90, 1997, 403–420.

Kienast, D., Augustus. Prinzeps und Monarch, Darmstadt 1982.

Levick, B., The Fall of Julia the Younger, Latomus 35, 1976, 301–339.

Linderski, J., Julia in Regium, Zeitschrift für Papyrologie und Epigraphik (= ZPE) 72, 1988, 181–200.

Purcell, N., Livia and the Womanhood of Rome, Proceedings of the Cambridge Philological Society (= PCPhS) 212 (N.S. 32), 1986, 78–105.

Sirago, V. A., Livia Drusilla. Una nuova condizione femminile, Invigilata Lucernis. Rivista dell'Istituto di Latino (= InvLuc) 1, 1979, 171–207.

Syme, R., The Crisis of 2 B. C., München 1974 (Sitzungsberichte der Bayerischen Akademie der Wissenschaften. Philosophisch-Historische Klasse, 1974, 7).

Wilcken, U., Ehepatrone im römischen Kaiserhaus, Zeitschrift der Savigny-Stiftung für Rechtsgeschichte. Romanistische Abteilung (= ZRG) 30, 1909, 504–507.

Winterling, A., *Aula Caesaris*. Studien zur Institutionalisierung des römischen Kaiserhofes in der Zeit von Augustus bis Commodus (31 v. Chr.–192 n. Chr.), München 1999.

Domus Augusta

Birch, R. A., The Settlement of 26 June A. D. 4 and its Aftermath, The Classical Quarterly (= CQ) 31, 1981, 443–456.

Bowersock, G. W., Augustus and the East. The Problem of Succession, in: Millar, F., Segal, E. (Hg.), Caesar Augustus. Seven Aspects, Oxford 1984, 169–188.

Corbier, M., A propos de la tabula Siarensis. Le sénat, Germanicus et la *domus Augusta*, in: González Fernández, J. (Hg.), Roma y las provincias. Realidad administrativa e ideología imperial, Madrid 1994, 39–85.

Corbier, M., La maison des Césars, in: Bonte, P. (Hg.), Épouser au plus proche. Inceste, prohibitions et stratégies matrimoniales autour de la Méditerranée, Paris 1994 (Editions de L'École des Hautes Études en sciences sociales, civilisations et sociétés 89), 243–291.

Corbier, M., Male Power and Legitimacy Through Women. The *domus Augusta* under the Julio-Claudians, in: Hawley, R., Levick, B. M. (Hg.), Women in Antiquity. New Assessments, London/New York 1995, 178–193.

Dettenhofer, M. H., Herrschaft und Widerstand im augusteischen Principat. Die Konkurrenz zwischen *res publica* und *domus Augusta*, Stuttgart 2000 (Historia Einzelschriften 140).

Detweiler, R., Historical Perspectives on the Death of Agrippa Postumus, The Classical Journal (= CJ) 65, 1970, 289–295.

Fantham, E., Julia Augusti. The Emperor's Daughter, London 2006.

Flory, M. B., Dynastic Ideology, the *Domus Augusta*, and Imperial Women. A Lost Statuary Group in the Circus Flaminius, Transactions and Proceedings of the American Philological Association (= TAPhA) 126, 1996, 187–306.

Fullerton, M. D., The *Domus Augusti* in Imperial Iconography of 13–12 B.C., American Journal of Archaeology (= AJA) 89, 1985, 473–483.

Ginsburg, J., Representing Agrippina. Constructions of Female Power in the Early Roman Empire, Oxford 2006.

Hurlet, F., Les collèges du Prince sous Auguste et Tibère, Rom 2001 (Collection de l'École française de Rome 227).

Instinsky, H. U., Augustus und die Adoption des Tiberius, Hermes 94, 1966, 324–343.

Jameson, S., Augustus und Agrippa Postumus, Historia 24, 1975, 287–314.

Kokkinos, N., Antonia Augusta. Portrait of a Great Roman Lady, London 1992 (Ndr. 2002).

Levick, B. M., Abdication and Agrippa Postumus, Historia 21, 1972, 674–697.

Levick, B. M., Drusus Caesar and the Adoptions of A.D. 4, Latomus 25, 1966, 227–244.

Meise, E., Untersuchungen zur Geschichte der julisch-claudischen Dynastie, München 1969 (Vestigia 10).

Millar, F., Ovid and the *Domus Augusta*. Rome seen from Tomoi, The Journal of Roman Studies (= JRS) 83, 1993, 1–17.

Millar, F., Imperial Ideology in the Tabula Siarensis, in: González, J., Arce, X. (Hg.), Estudios sobre la *tabula Siarensis*, Madrid 1988, 11–19.

Milnor, K., Gender, Domesticity, and the Age of Augustus. Inventing Private Life, Oxford 2005.

Ollendorff, C., Das Verhältnis des Kaisers Tiberius zum Hause seines Bruders Drusus, Greifswald 1922.

Parker, E. R., The Education of Heirs in the Julio-Claudian Family, American Journal of Philology (= AJPh) 67, 1946, 29–50.

Rapke, T. T., Tiberius, Piso, and Germanicus, Acta Classica (= AClass) 25, 1982, 61–69.

Ryan, F. X., Zu den unterschiedlichen Adoptionen des Jahres 4 n. Chr., Florentia Iliberritana (= FlorIlib), 11, 2000, 257–263.

Sattler, P., Julia und Tiberius. Beiträge zur römischen Innenpolitik zwischen den Jahren 12 v. und 2 n.Chr. (1962), in: Schmitthenner, W. (Hg.), Augustus, Darmstadt 1969 (Wege der Forschung 128), 486–530.

Severy, B. A., Augustus and the Family at the Birth of the Roman Empire, London 2003.

Shotter, D. C. A., Agrippina the Elder. A Woman in a Man's World, Historia 49, 2000, 341–357.

Shotter, D. C. A., Cn. Cornelius Cinna Magnus and the Adoption of Tiberius, Latomus 33, 1974, 306–313.

Simpson, C. J., Legal Restriction and Excusable Elitism. Brief Comments on the Adoptions of 17 B.C. and A.D. 4, Mnemosyne 49, 1996, 328–334.

Sumner, G. V., Germanicus and Drusus Caesar, Latomus 26, 1967, 413–435.

Wardle, D., Valerius Maximus on the Domus Augusta, Augustus, and Tiberius. The Classical Quarterly (= CQ) 50, 2000, 479–493.

Die Priesterin des toten Augustus

Bauman, R. A., Tanaquil-Livia and the Death of Augustus, Historia 43, 1994, 177–188.

Champlin, E., The Testament of Augustus, Rheinisches Museum (= RhM) 132, 1989, 154–160.

Charlesworth, M. P., Tiberius and the Death of Augustus, American Journal of Philology (= AJPh) 44, 1923, 145–157.

Flory, M. B., Sic exempla parantur. Livia's Shrine to Concordia and the Porticus Liviae, Historia 33, 1984, 309–30.

Flory, M. B., The Meaning of Augusta in the Julio-Claudian Period, American Journal of Ancient History (= AJAH) 13, 1998, 113–138.

Grether, G., Livia and the Roman Imperial Cult, American Journal of Philology (= AJPh) 67, 1946, 222–252.

Rehak, P., Livia's Dedication in the Temple of Divus Augustus on the Palatine, Latomus 49, 1990, 117–125.

Ritter, H. W., Livias Erhebung zur Augusta, Chiron 2, 1972, 313–338.

Simpson, C. J., Livia and the Constitution of the Aedes Concordiae, Historia 40, 1991, 449–455.

Die Mutter des Princeps Tiberius

Baar, M., Das Bild des Kaisers Tiberius bei Tacitus, Sueton und Cassius Dio, Stuttgart 1990 (Beiträge zur Altertumskunde 7).

Kornemann, E., Tiberius, Stuttgart 1960, erweiterte Neuausgabe Frankfurt 1980.

Kunst, C., Zur sozialen Funktion der domus. Der Haushalt der Kaiserin Livia nach dem Tod des Augustus, in: Kneissl, P., Losemann, V. (Hg.), Imperium Romanum. Studien zu Geschichte und Rezeption. Festschrift für Karl Christ zum 75. Geburtstag. Stuttgart 1998, 450–471.

Levick, B., Tiberius the Politician (1976), London ²1999.

Rogers, R. S., An Incident of the Opposition to Tiberius, The Classical Journal (= CJ) 47, 1951, 114–115.

Schrömbges, P., Tiberius und die res publica romana. Untersuchungen zur Institutionalisierung des frühen römischen Principats, Bonn 1986 (Habelts Dissertationsdrucke. Alte Geschichte 22).

Torelli, M., La valetudo atrox di Livia des 22 d.C., l'ara pietatis Augustae e i calendari, Annali della facoltà di lettere e filosofia della Università di Perugia (= AFLPER) 15, 1977/78, 179–183.

Yavetz, Z., Tiberius. Der traurige Kaiser, München 1999.

Ressourcen und Patronage

Ackroyd, B. G., *Porticus Julia* or *Porticus Liviae?* The Reading of Dio 56,27,5, Athenaeum N. S. 80, 1992, 196–199.

Bremen, R. van, Women and Wealth, in: Cameron, A., Kuhrt, A. (Hg.), Image of Women in Antiquity, London 1983, 223–342.

Calci, C., Messineo, G., La villa di Livia a Prima Porta, Rom 1984.

Chantraine, H., Freigelassene und Sklaven kaiserlicher Frauen, in: Eck, W., Galsterer, H., Wolff, H. (Hg.), Studien zur Antiken Sozialgeschichte. Festschrift Friedrich Vittinghoff, Köln 1980 (Kölner historische Abhandlungen 28), 389–416.

Crawford, D. J., Imperial Estates, in: Finley, M. I. (Hg.), Studies in Roman Property, Cambridge 1976, 35–70.

Dixon, S., A Family Business. Women's Role in Patronage and Politics at Rome, Classica et Mediaevalia (= C&M) 34, 1983, 91–112.

Eck, W., Caballos, A., Fernández, F. (Hg.), Das *senatus consultum de Cn. Pisone patre*. München 1996 (Vestigia 48).

Gabriel, M. M., Livia's Garden Room at Prima Porta, New York 1955.

Huntsman, E. D., The Family and Property of Livia Drusilla, Diss. Un. of Pennsylvania 1997.

Kammerer-Grothaus, H., Camere sepolcrali dei liberti e liberte di Livia Augusta ed altri Caesari, Mélanges d'Archéologie et d'Histoire de l'École française de Rome (= MEFR) 91, 1979, 315–342.

Kleiner, D. E. E., Imperial Women as Patrons of the Arts in the Early Empire, in: Kleiner, D. E. E., Matheson, S. B. (Hg.), I Claudia. Women in Ancient Rome, 2 Bde., New Haven 1996–2000, 28–41.

Klynne, A., Liljenstolpe, P., The Villa of Livia at Prima Porta. A Report on the Excavation of Room 45, Opuscula Romana (= ORom) 21, 1996/97, 89–100.

Klynne, A., Liljenstolpe, P., The Imperial Gardens of the Villa of Livia at Prima Porta. A Preliminary Report on the 1997 Campaign, Opuscula Romana (= ORom) 22–23, 1997/98, 125–147.

Korpela, J., Die Grabinschriften des Kolumbariums *Libertorum Liviae Augustae*. Eine quellenkritische Untersuchung, Arctos 15, 1981, 53–66.

Mratschek-Halfmann, S., *Divites et praepotentes*. Reichtum und soziale Stellung in der Literatur der Prinzipatszeit, Stuttgart 1993 (Historia Einzelschriften 70).

Nicols, J., *Patrona civitatis*. Gender and Civic Patronage, Studies in Latin Literature and Roman History V, Brüssel 1989 (Collection Latomus 206), 117–142.

Saller, R., Personal Patronage under the Early Empire, Cambridge 1982.

Setälä, P., Savunen, L. (Hg.), Female Networks and the Public Sphere in Roman Society, Rom 1999 (Acta Instituti Romani Finlandiae 22).

Setälä, P., Female Property and Power in Imperial Rome, in: Larsson, L. L., Strömberg, A. (Hg.), Aspects of Women in Antiquity. Proceedings of the First Nordic Symposium on Women's Lives in Antiquity, Göteborg 12–15 June 1997, Jonsered 1998 (Studies in Mediterranean Archaeology and Literature. Pocketbook 153), 96–110.

Treggiari, S., Domestic Staff at Rome in the Julio-Claudian Period, Histoire Sociale/Social History 6, 1973, 241–255.

Treggiari, S., Jobs in the Household of Livia, Papers of the British School at Rome (= PBSR) 43, 1975, 48–77.

Wallace-Hadrill, A., Patronage in Roman Society. From Republic to Empire, in: ders. (Hg.), Patronage in Ancient Society, London 1989, 63–87.

Ehrungen

Edmondson, J. C., Two Dedications to Divus Augustus and Diva Augusta from Augusta Emerita and the Early Development of the Imperial Cult in Lusitania re-examined, Mitteilungen des Deutschen Archäologischen Instituts, Abteilung Madrid (= MDAI[M]) 38, 1997, 89–105.

Flory, M. B., Livia and the History of Honorific Statues for Women in Rome, Transactions and Proceedings of the American Philological Association (= TAPhA) 123, 1993, 287–308.

Hahn, U., Die Frauen des römischen Kaiserhauses und ihre Ehrungen im griechischen Osten anhand epigraphischer und numismatischer Zeugnisse von Livia bis Sabina, Saarbrücken 1994 (Saarbrücker Studien zur Archäologie und Alten Geschichte 8).

Kuhoff, W., Zur Titulatur der römischen Kaiserinnen während der Prinzipatszeit, Klio 75, 1993, 244–256.

Oliver, J. H., Livia as Artemis Boulaia at Athens, Classical Philology (= CPh) 60, 1965, 179.

Šašel, J., Huldigung norischer Stämme am Madgalensberg in Kärnten. Ein Klärungsversuch, Historia 16, 1967, 70–74.

Spaeth, B. S., The Roman Goddess Ceres, Austin, TX 1996.

Strickert, F., The First Woman to be Portrayed on a Jewish Coin. Iulia Sebaste, Journal for the Study of Judaism (= JSJ) 33, 2002, 65–91.

Winkes, R., Leben und Ehrungen der Livia. Ein Beitrag zur Entwicklung des römischen Herrscherkultes von der Zeit des Triumvirats bis Claudius, Archeologica 36, 1985, 55–68.

Konsekration und Nachleben

Barini, C. C., La tradizione superstite ed alcuni giudizi dei moderni su Livia, Rendiconti della Classe di Scienze morali, storiche e filologiche dell'Accademia dei Lincei (= RAL) 5, 1922, 25–33.

Barrett, A. A., Damned with Faint Praise. Tacitus' Obituary of Livia, in: Hantos, T. (Hg.), Laurea internationalis. Festschrift für Jochen Bleicken zum 75. Geburtstag, Stuttgart 2003, 45–60.

Bielman, A., Frei-Stolba, R., Les flaminiques du culte impérial. Contribution au rôle de la femme sous l'Empire romain, Études de Lettres (= EL) 1994 (2), 113–126.

Flory, M. B., The Deification of Roman Women, The Ancient History Bulletin (= AHB) 9, 1995, 127–134.

Hoffstein, R. B., Roman Women of Rank of the Early Empire in Public Life as Portrayed by Dio, Paterculus, Suetonius und Tacitus, Diss. Philadelphia 1939.

Kleiner, F. S., An Extraordinary Posthumous Honor for Livia, Athenaeum 78, 1990, 508–514.

Levick, B., Claudius, London 1990.

Mikocki, T., Sub specie deae. Les impératrices et princesses romaines assimilées à des déesses, étude iconologique, Rom 1995 (Rivista di archeologia. Supplément 14).

Montero, S., Livia y la adivinación inductiva, Polis 6, 1994, 255–267.

Smith, R. R. R., The Imperial Reliefs from the Sebasteion at Aphrodisias, The Journal of Roman Studies (= JRS) 77, 1987, 88–138.

Strocka, V. M. (Hg.), Die Regierungszeit des Kaisers Claudius (41–54 n. Chr.). Umbruch oder Episode? Internationales interdisziplinäres Symposion aus Anlaß des hundertjährigen

Jubiläums des Archäologischen Instituts der Universität Freiburg i. Br. 16.–18.Februar 1991, Mainz 1994.

Trillmich, W., Familienpropaganda der Kaiser Caligula und Claudius. Agrippina Maior und Antonia Augusta auf Münzen, Berlin 1978.

Winterling, A., Caligula. Eine Biographie, München 2003.

Liviabildnisse

Alexander, C., A Portrait of Livia, Bulletin of the Metropolitan Museum of Art (= BMM) 11, 1952/53, 168–171.

Alexandridis, A., Die Frauen des römischen Kaiserhauses. Eine Untersuchung ihrer bildlichen Darstellung von Livia bis Iulia Domna, Mainz 2004.

Bartels, H., Studien zum Frauenporträt der augusteischen Zeit. Fulvia, Octavia, Livia, Julia, München 1963.

Bartman, E., Portraits of Livia. Imaging the Imperial Woman in Augustan Rome, Cambridge 1999. Siehe dazu auch die Rezension: Walker, S., The Imperial Image of Livia, Journal of Roman Archaeology (= JRA) 13, 2000, 529–531 und Lenaghan, J., The Journal of Roman Studies (= JRS) 90, 2000, 230.

Bigalke, V., Der gelbe Fries der Casa di Livia auf dem Palatin in Rom, Münster 1991.

Boschung, D., Die Bildnistypen der iulisch-claudischen Kaiserfamilie, Journal of Roman Archaeology (= JRA) 6, 1993, 39–79.

Dierichs, A., Das Idealbild der römischen Kaiserin. Livia Augusta, in: Späth, T., Wagner-Hasel, B. (Hg.), Frauenwelten in der Antike. Geschlechterordnung und weibliche Lebenspraxis, Stuttgart 2000, 241–262.

Esdaile, K. A., The Aged Livia, The Journal of Roman Studies (= JRS) 4, 1914, 139–141.

Fittschen, K., Zanker, P., Katalog der römischen Porträts in den Capitolinischen Museen und den anderen kommunalen Sammlungen der Stadt Rom. Bd. III: Kaiserinnen- und Prinzessinnenbildnisse, Frauenporträts, Mainz 1983.

Freyer-Schauenburg, B., Die Kieler Livia, Bonner Jahrbücher des Rheinischen Landesmuseums in Bonn und Vereins von Altertumsfreunden im Rheinlande (= BJ) 182, 1982, 209–224.

Galinsky, K., Augustan Culture. An Interpretative Introduction, Princeton, NJ 1996.

Gardner, P., A New Portrait of Livia, The Journal of Roman Studies (= JRS) 12, 1922, 32–34.

Giuliani, L., Bildnis und Botschaft. Hermeneutische Untersuchungen zur Bildniskunst der römischen Republik, Frankfurt 1986.

Gross, W. H., Augustus und Livia, Acta archaeologica (= Aarch) 35, 1964, 51–60.

Gross, W. H., Iulia Augusta. Untersuchungen zur Grundlegung einer Livia-Ikonographie, Göttingen 1962 (Abhandlungen der Akademie der Wissenschaften in Göttingen, Philologisch-Historische Klasse 52).

Kleiner, D. E. E., Livia Drusilla and the Remarkable Power of Elite Women in Imperial Rome. A Commentary on Recent Books on Rome's First Empress, International Journal of the Classical Tradition (= IJCT) 6, 2000, 565–570.

Maiuri, A., The Statue of Livia from the Villa of the Mysteries, Art and Archaeology 33, 1932, 170–174; 222.

Nony, D., Nony, C.-J., Un portrait de Livie à Mérida, in: Homenaje a García Bellido 4 (= Revista de la Universidad Complutense 18, 118), 1979, 171–176.

Rose, C. B., Dynastic Commemoration and Imperial Portraiture in the Julio-Claudian Period, Cambridge 1997 (Cambridge Studies in Classical Art and Iconography).

Waldhauer, O., A Note on Another Portrait-Head of Livia, The Journal of Roman Studies (= JRS) 13, 1923, 190.

Winkes, R., Livia, Octavia, Iulia. Porträts und Darstellungen. Louvain-La-Neuve 1995 (Archaeologica Transatlantica 13).

Wood, S., Imperial Women. A Study in Public Images 40 B.C.–69 A.D., Leiden/Boston 1999 (Mnemosyne Supp. 194).

Zanker, P., Augustus und die Macht der Bilder, München ³1997.

Münzprägung

Crawford, M. H., Roman Republican Coinage, Cambridge 1975.

Forschner, G., Die Münzen der Römischen Kaiser in Alexandrien. Die Bestände des Münzkabinetts, Frankfurt 1987 (Kleine Schriften des Historischen Museums Frankfurt am Main 35).

Burnett, A., Amandry, M., Ripollès, P. P., Roman Provincial Coinage. From the Death of Caesar to the Death of Vitellius (44 B.C.–A.D. 69), Paris 1998–1999.

Kahrstedt, U., Frauen auf antiken Münzen, Klio 10, 1910, 261–314.

Kraft, K., Die Münzprägung des Augustus, in: ders. Kleine Schriften II, Wiesbaden 1969, 291–337.

Mattingly, H., Sydenham, E. A., The Roman Imperial Coinage. Vol. I: From 31 B.C. to A.D. 69, London 1984.

Vogt, J., Die alexandrinischen Münzen. Grundlegung einer alexandrinischen Kaisergeschichte, 2 Bde., Stuttgart 1924.

APPENDIX

Appendix 1: Die Geburt des Drusus und das Hochzeitsdatum von Livia und Octavian

Drei Monate nach der Hochzeit, darin sind sich die Quellen einig, wurde Livia von ihrem zweiten Sohn entbunden, der zunächst den Namen Decimus Claudius Drusus erhielt. Der Vorname Decimus wurde später in Nero umgewandelt,[1] als die kaiserlichen Prinzen begannen, vornehme Beinamen als Vornamen zu tragen. Über das exakte Geburtsdatum des Drusus herrscht erhebliche Uneinigkeit.[2] Wenig Zweifel besteht jedoch an der Tatsache, daß Livia Octavian drei Monate vor der Geburt heiratete und daß sie bereits an Octavians Hauskult teilnahm, also tatsächlich die Ehefrau Octavians war, als Drusus zur Welt kam.[3] Aus einem inschriftlich überlieferten Kalender, den Fasti Verulani, kennen wir das Hochzeitsdatum als 17. Januar (38 v. Chr.). Geht man von dieser Angabe aus, kommt man auf einen Geburtstermin für Drusus zwischen dem 18. März und dem 13. April 38 v. Chr. Sueton jedoch, der Biograph von Drusus' Sohn Claudius, der den damals gängigen Spottvers *Der Glückliche bekommt auch ein Dreimonatskind*[4] überliefert, weist auf ein Edikt hin, in dem Claudius bekanntgab, *er wünsche um so dringender den Geburtstag seines Vaters Drusus* [Livias Sohn] *festlich begangen zu sehen, als dieser auch der Geburtstag seines Großvaters Antonius sei.*[5] Antonius' Geburtstag, der nach seiner Niederlage bei Actium zu einem kalendarischen Unglückstag erklärt wurde, war nach Ausweis der kaiserzeitlichen Kalenders (Fasti Praenestini) der 14. Januar. Es gibt keinen Grund, die Koinzidenz der beiden Geburtstage zu bezweifeln. Abgesehen davon, daß damit die Vaterschaftsfrage für Drusus ein-

---

1 Suet. Claud. 1,1-3.
2 Suerbaum, W., Merkwürdige Geburtstage. Der nicht-existente Geburtstag des M. Antonius, der doppelte Geburtstag des Augustus, der neue Geburtstag der Livia und der vorzeitige Geburtstag des älteren Drusus, Chiron 10, 1980, 327–355.
3 Vell. 2,95,1: *quem intra Caesaris penates enixa erat Livia.*
4 Suet. Claud. 1,1; zuerst bei Vell. 2,95,1; vgl. Cass. Dio 48,44,5.
5 Suet. Claud. 11,3.

deutig geklärt wäre – Livia kam erst im Spätsommer 39 n. Chr. nach Rom zurück –, bedeutet der Befund, Livia und Augustus hätten drei Tage nach der Geburt des Drusus geheiratet, nicht aber drei Monate vor der Geburt. Das widerspricht eindeutig der literarischen Überlieferung, nach der sie zum Zeitpunkt der Hochzeit hochschwanger war. Quellen können sich im Detail irren, aber in der Tendenz ist das gerade bei einer Vielzahl nicht möglich.

Der einzig logische Schluß ist daher, daß die Hochzeit drei Monate früher als in den Fasti angegeben stattfand, also Mitte bis Ende Oktober 39 v. Chr., und später ein offizielles Hochzeitsdatum auf den 17. Jan. 38 v. Chr. festgelegt wurde, das vermutlich eine andere Signifikanz hat. Antonius' kompromittierende Briefe deuten daraufhin, daß er selbst die Hochzeit erlebt hat, aber er verließ Rom zum Jahresende. An der Authentizität eines offiziellen Hochzeitsdatums ist hingegen kaum zu zweifeln. Der 17. Januar ist von seiten der Dynastie immer wieder gewählt worden, um bedeutende Ereignisse damit zu verknüpfen. Dazu gehört die Weihung des Augustusaltars in Rom im Jahr 6 n. Chr. (Fasti Praenestini) und der Beginn der Palatinischen Spiele, die Livia ihrem verstorbenen Ehemann 15 n. Chr. stiftete. Schließlich entschied sich auch Livias Enkel, der Princeps Claudius, für den 17. Januar, um seine Großmutter Livia 42 n. Chr. zur Staatsgöttin zu erheben (vgl. S. 270).

Verschiedene Forscher haben den Widerspruch zwischen dem Hochzeitsdatum und der Geburt des Drusus dahingehend aufzulösen versucht, daß im Oktober lediglich eine Verlobung *(sponsalia)* stattfand, im Januar aber die Hochzeit[6] oder aber, daß im Oktober eine informelle Ehe geschlossen wurde und im Januar eine sakrale Zeremonie folgte. Gegen eine Verlobung mit anschließender Hochzeit läßt sich anführen, daß die Quellen von der Teilnahme Livias am augusteischen Hauskult sprechen und Octavian in den Staatsakten vermerken ließ: *Caesar gab das von seiner Gattin Livia geborene Kind seinem Vater* [Claudius] *Nero zurück.*[7] Zudem hatte er das Kind anerkannt, was nach römischem Recht auch nur dem *pater familias* möglich war. Selbst wenn man darin nur propagandistische Verzerrung sieht,[8] so bleibt problematisch, warum Octavian die *pontifices* zur Klärung des Vaterschaftsverhältisses im Vorfeld der Hochzeit befragt haben soll, wenn er die Hochzeit dann bis nach der Entbindung verschob. War Livia gar nicht Octavians Gattin zum Zeitpunkt der Niederkunft, wäre auch der Eintrag in die Staatsakten ziemlich lächerlich. Hinzu

---

6 Suerbaum, W. (wie Anm. 2, S. 336), 348 ff.; Christ, K., Nero Claudius Drusus, Diss. Tübingen 1953, 7 ff.

7 Cass. Dio. 48,44,4.

8 Suerbaum, W. (wie Anm. 2, S. 336).

kommt, daß er nach römischem Recht ohnehin mit ihr durch den bloßen Tatbestand der Kohabitation verheiratet war.

An die durch Zusammenleben geknüpfte *usus*-Ehe schließt die zweite Variante:[9] Hochzeit und anschließende sakrale Zeremonie. Dies kommt jedoch aus einem einfachen sachlichen Grund nicht in Frage. Eine Wöchnerin mußte sich nach der Geburt einer Reinigungszeit von 40 Tagen unterziehen,[10] was jede Zeremonie mit sakralem Hintergrund unmöglich machte. Abgesehen davon geht drei Tage nach den Anstrengungen einer Geburt eine aufwendige Feier mit ziemlicher Wahrscheinlichkeit auch über die Kräfte einer gesunden jungen Frau.

Meines Erachtens wurde ein offizieller Hochzeitstermin gewählt, weil Livia an diesem Tag in die Rechtsgewalt *(manus* = Hand*)* ihres Mannes überging, was in erster Linie erbrechtliche Konsequenzen hatte. Die von Octavian und Livia bis dahin geführte Eheform einer *manus*-freien Ehe, bei der die Ehefrau nicht in die Gewalt des Gatten *(manus)* tritt, sondern in der des Vaters *(potestas)* bleibt, war, wie bereits erläutert, die üblichere Form der Ehe am Ende des 1. Jh. v. Chr. Sie war aber nicht die ausschließliche.

Es gab drei Möglichkeiten, wie eine Frau in die *manus* ihres Ehemannes gelangte, erstens durch das Gewohnheitsrecht des Zusammenlebens *(usus)*, zweitens durch eine religiöse, nur für Patricier vorgesehene Zeremonie *confarreatio* und drittens durch Scheinkauf *(coemptio)*. Der erste Fall trat nach einem Jahr ununterbrochenen Zusammenlebens automatisch ein, hätte also nicht formal herbeigeführt werden müssen. Die zweite Variante, *confarreatio,* war eine altertümliche – vermutlich etruskische – Form der Eheschließung für Patricierfamilien, die man als sakralen Akt bezeichnen muß. Das Brautpaar sitzt mit verhülltem Kopf auf zwei zusammengebundenen Stühlen, die mit dem Fell eines Schafes bedeckt sind, das zuvor als Opfertier zur Einholung der göttlichen Zustimmung zu dieser Ehe gedient hatte. Die Brautleute opfern (und essen?) gemeinsam eine Art Kuchen aus Dinkelmehl *(panis farreus)* zu Ehren Iuppiters.[11] Eine solche Zeremonie entsprach zwar dem Selbstdarstellungswillen des Bräutigams Octavian, der ja von Caesar ins Patriciat erhoben worden war, kam aber aufgrund der Unreinheit der Wöchnerin nicht in Frage. Hinzu kommt, daß Livia zwar eine geborene Patricierin war, aber infolge der Adop-

---

9 Perkounig, C. M. (wie Anm. 12, 289), 51, 53; Guarino, A., Il ›coup de foudre‹ di Ottaviano, Labeo 27, 1981, 335–337.

10 Köves-Zulauf, T., Römische Geburtsriten, München 1990 (Zetemata 87), 283.

11 Kaser, M., Das römische Privatrecht. 2 Bde. (Handbuch der Altertumswissenschaft X 3.3.1 und 2). München 1955/1959, Bd. 1, 69.

tion ihres Vaters im rechtlichen Sinn eine Plebeierin geworden war, da die Livier anders als die Claudier zur *plebs* gehörten. Sie konnte also formal keine *confarreatio*-Ehe schließen.

Blieb die *coemptio*, der Brautkauf zum Erwerb von *manus*. Da es sich hier um einen rein juristischen Akt handelt, kommt diese Form der *manus*-Erwerbung sehr wohl in Frage. Die Frau wurde durch einen symbolischen Kaufpreis in Anwesenheit von fünf Zeugen verkauft oder verkaufte, wenn sie wie Livia durch den Tod des Vaters gewaltfrei war, sich selbst. Die große zeitgenössische Inschrift zu Ehren der sogenannten Turia[12] zeigt, daß Eheschließung und *manus*-Übertritt am Ende der Republik voneinander getrennt sein konnten. Der Vater dieser Frau hatte mit ihrer Mutter erst nachdem bereits eine der beiden Töchter des Paares sich ebenfalls in *manus* verheiratet hatte, eine solche Kaufehe geschlossen.[13]

Eine *manus*-Ehe war zu dieser Zeit noch nicht gegen des Willen des Gatten zu scheiden. Octavian kann aus diesem Grund sehr wohl ein Interesse an einer solchen Eheform gehabt haben, die ihm jede Einmischung von außen in seine Ehe ersparte. Zudem war Livia eine reiche Erbin, auch wenn ihr Vermögen durch die Proskriptionen erheblich in Mitleidenschaft gezogen worden sein wird. Eine *manus*-Ehe gab ihrem Mann die Verfügungsgewalt über alle ihre Vermögenswerte. Ferner nahm die Frau in einer solchen Ehe vermögensrechtlich den Platz einer Tochter ein. Das bedeutet, sämtliche Güter, die sie mit in die Ehe brachte oder ihr durch Erbschaft zufielen, gehörten nun dem Mann und fielen, wenn sie starb, an ihre Kinder. Da Livias Vater nicht mehr lebte, war sie zwar keiner väterlichen Gewalt *(patria potestas)* unterworfen, brauchte aber einen Tutor, um ihre Vermögensangelegenheiten zu regeln. Möglicherweise hatte Livias Vater testamentarisch seinen Schwiegersohn Claudius Nero in diese Funktion eingesetzt – allenfalls den Adoptivbruder Libo. Turias Vater hatte ebenfalls den zukünftigen Schwiegersohn zum Tutor der Tochter bestimmt. Die *manus*-Ehe machte den Tutor jedoch unnötig, weil der Ehemann jetzt die Aufsicht übernahm. Daß Claudius Nero ebenfalls mit Livia in einer *manus*-Ehe verheiratet war, ist weniger wahrscheinlich. Möglich ist es schon, denn Livia ließ sich nicht von Claudius Nero scheiden, vielmehr wurde sein

---

12 Der Name Turia ist historisch nicht gesichert. Eine bei Valerius Maximus (6,7,2) erwähnte Geschichte aus der Triumviratszeit hat lediglich zu dieser Identifikation geführt. Der Praktikabilität wegen wird aber im folgenden von Turia gesprochen.

13 Laud. Turiae I 14 vgl. zur *manus* auch Flach, D., Die sogenannte Laudatio Turiae. Einleitung, Text, Übersetzung und Kommentar, Darmstadt 1991 (Texte zur Forschung 58), 22 f.

Einverständnis erbeten (Suet. Tib 4,3). Allerdings gibt es Indizien, daß Livia vor ihrer Eheschließung mit Octavian Sklaven freiließ (vgl. S. 264), was rechtliche Selbständigkeit voraussetzt. In jedem Fall war es nur schicklich, bei einer *manus*-Errichtung zu warten, bis das Kind des Claudius Nero geboren war.

Appendix 2: Priesterinnen der Livia

Für Livia sind zahlreiche Priesterinnen belegt. In Baeterra (Béziers) in der Provinz Gallia Narbonensis gab es eine *flaminica Iuliae Augustae*,[14] eine Priesterin der Livia. Während diese Position möglicherweise erst nach dem Tod Livias geschaffen wurde, fungierte in Emerita (Mérida/Portugal)[15] definitiv zu Lebzeiten Livias ein *flamen* der Iulia Augusta. Aus Gozzo stammt eine Weihung für Livia als Ceres, wobei sie Gattin des Divus Augustus und Mutter des Tiberius Caesar Augustus genannt wird. Errichtet wurde diese Weihung von Livias eigener Priesterin, einer Lutatia *sacerdos Augustae*, die wiederum die Ehefrau eines *flamen Iuliae Augusti* (!), also eines Priesters der Iulia [Livia], Gattin des Augustus war.[16] Für verschiedene Städte Italiens ist die Existenz von Priesterinnen *(sacerdotes)* der Iulia Augusta belegt: Insteia Polla, *sacerdos Iuliae Augusta,* aus Lukanien,[17] Cantria Paulla, *sacerdos Augustae,* aus Aeclanum,[18] Vibia Sabina, *sacerdos Iuliae Augustae,*[19] Pompeia Catulla in Minturnae,[20] *sacerdos August(ae)* und möglicherweise Latia Auleia Aurina, eine *sacerdos Aug(ustae)* aus Vibo,[21] sowie eine *flaminica Iuliae Augusta* aus Corfinium in Samnium.[22] Aus Gallien und Germanien sind vor Livias Vergöttlichung folgende Priesterinnen dokumentiert: Catia Servata, *flaminica* der Iulia Augusta für die Gemeinde Vasio Vocontiorum (Vaison-la-Romaine).[23] Iulia Helias, *flaminica Augustae* aus Lugdunum (Lyon)[24] und Iulia Festilla, die erste Augustapriesterin aus Aventicum (Avenches) in der *civitas Helvetiorum*,[25] gehörten vielleicht erst in claudi-

---

14 CIL XII 4249 (definitiv vor ihrer Konsekration).
15 AE 1915, 95.
16 CIL X 7501 = ILS 121.
17 ILS 9390 = Inscr. It. 3,1 Nr. 113 = AE 1910, 191.
18 CIL IX 1154 = ILS 6486 = AE 2000, 352; sie übernahm möglicherweise nach der Konsekration die Funktion einer *flaminica divae Augustae* CIL IX 1155 = AE 2000, 352.
19 CIL X 961.
20 CIL X 6018 = ILS 6293.
21 CIL X 51.
22 AE 1988, 422.
23 CIL XII 1363 = ILS 6991 = AE 1999, 1009 = AE 2002, 924.
24 CIL XIII 2181.
25 CIL XIII 5064 = ILS 7010.

sche Zeit. Aber auch männliche Priester der Kaiserin lassen sich finden, wie z.B. im Fall von Olisipone (Lissabon) in Lusitanien Quintus Iulius Ploto, der den Kult als *flamen* für Germanicus und Iulia Augusta versah,[26] oder der erwähnte *flamen* Marcus Livius Optatus aus Gozzo,[27] Ehemann der Lutatia und dem Namen nach zu urteilen mit der Livischen Familie verbunden. Auch Salona in Dalmatien hatte mit Lucius Anicius Paetinatus einen *flamen* und *pontifex Iuliae Augustae*.[28] Im Osten ist ebenfalls eine substantielle Zahl von Priesterinnen und Priestern für Livia nachweisbar, allerdings häufig in der Assoziierung mit einer Göttin.[29] Die Forschung über die *flaminicae* steht noch völlig am Anfang, und wir gehen grundsätzlich von einer Geschlechtertrennung aus, wonach weibliche Priester für die Kaiserinnen und männliche Priester für Kaiser zuständig waren. Den umgekehrten Fall habe ich für Männer bereits aufgeführt, aber es wird immer wahrscheinlicher, daß Livias Vorbild auch im Reich Nachhall fand. So hat Ladijmi Sebaï für die *flaminicae* der Africa proconsularis die begründete Vermutung aufgeworfen, daß die Titulatur der reichen Calama *flam(inica) Aug(ustorum)* ebensogut die Augusta miteinbezogen haben kann.[30]

---

26 ILS 6896 = CIL II 194.

27 Vgl. Anm. 16, S. 340.

28 ILS 7160 = AE 1902, 60.

29 Hahn, U. (wie Anm. 69, S. 292), 56 f.

30 Ladijmi Sebaï, L., A propos du flaminat féminin dans les provinces africaines, MEFRA 102, 1990, 651–686. Zu den *tres Galliae* und Germanien vgl. Bielmann, A., Frei-Stolba, R., Les flaminiques du culte impérial. Contribution au rôle de la femme sous l'Empire romain, EL 1994 (2), 113–126; Zu Spanien Etienne, R., Le Culte impériale dans la Péninsule ibérique d'Auguste à Dioclétien, Paris 1958, 124 f.; 166 ff.; 238–50.

ZEITTAFEL

264–146 v. Chr.	Punische Kriege
204 v. Chr.	Einholung der Magna Mater
133 v. Chr.	Tib. Gracchus Volkstribun
123–122 v. Chr.	C. Gracchus Volkstribun
121 v. Chr.	Senatus consultum ultimum
	Tod des C. Gracchus
91 v. Chr.	Reformpolitik des Livius Drusus
91–89 v. Chr.	Bundesgenossenkrieg
88 v. Chr.	Sullas 1. Marsch auf Rom
86 v. Chr.	Tod des Marius
83–81 v. Chr.	Bürgerkrieg
83 v. Chr.	Hochzeit Pompeius' mit Aemilia, Stieftochter des Sulla
82–79 v. Chr.	Dictatur Sullas
	Proskriptionen
78 v. Chr.	Tod Sullas
60 v. Chr.	1. Triumvirat (Pompeius, Crassus, Caesar)
30. Jan. 58 v. Chr.	Geburt der Livia Drusilla als Tochter des M. Livius Drusus Claudianus und der Alfidia
53 v. Chr.	Niederlage des Crassus gegen die Parther bei Carrhae
50 v. Chr.	Prätur des M. Livius Drusus Claudianus
49–48 v. Chr.	Bürgerkrieg zw. Caesar und Pompeius
48 v. Chr.	Schlacht bei Pharsalos
	Tod des Pompeius
Febr. 44 v. Chr.	Dictatur Caesars auf Lebenszeit
15. März 44 v. Chr.	Tod Caesars
43–33 v. Chr.	2. Triumvirat (Antonius, Lepidus, Octavian)
April 43 v. Chr.	Schlacht bei Mutina
Okt. 43 v. Chr.	Absprache von Bononia zw. Antonius, Lepidus und Octavian (Beschluß zur Proskription der politischen Gegner)
	M. Livius Drusus Claudianus wird auf die Proskriptionsliste gesetzt, weil er offen für den Caesarmörder Decimus Brutus eingetreten war.
43 v. Chr.	Hochzeit Livias mit Tib. Claudius Nero (Kinder: Tiberius, Drusus d. Ältere)
42 v. Chr.	Prätur des Tib. Claudius Nero
Sept. 42 v. Chr.	Niederlage der Caesarmörder bei Philippi
	Tod des M. Livius Drusus Claudianus
16. Nov. 42 v. Chr.	Geburt des Tiberius in Rom
41/40 v. Chr.	Perusinischer Krieg

	Tib. Claudius Nero tritt offen für die Sache des Lucius Antonius in Perusia ein; Flucht nach Praeneste (dort wahrscheinlich Zusammenkunft mit Livia und Sohn), dann nach Neapel
	nach gescheitertem Versuch einen Sklavenaufstand anzuzetteln Flucht nach Sizilien
	Aufnahme der Familie in Sparta
Herbst 40 v. Chr.	Absprache von Brundisium zw. Antonius und Octavian (Antonius erhält den Osten, Octavian den Westen des Reiches, Lepidus Africa)
Oktober 40 v. Chr.	Hochzeit Antonius und Octavia (Kinder: Antonia maior, Antonia minor)
Frühsom. 39 v. Chr.	Abkommen von Misenum zw. Antonius, Octavian und Sextus Pompeius (Anerkennung des Machtbereiches v. Pompeius im Mittelmeer, Amnestie der Proskribierten)
Spätsom. 39 v. Chr.	Rückkehr Tib. Claudius Neros, Livias und Tiberius' nach Rom; Adoption des Tiberius durch Gallius
Okt. 39 v. Chr.	Hochzeit Livias mit Octavian
14. Jan. 38 v. Chr.	Geburt des älteren Drusus
37 v. Chr.	Absprache von Tarent zw. Antonius und Octavian (Verlängerung des Triumvirats bis zum 31.12.33 v. Chr.; Zusicherung des Octavian an Antonius Soldaten im Austausch für Schiffe zu schicken)
37/36 v. Chr.	Flottenprägungen des Antonius
36 v. Chr.	Partherfeldzug des Antonius
Sept. 36 v. Chr.	Niederlage des Sex. Pompeius gegen Agrippa und Octavian bei Naulochos
Sept. 36 v. Chr.	Kapitulation des Lepidus
35 v. Chr.	Verleihung der sacrosanctitas, Befreiung von der tutela und Statuenrecht für Livia und Octavia
32 v. Chr.	Scheidung des Antonius von Octavia
31 v. Chr.	Schlacht bei Actium. Niederlage von Antonius und Kleopatra
30 v. Chr.	Einnahme Alexandrias und Tod des Antonius
27 v. Chr.	Begründung des Prinzipat (Rückgabe der res publica, Ernennung des Octavian zum Augustus)
23 v. Chr.	Tod des M. Claudius Marcellus
22–19 v. Chr.	Reise des Augustus durch östliche Provinzen
21 v. Chr.	Aufenthalt in Athen, göttliche Ehren für Livia
21 v. Chr.	Heirat Agrippas mit der Augustus-Tochter Iulia (Kinder: C. Caesar, L. Caesar, Iulia maior, Agrippina maior, Agrippa Postumus)
17–13 v. Chr.	Agrippa im Osten
17 v. Chr.	Adoption der Agrippa-Söhne Caius und Lucius Caesar
Frühsom. 17 v. Chr.	Säkularfeier
12–9 v. Chr.	Germanienfeldzüge des Drusus
März 12 v. Chr.	Tod des Agrippa
Febr. 11 v. Chr.	Heirat des Tiberius mit der Augustus-Tochter Iulia
Herbst 11 v. Chr.	Tod der Octavia
9 v. Chr.	*ius trium liberorum* (Livia); Zuerkennung von Statuen
9 v. Chr.	Weihung der ara pacis
Sept. 9 v. Chr.	Tod des Drusus
6 v. Chr.	Verleihung der tribunizischen Gewalt an Tiberius

6 v. Chr.-4 n. Chr.	Rückzug des Tiberius nach Rhodos
2 v. Chr.	Augustus erhält den Titel *pater patriae*
	Verbannung der Augustus-Tochter Iulia und Scheidung von Tiberius
1 v. Chr.	Ostmission des C. Caesar
2 n. Chr.	Rückkehr des Tiberius
2 n. Chr.	Tod des L. Caesar auf dem Weg von Massilia
Febr. 4 n. Chr.	Tod des C. Caesar in Limyra/Lykien
26. Juni 4 n. Chr.	Augustus adoptiert Tiberius und Agrippa Postumus; Tiberius adoptiert Germanicus
4 n. Chr.	Tiberius erhält tribunizische Gewalt für 10 Jahre und Kommando über die Rheinarmee
6–9 n. Chr.	Pannonischer Aufstand (von Tiberius unterdrückt)
7 n. Chr.	Verbannung des Agrippa Postumus
8 n. Chr.	Verbannung der Augustus-Enkelin Iulia
12 n. Chr.	Konsulat des Germanicus
13/14 n. Chr.	Münzprägung in Lugdunum mit Livia als Ceres Augusta
19. Aug. 14 n. Chr.	Tod des Augustus in Nola
3./4. Sept. 14 n. Chr.	testamentarische Adoption durch Augustus, Beiname IULIA AUGUSTA
17. Sept. 14 n. Chr.	Vergöttlichung des Augustus; Livia wird *sacerdos divi Augusti*
	Erhebung des Tiberius zum Augustus und Verleihung des *imp. proconsulare* auf Lebenszeit (14–37)
10. Okt. 19 n. Chr.	Tod des Germanicus in Syrien
22 n. Chr.	Krankheit Livias und *vota pro valetudine* sowie *carpentum*-Recht
23 n. Chr.	in der Provinz Asia wird Tempel für Tiberius, Iulia Augusta und den Senat beschlossen
22/23 n. Chr.	Münzprägungen mit Bildnis Livias und Umschrift *salus Augusta*
27 n. Chr.	*vota pro salute Augustae*
29 n. Chr.	Tod der Livia in Rom und Beisetzung im Mausoleum Augusti
	Verbannung der älteren Agrippina (Frau des Germanicus), *hostis*-Erklärung des Nero Caesar und Verbannung nach Pontia (gest. vor dem 18. Okt. 31 n. Chr.)
31 n. Chr.	*hostis*-Erklärung des Drusus Caesar
33 n. Chr.	Tod der älteren Agrippina und des Drusus Caesar
37 n. Chr.	Erfüllung der Legate aus dem Testament der Livia unter Caligula
Sept. 38 n. Chr.	Vergöttlichung der Iulia Drusilla (DIVA DRUSILLA) unter Caligula (37–41 n. Chr.)
17. Jan. 42 n. Chr.	Vergöttlichung der Livia durch Claudius (DIVA AUGUSTA)

REGISTER

acta diurna (Staatsakten) 241, 260
Actium (Schlacht) 77, 84 f., 88, 101, 124,
126, 246, 253, 336
adoptio (Adoption eines unter fremder Gewalt Stehenden) s. Adoption
Adoption 25 f., 128–130, 144, 179, 180,
194 f.
– *adoptio* 129 f.
– *arrogatio* 128–130, 175 f., 194, 219
– testamentarische Adoption 194 f.
– von Livius Drusus Claudianus 25
– von Agrippa Postumus 174, 176 f.
– von Caius und Lucius Caesar 92,
128–130, 196
– von Germanicus 174, 176, 184
– von Nero 130
– von Octavian 45, 195 f.
– von Tiberius 109, 148, 151, 174–176,
184, 212, 219
– von Traian 130
Aemilia Lepida (Ehefrau d. P. Sulpicius Qui-
rinus) 135, 151, 172, 176
Aemilius Lepidus, Paullus (cos. 34 v. Chr.,
Ehemann d. Marcella minor) 161, 179
Aemilius Paullus (cos. 1 n. Chr., Ehemann d.
Iulia minor, Enkel d. Scribonia) 178
Afranius Burrus, Sextus (Prokurator d.
Livia) 257 f., 265, 269
Agrippa, M. Vipsanius 76, 92, 95–101,
124 f., 128, 129 f., 132, 134, 136, 144,
145, 148, 151, 167, 170, 176, 179 f.
Agrippa Postumus (Sohn Agrippas +
Iulias) 100, 132, 139, 161, 172 f.,
174–178, 184, 188–190, 247, 279,
282
(Vipsania) Agrippina maior (Tochter
Agrippas + Iulias) 100 f., 124, 151, 161,
176, 178–180, 198, 209, 214, 227 f.,
233–237, 261, 270, 279, 282, vgl. Vipsa-
nia Agrippina, Frau d. Tiberius

(Iulia) Agrippina minor (Mutter Neros) 141,
142 f., 209, 241 f., 260, 277, 279, 282 f.
Ägypten (kaiserliche Provinz) 27, 36 f., 84 f.,
101 f., 104 f., 124, 131, 227 f., 264 f., 268
Antonia maior (Frau d. L. Domitius Ahenobarbus) 179
Antonia minor (Tochter d. Antonius + d. Octavia; Frau Drusus d. Ä.) 48, 95, 141,
143, 145 f., 148–151,158 f., 174, 179,
209, 233, 238, 255, 260, 274, 276 f.
Antonius, Iullus (Sohn d. Antonius + d. Fulvia; verheiratet mit Marcella minor, cos.
10 v. Chr.) 100, 137 f., 179
Antonius, Lucius (Bruder d. Antonius, cos.
41 v. Chr.) 40 f., 56, 71, 73
Antonius, Marcus (Triumvir) 12 f., 34,
40–54, 56–59, 67–76, 78 f., 81, 84, 95,
104, 108 f., 114, 124, 145, 207, 227, 239,
246, 336
Antonius Antyllus, M. (Sohn d. Antonius +
d. Fulvia) 57, 95
Amme *(nutrix)* 37–39
Aphrodite s. Venus/Aphrodite
Aphrodite Stratonikis (seleuk. Königin, kult.
verehrt in Smyrna) 103
Appuleia Varilla (Enkelin d. Octavia maior)
225
ara adoptionis (Adoptionsaltar) 196, 198
ara pacis (»Altar d. Friedens«, dynastisches
Relief in Rom) 21, 90, 131, 154–156,
164, 184
ara numinis Augusti (Altar für die göttliche
Wirkkraft d. Herrschers) 180
arrogatio (Adoption eines nicht unter fremder Gewalt Stehenden) s. Adoption
Artemis s. Diana/Artemis
Arvalpriester *(fratres Arvales*, Priesterschaft
in Rom) 212 f., 230, 271, 275 f.
Asinius Gallus, Caius (2. Ehemann Vipsanias)145, 237

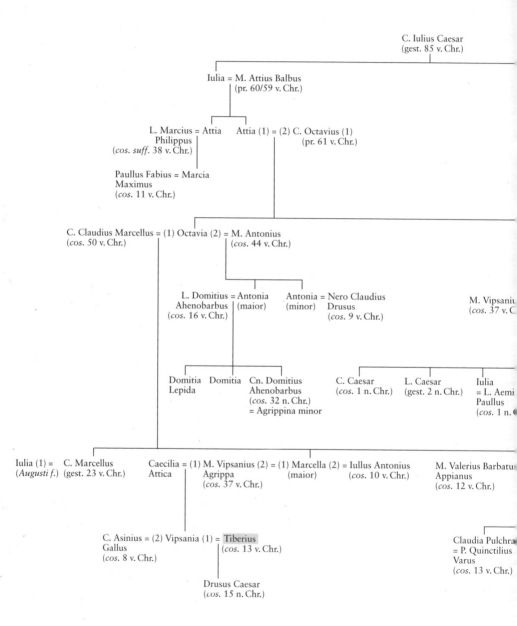

C. Iulius Caesar
(gest. 85 v. Chr.)

Iulia = M. Attius Balbus
(pr. 60/59 v. Chr.)

L. Marcius = Attia
Philippus
(cos. suff. 38 v. Chr.)

Attia (1) = (2) C. Octavius (1)
(pr. 61 v. Chr.)

Paullus Fabius = Marcia
Maximus
(cos. 11 v. Chr.)

C. Claudius Marcellus = (1) Octavia (2) = M. Antonius
(cos. 50 v. Chr.)   (cos. 44 v. Chr.)

L. Domitius = Antonia
Ahenobarbus   (maior)
(cos. 16 v. Chr.)

Antonia = Nero Claudius
(minor)   Drusus
          (cos. 9 v. Chr.)

M. Vipsaniu
(cos. 37 v. C

Domitia   Domitia   Cn. Domitius
Lepida   Ahenobarbus
                    (cos. 32 n. Chr.)
                    = Agrippina minor

C. Caesar
(cos. 1 n. Chr.)

L. Caesar
(gest. 2 n. Chr.)

Iulia
= L. Aemi
Paullus
(cos. 1 n. (

Iulia (1) =   C. Marcellus
(Augusti f.) (gest. 23 v. Chr.)

Caecilia = (1) M. Vipsanius (2) = (1) Marcella (2) = Iullus Antonius
Attica   Agrippa   (maior)   (cos. 10 v. Chr.)
             (cos. 37 v. Chr.)

M. Valerius Barbatu
Appianus
(cos. 12 v. Chr.)

C. Asinius = (2) Vipsania (1) = Tiberius
Gallus   (cos. 13 v. Chr.)
(cos. 8 v. Chr.)

Claudia Pulchra
= P. Quinctilius
Varus
(cos. 13 v. Chr.)

Drusus Caesar
(cos. 15 n. Chr.)